PUBLIC PERSONNEL ADMINISTRATION

3판

인사행정론

| 백종섭 김동원 김철우 윤 건 이근주 조선일 공저 |

창 민 사

제3판 서문

2018년에 전정판이 나온 지 벌써 5년이 흘렀다. 2~3년 전에 제3판이 나왔어야 하지만 핑계를 대자면 팬데믹으로 인해 3판 작업이 많이 늦어졌다. 늦어진 만큼 제3판은 변화된 법령과 제도의 반영을 보다 철저하게 함과 동시에 새로운 내용도 추가하여 전정판이 전체 16장으로 구성된 것에 비하여 제3판은 전체가 18장으로 확대되는 등 대폭적인 개편을 시도하였다.

본 저서는 복잡한 인사행정을 쉽고 간결하게 설명하여 누구든지 인사행정에 어렵지 않게 접근하는 것을 지향한다. 이를 위하여 제3판에서는 이전 판에서 다소 불명확하게 설명된 내용을 보다 정확하고 간결하게 기술하려고 하였다.

전정판과 비교한 제3판의 주요 변화와 개선 내용은 다음과 같다.

우선 가장 큰 변화는 인사행정의 최근 트렌드와 핵심적인 제도 변화를 반영하기 위하여 3개의 장을 추가한 것이다. 우선 공직에서 장기 비전에 따른 경력개발의 중요성을 반영하여 인사이동과 경력개발에 대한 내용을 별도의 장으로 편성하여 제9장이 추가되었다. 공무원 후생복지와 재해보상 관련 내용으로 제13장을 추가하여 재해보상 관련 제도가 도입, 강화된 부분과 공무원 후생복지 관련 제도의 고도화, 다양화 등의 내용을 이해하기 쉽게 설명하였다. 그리고 디지털 기반 인사행정의 중요성과 활용도가 부각되면서 이에 대한 정확한 이해의 필요성이 높아진 점을 반영하여 제18장에 디지털 인사행정을 추가하였다. 인사행정에서 실제 사용되고 있는 다양한 디지털 기반 시스템과 제도가 이해하기 쉽게 설명되어 있다.

제도의 변화를 반영하고 독자의 이해를 돕기 위한 개선과 보완도 많이 있다. 주요한 것 중심으로 정리하면 다음과 같다. 제1장에서 인사행정에 대한 전반적인 이해를 돕는 설명과 함께 법적 체계에 대한 내용을 새롭게 추가하였다. 인사행정의 근거가 되는 법과 시행령을 시기별로 구분하여 내용과 의미를 이해하기 쉽게 설명하였다. 제2장부터 제5장까지는 인사행정의 주요 기본 개념에 대한 이해를 보다 쉽게 할 수 있도록 직업공무원제, 실적주의와 엽관주의, 대표관료제 그리고 계급제와 직위분류제의 순서로 배치를 조정하였다. 제8장에서는 응시자격과 채용제도의 변경내용을 반영하였고, 제10장에서는 성과평가방법과 제도에 관한 이해를 돕기 위해 구체적인 예시와 실무양식 및 변경된 내용을 추가하였다. 제12장에서는 수당제도의 변화와 공무원 연금 관련 제도 변화를 추가하였고, 제15장에서는 이해충돌방지법에 대한 내용을 새롭게 소개하였다. 제16장에서 공무원의 노동조합 가입자격이 6급 이하에서 모든 직급 공무원으로 확대된 점과 경찰과 소방 공무원도 직장협의회를 보장하는 점을 추가하였고 제17장은 적극행정의 징계면제제도를 추가하였다.

제3판을 준비하면서 인사행정을 공부하는 학생들은 물론 모든 독자들에게 도움이 될 수 있도록 최선의 노력을 다했다는 점을 말씀드리고 싶다. 마지막으로 제3판의 출판을 가능하게 해주신 창민사 윤동구 사장님과 직원 여러분께 감사드린다.

2024년 새해 벽두에

저자 일동 씀

서 문

우리는 언론 매체나 연구자료 등을 통하여 어떤 조직이나 집단이든 인사관리가 매우 중요함을 익히 알고 있다. 인사를 잘하면 모든 일이 잘되고, 인사를 잘못하면 모든 일을 망친다는 '인사가 만사(人事 萬事)'요 '인사가 망사(人事 亡事)'라는 말이 시대에 관계없이 회자되고 있다. 수많은 독자들을 매료시킨 저 유명한 『삼국지』에서 오나라를 수립한 손책이 10대의 어린 나이에도 천군만마를 통솔하며 강동을 휩쓸었던 것은 뛰어난 용인술(用人術)—사람을 쓰는 기술—때문이다. 재능이 특출한 인재라면 적이라도 자기편으로 끌어들이는 포용, 일단 받아들이면 신임이라는 인사원칙을 지켰다.

인사를 다루는 학문을 인사행정이라고 부르고, 행정학에서 조직행정, 예산행정과 함께 핵심적인 3대 분과 학문분야로 자리매김하고 있다. 그동안 우리나라에 행정학이 소개된 이후 수많은 선배 학자들에 의해 인사행정이 소개되고 연구되어 왔으며, 본 저서의 결과도 이런 선배 학자들의 숭고한 노력의 산물이라고 할 수 있다.

본래 인사행정은 정부나 공공부문에서 근무하는 공무원을 중요한 인적자원으로 간주하고 이를 효율적으로 활용하여 최고의 성과를 창출하는 수단과 방법 및 전략과 전술을 설명하고 이해시키는 분야이다. 기존의 수많은 인사행정 관련 저서들의 목적도 이러한 내용을 담고 있으며, 이번에 출간하는 본 도서의 목적도 같다고 할 수 있다. 그럼에도 불구하고 필자들이 새롭게 인사행정론을 집필하게 된 배경과 동기는 몇 가지로 설명 할 수 있다.

먼저, 기존의 교과서 틀을 벗어나는 것은 한계가 있다는 점을 인식하고, 보다 체계적으로 쉽고 명료하게 개념을 서술하여 강의하는 사람과 독자들이 편안한 마음으로 공부할 수 있도록 하였다.

둘째, 그동안 인사행정 관련 이론과 정책의 변화가 상당하여 이를 최대한 반영함으로써 새로운 시대적 상황과 인사행정을 소개하고 확산하는 데 기여하고자 노력하였다.

셋째, 인사행정은 변화무쌍한 영역으로 자료와 법령 변화가 매우 빈번하게 이루어져 이를 모두 적기에 개정하고 반영하는 것은 불가능하다는 인식하에 최대한 안정적인 부분을 중심으로 충실하게 설명하면서 차후 내용 변화가 발생하는 경우 독자들이 쉽게 확인할 수 있도록 관련 사항을 내각주로 부기하였다.

넷째, 인사행정의 다양한 분야를 가능한 한 포함시키려고 노력하여 우리 사회의 시대적 변화를 함께 고민하고 앞으로 인사행정의 방향성을 제시한다는 측면에서 인사행정의 환경변화와 다양성 부분을 추가하였다.

대부분의 저서가 그러하듯 본 저서도 그간의 선행 연구와 자료들에 힘입은 바 크며, 새로운 개념설명이나 서술은 최대한 지양하여 인사행정 학문의 안정성과 축적성을 확보하려고 노력하였으며, 선행 연구자료를 그대로 인용하는 경우 출처를 상세하게 밝히려고 하였다.

오랜 세월 동안 연구와 강의로 경험을 축적한 5명의 인사행정 전문가들이 집필하면서 개념과 체계의 통일성을 유지하도록 노력하였다. 이제 작은 설렘과 부끄러운 마음으로 세상에 이 책을 내 놓으면서 선배, 동료, 후배들의 애정 어린 비평을 겸허하게 받아들여 보다 나은 저서가 되도록 개정하고 보완할 것이다.

무엇보다도 이 책이 출판되기까지 많은 도움을 준 선배 학자들과 동료,

후배의 연구결과에 감사한다. 본 도서가 출간되도록 배려하고 격려해주신 창민사 윤동구 사장님과 직원 여러분께 감사드린다.

저자들이 오늘날 학자로서 자기 영역을 구축하며 성장할 수 있도록 길러주신 부모님께 무한한 존경심과 사랑을 드린다. 학자라는 직업이 크게 빛나지 않는 현실에서 강의와 연구에 매진할 수 있도록 힘과 용기를 보내준 가족들에게 미안함과 고마움을 전하고 싶다.

2016년 새해를 맞이하며

저자 일동 씀

차 례

인사행정의 이해 제1장

제2장 직업공무원제

제3장 인사의 기준: 실적주의와 엽관주의

제4장 대표관료제와 다양성 관리

제5장 공직의 분류제도: 계급제와 직위분류제

인사행정기관 제6장

제8장 인적자원계획, 모집과 선발

제9장 인사이동과 경력개발

교육훈련 제10장

제11장 성과평가

제12장 보수 및 연금

제13장 공무원 후생복지

제14장 동기부여

공무원의 의무와 윤리 제15장

제16장 공무원 노동조합과 직장협의회

제17장 신분보장과 징계

제18장 디지털 인사행정

제1장 인사행정의 이해

제1절 인사행정의 의의와 중요성
제2절 우리나라 인사행정의 법적 체계
제3절 본 저서의 구성

제1절 인사행정의 의의와 중요성

1. 인사행정의 개념

모든 집단이나 정부는 추구하는 가치와 비전 및 목표를 가지고 있으며, 이를 달성하기 위하여 필요한 자원이 사람, 돈, 그리고 정보이다. 이 중에서 가장 중요한 것은 실제로 일을 실행하는 사람이다. 우리가 행정학에서 다루는 인사행정의 인사(personnel)는 사람에 관한 일이고, 인사행정(personnel administration)은 사람, 즉 인사에 관한 행정이다. 정부에서 일하는 사람인 공무원에 관한 인사가 인사행정이며, 인사, 조직, 재무, 정책 등으로 분류할 때 인사가 곧 인사행정이다.

인사행정은 집단이나 조직이 사람을 관리하는 업무를 말하는 것으로 공공부문인 정부의 인사는 인사행정(public personnel administration), 민간부문의 인사는 인사관리(personnel management)로 관행적 용어 구분을 하고 있다. 최근에는 인사의 중요성이 강조되면서 인적자원(human resources), 인적자본(human capital), 인적자원관리(human resource management), 전략적 인적자원관리(strategic human resource management) 등 다양하게 분화되고 있다.

정부에 채용되어 직무(행정과 정책)를 수행하면서 그 대가로 보수(봉급)를 받는 근로자를 공무원이라고 부른다. 이들은 정부 각 조직에서 공적(public)인 행정업무를 수행한다. 공무원은 민간부문의 근로자와 달리 공적인 업무를 수행하기 때문에 민간의 근로자와 다른 신분상의 제약을 받게 된다.

인사행정은 정부가 목표를 달성하기 위하여 필요한 인적자원을 충원·유지·관리하는 일련의 과정이다. 충원된 공무원에게 일정한 업무를 부여하고, 보수와 승진 등으로 근무의욕을 불러일으키며, 제반 행동과 태도를 통제하고 관리하는 상호 연관된 과정이다.

2. 인사행정과 인사관리의 공통점과 차이첨

공공부문이든 민간부문이든 조직구성원인 사람을 관리하는 인사행정과 인사관리는 공통점과 차이점을 모두 갖고 있다. 정부의 인사행정과 민간의 인사관리의 공통점은 다음과 같다.

첫째, 조직이나 집단에서 인사행정은 조직목표를 달성하기 위한 수단이다. 이 말은 '인사' 자체가 목적이 아니라 '목표' 달성을 위해 사용되는 '수단'이라는 의미이다.

인사행정은 조직의 장(기관장, 리더)에게 인사와 관련된 조언과 보좌를 하는 참모 기능을 수행한다. 인사행정 담당자는 조직의 장에게 인사와 관련한 자료와 정보를 적시에 제공하면서 조언과 보좌를 한다. 따라서 인사행정 담당자는 인사행정의 전문성을 갖추어야 할 뿐만 아니라 동시에 그 조직의 목표, 방향, 정책, 구성원을 잘 알고 있어야 한다.

둘째, 인사행정과 인사관리는 사람을 관리하는 기법, 전략과 전술 등이 매우 유사하다. 조직목표를 효율적으로 달성하기 위하여 가장 유능한 인적자원의 충원, 적재적소 배치, 교육훈련, 성과평가, 능력발전, 근무의욕 고취, 무능력자의 관리와 퇴출, 적절한 퇴직관리 등의 활동이 대동소이하다.

공적인 업무를 수행하는 조직의 인력을 관리하는 인사행정은 민간부문의 인사관리와 다른 나름의 차이점과 특징을 가지고 있다.

첫째, 인사행정은 공공성과 형평성을 강조한다.

민간 조직의 인사관리는 민간 조직의 이윤 극대화 목표 달성을 위한 지원활동이므로 능률성과 효율성을 강조하는 경향이 있는 반면에 공공부문은 업무의 속성 및 정부라는 특성상 공공성과 형평성을 중시한다. 정부의 인사행정이 효율성과 능률성에 관심을 두지 않는 것은 아니라 정부의 존재 목적과 핵심 미션이 공익의 실현, 사회적 후생의 극대화에 있기 때문에 정부의 인사행정은 공정경쟁, 기회균등, 차별금지(성별, 인종, 지역, 종교, 인종 등), 공무원의 정치적 중립성, 정치적 노동조합 활동 금지 등 민간의 인사관리와는 다른 강조점을 갖고 있다. 그 결과 어떤 인사정책은 다소 비능률적이거나 비효율적이라도 공공성이나 형평성을 이유로 정부 인사행정의 주요 정책으로 채택되게 된다. 대표관료제, 적극적 우대조치(Affirmative Action), 양성평등채용목표제, 지방인재채용목표제, 다문화공무원우선채용, 지역인재채용할당제, 중증장애인경력경쟁채용 등이 공공성이나 형평성을 위한 대표적인 제도라고 할 수 있다.

둘째, 인사행정은 엄격한 법규 적용을 받는다.

민간부문과 달리 공공부문의 인사행정은 그 기준과 절차가 법률, 명령, 조례, 규칙 등에 엄격하게 규정되어 있으며 모든 인사행정 과정에 엄격하게 적용된다. 법률에 의한 인사행정은 인사권자의 자의적인 행사를 막고 인사행정의 안정성과 일관성을 확보하여 인사행정의 전문화와 발전에 기여할 수 있다.

셋째, 인사행정은 정치적 성격을 가진다.

장·차관 등 고위직 공무원의 인사행정은 고도의 정치적 활동이다. 누구를 장관과 차관 등에 임명하느냐에 따라 국가 정책과 국가 및 사회발전에 지대한 영향을 미치게 된다. 정무직이 아니더라도 일반직 공무원의 채용이나 평가 등에도 정치적 영향을 배제할 수 없다. 대통령이나 장관(인사관장기관장), 자치단체장 등 인사권을 가진 기관장의 인사철학에 따라 채용, 평가, 승진 등의 방법이나 절차, 내용 등에 어느 정도 합리적인 내용으로 영향을 미칠 수 있다.

넷째, 인사행정은 그 대상과 기능이 매우 다양하고 복잡하며 특수성을 가진다.

민간부문의 인사관리는 해당 조직의 목표달성을 위한 몇 가지 기능에 국한되는 경향이 강하다. 하지만, 정부의 인사행정은 그 대상과 범위가 매우 다양하고 광범위하며 민간의 인사관리에서는 다루지 않는 전문 분야에 대한 인사행정을 수행한다. 국방, 외교, 통상, 치안, 소방 등은 대표적인 정부

고유의 인사행정 대상이라고 할 수 있다.

3. 현대국가와 인적자원관리의 중요성

인사행정은 인사권자가 인사와 관련되어 합리적인 의사결정을 하도록 도와주는 참모행정이다. 전통적 인사행정에서 인사행정 담당자는 단지 미리 정해진 절차와 방법에 따라 일정한 가치를 실현하는 기능적 전문가로 이해되었다. 하지만 현대사회로 넘어오면서 조직목표 달성에 인적자원의 중요성이 강조되면서 인사행정은 한정적이고 보좌적 기능에서 조직의 목표달성을 위한 핵심 자원인 인적자원을 어떻게 효과적으로 확보하고 활용하는 역할로 인사행정의 기능이 발전하였다. 인적자원관리를 조직의 목표 및 조직의 전략적 관리와 연계시키는 전략적 인적자원관리(strategic human resource management)의 강조가 대표적인 사례이다.

조직의 목표달성 전략과 이에 필요한 인적자원의 관리를 동시에 고려하고 연계시켜 조직목표 달성을 추구하는 전략적 인적자원관리가 보편화되는 추세이다. 전략적 인적자원관리의 특징은 다음과 같다(Tompkins, 1995; 강성철 외, 재인용).

첫째, 인적자원은 조직목표 달성에 매우 중요한 자산이다. 현대사회가 복잡하고 전문화되어 감에 따라 공무원들도 성공적인 직무수행을 위해 필요한 전문지식과 기술을 보유한 유능한 인적자원이 되어야 한다.

둘째, 조직과 개인의 목표가 동시에 추구되는 방향으로 인적자원을 관리해야 한다. 과거에는 조직목표와 개인목표가 갈등을 가지고 있었으며, 조직목표를 달성하기 위하여 개인의 욕구나 목표는 양보되거나 희생되어야 한다고 생각하였다. 하지만, 전략적 인적자원관리에서는 조직과 개인의 욕구와 목표가 동시에 달성될 수 있도록 전략적으로 조직과 인력을 관리해야 한다.

셋째, 전략적 인적자원관리의 목적은 개인의 발전을 통한 조직성과 향상을 추구한다. 이를 위하여 조직의 신축성 확대, 직위분류제의 활용, 우수한 인재의 충원, 공정한 성과관리, 직무충실(job enrichment), 참여기회의 확대, 공정한 평가, 직무성과와 보상의 연계, 다양한 근무제도 도입 등이 적절하게 활용되어야 한다.

이러한 특징을 가진 전략적 인적자원관리는 인력을 조직목표 달성을 위한 소중한 자산이라는 관점에서 출발하고 있다(Klingner,1995).

클링너(1995)는 전략적 인적자원관리 특징의 하나로 전통적인 기능적 전문가가 아닌 기업가와 같은 전문가가 필요하다고 강조하였다. 즉, 인사행정의 상황과 환경은 수시로 변화하므로 그러한 상황에 능동적으로 적응하고 대응하기 위하여 상충하는 가치를 판단하고 조정하는 역할까지 수행하는 전문가가 되어야 한다. 인사담당자는 기능적 전문 역할과 윤리적 의사결정이라는 복합적 역할을 동시에 수행하도록 요구받는 인사행정전문가인 것이다.

우리나라 인사혁신처는 2015년 11월 공무원임용령을 개정하여 '행정' 직렬에 '인사조직' 직류를 신설하였다. 그동안 인사담당 공무원은 순환보직으로 잦은 교체가 이루어져 전문성 축적이 어렵다는 문제점을 개선하기 위하여 인사조직 직류를 신설하여 인사행정의 전문화를 모도하려는 노력이다. 인사조직 직류 신설은 채용, 인재개발, 보직 및 성과관리 등 모든 인사행정 과정을 전담하는 인사행정 전문가의 활용으로 전략적 인사행정을 가능하게 하고 궁극적으로 국가 경쟁력 제고를 목표로 하고 있다.

4. 인사행정의 주요 활동

연구자에 따라 약간의 차이를 보이고 있지만, 일반적으로 인사행정은 다양한 과정과 내용을 포함하고 있다. 정부에서 일할 사람의 수요를 예측하

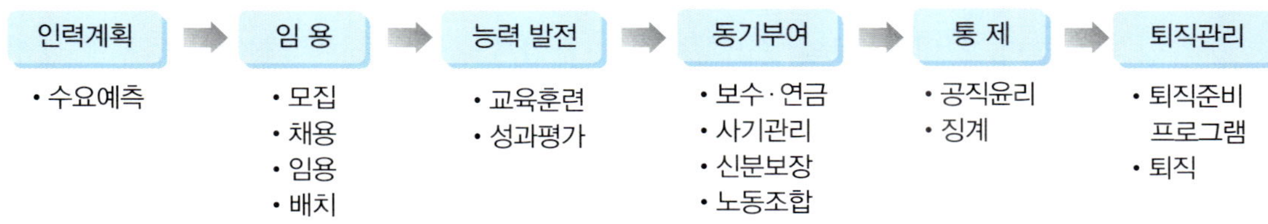

[그림 1-1] 인사행정의 과정 및 내용

여 적정 인원을 선발하고 근무시켜 퇴직할 때까지의 전 과정이 인사행정과 관련되어 있다. 인사행정에는 다음 [그림 1-1]과 같은 여러 활동을 포함한다.

인사행정은 인력계획을 수립하는 첫 단계로 공무원 수요예측으로부터 시작된다. 어느 부처, 어느 직위, 몇 명의 공무원이 필요한가에 대한 수요를 예측하는 의사결정이 있어야 한다. 이러한 수요예측은 정부의 목표, 현재 인원, 정부 재정력 등을 종합적으로 고려하여 이루어지게 된다.

다음 단계로 모집, 채용, 임용, 배치를 통해 공무원이 탄생한다. 모집(recruitment)은 수요예측에 의해 공무원이 되고자 하는 사람들을 모으는 과정이다. 모집은 정부 전체의 계획에 따라 정기적으로, 또는 개별 기관의 필요에 따라 수시로 이루어진다. 모집은 공개적으로 하는 것이 원칙이기 때문에 기관 홈페이지나 언론 매체를 통해 널리 알려야 한다. 국가 차원의 모집 공고는 정부 인사기관(현재 인사혁신처)의 홈페이지에서 쉽게 확인할 수 있다.

채용(adoption)은 모집 공고에 응시한 사람들을 대상으로 우수한 사람을 선별하여 합격시키는 일이다. 필기시험, 실기시험, 면접과 적성검사 등 다양한 방법으로 유능한 인적자원을 선발하는 것이다. 채용시험은 직급과 직무에 따라 적절하게 이루어져야 한다.

임용(appointment)은 채용을 통해 선발한 사람을 공문서를 통해 공무원으로 임명하는 행위이며, 신규 채용자를 일정한 직급, 직책, 직위에 배치하는 것이다. 배치(placement)는 채용된 공무원을 그 사람의 능력, 적성, 전공, 경험, 경력, 업무의 중요성이나 시급성 등을 고려하여 해야 할 업무에 배정하는 활동이다. 임용을 통해 배치된 공무원은 관청 사무실에 출근하여 행정업무에 종사하며, 그 대가로 받는 것이 보수이다.

공무원은 성공적으로 직무를 수행하기 위하여 교육훈련을 받으며 능력을 발전시킨다. 사기와 동기부여는 공무원들이 조직에 잘 적응하면서 자신의 업무에 만족하고 성공적으로 수행하도록 지원하고 관리하는 활동이다.

성과평가는 공무원이 수행한 업무의 성과를 평가하는 일이며, 평가 결과는 공무원의 승진, 배치전환, 보상, 징계 등에 사용하는 기초자료와 공무원 개인의 능력발전을 위한 용도로 사용된다.

통제란 공무원이 업무를 수행하면서 부정과 부패를 하지 않고 공정하고 청렴하게 근무하도록 감시하는 과정이다. 이른바 합법성, 능률성, 정치적 중립성, 형평성 등의 행정윤리를 요구하는 것이다. 이러한 통제에 어긋나는 경우에는 징계절차를 통하여 중징계(파면, 해임, 강등, 정직)나 경징계(감봉, 견책)를 받게 된다.

승진은 공무원이 성공적으로 업무를 수행하거나 최소 승진 소요 연수가 지나는 경우 담당 업무의 책임과 난이도가 더 어려운 바로 위 직급(계급)으로 올라가는 것이다.

퇴직은 공무원이 공직을 떠나는 과정으로 정년, 명예퇴직, 조기 퇴직, 불명예 퇴직 등이 이루어진다. 퇴직한 공무원에게는 원칙적으로 퇴직금과 연금이 주어진다.

우리나라 인사행정의 법적 체계 제2절

1. 민주주의와 법에 의한 통치

'국민의 지배' 혹은 '국민 주권주의'로 표현되는 민주주의는 모든 주권은 국민에게 있으며 간접민주주의 대의제의 원칙에 따라 국민에게 신임을 받은 대표자들이 정부를 구성하여 국민을 위하여 봉사하는 제도를 갖추고 있다. 정부를 구성하는 인적 구성 중에는 국민으로부터 직접 선출되는 선출직도 있지만 실적에 의하여 선발되어 정권의 변화와는 무관하게 모든 국민의 봉사자로 근무하는 직업공무원도 있다. 실적에 근거하여 선발되고 근무하는 직업공무원은 선출직 공무원에 비하여 정부 인력의 규모 측면에서 양적으로 더 큰 비중을 차지하고 있을 뿐만 아니라 현대국가의 성숙과 함께 그 역할의 중요성도 점점 더 커지고 있다.

직업공무원이 모든 국민의 봉사자로서 올바르게 임무를 수행할 수 있기 위해서는 헌법과 법률 등 법적 제도적 근거를 갖추어야 한다. 인사행정의 법적 근거는 일관성 있고 예측 가능한 인사행정을 가능하게 하여 공무원으로 하여금 국민에 대한 봉사자의 역할을 충실하게 수행할 수 있도록 함과 동시에 국민의 뜻과 의지에 부합되는 공무원의 역할을 수행하는 것을 가능하게 한다. 공무원을 선발하고 관리하는 인사행정이 입법부에서 제정되는 법적 근거를 갖는 것은 공무원이 입법부를 통한 국민의 통제를 가능하게 하여 민주주의 원칙의 확립에도 꼭 필요한 부분이라고 할 수 있다.

우리나라는 「헌법」 제7조 1항에서 공무원은 국민 전체의 봉사자이며 국민에 대하여 책임을 진다고 규정하고 있다. 이는 공무원이 모든 국민을 위하여 봉사하는 역할이라는 점과 그러한 역할의 과정과 결과가 국민에 대한 책임으로 이어지고 국민의 통제를 받는다는 것을 명시하고 있다.

2. 인사행정 법체계

1) 인사행정 관련 입법

우리나라의 공무원 제도의 법적 체계는 1949년 국가공무원에 적용할 근본 기준을 확립하기 위한 「국가공무원법」의 제정에서부터 시작되었다. 이 법은 인사행정의 공정을 기함과 동시에 공무원으로 하여금 국민 전체의 봉사자로서 최대의 능률을 발휘할 수 있도록 국가공무원의 법적 체계를 갖추는 목적으로 제정되었다. 보수와 복무와 관련된 내용을 주요 내용으로 담고 있다. 이후 행정환경 변화에 따른 공무원의 역할 및 기능 변화에 맞추어 지속적으로 법 개정을 하고 있다.

「국가공무원법」 이후 제정된 주요 법률은 다음과 같다. 1960년도에는 지연된 보수의 성격을 갖은 연금제도 도입의 근거가 되는 「공무원연금법」이 제정되었다. 「공무원연금법」은 공무원이 오랫동안 성실히 근무하고 퇴직을 하였거나 공무로 인한 부상 또는 질병으로 퇴직 또는 사망한 때, 그리고 군인으로서 현역에 일정한 기간 복무하고 퇴직 또는 사망했을 때 본인이나

〈표 1-1〉 인사혁신처 소관 법률(2023년 기준)

법 률	제정일	최종 개정일
국가공무원법	1949.08.12	2023.04.11
공무원연금법	1960.01.01	2023.06.30
공무원 인재개발법	1973.02.05	2022.11.15
공직자윤리법	1981.12.31	2022.11.15
1980년 해직공무원의 보상 등에 관한 특별조치법	1989.03.29	1989.03.29
임용결격 공무원 등에 대한 퇴직보상금 지급 등에 관한 특례법	1999.08.31	2018.03.20
공무원 재해보상법	2018.03.20	2022.11.15
공무원 노동조합 관련 해직공무원 등의 복직 등에 관한 특별법	2021.01.12	
공휴일에 관한 법률	2021.07.07	

유족에게 연금 또는 일시금을 지급하여 생계를 보장하는 것을 목적으로 도입된 제도이다. 연금제도의 도입이 1960년대 초에 이루어진 것은 교육훈련, 공직윤리 등 다른 주요 입법이 1970년대 혹은 1980년대에 이루어진 것을 감안할 때 매우 이른 시점에 도입된 것이라고 할 수 있다.

1973년에는 「공무원 교육훈련법」이 제정되었다. 이 법의 제정으로 공무원의 정신자세를 확립하고 직무 내용별로 실무에 직접 응용할 수 있는 교육을 실시할 수 있는 법적 근거가 마련되었다. 특히, 교육훈련의 계획과 실시체계를 정비하고, 우수교관을 확보할 수 있는 제도를 마련하며 직장훈련을 강화하는 것이 가능하게 되었다. 2016년에는 법률의 명칭을 「공무원 교육훈련법」에서 「공무원 인재개발법」으로 변경하였다. 교육훈련 제도의 미비점을 보완, 정비함과 동시에 국가공무원을 국민 전체에 대한 봉사자로서 공직가치의 확립을 명칭 변경의 취지로 제시하고 있다. 변경된 법에는 직무수행의 전문성과 미래지향적 역량을 갖춘 인재로 개발하고 보다 종합적인 관점의 공무원 인재개발에 관한 사항을 포함하도록 중앙공무원교육원을 국가공무원인재개발원으로 개편하는 내용을 담고 있다. 이와 함께 공무원의 자기개발 의무 및 행정기관의 장의 지원의무를 명시하는 한편, 공무원 교육훈련기관 등과의 협의체 구성·운영의 근거를 마련하는 등 현행 제도의 운영상 나타난 일부 미비점을 개선·보완하려고 하였다.

1981년에는 공직자의 부정을 방지하고 공무집행의 공정성을 확보함으로써 정의롭고 깨끗한 공직사회를 구현하여 공직자에 대한 국민의 신뢰를 제고하고 아울러 모든 공직자로 하여금 정의 · 복지사회 건설의 선도적 역할을 다할 수 있게 함과 동시에 긍지와 보람으로 맡은 바 직무에 전념할 수 있도록 공직자의 재산등록과 외국인 등으로부터 수령한 선물 신고 및 퇴직 후 유관 사기업체의 취업제한 등을 제도화하기 위하여 「공직자윤리법」이 도입되었다.

2018년에는 「공무원연금법」에서 공무원 재해보상제도를 분리하기 위하여 「공무원 재해보상법」이 도입되었다. 공무원 신분임에도 공무원 재해보상 적용을 받지 못하던 시간선택제 채용 공무원 등을 공무원 재해보상제도의 적용 대상으로 포함하고, 공무수행 중 사망한 무기계약직·비정규직 근로자도 공무원과 동일하게 순직 인정 및 예우 등을 받을 수 있도록 하며, 위험직무순직 공무원 요건의 확대 및 재해보상 수준의 현실화 등을 통하여 공무수행 중 발생한 재해에 대한 보상을 강화하고, 재해보상 급여에 대한 심사절차를 개선하는 등 전문적이고 체계적인 공무원 재해보상제도의 발전을 위한 입법이라고 할 수 있다.

2) 인사행정 관련 시행령

1949년 국가공무원법이 제정되면서 국가공무원법의 주요 내용을 실천에 옮기기 위한 시행령도 제정되었다. 가장 먼저 제정된 시행령은 공무원의 복무에 관한 내용을 담은 관공서의 공휴일에 관한 규정이며, 이후 공무원 임용과 관련된 세부 내용을 담은 공무원임용령, 그리고 보수체계를 규정한 공무원 보수 규정이 대통령령으로 제정되었다.

〈표 1-2〉 1940년대 인사혁신처 소관 대통령령

대통령령	제정일	최종 개정일
관공서의 공휴일에 관한 규정	1949.06.04	2023.05.04
공무원임용령	1949.11.05	2023.08.30
공무원 보수 규정	1949.11.21	2023.01.06

1950년대에는 추가적인 시행령의 제정이 없었으며, 1960년대 「공무원연금법」의 제정과 함께 다양한 시행령이 제정되어 인사행정의 구체적인 시행지침이 갖추어지기 시작되었다. 1960년도 공무원연금법 시행령의 제정을 시작으로 1962년 직무대리 규정, 1963년 별정직 공무원 인사 규정, 소청절차 규정, 1964년 국가공무원 복무 규정, 1965년 공무원의 범위에 관한 규정, 1966년 공무원임용시험령, 그리고 1968년 공무원 인사 감사 규정이 제정되

었다. 매년 1~2개의 시행령이 제정되면서 인사행정의 구체적인 실행지침이 그 모습을 갖추기 시작한 시기라고 할 수 있다. 특히 전반적인 공무원 임용을 다룬 공무원임용령에 더하여 구체적인 시험 관련 내용을 담은 공무원임용시험령의 제정은 시험을 통한 공무원 선발을 중요시하는 정부의 방침을 잘 반영하고 있는 것이라고 할 수 있다.

〈표 1-3〉 1960년대 인사혁신처 소관 대통령령

대통령령	제정일	최종 개정일
공무원연금법 시행령	1960.02.06	2021.06.22
직무대리 규정	1962.05.21	2022.12.27
별정직 공무원 인사 규정	1963.05.29	2022.12.27
소청절차 규정	1963.06.01	2023.06.07
국가공무원 복무 규정	1964.03.11	2023.07.18
국가공무원법 제3조 제3항의 공무원의 범위에 관한 규정	1965.10.27	2002.07.10
공무원임용시험령	1966.02.07	2023.08.01
인사 감사 규정	1968.10.08	2020.07.30

1970년도가 되면서 공무원 수당 등에 관한 규정, 공무원 징계령, 공무원 채용 신체검사 규정이 제정되었다. 그리고 1973년에는 공무원 교육훈련법의 제정에 따라 공무원 교육훈련법 시행령이 제정되었고, 2016년 「공무원 교육훈련법」이 「공무원 인재개발법」으로 변화됨에 따라 시행령의 명칭도 공무원 인재개발법 시행령으로 바뀌었다. 1970년대는 수당, 징계, 교육훈련 등 공무원의 복무와 관련된 기본적인 내용을 다룬 시행령이 제정되어 채용과 관련된 시행령의 제정이 이루어진 1960년대 이전과 비교하여 차이점을 확인할 수 있다.

1981년도에는 공무원 고충처리 규정, 명예퇴직 수당 지급 규정, 연구직 및 지도직 공무원 임용 등에 관한 규정이 제정되는 등 인사행정 관련 세부적인 시행 규정이 속속히 제정되기 시작하였다. 1982년도는 「공직자윤

〈표 1-4〉 1970년대 인사혁신처 소관 대통령령

대통령령	제정일	최종 개정일
공무원 수당 등에 관한 규정	1970.04.06	2023.09.19
공무원 징계령	1970.06.15	2023.01.03
공무원 채용 신체검사 규정	1970.06.15	2019.12.24
공무원 인재개발법 시행령	1973.03.30	2023.01.03

리법」의 제정에 따라 공직자윤리법 시행령이 제정되었으며, 민주화 시기인 1989년도에는 1980년 해직 공무원의 보상에 관한 특별조치법 시행령이 제정되기도 하였다.

〈표 1-5〉 1980년대 인사혁신처 소관 대통령령

대통령령	제정일	최종 개정일
공무원 고충처리 규정	1981.06.10	2022.01.25
국가공무원 명예퇴직 수당 등 지급 규정	1981.10.14	2021.11.30
연구직 및 지도직 공무원의 임용 등에 관한 규정	1981.12.18	2022.12.27
공직자윤리법 시행령	1982.12.31	2023.04.25
1980년 해직공무원의 보상 등에 관한 특별조치법 시행령	1989.05.08	2014.11.19

1990년대에는 1998년 공무원 여비 규정, 1999년 임용결격 공무원 등에 대한 퇴직보상금 지급 관련 규정이 제정되는 등 2건의 시행령 제정만이 있었다. 하지만 2000년대와 2010년대는 다수의 시행령이 제정되었다. 이 시기에 인사행정에 있어 많은 제도적 개선과 혁신 노력이 이루어진 결과라고 할 수 있다.

2000년대는 개방형 인사제도의 도입과 함께 개방형 직위 및 공모직위 운영에 관한 규정이 2000년 도입되는 것을 시작으로 2004년도에는 공무원 성과평가 등에 관한 규정, 공무원 인사기록·통계 및 인사사무처리 규정이 제정되었고 그다음 해인 2005년에는 공무원 후생복지에 관한 규정과 공직

〈표 1-6〉 1990년대 인사혁신처 소관 대통령령

대통령령	제정일	최종 개정일
공무원 여비 규정	1998.02.24	2023.03.02
임용결격 공무원 등에 대한 퇴직보상금 지급 등에 관한 특례법 시행령	1999.11.22	2014.11.19

후보자 등에 관한 정보의 수집 및 관리에 관한 규정이 제정되었다. 2006년도에는 고위공무원단제도 도입과 함께 고위공무원단 인사 규정과 직무분석 규정이 제정되었다. 2000년대 상반기는 인사행정과 관련된 많은 제도 개선이 이루어지면서 관련된 규정도 속속히 도입된 시기라고 할 수 있다.

〈표 1-7〉 2000년대 인사혁신처 소관 대통령령

대통령령	제정일	최종 개정일
개방형 직위 및 공모 직위의 운영 등에 관한 규정	2000.02.28	2023.08.30
공무원 성과평가 등에 관한 규정	2004.06.11	2022.12.27
공무원 인사기록 · 통계 및 인사사무처리 규정	2004.06.11	2021.03.30
공무원 후생복지에 관한 규정	2005.05.26	2019.11.26
공직후보자 등에 관한 정보의 수집 및 관리에 관한 규정	2005.09.30	2023.06.20
고위공무원단 인사 규정	2006.06.12	2023.08.30
직무분석 규정	2006.06.12	2017.07.26

2010년대에 들어서도 새로운 시행령의 제정이 지속적으르 이루어졌다. 2013년 전문경력관 규정과 공무원의 구분 변경에 따른 전직 임용 등에 관한 특례규정이 제정되었고 전문직 공무원 인사 규정이 2017년에 제정되었다. 그리고 2018년에는 「공무원 재해보상법」의 시행에 따라 공무원 재배보상법 시행령이 제정되었다. 이후에도 적극행정 운영 규정의 제정 등 인사행정 제도 발전을 구체적으로 실현하기 위한 시행령의 제정이 이루어진 것을 알 수 있다.

〈표 1-8〉 2010년대 및 2020년대 인사혁신처 소관 대통령령

대통령령	제정일	최종 개정일
전문경력관 규정	2013.11.20	2022.12.27
공무원의 구분 변경에 따른 전직 임용 등에 관한 특례 규정	2013.11.20	2019.04.16
인사혁신처와 그 소속기관 직제	2014.11.19	2023.04.11
전문직 공무원 인사 규정	2017.01.10	2022.12.27
공무원 재해보상법 시행령	2018.09.18	2023.06.07
성희롱 · 성폭력 근절을 위한 공무원 인사관리 규정	2018.11.27	
적극행정 운영 규정	2019.08.06	2022.12.27
공무원 인사운영에 관한 특례 규정	2019.12.10	2022.12.27
공무원 노동조합 관련 해직 공무원 등의 복직 등에 관한 특별법 시행령	2021.04.13	2021.04.13

제3절 본 저서의 구성

본 저서는 크게 18장으로 구성되어 있는데, 제1장은 인사행정의 이해, 제2장은 직업공무원제도, 제3장은 인사기준으로 실적주의와 엽관주의, 제4장은 대표관료제와 다양성 관리, 제5장은 공직의 분류제도, 제6장은 인사행정기관, 제7장은 공무원의 분류, 제8장은 인적자원계획, 모집과 선발, 제9장은 인사이동과 경력개발, 제10장은 교육훈련, 제11장은 성과평가, 제12장은 보수와 연금, 제13장은 공무원 후생복지, 제14장은 동기부여, 제15장은 공무원의 의무와 윤리, 제16장은 공무원 노동조합과 직장협의회, 제17장은 신분보장과 징계, 마지막으로 제18장은 디지털 인사행정을 다루고 있다.

독자들은 원칙적으로 제1장부터 순서대로 공부하는 것이 인사행정을 올바르게 이해하는 데 도움이 될 것이다. 앞에서 설명한 바와 같이 인사행

〈표 1-9〉 본 저서의 구성 체계와 주요 내용

제1장	인사행정의 이해: 인사행정의 의의와 중요성, 인사행정의 구성과 법적 체계
제2장	직업공무원제: 발전배경과 특징, 장단점과 수립요건, 개혁의 추세
제3장	인사의 기준: 실적주의와 엽관주의
제4장	대표관료제와 다양성 관리: 대두 배경, 장점과 한계, 한국에의 적용
제5장	공직의 분류제도: 계급제와 직위분류제
제6장	인사행정기관: 중앙인사기관의 기능, 유형, 발전과정
제7장	공무원의 분류: 경력직과 특수경력직, 고위공무원단제도, 역량평가
제8장	인적자원계획, 모집과 선발: 외부임용, 내부임용, 공개경쟁채용과 경력경쟁채용
제9장	인사이동과 경력개발: 수직이동, 수평이동, 경력개발계획
제10장	교육훈련: 종류와 방법, 저항과 극복, 한국의 현황
제11장	성과평가: 방법, 오류, 성과평가제도
제12장	보수 및 연금
제13장	공무원 후생복지
제14장	동기부여: 동기부여 이론, 동기부여 전략
제15장	공무원의 의무와 윤리: 공직윤리, 공직부패, 정치적 중립
제16장	공무원 노동조합과 직장협의회: 일반공무원의 노동조합, 공무원직장협의회
제17장	신분보장과 징계: 신분보장제도, 징계제도, 소청심사제도
제18장	디지털 인사행정

정은 복잡하고 다양한 일련의 과정으로 구성된다. 따라서 이 과정을 따라가면서 공부하고 이해할 때 전체를 아우를 수 있고 정확하게 이해할 수 있다.

무엇보다도 인사행정은 환경변화에 민감한 분야이므로 정부가 바뀔 때마다, 상황이 변할 때마다 관련 법령이 제정되거나 개정되는 경우가 많다. 독자들은 인사행정과 관련한 기관의 홈페이지(2016년 현재 인사혁신처, www.mpm.go.kr), 관련 법령(국가공무원법과 시행령, 지방공무원법과 시행령, 공무원임용령, 국가인재개발법과 시행령 등)을 참조하면서 공부할 때 보다 효과적으로 성과를 거둘 수 있다.

본 저서의 각 장 말미에는 독자들이 찾아보거나 토의할 주제를 제시하고 있으므로 이를 잘 활용하는 것도 많은 도움이 될 것이다.

찾아볼 문제

1. 우리나라 중앙인사관장기관의 홈페이지를 방문하여 인사행정과 인사정책의 내용을 알아 봅시다.

2. 국가공무원법 등 인사행정 관련 주요 법령을 찾아 읽어 봅시다.

토론할 문제

1. 인사행정과 인사관리의 공통점과 차이점을 토론해 봅시다.

2. 민주주의 국가에서 인사행정의 법적 근거가 갖는 의미가 무엇인지 토론해 봅시다.

3. 우리나라의 인사행정 관련 법률과 시행령의 제정 시기를 살펴볼 때 인사행정 제도의 정립과 발전이 어떻게 이루어졌다고 할 수 있는지 토론해 봅시다.

제2장 직업공무원제

제1절 직업공무원제의 발전배경

1. 절대군주국가와 직업공무원제의 탄생

서구의 직업공무원제는 유럽대륙에서 절대군주국가의 탄생과 함께 시작되었다. 그 이전 중세봉건시대에는 군주의 가내 사무와 국가의 공공사무 간에 구별이 없었을 뿐만 아니라 봉급 대신 봉토(토지)를 하사받고 관직이 세습되었다. 15~18세기에 군주는 중상주의 정책과 보호무역정책을 통하여 귀족과 교회에 반하여 자신을 지지하는 신흥자본가 계급을 지원하였다.

분권적 봉건사회에서 중앙집권적 통일국가로 진행하는 과정에서 군주는 대규모의 강력한 상비군을 양성하고 이 유지를 위해 재원 조달을 담당할 관료조직을 정비하게 된다. 이에 따라 인사행정의 제도와 기능도 체계화되기 시작하였다.

2. 서구 국가들 간의 차이점

1) 독 일

위와 같은 절대군주시대에서 관료제를 가장 성공적으로 수립한 사례가 독일연방의 전신인 프로이센이다. 이 나라는 인사제도의 기본적 특징으로 전형적인 직업공무원제 형태를 가지고 있었다. 당시에는 관료가 국가와 동일시되었던 군주에 충성과 복종을 하고 특정한 의무를 이행하며 뇌물수수가 금지되었다. 대신 관료로서 특권과 신분보장이 주어졌고 봉토 대신 봉급으로 보상을 받았다. 특수한 신분에 맞는 의무와 권한이 주어진 것이다. 관직은 세습되지 않고 대학에서 관방학을 이수한 자들 중 선발하여 시보기간 후 정식 관료로 임명하였다.

2) 영 국

영국의 경우도 중상주의 정책을 추진하였는데 보호무역보다는 해외 식민지 개척으로 방향을 잡았다. 따라서 상비군 유지를 위한 재원을 국내에서 조달할 필요가 없었고 절대군주제하에서도 조직화된 대규모 관료조직을 양성하지 않았다. 대신 국왕이나 귀족들이 관직을 미끼로 하여 정치세력을 확대하였고 이것은 은혜적 정실주의로 불린다. 명예혁명 후 내각책임제도의 발전과 함께 정당 지도자가 관직을 정치적 고려로 배분하였는데 이는 정치적 정실주의라고 불린다.

3) 미 국

미국은 유럽의 관료제적 전통이 거의 없었다. 절대군주하에서 시달리던 이민족들이 이주하여 세운 국가였으므로 직업공무원제를 민주주의에 대한 위협으로 인식하였다. 즉 관직을 장기 점유하는 것은 관료주의를 심화시켜 행정의 민주화를 저해한다고 생각하였다. 그래서 엽관주의를 민주주의의 실천적 원리로 인식하였다. 공직자 임기를 대통령 임기와 동일한 4년으로 정하는가 하면 1829년에는 엽관제를 공식적으로 도입하기도 하였다. 이후 실적주의와 정치적 중립이 확립된 후에도 직위분류제를 기반으로 모든 직급을 외부 임용함으로써 직업공무원제의 수립을 방지하였다.

직업공무원제의 정의와 특징 제2절

1. 직업공무원제의 정의

우리나라 공무원제도의 기본원리 중 대표적인 것은 직업공무원제와 실적주의제이다. 「국가공무원법」 제2조에 의하면, 공무원은 경력직과 특수경력직으로 구분되며, 경력직 공무원은 "실적과 자격에 따라 임용되고 그 신분이 보장되며 평생 동안(근무기간을 정하여 임용하는 공무원의 경우에는 그 기간 동안을 말한다) 공무원으로 근무할 것이 예정되는 공무원"이라고 정의되어 있다.

여기서 "실적과 자격에 의하여 임용"된다는 것은 실적주의를 의미하고, "신분이 보장되며 평생토록 공무원으로 근무할 것이 예정"되어 있다는 것은 직업공무원을 의미한다. 따라서 경력직 공무원은 실적주의 적용을 받는 직업공무원을 말하며 소위 '관료(bureaucrat)'라고 불리는 사람들이 여기에 속한다고 볼 수 있다.

직업공무원제(Career Civil Service System)란, 직업공무원을 지원하기 위한 인사제도이다. 보다 구체적으로 말하면 젊고 우수한 인재가 공직에 들어와서 국민에 대한 봉사를 보람 있는 생애라고 생각하며 공직을 일생의 본업으로 하여 일할 수 있도록 설계된 인사제도를 말한다.

따라서 직업공무원제의 적용을 받는 직업공무원은 공직을 잠시 머물렀다 떠나는 경력의 일부로 보지 않는다. 평생의 본업이며 생계유지의 유일한 수단으로 생각하는 직업의식을 가지게 된다.

2. 직업공무원제의 특징

1) 시스템으로서의 직업공무원제

직업공무원제는 어떤 구체적인 정책이나 법, 그 자체라고 말하기는 어렵다. 오히려 그러한 직업의식을 갖게 만드는 여러 하위 제도들로 구성되어 있는 상위의 포괄적인 제도라고 보는 것이 정확하다.

이는 'Career Civil Service System'이라는 직업공무원제의 영문표기를 보면 쉽게 알 수 있다. 행정학개론에서 나오듯이 'system' 즉 시스템 혹은 체계라 함은, 하위의 구성요소들로 이루어져 있고, 특정 목적을 달성하기 위하여 그 요소들이 상호 유기작용을 하는 실체를 말하며, 이 실체는 외부 환경에 적응하여 자신을 유지하려는 속성이 있다.

마찬가지로 직업공무원제는 하위의 구성요소들로 구성되어 있으며 이들이 서로 유기작용을 통하여 직업공무원의 직업의식을 고두시키는 시스템이라고 할 수 있다. 따라서 이 구성요소들로 작용하는 제도들을 이해하는 것이 중요하며 이들을 직업공무원제의 특징으로도 이해할 수 있다.

2) 폐쇄형 임용

직업공무원제하에서 임용제도는 폐쇄형 인사제도가 특징이다. 즉 젊은 인재를 공직에 하위 직급으로 임용하여 장기간 근무하게 만드는 제도이다. 직업의식이 생기려면 젊은 나이부터 그 직업에 몸담아 일하면서 그 직업에서 공유하는 규범의식이나 문제해결방식을 익히는 것이 중요하다.

우리나라에서 9급, 7급, 5급을 입직 계급으로 제한하고 이 계급을 시작으로 승진하면서 평생을 공직에 종사하는 모습이 그것이다. 이렇게 하지 않고 민간 경력자가 중간에 수시로 공직에 입문하였다가 오래 지나지 않아 수시로 공직을 떠나는 개방형 인사제도하에서는 직업공무원으로서의 직업의식이 생기기 어려울 것이다.

그러면 젊은 나이에 입직하도록 유도하는 제도에는 무엇이 있는가? 일반적으로 공직시험의 응시자 학력이나 연령을 제한하는 방법이 있다. 과거 우리나라에서도 계급별로 일정 학력을 충족하지 못하거나 일정 연령을 넘어서면 시험에 응시하지 못하도록 제한을 한 적이 있었다.

그런데 이렇게 젊은 인재가 들어오면 아직 전문교육 혹은 전문경력이 없을 텐데 공직의 전문성에는 문제가 없었을까? 직업공무원제하에서는 선발기준이 즉시 필요한 전문적 직무수행능력이기보다는 장기적 발전 가능성이다. 그래서 공직시험 과목의 성격이 특정 분야의 전문성보다는 일반교양이나 인문사회학적 소양을 검증하는 데 초점을 맞추고 있는 것이다(Stahl,

1983: 175-176).

3) 계급제

직업공무원제는 공직분류방법으로서 계급제를 근간으로 한다. 인력이 들어가려면 자리가 마련되어 있어야 하는데 이 자리의 구조를 짜는 방법에는 계급제와 직위분류제가 있다. 계급제는 들어갈 것으로 예상되는 사람들의 상대적인 지위, 즉 계급으로 나누는 방식이다. 수직적 위계가 중요하고 전문성은 그리 중요하지 않으므로 어떤 자리라도 내부 인사이동을 통하여 쉽게 채워진다.

반면, 직위분류제는 사람의 특성은 보지 않고 각 자리가 어떤 일을 어떻게 하도록 되어 있느냐를 미리 정하고 그에 따라 자리를 분류하는 방식이다. 각 자리가 전문성을 기준으로 이미 세분화되어 있어 내부에서 동일한 전문자격을 가진 인력을 찾는다는 것은 어렵고 공직 외부에서 영입하는 편이 더 효과적이다. 이 점에서 주로 내부 승진을 통하여 자리가 채워지는 계급제는 폐쇄형 임용을 근간으로 하는 직업공무원제와 잘 어울린다. 반면 공직 내부와 외부 간 인력의 이동이 빈번한 직위분류제는 직업공무원제에 역행하는 기능을 한다(Stahl, 1983: 178-179).

4) 일반행정가

직업공무원제는 인적 구성상 일반행정가(generalist)가 많을수록 공고해진다. 쉽게 말하여 일반행정가란, 전문분야에 깊이 있는 지식이나 기술은 부족하지만 다양한 분야에 걸쳐 폭넓은 시각과 안목을 가지고 종사할 수 있는 '멀티플레이어'를 말한다. 전문성이 높은 인력은 공직 내부에서 이동할 자리가 흔하지 않으므로 승진이 지체되어 사기가 떨어지고 심지어 일찍 퇴직을 선택하기도 하므로 직업공무원제를 위협하는 요인이 된다.

반면 일반행정가는 어느 자리든 인사 이동할 융통성이 높으므로 장기

근무할 여건이 조성된다. 따라서 직업공무원제가 발달하게 되면 입직할 때도 일반행정가적 소양을 기준으로 선발되지만, 그 이후 재직 중에도 전문영역에 매진하기보다는 빈번한 순환보직을 통해 다양한 분야를 경험하는 경력을 선택하게 된다(Stahl, 1983: 174-175).

5) 직업적 연대의식

직업공무원제는 공직에 대한 직업적 연대의식을 특징으로 한다. 공무원도 다른 전문직종이 그러하듯이 특정한 규범의식과 문제해결방식을 공유할 뿐만 아니라 직업적 공동운명체의 성격을 가지고 있다. 장기간 근무하게 되면 서로 일체감과 단결심을 가지게 된다.

제3절 직업공무원제의 장단점과 수립요건

최근 직업공무원제가 개혁의 대상으로 부상하고 있지만 여전히 우리나라 인사행정의 근간을 이루고 있고 세계 많은 나라의 경우도 다르지 않다. 특히 우리나라와 같이 정권변동이 잦고 그 파급효과가 극심한 나라에서 직업공무원제가 제대로 정착이 되지 않았다면 일관되고 안정적인 공직업무수행은 불가능했을지도 모른다. 그렇다면 그 장점과 수립요건에는 무엇이 있는가?

1. 직업공무원제의 장점

공직을 비직업공무원이나 정치인이 아닌 직업공무원에게 맡기어 기대할 수 있는 긍정적 효과는 다음과 같다.

1) 행정의 안정성과 계속성

정권변동에도 불구하고 정부업무의 안정성과 계속성을 확보할 수 있게 된다. 장기간의 신분안정은 원칙과 소신에 따라 정치적 변동에도 흔들리지 않는 안정적 기반을 제공한다.

2) 공직윤리의 고취

공직자로서의 봉사정신과 행동규범이 직업윤리적 가치로서 공고해질 기회가 확대된다. 공직사회는 공익이라는 일관된 공직가치를 중심으로 제도화되어 있다. 따라서 구성원의 근무기간이 길어질수록, 또 직업공무원으로서의 소속감이나 자아정체성이 높을수록 그 구성원의 의사결정과 행동규범에 지배적인 영향을 미친다.

3) 우수 재원의 조기 유치

발전가능성을 주로 따져 젊고 우수한 재원을 조기에 유치하기 때문에 상대적으로 전문 인력이 완성되기까지 기다리는 민간분야에 비해 우수 인재를 선점할 수 있다.

2. 직업공무원제의 단점

직업공무원제의 내생적 한계들은 그것이 폐쇄성을 전제로 하고 있기 때문에 발생되는 것이 대부분이다(Stahl, 1983: 175-176).

1) 전문성 저하

외부 전문가의 임용이 차단되기 때문에 행정의 전문성이 저하될 가능성이 높다. 여기에 직업공무원제의 원칙에 따라 일반행정가가 우대를 받으며 순환보직이 잦은 점도 공직의 전문성 상실을 가중시키는 문제점이다.

2) 관료제의 역기능

폐쇄형 임용제도와 신분보장으로 인해 환경변화에 대한 대응이 둔감해지고 무사안일의 행태를 보이게 되며, 조직 전체적으로 활력이나 자극이 없이 분위기가 침체될 수 있다. 대외적으로는 관 우월의식 혹은 특권집단의식을 가질 가능성도 있다.

3) 승진적체

조직 내에 승진적체가 심화되면서 직원들의 불만이 증대될 수 있다. 장기복무가 보장되면 공직 재임기간이 길어지고 신규인력의 투입에 비해 퇴직인력의 배출이 지연되면서 승진적체가 발생할 가능성이 높아진다. 직업공무원제의 수립요건 중 하나인 인력수급 계획이 필요해지는 결정적 원인이다.

3. 직업공무원제의 수립요건

앞서 논의하였듯이 직업공무원제는 공무원으로서 평생의 투철한 직업의식을 갖게 만드는 제도이다. 따라서 이 제도가 정상적으로 수립된다 함은, 곧 직업공무원의 사기를 앙양한다는 말과 다르지 않다. 수많은 요건 중에서 기본적인 것을 꼽아보면 다음과 같다.

1) 사회적 평가의 향상

우선 공직에 대한 높은 사회적 평가가 전제되어야 한다. 공무원의 동기부여 요인을 보면 일반적으로 사회에 대한 공헌이나 봉사에서 비롯되는 정신적인 보상이 강하게 영향을 미친다(Perry, 1991: 73-86). 따라서 아무리 열심히 일해도 사회에서 그들의 공헌에 대해서 충분히 인지하지 않는 경우 공직 사기나 몰입감이 떨어질 수밖에 없고 심한 경우 공직을 떠나게 되어 직업공무원제에 치명적인 위협이 될 수 있다.

2) 인사제도의 개선

제도개선의 효과를 보려면 위와 같은 공직에 대한 사회적 편견을 직접 시정하려는 것보다는 인사제도 자체를 개선하려는 편이 나을 수 있다.

첫째, 적극적 유인·모집(Positive Recruitment)을 실시한다. 젊고 유능한 인재를 조기에 선발할 수 있는 장점을 극대화하기 위하여 공직에 대한 적극적인 홍보와 모집요건·절차 등의 간소화를 추진한다.

둘째, 다양한 방법으로 처우를 개선하여 직업에 대한 몰입도(commitment)를 향상시킨다. 적정수준의 보수 및 연금을 제공하고 신분보장을 확보하는 등의 조치가 포함된다.

셋째, 개인의 경력발전계획(Career Development Plan)을 지원한다. 체계적이고 공정한 승진·배치전환 등의 내부임용과 교육훈련 등의 능력발전 기회를 제공함으로써 개인의 경력상 욕구를 충족시킨다.

넷째, 승진적체는 사기저하의 주범이므로 이를 방지하기 위하여 장기적인 인력수급계획을 토대로 효과적인 정원관리와 승진계획을 수립하여 실시한다(Holzer, 1991:3-16).

제4절 개혁의 세계적 추세

직업공무원제는 전통적으로 유럽 국가들의 보편적인 인사행정제도였던 반면, 미국은 그렇지 않았다. 두 지역의 개혁방향을 비교해 봄으로써 전통적으로 직업공무원제를 근간으로 하였으나 이에 대한 개혁을 가하고 있는 한국의 개혁 방향성을 진단해 볼 수 있을 것이다.

1. 유 럽

유럽 국가들의 경우 계급제, 폐쇄형 임용, 일반행정가 중심으로 직업공무원제가 발달하여 왔다. 그러나 앞서 논의한 전문성 저하, 관료제의 병폐, 승진적체 등의 문제가 발생하게 되었다. 그래서 개혁의 방향은 직업공무원제를 약화시키고 직위분류제, 개방형 임용, 전문행정가 중심의 미국식 인사제도를 점차 도입하는 쪽으로 나아가고 있다(Bach & Rocca, 2001: 24-47).

2. 미 국

미국은 건국 초기부터 직업공무원제는 엘리트 집단을 만든다는 신념이 뿌리 깊게 자리 잡아서 이를 거부하기 위한 방향으로 인사제도를 수립하였다. 그래서 직위분류제, 개방형 임용, 전문가 행정가 중심의 인사제도를 채택하게 되었다. 게다가 공직에 대한 사회적 시선이 그리 곱지 않은 문화, 심지어 관료때리기(bureaucrat bashing)와 같은 신랄한 공직 비판의 풍토도 직업공무원제가 들어설 공간을 좁게 만들었다(Goodsell, 2003).

그러나 점차 직업공무원제의 장점을 살리기 위한 노력을 전개하면서 유럽식 인사제도를 일부 도입하는 방향으로 전환하였다. 개방형 임용은 국정운영의 계속성과 안정성에 위협을 가하였고 전문성 위주의 임용은 칸막이 행정과 조정의 문제를 야기하였기 때문이다.

그래서 1978년 도입한 제도가 고위공무원단(SES: Senior Executive Service)이다. 실·국장급의 고위공무원(GS 16-18)을 대상으로 전문성보다는 일반행정가로서의 역량강화를 목적으로 설립된 특별 집단으로서 이들에게는 다양한 경험과 인사이동을 거치도록 한다. 이 점에서 공직 내 경쟁과 성과향상을 주목적으로 하여 탄생하게 된 한국의 고위공무원단과는 설립의도가 다소 다르다(Nigro, Nigro & Kellough, 2007: 143).

제5절 한국의 개방형 직위제와 기타 개혁방안

1. 개방형 직위제 도입의 취지와 배경

서방 국가들이 직업공무원제의 폐해를 극복하기 위한 제도개혁을 실시한 것과 마찬가지로 우리나라에도 개혁이 도입되었다. 그중 대표적인 것이 개방형 직위제(도입 당시 개방형 임용제)이다. 도입의 취지는 외부전문가를 영입하여 행정의 전문성을 향상시키는 것이 전부가 아니다. 외부인사가 공직에 진입하여 직업공무원제의 폐쇄성을 타파하고 국민 요구에 대한 대응성을 향상시키며 공직에 활력소를 주입하려는 목적도 있다.

그러나 아쉬운 점은 개방형 직위제가 한국 정부의 순수한 개혁의지로 도입된 것이 아니었다는 점이다. IMF(국제통화기금) 구제금융 지원에 대한 대응으로서 '경쟁원리의 도입을 통한 공직사회의 생산성 제고'가 '100대 국정과제'의 하나로 선정될 수밖에 없는 상황이었다.

2차에 걸친 정부의 구조조정을 통해 정부의 기능·조직·인력 축소와 함께 외부 전문가 영입과 연봉제, 성과상여금제가 도입되었다. 결국 신공공관리론(New Public Management)을 이론적 토대로 하는 신자유주의적 행정개혁의 여파가 한국에도 밀려든 결과였다. 이 개혁의 기조는 통제 위주의 집권적·폐쇄적 행정관리에서 경쟁원리에 입각한 분권적·탄력적·개방적 행정관리로 변모하는 것이었다.

한국의 개방형 직위제는 중앙행정기관 또는 지방자치단체의 직위 중에서 업무의 성질상 고도의 전문성이 요구되거나 효율적인 정책 수립이 필요하다고 판단될 경우 공직 내·외의 공개경쟁을 통해 적임자를 임용할 수 있도록 하는 직위 운영제도이다.

2. 개방형 직위제의 문제점

도입 시도 때부터 제기되어 지금까지도 문제로 제기되고 있는 점들은 다음과 같다.

1) 정실인사의 가능성

엽관임용이 남용되거나 정실임용이 발생될 위험성을 배제할 수 없다. 대상이 되는 직위의 지정기준과 인재의 선발기준에 전문성뿐만 아니라 민주성과 쇄신성도 함께 포함되어 있는데 자격증이나 경력과 같은 것으로 입증할 수 있는 전문성과 달리 민주성과 쇄신성은 입증 자료가 마땅치 않아 주관적 판단이 개입할 여지가 크다.

2) 책임성 문제와 행정의 공백

길지 않은 계약기간의 종료와 함께 공직을 떠나게 되는 경우 행정과 정책에 대한 일관성과 책임성이 저하될 수도 있다. 또 외부인사가 영입되는 경우 공직 특유의 제도와 문화에 대한 적응기간까지 행정공백이 생길 수 있다.

3) 기존 공무원과의 갈등

외부인사가 내부인사의 승진할 자리를 가로챈다는 반발의식이 있을 수 있다. 이는 조직별로 승진적체가 심각하게 일어나고 있는 우리나라의 공직 현실을 감안할 때 현직의 공직자 입장에서 개방형 직위제를 반대하는 가장 실질적인 이유일 수도 있다. 개방형 직위제의 성과도 있었지만 외부인사가 짧은 기간 동안 적응하지 못하고 리더십을 충분히 발휘하지도 못한 상태에서 겉돌기만 하다가 떠나는 경우는 그 제도의 가장 현실적인 문제로 지적되고 있다(Huddleston, 1991: 177-178).

위와 같은 문제의식 때문에 직업공무원제의 핵심 요소인 폐쇄형 임용을 개방형 임용으로 대폭 교체한다는 것은 아직 난관이 많은 편이다. 그래서 대상 직위의 범위를 제한하면서 늘려가고 있다. 첫째, 개방형 임용이 가능한 직위의 수를 제한하고 있다. 원년인 2000년에는 3급 이상 고위직 131개 직위였으나 2022년에는 475개로 3배 이상 늘어났다. 둘째, 국가의 안전과 질서유지와 관련된 군인·경찰·소방공무원은 제외되었다. 셋째, 애초에 외부민간은 물론 타 부처 및 소속 부처공무원 누구든 지원할 수 있게 만들었는데, 이점이 오히려 외부인사보다 공무원인 내부인사가 빈번히 선발되는 결과를 초래하였다. 이를 개선하기 위해 민간인만 응모할 수 있는 직위를 별도로 만들었다.

3. 기타 개혁방향

개방형 직위제가 직업공무원제의 한계를 극복하기 위한 제도로서 도입된 만큼 그 취지를 살려 확대하는 것은 정부가 변화와 혁신을 지향하는 한, 올바른 선택이라고 볼 수 있다. 동시에 직업공무원제 자체도 내재적인 장점을 가지고 있으므로 이를 정상화하는 노력도 병행되어야 할 것이다. 한국적 맥락에서 그 장점을 살리기 위한 방안을 논의하며 본 장을 마치기로 한다.

1) 공직윤리 고취와 행정의 정당성 향상

정부와 공무원에 대한 국민의 신뢰성 회복이 전제되어야 한다. 특히 한국인의 의식 속에 뿌리 깊이 박힌 청백리사상, 그러나 심각한 수준의 국가 부패지수라는 한국의 특수한 상황을 생각하면 우선 공직부패를 척결하는 것이 행정의 정당성(legitimacy)을 향상시키는 첫걸음이다.

2) 공무원의 정치적 중립성 고취

직업공무원제의 근간을 형성하고 있는 공무원의 신분보장은 결코 정년 보장이라는 개인 복지가 아니라 정치적 중립을 지키라는 취지의 신분보장이다. 따라서 선거철 관권 선거에 대한 시비 등이 종식되어야 한다.

3) 실적주의와의 조화

직업공무원은 실적주의 원칙에 기초하여 발전되어야 한다. 전통적으로 한국 공직사회에서는 연공서열이 승진의 기준이었는데, 이것이 직업공무원제 원칙에 부합하는 면이 있어서 지속되었다. 그러나 동시에 구사안일과 복지부동 등 직업공무원제의 부작용을 악화시키는 방향으로 작용하였고, 오히려 한국 인사행정 원칙의 또 다른 축인 실적주의를 위협하는 요소로 작용하였다. 물론 직급의 특수성을 고려하여야 하지만 실적주의적 요소를 보다 강화하면서 직업공무원제와 조화롭게 발전하는 방안을 강구해야 하다.

찾아볼 문제

1. 나라일터(www.gojobs.go.kr) 사이트에서 현재 모집공고가 게시되어 있는 개방형 직위에는 어떤 것들이 있는지 찾아봅시다.
2. 국가공무원 인사통계 혹은 e-나라지표에서 공무원 개방형 직위의 임용 추이에 어떤 특징이 있는지 찾아봅시다.

토론할 문제

1. 직업공무원제는 공무에 전념하게 만드는 순기능이 있다. 그러나 공무원연금개혁, 퇴직 후 취업제한의 강화 등 직업공무원제에 영향을 주는 상황이 일어나고 있다. 최소한의 비용으로 공무원들이 공무에 전념할 수 있게 만드는 방안은 무엇인지 논의해 봅시다.

2. 직업공무원은 특수경력직 공무원(정무직, 별정직) 앞에서 "영혼 없는 존재"로 비추어지곤 한다. 이 모습이 바람직하다고 생각하는지 정치-행정 일원론 혹은 이원론의 관점에서 논의해 봅시다.

3. 미래의 민간기업 중에는 삼엽조직(정규직, 임기직, 시간제가 각 1/3을 차지하는 조직)이 대거 등장할 것이라고 예측되고 있다. 직업공무원제에 큰 영향을 줄 수 있는 이런 현상이 정부조직에도 필요하다고 생각하는지 이유를 들어 설명해 봅시다.

제 3 장

인사의 기준: 실적주의와 엽관주의

제1절 엽관주의

1. 엽관주의의 정의

엽관주의(獵官主義, spoils system) 혹은 엽관제도란, 공무원 임용에 있어서 인사권자의 정치적 관계를 기준으로 공무원을 선발하고 인사조치하는 제도를 말한다. 소위 '코드인사'라고 불리는 것을 엽관주의라 생각해도 좋다. 그런데 한자를 살펴보면 관(官)직을 사냥한다는 의미의 "엽"(獵)이므로 결국 관직을 보상으로 얻기 위하여 미리 정치적 충성도를 보인다는 일종의 무언의 계약을 전제로 한다. 또 영어로 "spoils"라는 용어도 전리품이라는 의미이다. 즉 선거 등에서 싸워서 이긴 쪽이 전리품으로서의 공직을 수거해 간다는 의미이다.

실제 우리나라 공무원 중에서도 정무직 공무원과 별정직 공무원과 같은 특수경력직 공무원의 대부분이 인사권자와의 정치적 관계를 이유로 임명되고 있어 엽관주의의 활용의 폭은 실제 넓다.

다만 엽관주의와 혼재되어 쓰이지만 구별되어야 할 개념으로서 정실주의가 있다. 정실주의(情實主義, patronage system)란 인사권자의 개인적 인간관계를 기준으로 공무원을 선발하고 인사조치하는 것을 말한다. 이 경우 인사결정이 학연, 혈연, 지연 등을 토대로 인사권자가 자의로 결정하기 때문에 바람직하지 않다. 엽관주의는 비교적 공적인 기준이, 그리고 정실주의는 사적인 기준이 반영되는 것이다.

2. 엽관주의의 발전배경

엽관주의는 전통적으로 미국에서 크게 발전한 제도이다. 이것이 미국에서 발전하게 된 원인을 알아보는 것은 제도적 장단점과 한국 현실에 대한 적용가능성을 이해하는 데 큰 도움이 될 것이다(Nigro, Nigro & Kellough, 2007: 21-25).

1) 정당정치의 발전

미국은 건국 초기부터 보수 대 진보의 정당정치가 발달했던 나라였는데, 정당이 공무원 충원을 위한 산실이 되었다. 정당이란, 정치적 견해를 같이 하는 사람들이 정권을 잡고 정치적 이상을 실현하기 위하여 조직한 단체를 말하는데, 보통 보수와 진보 양 진영으로 나누어진다.

따라서 정당 지도자가 영향력을 행사하여 뽑히는 인물은 보수이든 진보이든 정치적 성향에 맞는 사람 혹은 정당에 대한 충성도가 높은 사람이어야 한다. 이 점 때문에 어떤 부류의 사람이 공무원이 될 수 있을지, 또 누가 먼저 되어야 할지 나름대로의 질서가 잡혀있고 비교적 객관적인 예측이 가능하다.

이에 대비되는 개념으로서 인물 중심의 정치를 꼽을 수 있는데, 이는 정당의 이념적 성향보다는 특정 정치적 리더 개인을 중심으로 움직이게 된다. 따라서 엽관주의가 아닌 정실주의로 흘러갈 가능성이 높아진다. 결국 현대 민주정치가 기본적으로 정당정치에 기반을 두고 있는 점을 감안하면 정당민주주의가 진행될수록 엽관주의가 정치권에게는 매력적인 정치적 도구로 느껴질 수밖에 없다.

2) 민주정치에 대한 요구

미국은 건국 때부터 민주 정치에 대한 요구가 매우 강하여 누구든지 공직에 접근이 가능해야 한다고 생각하였다. 미국은 세계 각국에서 핍박을 받거나 불만을 가지고 있던 세력들이 자유와 기회를 찾아 모여든 땅이었다. 미국 동부에 정착해 있었던 소위 상류계층에 비하여 서부 개척민들은 가난

하고 교육의 기회도 적었으므로 좀 더 많은 기회를 찾아 정치 세력화할 동기를 찾게 되었다.

이들은 공직자는 능력보다는 정치적 충성도가 중요하다는 생각으로 누구나 공직에 입문할 수 있는 기회가 부여되어야 한다고 생각하였다. 결국 개척민 출신인 앤드류 잭슨(Andrew Jackson)이 제7대 대통령에 당선되면서 엽관주의가 법제화되어 본격적으로 시행되기에 이르렀다.

3) 행정의 단순성

미국 초기, 즉 20세기 이전까지만 하더라도 행정이 매우 단순하여 공무원은 교육수준이 반드시 높을 필요가 없었다. 보통 사람들도 누구나 공무원 직무를 담당할 수 있는 것으로 인식하여 공직을 널리 개방하였던 것이다. 물론 이는 특수한 사회적·경제적 상황과 관련이 있다.

미국의 근대화는 넓은 영토와 풍부한 자원을 기반으로, 거기에다 진취적인 문화와 국민성이 더해지면서 국가 권력에 의한 관료적 조직의 큰 도움이 필요 없었던 것이다. 동부의 도시문제는 그리 심각하지 않았다. 또한 소농과 유럽이민자가 서부 개척지를 확대하면서 사실 거의 제약 없이 자본주의가 발전할 수 있었다. 서부영화에서 보듯이 정부행정은 보안관이나 군대처럼 질서유지에 국한된 단순 업무에 종사하면 충분하다고 생각하였다.

제2절 실적주의

1. 실적주의의 정의

사람을 뽑거나 승진시키는 등 인사를 결정할 때 공정한 기준이 필요함은 말할 것도 없다. 특히 공직의 기회는 모든 국민에게 동등하게 제공되어야 한다는 측면에서 그 결정은 객관적인 능력이나 성과에 따라 이루어져야 한다. 물론 우리나라의 인사행정은 실적주의를 원칙으로 하고 있고 그것을 지향하고 있다.

실적제도 혹은 실적주의(實績主義, merit system)란 능력, 자격, 성적을 기준으로 공무원을 선발하거나 인사조치를 하는 제도를 말한다. 대표적인 예로 시험으로 공무원을 선발하거나 공무원의 성과를 평가하여 인사에 반영하는 경우 등이다.

그러나 이런 의미의 실적주의도 장점만 가진 것은 아니고, 또 그것이 전부인 것도 아니다. 실적주의에 대비되는 원칙으로서 엽관주의도 있으며 상황에 따라 활용도를 달리해야 한다.

2. 실적주의의 발전배경

1) 영국의 실적주의

영국에서는 실적주의가 계급갈등의 산물이었다. 산업혁명 후 시민계급은 정실주의 병폐의 온상이 되었던 지주 혹은 귀족계급과 관료제와의 연계고리를 끊기 위하여 반정실주의 운동을 전개하였다. 또한 19세기 중엽부터 행정이 급격히 팽창하는 행정국가의 대두를 겪게 되면서 전문적 능력을 갖춘 유능한 관료를 필요로 할 뿐만 아니라 유권자의 정치의식수준도 향상되어 행정능률화를 요청하게 되어 급기야 공무원제도 개혁운동이 본격적으로 일어나게 되었던 것이다.

그런데 개혁의 추진은 비판의 대상이었던 귀족집단으로부터 비롯되었다. 1853년 「노스코트와 트레벨리언 보고서」(Northcote & Travelyan Reports)를 바탕으로 1855년 추밀원령(Order of Coucil)과 1870년 추밀원령을 통하여 그 제도적 기초가 마련되었다. 여기서 추밀원은 국왕 측근의 소수 귀족집단인 자문기관으로서 주요 정책을 입안·처리하였다.

이 개혁을 통하여 공개경쟁 채용시험이 정기적으로 시행되기 시작하였다. 공직구조를 행정적·지도적 업무 담당과 기계적·반복적 업무 담당으로 계급을 구분한 후 채용시험을 별도로 실시하였다. 시험을 관장할 독립적 중앙인사위원회가 신설되고 시보제도가 시행되었다. 시험과 시보제도가 정상화될 수 있는 체계적인 제도적 장치를 강구한 것이었다.

2) 미국의 실적주의

미국에서는 실적주의가 사회운동의 산물이었기 때문에 영국과 같이 급격하고 확고하지 않고 유연하게 정착되는 편이었다. 엽관주의의 폐해가 확산되면서 남북전쟁 승리를 위해 그 제도를 애용하였던 링컨조차도 "공화국에게는 혁명보다 더 무서운 것이 엽관주의"라고 비판하였다(Van Riper, 1958: 40).

1881년 가필트(Garfield) 대통령이 엽관주의 보상에 불만을 품은 인물에게 암살되는 사건이 발생하기도 하였다. 그러나 결정적인 계기는 공화당이 1882년 중간선거에서 패배하고 2년 후 대통령 선거에서도 승리가 매우 불투명해지면서 공무원 투입에 자신이 없어지자 실적주의의 도입을 결정하게 된 것이다.

1883년 펜들턴법(Pendleton Act)을 제정하였는데, 그 내용은 영국의 사례와 유사하다. 독립적·초당적 인사위원회를 신설하고 공채시험과 시보기간을 도입하였다. 여기에 공무원 정치활동 금지 조항도 포함시켰으나 엽관주의의 뿌리 깊은 전통으로 인하여 사실상 준수되지 않았다. 결국 한참 지나 1939년 해치법(Hatch Act)을 통하여 공직에 대한 정당지배와 공무원의 정치활동 금지가 확고히 제정되기에 이른다(Dresang, 1999: 22-28, 46-48).

3) 한국의 실적주의

한국의 실적주의 역사는 서양보다 약 1,000년 이상 앞선다. 신라의 독서삼품과(788년)는 국학 졸업생을 관직에 등용하기 위한 졸업시험 성격이 강하였지만 고려 광종 때 도입된 과거제(958년)는 순전히 능력이 뛰어난 인재를 등용하기 위한 공개 시험이었다.

조선 때에도 원칙은 과거제였지만, 실제는 남행(南行)이라는 추천제가 있었다. 학식과 덕망이 특출한 자를 조정의 고관·지방관 또는 지방민의 추천에 의해 임명하려는 목적이었지만 유공자의 자손, 궁정의 친척관계, 기타 이유로 반실적주의 요소도 강하였다. 조선 중기 이후에는 관직의 수가 수요를 따르지 못함에 따라 남행이 너무 확산·악용되어 결국 국운이 기울게 되는 주요 원인이 되었다.

일제하에서 고등문관시험이 도입되었으나 공무원은 법의 집행자에 불과하다는 전제하에 법률과목 위주로 시험과목이 구성되고 승진은 근무연수에 의거하였지만 한국인 관리는 극심한 차별을 받았다. 미군정하에서 미국식 직위분류제를 정착하기 위한 노력에도 불구하고 운영상 문제로 인해 군정 이후 폐지하였다.

대한민국이 수립된 이후 드디어 1949년 「국가공무원법」이 제정되었으며 상당한 정도의 실적주의적 요소가 포함되었다. 고시와 전형, 대통령 직속 고시위원회, 공무원의 정치적 중립성 등 서구제도를 갖추었다. 그러나 실제로 고시는 극히 난이도가 높아 극소수만 합격(5급 고시 2.4%)하는 한편, 전형은 공개 경쟁성도 약하고 사실상 정실주의 영향이 컸다(93.3% 합격). 정권의 장기집권수단으로서 정당 정치적 엽관주의가 횡행하였으나 사실 미국의 민주적 엽관주의와는 성격이 달랐다(Nigro, Nigro & Kellough, 2007: 27).

1963년에는 현재의 공무원 제도의 근간을 마련한 「국가공무원법」 개정이 있었다. 중앙인사기관의 기능 강화, 모집 및 시험 집권화, 자격고시, 채용시험, 직위분류제, 근무성적평정, 교육훈련, 연금, 소청 등이 주요 제도로 포함되었다.

3. 실적주의의 성립요건

실적주의가 정상화되기 위해서는 보통 다음에 논의하는 4가지 요건 혹은 특징을 모두 갖추어야 한다.

1) 공직에의 기회균등

공직의 기회를 널리 공개하여 지원자끼리 경쟁을 도모해야 한다. 성별, 신앙, 신분, 출신지, 학벌 등 귀속적인 요소 또는 충성심 등을 기준으로 해서는 안 된다는 말이다. 소수의 기득권층의 사람들에게만 공직이 배분되는 것을 금지하는 의미이기도 하다.

「헌법」은 모든 국민이 공무원으로 종사할 수 있는 권리, 즉 공무담임권(제25조)을 가지고 있다고 규정한다. 「국가공무원법」에 따르면, 한국의 채용제도는 공개경쟁채용을 원칙으로 하고 경력경쟁채용(과거 특별채용)은 예외적인 사항으로 해당되는 경우를 열거하고 있다(제28조). 또 공개경쟁채용시험은 모두에게 평등하게 공개해야 한다(제35조).

여전히 논란의 여지는 엽관주의와 실적주의 중 어느 쪽이 공직을 일반대중에게 보다 넓게 공개하는 제도인지의 문제이다. 한쪽은 정치적 제약, 다른 쪽은 실력의 제약이 있기 때문에 완전히 개방적이지는 못하다. 그러나 분명한 점은 아무리 시험과 같은 실적제도가 있다고 하더라도 공직 진입을 위한 교육의 기회나 기타 시험에 응시할 수 있는 기회가 구조적으로 불평등한 사회에서는 실적주의가 오히려 불공평한 제도가 될 수 있다는 점이다. 특히 계급사회에서는 이 문제가 심각해진다. 실적주의가 기회의 평등이라는 민주주의 가치를 높이기 위해서는 사회구조적 요건이 전제되어야 한다.

2) 성적·능력주의

신규채용 및 모든 인사에 개인의 능력, 자격, 성적 등이 기준이 되어야 한다. 즉 정실, 당파성 등 직무수행능력과 관련이 없는 요소들을 배제함으로써 생산성을 증진시키는 원칙을 말한다.

「국가공무원법」에 따르면 임용은 시험성적, 근무성적, 기타 능력의 실증을 토대로 함을 원칙으로 하고 있고(제76조), 근무성적평정의 공정성과 인사와 보상에 대한 반영(제51조), 능력의 실증을 통한 승진임용(제40조), 교육훈련 실적의 인사반영(제50조) 등을 규정하고 있다.

특히 우리나라의 현실은 본래 성적·능력주의를 원칙으로 하고 그 필요성도 점점 높아지고 있음에도 불구하고 실제로는 근속연수가 얼마나 긴가에 따라 승진 등이 결정되는 연공서열의 전통이 뿌리 깊다. 그 주된 원인은 민간부문과 달리 성과를 객관적으로, 특히 숫자로 표현하기 어려운 공직의 특수한 성격 때문이다.

근속연수가 차선책으로 널리 활용되고 있는 이유는 일단 측정이 용이하다는 점, 성과 경쟁이 조직의 결속력을 위협한다는 점, 그리고 누구나 기다리면 공평하게 기회가 온다는 기대감 등을 바탕으로 경험이 많을수록 일도 잘 할 것이라는 충분히 검증되지 않은 가정을 하고 있다. 그러나 직무와 직급의 특성을 감안하여 연공서열에 대한 의존도는 줄여가되 성적·능력주의를 지향하는 것이 현대 인사행정의 경향과 맞는 것이다.

성적·능력주의의 효과가 극대화되기 위해서는 첫째, 성과를 정확하게 측정하기 위한 성과측정지표와 공정하게 운영하기 위한 성과관리체계가 정비되어야 한다. 둘째, 동기부여를 위하여 실적에 상응하는 충분한 보상이 제공되어야 한다. 현행 성과상여금제와 성과연봉제를 확대하는 방안이다. 셋째, 직무분석과 직위분류제를 통하여 맡은 일의 곤란성과 책임도를 명확히 구분해야 한다. 만약 두 사람이 결과에 있어서는 서로 동등한 성과를 냈다고 하더라도 본래 일의 곤란성과 책임도는 서로 다를 수 있다. 그럼에도 결과만 보고 동등한 보상을 주는 것은 공평하지 못하다.

3) 정치적 중립성

모든 국민에게 보장되어 있는 정치활동의 자유를 공무원에 한해서 제한하는 이유는 정권의 변화에 동요되지 않고 공직의 안정을 유지하면서 대민 봉사를 지속적으로 제공하라는 의미이다. 여기서 금지되는 정치활동 행위라 함은 선거운동과 정당활동에 국한된다. 정치를 "대립·분쟁을 조정하고 통일적인 질서를 유지하는 행위"라고 넓게 정의한다면, 이는 당연히 공무원 본연의 역할이자 의무인 것이다.

「헌법」(제7조 2항)에 따르면, "공무원의 신분과 정치적 중립성은 법률이 정하는 바에 의하여 보장된다"라고 하여 공무원의 정치적 중립을 규정하고 있다. 또 「국가공무원법」(제65조)에 따르면 공무원의 정당 기타 정치단체결성에 대한 관여·가입을 금지하고(1항), 선거운동에 대한 지지 혹은 반대를 금지하며(2항), 1·2항에 대한 위배 행위를 강요하거나 혹은 보상·보복할 것을 약속하지 못하도록 금지하고 있다.

정치적 중립의 문제는 특히 지방자치단체에서 논란이 많다. 단체장은 대통령과 달리 재선이 가능하기 때문이다. 승진이나 인사이동을 목적으로 재선을 노리는 단체장을 지원하는 공무원의 기회주의적 행위는 비판받아 마땅하다. 그러나 인사권자인 단체장이 사실상 선거 당선을 목적으로 충성심을 강요하거나 보복성 인사를 하는 경우 혹은 선심용 사업의 시행을 명령하는 경우 직업공무원으로서는 상관이자 인사권자의 눈치를 보지 않을 수 없는 곤궁에 처하게 된다.

4) 신분보장

신분보장의 목적은 공무원이 신분위협 없이 공무에 전념하도록 독려함으로써 행정의 안정성을 증진하고 경험 축적을 통해 전문성과 직업공무원제를 확립하고자 함이다.

헌법(제7조 2항)에 따르면, "공무원의 신분과 정치적 중립성은 법률이 정하는 바에 의하여 보장된다"라고 하여 신분보장과 정치적 중립성을 한 조항에 명시하고 있다. 이 점은 신분보장의 의미가 단순히 정년을 보장해 주겠다는 정년보장형의 성격이 아니라 정치적으로 부당하게 신분상 권익 침해를 받는 경우로부터 보호해 주겠다는 정치적 중립형의 성격을 말한다.

「국가공무원법」에 따르면, 본인의 의사에 반하는 휴직·강임·면직은 형의 선고, 징계로만 가능하고(제68조), 정년은 60세이며(제74조), 징계와 직위해제, 본인의 의사와 다른 강임·휴직·면직처분을 하려면 처분사유서를 교부해야 한다(제75조).

엽관주의와 실적주의의 장단점 비교 제3절

1. 엽관주의의 장점과 실적주의의 단점

위와 같이 미국에서 엽관주의가 발전하게 된 독특한 배경이 있었지만 오늘날에도 정부 관료제의 민주화가 요청되는 한, 여전히 그 필요성은 유효하다. 〈표 3-1〉과 같이 엽관주의의 장점은 실적주의의 단점을 보완하기 위하여 활용될 수 있다. 엽관주의의 장점을 구체적으로 알아보면 다음과 같다(Stahl, 1983: 49-52).

1) 행정의 대표성과 형평성 향상

엽관주의를 통하여 행정의 대표성과 형평성 같은 민주적 가치가 향상

〈표 3-1〉 **엽관주의의 장점과 실적주의의 단점**

<table>
<tr><th>행정의 가치</th><th>엽관주의의 장점</th><th>실적주의의 단점</th></tr>
<tr><td rowspan="2">행정의 대표성 및 형평성</td><td>높음</td><td>낮음</td></tr>
<tr><td>인사권자와 정치적 관계를 맺고 있다면 누구나 공직 진입이 가능함</td><td>교육의 기회가 불평등한 사회에서는 공직 진입이 구조적으로 어려운 소외집단이 발생함</td></tr>
<tr><td rowspan="2">행정의 개방성 및 역동성</td><td>높음</td><td>낮음</td></tr>
<tr><td>직업공무원 아닌 외부인사가 공직에 진입하여 활력소를 제공함</td><td>직업공무원 아닌 외부인사의 영입과 통제가 적으므로 무사안일 등 관료제적 정체성이 심화됨</td></tr>
<tr><td rowspan="2">행정의 대응성</td><td>높음</td><td>낮음</td></tr>
<tr><td>정치지도자와 유대가 높은 인물을 통해 관료들이 공약 실천이나 여론청취에 적극적으로 동참하도록 관리함</td><td>성과가 유지되는 한 신분보장이 강하여 관료들이 정치인의 정책방향과 국민 요망에 대해 무감각함</td></tr>
</table>

자료: 한국국정관리학회, 2014: 212.

된다. 인사권자와 정치적 관계가 있다면 교육수준 혹은 출신배경과 관계없이 누구나 공직 진입이 가능하기 때문이다. 즉 사회의 특정 집단에 속해 있는 공직 희망자가 개인적으로 시험을 통해서는 들어가기 어려웠지만 소속집단과 인사결정자의 매개 역할을 한 공로를 인정받아 공직에 들어갈 수 있게 된다. 그 공무원 자체가 집단을 대표하는 상징이 되는 셈이고 그 집단을 돕는 정책입안에 관여할 수 있게 된다. 즉 공직의 대표성이 향상된다.

만약 그 특정 집단이 소외집단이라고 가정한다면 결국 공직 제공이 소외집단에 대한 배려가 되는 것이므로 또 다른 민주주의 가치인 형평성도 향상되는 셈이다. 제도적으로는 대표관료제와 적극적 우대조치(Affirmative Action)를 지원하는 원칙으로 활용될 수 있다.

이 엽관주의 장점은 실적주의 단점을 보완해 줄 수도 있다. 실적주의가 기회의 평등이라는 취지에서는 바람직하지만 시험 등에 대비하기 위해서는 교육의 기회가 평등해야 하고 준비비용이 많이 들어서는 안 된다는 전제조건이 붙는다. 이 상황이 불평등한 사회에서 공직 진입이 구조적으로 어려운 소외집단에게 실적주의의 효과는 매우 제한적이다.

2) 행정의 개방성과 역동성 향상

엽관주의를 통하여 행정의 개방성과 역동성 같은 관리적 가치가 향상된다. 공직이 직업공무원제 혹은 관료제의 부작용으로서 폐쇄적이고 정체된 모습을 보이게 되는 경우, 직업공무원이 아닌 외부인사, 소위 "새로운 피"(New Blood)를 공직에 투입시켜 활력소를 불어넣는 것이다.

또 그 외부인사는 직업공무원과 긍정적인 의미의 경쟁 혹은 갈등을 촉진하여 역동성을 자극할 수 있다. 특히 개혁이 시도되는 경우 인사권자의 의지 혹은 정치적 성향을 반영하는 인물이 고위직에 배치되는 경우를 볼 수 있다. 실제로 개방형 직위제는 관련 전문가를 영입하는 목적 외에도 "효율적인 정책수립"(「국가공무원법」 제28조의4)을 목적으로 하고 엽관주의와 병행될 수 있는 여지를 남기고 있다.

만약 실적주의로만 인사기준을 유지한다면 직업공무원이 아닌 외부인사는 들어오지도 못하고 직업공무원만이 끼리끼리 공직을 차지하면서 무사안일 등 관료제적 정체성이 심화될 가능성이 있다. 물론 실력 있는 외부인사의 영입도 활력소가 되겠지만 엽관주의 출신들은 실적주의 출신들과는 다른 정치적 시각이나 경험을 살려 문제해결에 기여할 수도 있다.

3) 행정의 대응성 향상

엽관주의를 통하여 국민의 요구에 대한 행정의 대응성이 향상된다. 정치지도자들은 기본적으로 선거를 의식하여 국민이나 시민의 요구에 민감하다. 엽관주의로 입문한 공직자들은 사실상 정치지도자들과 가장 강한 유대와 공감대를 공유한다고 볼 수 있으므로 이들이 주도가 되어 직업공무원들이 정치지도자들을 지원하도록 독려할 수 있다.

실적주의하에서 공무원들은 자신의 성과만 올리면 신분이 보장되기 때문에 정치인의 정책방향과 국민의 수요에 대해 무심한 모습을 보일 수 있는 단점이 있다. 이런 상황에서 엽관주의 출신이 자신의 정치적 보스와 직업공무원 사이에서 매개역할을 할 수 있는 것이다. 즉 직업공무원들로 하여금 그 보스의 선거공약이나 공공정책이 실현될 수 있도록 독려함으로써 국정지도력을 강화시킬 수 있는 것이다. 단, 이들이 국민보다는 정당과 정치지도자를 위해 사병화되는 문제는 가장 경계해야 할 부작용이다.

2. 실적주의의 장점과 엽관주의의 단점

〈표 3-2〉와 같이 엽관주의의 단점은 실적주의의 장점을 통하여 보완될 수 있다. 실적주의 장점을 구체적으로 살펴보면 다음과 같다(Stahl, 1983: 49-52).

〈표 3-2〉 실적주의의 장점과 엽관주의의 단점

행정의 가치	실적주의의 장점	엽관주의의 단점
행정의 능률성	높음	낮음
	실적이나 능력이 높은 인물을 임용함	실적이나 능력이 적은 인물이라도 정치적 관계 때문에 임용 가능함
행정의 안정성 및 계속성	높음	낮음
	정권교체 혹은 정치인의 의지와 관계없이 실적이나 능력에 따라 신분이 보장됨	정권교체 혹은 정치인의 의지에 따라 공무원도 교체됨
행정의 청렴성	높음	낮음
	객관적이고 공정한 기준으로 인사결정이 이루어짐	정치적 충성도라는 모호한 기준 때문에 매관매직이 만연될 가능성이 높음

자료: 한국국정관리학회, 2014: 212.

1) 행정의 능률성 향상

실적이나 능력이 높은 인물을 임용하는 것은 그렇지 않은 경우보다 적은 비용으로 더 나은 성과를 올릴 가능성이 높아진다. 엽관주의로 임용된 인물은 인사권자에 대한 의지를 직원들에게 전달하는 매개 역할을 잘 할 수는 있지만 학습능력이나 전문성에 있어서는 충분한 검증을 받지 않는 것이 일반적이다. 또한 정치권에 줄서는 사람이 공직의 수를 초과하게 되면 불필요한 공직을 계속 만들게 되어 예산도 낭비하게 된다.

2) 행정의 안정성과 계속성 향상

정권교체 혹은 정치인의 의지와 관계없이 실적이나 능력에 따라 신분이 보장되기 때문에 행정의 안정성과 계속성이 향상된다. 엽관제도하에서 공무원이 빈번히 교체되는 문제는 조직 내부의 관리나 정책결정뿐만 아니라 대민서비스 차원에서도 지속성에 큰 타격이 된다. 실적주의와 직업공무원제는 모두 정치적 중립성과 신분보장을 핵심 요건으로 하고 있으므로 행정의 안정성에 기여하는 점은 공통점이다.

다만, 직업공무원제는 실적주의의 또 다른 핵심 요건인 성적·능력주의를 전제로 하지 않는다. 실적주의도 직업공무원제의 핵심 요소인 생애에 걸친 장기간 재직이라는 요건을 필요로 하지 않는다.

3) 행정의 청렴성 향상

객관적이고 공정한 기준으로 인사결정이 이루어지기 때문에 행정의 청렴성이 향상된다. 엽관주의하에서는 배분할 수 있는 공직의 수가 한정되어 있고 정치지도자의 개인적 선호를 완전히 배제하기는 어렵다. 따라서 정치적 기여는 상대적으로 적었던 사람이 부당한 방법으로 공직을 먼저 배분받을 수 있다. 이 사태가 확산되면 과거 미국의 경험처럼 부정부패가 만연할 가능성이 높다.

엽관주의 광신도, 수양대군이 벌인 광기의 논공행상

조선 초기에 수양대군(후의 세조)이 조카인 단종의 왕위를 빼앗기 위하여 벌인 피의 숙청과 광기의 논공행상은 엽관인사의 극단적 모습을 보여줍니다. 사건은 계유정난(癸酉靖難)으로부터 시작되는데, 수양이 반대파인 김종서 등 여러 고명대신을 숙청한 사건을 말하지요.

수양이 정권을 획득한 후 수양과 한명회 등 43명이 정난공신(靖難功臣)으로 책봉되었는데요, 벼슬 외에 막대한 토지와 노비가 부상으로 주어졌지요. 삼등공신의 경우만 보더라도 전지 100결(조선 개국 이등공신 상당), 노비 7구는 여러 특권과 부상 중 일부에 불과하고 부모, 처, 직계자손도 벼슬이 한 단계씩 올라갔어요. 또 공신들은 숙청된 대신들의 재산을 모두 나누어 갖고 그 친족을 죽이거나 노비로 나누어 가졌습니다. 한편 더욱 놀라운 것은 공신 자손들은 죄를 범해도 영원히 용서토록 했습니다.

결국 왕 즉위에 성공한 수양은 그 공로로 한명회, 신숙주 등 총 47명의 좌익(左翼)공신을 책봉함으로써 제2차 논공행상을 단행했습니다.

수양이 즉위한 후 1년이 채 안되어서 또 한 번의 논공행상이 절정에 이르게 되는 사건이 생기지요. 바로 단종 복귀기도 사건입니다. 집현전 학자들과 고위 무신들이 안타깝게 수양의 암살에 실패하자 단종을 죽이고 한명회, 신숙주 등 모두 46명이 좌익공신으로 또 다시 책봉됐습니다. 사육신을 포함한 관련자들의 대를 모두 끊어놓고 집안 부녀자를 취하는 고강도 보복이 일어났습니다. 심지어 신숙주는 국모였던 단종의 왕비 송씨를 받으려 했다는 기록도 있습니다.

결국 세 차례 논공행상을 거치면서 가족까지 1만 명이 넘는 공신이 생겼습니다. 공신에게 줄 벼슬이 부족하자 나이가 많은 사람은 일 없이 녹봉만 타 갈 정도로 공신이 아니면 벼슬을 꿈꾸기 어려웠습니다. 그리고 갖가지 백성들을 수탈하는 사회악이 되었어요. 공신들과 그 가족들의 탈법이 얼마나 심했으면 세조는 무한정 불법 허용을 3차까지의 불법 허용으로 강화시켰을 정도입니다.

세조실록에 기록된 수양의 말을 인용하면, "여러 종친·재추宰樞(대신)·공신은 나에게 있어서 쇠붙이의 자석과 같아 간격이 없고, 불에 던져진 섶[薪]과 같아 기세가 성盛하여 막을 수 없고, 하늘에 대하여 땅이 생성된 것 같아서 의논할 수 없다"라고 말하여 자신과 공신은 한 몸이라고 표현하였습니다. 수양은 가히 엽관주의의 광신도와 같지 않습니까? (이덕일, 2010: 280-399 참조)

찾아볼 문제

1. 「국가공무원법」에서 실적주의가 어떻게 명시되어 있는지 찾아봅시다.
2. 신문 기사 등에서 엽관주의의 현실과 폐해가 어떤지 사례를 찾아봅시다.

토론할 문제

1. 실적주의가 필요하다는 공감대는 있지만 공직의 특수한 상황으로 정확한 성과측정이 현실적으로 어려운 경우가 많다고 한다. 민간부문과 비교하여 어떤 특수성이 있는지 논의해 봅시다.
2. 엽관주의와 적극적 우대조치(Affirmative Action)의 공통점과 차이점은 무엇인지 논의해 봅시다.
3. 향후 30년 동안 실적주의의 토대가 될 공무원의 바람직한 역량에는 어떤 변화가 있을지에 관하여 현재의 바람직한 역량과 비교하여 논의해 봅시다.

제 4 장 대표관료제와 다양성 관리

제1절 대표관료제

제2절 다양성 관리

제3절 통합(균형)인사제도

제4절 대표관료제의 적용

제1절 대표관료제

1. 대표관료제의 개념 및 특징

행정업무 추진에 있어서 대응성과 형평성을 확보하기 위해서는 관료제의 구성 자체가 각계각층의 이해관계를 균형 있게 대표할 수 있어야 한다. 이를 위해 한 나라의 관료제의 구성을 그 나라의 인적 구성과 비례하여 관료제의 대표성을 높여야 한다는 것이 대표관료제의 기본 취지이다.

이러한 대표관료제는 실적주의에 대한 경직적 적용에 대한 반성으로 나타났으며, 실적주의 개념의 재조명과 적극적인 해석을 통해 단순히 공정한 경쟁 기회를 제공하는 것에서 더 나아가 실질적 기회균등을 보장하기 위한 제도로 소외된 계층에 대한 적극적 충원을 의미한다.

1) 대표관료제의 개념

대표관료제(representative bureaucracy)는 한 사회를 구성하는 모든 주요 집단으로부터 인구 비례에 따라 관료를 충원하고 그들을 정부 관료제 내의 모든 직무 분야와 계급에 비례적으로 배치함으로써 정부 관료제가 한 사회의 모든 계층과 집단에 공평하게 대응하도록 하는 인사제도를 말한다.

대표관료제라는 용어는 킹슬리(Kingsley, 1944)가 처음 사용하였으며, 그는 관료제의 구성적 측면을 강조하면서 '사회 내의 지배적 세력들을 그대로 반영하도록 구성된 관료제'로 정의하였다.

이후 민주사회의 진전과 더불어 대표관료제에 대한 논의도 발전하여 대표관료제는 사회적 가치와 태도 및 비례대표까지 포함하는 개념으로 확대되었다.

먼저 반 라이퍼(Van Riper, 1958)는 사회적 특성 외에 '사회적 가치'까지도 대표관료제의 요소로 포함시켜 직업, 사회계층, 지역 등의 관점에서 그 사회의 모든 계층과 집단을 합리적으로 대표할 수 있도록 구성해야 하며 사회의 사조(ethos)나 태도까지도 충분히 반영될 수 있도록 구성해야 한다고 주장하였다.

크랜츠(Kranz, 1976)는 대표관료제를 비례대표(proportional representation)로까지 확대하면서 특정 집단 출신이 정부관료제 내에서 차지하는 비율은 그 집단구성원들이 국가의 총인구에서 차지하는 비율과 동일하여야 하며, 사회 내의 모든 집단이 관료제 내의 모든 직무 분야와 계급에 인구 비율과 상응하게 분포되어야 한다고 주장하였다.

2) 대표성의 기준

대표관료제를 구성하는 기준으로는 성, 학력, 지역, 계층, 인종 등 인구비례적으로 관료제를 구성하는 방법이 있고, 취업자 구성비에 따라 관료제를 구성하는 방법이 있다. 그러나 실제로는 정책과정에 더 많은 영향을 미치는 고위직이 더 문제임을 고려하여, 오늘날에는 보다 적극적으로 직급별 균형도 고려되고 있는 추세이다.

우리나라의 경우는 「국가공무원법」에 장애인, 이공계전공자, 저소득층에 대한 우대와 양성평등을 위한 적극적인 정책과 지역 인재의 추천 채용 및 수습근무를 규정하고 있다. 즉 「국가공무원법」 제26조(임용의 원칙)에는 '공무원의 임용은 시험성적·근무성적, 그 밖의 능력의 실증에 따라 행한다. 다만, 국가기관의 장은 국회규칙, 대법원규칙, 헌법재판소규칙, 중앙선거관리위원회규칙 또는 대통령령으로 정하는 바에 따라 장애인·이공계전공자·저소득층 등에 대한 채용·승진·전보 등 인사관리상의 우대와 실질적인 양성 평등을 구현하기 위한 적극적인 정책을 실시할 수 있다'라고 규정되어 있다. 즉 인사의 기본 원칙은 실적이지만 장애인·이공계전공자·저소득층·

지역인재·양성평등을 위한 적극적인 우대정책을 시행 중이다.

3) 대표관료제의 기본 전제

대표성은 소극적 대표(standing for)와 적극적 대표(acting for)가 있는데 소극적 대표란 출신 집단의 실태나 입장에 관한 정보를 얻을 수 있는 기능을 의미하며, 적극적 대표는 자신의 출신 계층의 이익과 의사를 적극적으로 반영, 대변하려고 노력하는 것을 말한다. 대표관료제는 소극적 대표(임용 전의 사회화)는 자동으로 적극적 대표(임용 후의 행태)를 보장한다는 가정하에 전개되어 왔다.

소극적(passive) 대표성은 전체 사회의 인구 구성적 특성과 가치를 반영하는 관료제의 인적 구성을 강조하는 것으로, 이때의 관료는 다른 사람을 위하여 실제로 행동하는 것이 아닌 상징적인 측면을 이야기한다. 적극적(active) 대표성은 출신 집단의 이익을 위하여 적극적으로 행동할 것을 기대하는 것으로 대표관료제 이론은 이러한 적극적 대표성을 가정한다.

2. 대표관료제의 대두 배경

1) 관료제의 대응성 및 책임성 확보

현대사회에서 관료의 영향력은 사회문제의 복잡성과 그에 따른 행정적 재량성 증대로 계속 확대되어 왔다. 이러한 관료의 재량성 증대에 따라 국민에 대한 직업공무원들의 관료적 대응성 확보를 위한 제도적 장치가 필요하게 되었다. 그러나 전통적인 외부 통제장치들은 행정기능의 복잡성과 광범위성, 정부권력의 비대화 등으로 인하여 제대로 기능하기가 어렵다. 이러한 행정환경의 변화로 인하여 권한이 확대된 직업공무원들에 대한 적절한 통제장치로 관료들의 주관적 책임을 강화하는 대표관료제의 논리가 등장하게 된 것이다.

대표관료제의 기본 가정은 관료들은 가치중립적인 존재가 아니라, 한 개인으로서 정책결정 및 집행과정에서 자신의 견해나 가치를 반영하는 존재라는 것이다. 따라서 관료제의 적절한 통제를 위해서는 외부통제보다는 관료들의 개인적 책무성을 확대하는 것이 더 효율적이라는 주장이다. 대표관료제에서는 관료의 주관적 책임성은 주로 개인의 출신 및 성장 배경, 사회화 과정 등에 의하여 형성된다고 보고 있으며, 공무원들이 사회 각계각층의 이해관계를 공평하게 반영하기 위해서는 관료제 구성 시 그 사회를 구성하는 모든 주요 집단의 인구에 비례하여 골고루 충원해야 한다고 주장하는 것이다.

2) 실적주의의 적극적 해석

그동안 실적주의가 '균등한 기회의 부여' 및 '공정한 경쟁요건의 형성' 등으로 경직적이고 소극적으로 해석되었으나, 이러한 노력에도 불구하고 출발점이 동일하지 않는 구조적 차별로 인한 불평등한 결과에 대한 적극적인 시정의 필요성이 대두되었다. 특히 기회균등을 실현하기 위한 적극적인 조치가 위헌이 아니라는 판결 등으로 인해 실적주의는 확대 해석되기 시작하였다.

이러한 실적주의 관련 판례는 1964년의 배키(Bakke) 사례가 대표적이다. 의과대학에 지원했다 탈락한 백인이 소송을 제기했는데 소송이유는 소수 민족, 소수 인종, 여성 등 소외계층을 배려하는 적극적 우대조치(Affirmative Action) 때문에 본인이 탈락해서 부당하다는 내용이었다. 즉 백인에 대한 인종차별이라고 주장한 것이다. 그러나 법원은 '누적된 차별 해소를 위한 잠정적 제한조치는 위헌이 아니다'라는 취지로 기각하여 적극적 우대조치가 합헌임을 명확히 하였다.[1)]

---

1) 이러한 소수인종 우대정책은 지속적으로 많은 논란의 대상이 되고 있으며 2023년 6월, 미국 연방대법원은 '공정한 입학을 위한 학생들'(Students for Fair Admissions:SFA)이 소수인종 우

한편 듀크 전력회사(Duke Power)에서는 신입사원 채용 시 고졸 이상에 대해 지능검사를 통해 선발했는데 이에 대해 흑인에 대한 실질적 차별이라고 주장한 소송에서 법원은 '공공고용주는 채용에 있어서 자격제한은 그 자격제한이 직무와 직결된다는 사실을 입증할 책임이 있다'라는 취지로 판결하여 차별금지를 위한 적극적인 노력의 필요성을 강조하였다(Griggs v. Duke Power Co., 401 U.S. 424(1971)).

3) 단체교섭(selective bargaining)의 확대

미국의 경우 1960년 이전에는 한 개 주만 단체교섭을 인정하였으나, 1980년대 이후 대부분의 주가 단체교섭을 인정하여 공무원의 노조가입률도 민간에 비해 훨씬 높은 수준이다. 이러한 공무원 단체 활동의 확대에 따라 단체교섭의 성격이 변하고 있어서 과거에 가부장적, 사후 구제적 성격이었으나 정책입안과정에 참여하는 예방적, 쌍방적 관계로 변하고 있다. 이러한 변화는 공무원 근무환경개선 등 다양한 인사정책에서의 많은 변화를 가져왔다.

3. 대표관료제의 장점

1) 행정의 대응성과 책임성 향상

대표관료제에 의해 임용된 공무원은 정책과정에서 자신이 대표하는 집단의 견해나 가치를 적극적으로 반영하게 되므로 행정의 대응성이 높아진다. 따라서 행정에 대한 국민의 수요나 요구에 적극적으로 대응하게 되어 정부의 대응성이 향상되므로 민주행정의 원리에 부응한다. 또한 자신이 대

대입학제도로 백인과 아시아계 지원자를 차별했다며 노스캐롤라이나 대학교와 하버드 대학교를 상대로 낸 헌법소원에서 각각 6대 3, 6대 2로 위헌 판결을 내린 바 있어 향후 대학입시뿐만 아니라 미국 사회 전반에 미칠 파장도 주목된다(https://www.news1.kr/articles/?5093470).

표하는 행정 대상 집단에 대한 법적, 도덕적 책임의식이 높아 행정의 책무성 증대에도 기여하게 되어 정부정책에 대한 관료의 책임성이 제고되는 장점이 있다.

2) 행정의 민주성 제고

대표관료제는 사회 모든 각계각층의 이해관계를 반영하기 위해 공직취임의 실질적 기회균등을 보장한다. 이처럼 정부관료제에 다양한 집단이 참여함으로써 정부관료제 민주화에 기여할 수 있다. 또한 공직취임의 기회균등을 통한 관료제의 비례적 구성으로 관료제의 국민 대표성을 높이고 사회적 형평성을 제고함으로써 행정의 민주성 제고에 기여할 수 있다.

한편 정책수립과정에서 민주성은 내용적 측면과 과정적 측면을 가지고 있다. 내용적 측면에서는 수립되는 정책이나 행정서비스 자체가 인간의 존엄성, 자아실현 및 기회균등 등의 민주주의 이념과 부합되어야 하며, 과정적 측면에서는 정책수립이나 행정과정에서의 참여보장, 각계각층 의견의 개방적 취합 등이 이루어져야 한다. 대표관료제는 다양한 계층이 참여하는 관료제를 구성하고 관료들이 각계각층의 이해관계를 적극적으로 반영하게 되므로 행정의 민주성 제고에 기여할 수 있다.

3) 행정 효율성 증대

대표관료제는 정부가 민주적인 정책결정을 하도록 하고 좀 더 합리적인 정책 선택을 하도록 함으로써 행정효율성 증대에도 기여할 수 있다. 또한 소외집단 요구에 대한 정부정책의 대응성을 높여 국민의 신뢰감을 높이고, 정책의 집행을 용이하게 하여 정부 활동의 능률성을 향상시킬 수도 있다. 특히 소외된 집단을 정부에 참여시키고 활용함으로써 자원의 효율적 관리를 가능하게 하며, 전통적으로 소외되었던 집단의 사회·경제적 지위를 향상시켜 그들의 심리적 박탈감 및 무력감을 해소시키고 반사회적 행위를 감소시킴으로써 궁극적으로 행정 효율성 증대에 기여할 수 있다.

4) 외적 통제

행정에 대한 통제로는 내부감사, 평가, 감사원 감사 등을 통한 내적 통제와 의회, 언론, 여론 등에 의한 외적 통제가 있다. 대표관료제하에서 관료들은 자신이 대표하는 집단의 견해나 가치를 적극적으로 반영하는 한편 이러한 집단들로부터 자신들의 견해나 의견을 제대로 반영하는지에 대한 끊임없는 통제를 받게 되므로 행정에 대한 외적 통제장치로 작용하게 된다. 한편 이러한 외적 통제기능을 통해 내적 통제가 가능하게 되므로 이러한 내적 통제의 강화가 대표관료제의 장점으로 지적되기도 한다.

4. 대표관료제의 한계

1) 실적주의 이념에 배치

현대 인사행정의 기본원리는 실적주의이며, 이러한 실적주의 원리에 따르면 공직임용은 능력, 자격 위주로 해야 한다. 그러나 대표관료제에서는 각계각층을 조화적, 비례적으로 대표할 수 있도록 해야 하기 때문에 능력이나 자격이 상대적으로 부족한 사람이 공직에 임용된다. 따라서 상대적으로 능력이나 자격이 나은 사람이 오히려 공직에 임용되지 못하는 역차별(reverse discrimination) 문제가 야기되는 것이다.

이러한 역차별은 할당제(quota system)를 강요하는 결과를 초래하여 실적주의를 훼손하고 행정 능률성을 저하시킬 가능성이 크며, 민주사회의 기회 균등의 원칙에 위배된다. 특히 상위직급의 경우에는 전문성이나 고도의 능력을 필요로 하는데 성별, 지역별, 계층 간 안배는 행정 효율성을 저해시킬 가능성이 크다.

2) 관료의 정책지향성

대표관료제의 기본 가정은 소극적 대표(공직임용 전의 사회화)가 자동적으로 적극적 대표(임용 후의 행태)를 보장한다는 것이다. 즉 관료로 임용되기 전의 출신배경이나 집단의 이해관계를 임용 후에도 적극적으로 반영할 것이란 전제이다.

그러나 관료의 정책지향성(policy orientation)과 출신배경과의 상관관계에 대해서는 논란의 여지가 있다. 즉 사회화 과정의 영향이 공직사회 취임 이전과 이후에 어느 쪽이 강한가 하는 논란인데, 대체로 임용 직후에는 출신배경에 따라 정책지향성이 결정될 가능성이 크지만, 임용 후 어느 정도 시간이 지난 뒤에는 소속된 행정기관의 이해관계를 더 반영할 가능성이 커지게 된다.

관료들은 이러한 기관사회화(2차 사회화)과정을 거치면서 정책지향성이 달라질 가능성이 크기 때문에 대표관료제의 기본적인 가정이 약화되는 한계에 봉착하게 된다. 이처럼 소극적 대표가 적극적 대표를 보장하지 못할 경우, 적극적 대표는 민주주의에 위험요소로 작용할 수 있다. 특히 우리나라의 경우 행정문화의 특성으로 인해 공직취임 후의 영향력이 더 큰 것으로 나타나고 있어 제도의 적용에 있어서 고려가 필요하다.

관료의 임용 전 사회화가 임용 후의 직무 행태에 미치는 영향을 약화시키는 요인, 즉 대표관료제의 기본 전제를 약화시키는 요인으로는 개인적 요인, 조직적 요인, 임용 전 사회화와 관련된 요인 등이 있다.

개인적 요인으로는 ① 공식교육의 내용 및 기간, ② 개인의 경력 발전, ③ 전문가적 관심의 중시 등이 있다.

조직과 관련된 요인으로는 ① 현재 근무하고 있는 조직에 의한 사회화의 내용, 기간 및 강도, ② 현재 담당하고 있는 직책의 내용, ③ 조직 목표달성을 위한 조직 내의 압력, ④ 적극적 대표로서의 역할 수행에 필요한 공식적 권한과 제도적 장치의 결여 등이 있다.

임용 전 사회화와 관련된 요인으로는 ① 출신 배경에 의한 사회화를 받은 후 경과한 시간, ② 출신 배경에 의한 사회화의 내용과 강도, ③ 조직 내 비공식집단 및 외부집단이 임용 전 사회화에 영향을 미치는 정도 등이 지적된다.

3) 외적 통제의 과다

관료제에 대한 기존의 통제장치 외에 대표성을 통한 통제가 별도로 필요한가라는 문제가 제기된다. 관료제는 이미 내적, 외적 통제장치를 통한 제약을 많이 받고 있으므로 대표관료제에 의한 외적 통제는 그렇지 않아도 많은 통제에 시달리고 있는 관료제에 많은 부담을 주어 관료제의 효율적 운영을 저해할 수 있다.

제2절 다양성 관리

1. 다양성의 개념

다양성(diversity)은 사전적으로 '종류가 다름' 또는 '서로 다름'으로 정의된다. 다양성은 주로 '독립된 개체들 간에 각각 '독특함'이 있어 '동일하지 않은 상태' 혹은 '하나의 집단이 서로 다른 구성요소로 이루어진 것'으로 정의되며, 구성원 간 다름의 정도가 높은 경우 다양성 수준이 높다고 하고, 그렇지 않은 경우 다양성이 낮다고 할 수 있다. 사회과학 분야에서의 다양성에 대한 정의는 주로 '사람의 다름에 초점을 두고 개인들 사이의 차이를 발견하기 위하여 사용되는 개념 또는 집단구성원 사이의 차이' 등으로 정의된다.

이러한 다양성의 주요 특징인 '사람 간의 다름'은 성별, 연령, 인종, 민족 등 외재적이고 가시적인 인구학적 특성은 물론 교육배경, 정치적 성향, 인지의 다양성 등 내재적이고 비가시적인 것들 모두를 포함한다. 사회나 조직구성원 개개인은 출신 지역, 성별, 인종 등 귀속적인 속성뿐만 아니라 교육수준, 가치관, 전문성 등 후천적인 속성 측면에서도 다양성을 갖고 있다.

2. 공직사회의 다양성 증가

최근 20년 동안 우리나라 공직사회는 다양성 수준이 급속도로 높아졌다. 공직사회의 다양성 변화는 가시적인 차원에서 여성 공무원의 증가로 인한 성별의 다양성 증가와 공직채용 경로의 다양화로 인한 다양한 배경을 가진 공무원 증가의 두 차원에서 살펴볼 수 있다.

그중 가장 대표적인 것은 성별 다양성 증대이다. 1990년 이전까지 우리나라 공무원의 대다수는 남성이었다. 물론 이 시기는 공직사회뿐만 아니라 사회 전체적으로 주로 남성이 경제활동을 하고 여성은 가사와 육아를 전담하거나 단순 노동과 관련된 직업을 갖고 있었기에 사무직 혹은 관리직 위주인 공직사회도 남성 위주로 구성되어 있었다. 그러나 1980년대 이후 여성에 대한 고등교육이 확대되고 그에 따른 여성의 사회 진출 요구가 급증하고 사회 각 분야에 여성의 진출이 활발해지면서 공공부문의 인적 구성도 크게 변화되었다.

이러한 사회변화에 힘입어 1995년 제정된 「여성발전기본법」 제6조에 의거, 공직 분야의 여성 진출을 촉진하기 위해 1996년 '여성채용목표제'가 최초 도입되었으며, '여성채용목표제'와 '양성평등채용목표제' 이는 공직사회의 여성 비율을 단기간에 획기적으로 높이는 효과를 가져왔다. 제도의 도입 초기에는 5급 여성 공무원 채용목표가 10%였으나, 그 비율을 매년 확대하여 공개채용시험의 30%까지 목표수준이 높아졌다. 특히 2000년 이후 일부 공무원 시험의 경우 여성 합격자 비율이 70%를 넘게 되자 남성이 역차별을 받고 있다는 지적에 따라 2003년부터 '양성평등채용목표제'로 전환되었다.

입직경로의 다양화도 공직사회의 다양성 증가에 큰 영향을 미치고 있다. 전통적으로 공직의 대부분은 공개채용방식을 통하여 충원되었다. 그러나 2000년 이후 공직사회의 개방과 경쟁을 확대하기 위하여 중앙부처 국장급 이상의 고위직 임용을 위한 개방형 임용제를 도입하여 민간경력자를 채용하기 시작한 이래 중앙부처 과장급도 개방형 임용의 대상이 되는 등 개방의 폭이 점점 넓어지고 있다. 근래에는 5급 공무원 민간경력자 일괄채용시험제도를 도입하여 관련 분야 학위가 있거나 민간경력이 있는 사람들 중에서 공직자를 선발하는 제도를 운영하고 있다. 그 외에도 외국어 능통자, 전문계학교 졸업자, 북한 이탈자 등을 대상으로 하는 다양한 경력경쟁채용제도가 운영되고 있다.

원래 공개채용방식은 학력이나 경력의 제한 없이 공개경쟁시험에서 요구하는 시험과목 성적이 우수한 지원자를 임용하는 제도이다. 따라서 이러한 채용제도하에서는 동일한 과목을 우수한 성적으로 통과한 사람들이 공직에 임용되므로 결과적으로 비슷한 배경과 지식을 갖춘 사람들로 공직이 채워지게 되며, 실제로도 학력은 물론 출신학교와 지역도 편중되는 결과를 가져왔다. 따라서 개방형 임용제의 도입과 민간경력자의 채용 등 채용방식의 다양화는 이러한 경향을 완화시키고 다양한 배경과 전문성을 갖춘 인재들을 임용하여 다양성을 높이는 중요한 수단이 된다.

채용방식의 다양화를 통한 공직사회 구성의 다양화 외에 향후 우리나라 공직사회의 다양성에 영향을 미칠 수 있는 중요한 요인은 다문화이다. 외국인과 결혼한 가정의 증가, 특히 동남아시아 지역 출신의 여성과 한국인 남성의 결혼으로 대표되는 다문화 현상의 확대는 우리 사회 전반뿐만 아니라 공직사회에도 커다란 영향을 미칠 것으로 예상된다. 최근 들어 다문화 가정의 외국인 여성이 공직에 진출하는 사례를 접할 수 있지만 아직은 그 비중이 크지 않아 공직에 미치는 영향은 미미하다. 그러나 향후 다문화 가정의 2세가 본격적으로 사회로 진출하는 시대가 되면 그 영향은 매우 클 것으로 판단된다. 특히 다문화 가정 출신에 대한 사회적 차별이 현실적으로 존재하고 있는 상황에서, 다문화 배경을 가진 지원자가 민간부문의 취업보다는 차별이 없는 공직에 대한 선호가 높을 것으로 예상되기 때문에 향후 공직사회는 또 다른 차원의 다양성 관리를 고려해야 할 것이다.

3. 다양성 관리의 필요성

공직에서의 다양성 증가가 갖는 의미는 매우 크다. 특히 우리나라처럼 전통적으로 다양성보다는 동질성과 통일성을 더 중요한 가치르 평가해왔던 사회의 경우, 다양성의 확대는 긍정적인 측면은 물론 부정적인 측면을 보일 가능성이 크다. 따라서 다양화의 긍정적인 영향을 극대화하고 부정적인 영향을 최소화하기 위하여 다양성에 대한 적극적인 관리방안의 마련이 요구된다. 왜냐하면 적절한 수준의 다양성 관리가 이루어지지 않는다면 효과적인 인사관리가 어려워질 것이며 장기적으로 정부의 성과도 낮아질 수 있기 때문이다.

과거의 인사행정은 유사성과 통일성을 전제하고 있었기 때문에 주로 형평성, 공정성 등이 중요한 가치였으며, 개인의 특성은 중요한 고려대상이 아니었다. 그러나 다양성과 이질성이 높아진 조직에서는 이러한 유사성에 기초한 인사행정 전략을 버리고 다양성을 전제로 한 새로운 관리전략이 개발되어야 할 필요성이 있다.

다양성은 혁신, 전략적 의사결정 및 조직성과 등 다양한 측면에서 긍정적인 영향을 미칠 수 있는 잠재력이 있으나, 다양성의 잠재력은 쉽게 실현되지 않는다는 특징이 있다. 경우에 따라서 높은 수준의 다양성은 갈등을 조장하기도 하고 사회적 통합을 저해하는 등의 부정적인 영향을 가져오기도 한다. 따라서 새로운 관리전략의 핵심은 그동안 제약 요인으로 인식되었던 다양성 요소를 보다 적극적인 관리 및 변화의 대상으로 인식하는 것에서 출발해야 할 것이다.

제3절 통합(균형)인사제도

오늘날의 행정은 과거의 성장 위주 정책에서 벗어나 공공가치 실현과 공동체 발전에 대한 관심이 증가하고 있다. 이에 따라 정부의 인사운영에 있어서도 실적주의 인사원칙과 함께 공직 구성의 다양성과 대표성, 형평성 등을 제고하는 통합인사에 대한 중요성이 강조되고 있다.

이러한 추세에 따라 우리나라의 중앙인사행정기관인 인사혁신처는 2005년 「국가공무원법」에 장애인 · 지방 인재 · 이공계 · 저소득층 등 사회적 소수 또는 약자의 공직 진출 및 실질적 양성평등을 구현하기 위한 적극적 우대정책을 실시할 수 있도록 법적 근거를 마련하였으며, 이를 바탕으로 사회적 소수집단의 공직 임용을 확대하고 자신들의 역량을 충분히 발휘할 수 있는 근무여건을 조성하기 위해 통합인사정책을 추진하고 있다.

특히 2018년 6월에는 공직 내 통합인사정책의 중장기 비전과 목표를 제시하고 정책대상별 추진과제를 담은 「제1차 균형인사 기본계획(2018~2022)」을 수립하였으며, 2023년에는 「제2차 통합(균형)인사 기본계획(2023~2027)」을 수립하여 공직사회 내 다양성 · 포용성 · 통합성 제고를 위한 기반을 마련하였다.

1. 통합(균형)인사제도의 대두 배경

우리나라는 매우 높은 민족적·인종적·문화적·언어적 동질성을 유지하고 있으나, 경제사회의 변화에 따라 정부관료제의 국민대표성 문제가 대두되었다. 먼저 산업화와 경제 발전에 따라 다양한 집단 간의 대립과 갈등이 심화되었고, 사회계층 간, 이익집단 간, 도시농촌 간, 남녀 간, 수도권과 지방 간 격차는 정부 정책의 정당성 및 합리성을 저해하고 국민적 일체감을 훼손시킨다는 비판을 받아왔다.

이러한 맥락에서 1990년대 이래, 소외집단들의 정치과정에 실질적 참여 확대를 통해 정부의 정책결정에 그들의 이익을 적극적으로 반영하려는 균형인사정책이 확대되어 왔다. 즉 대표관료제의 논리는 현재 우리나라에서 유용하게 적용되고 있는 것이다.

다만 우리나라의 경우 인종적·문화적 동질성이 존재한다는 특성이 있으므로 대표관료제적 개념을 기계적으로 적용하는 것은 한계가 있다. 따라서 신중한 검토를 통한 소외집단의 선택을 기초로, 이들 소외집단에 대한 적극적 참여를 보장하는 다양한 제도적 장치들이 마련되어야 할 필요성이 있다.

2. 적극적 인사정책의 필요성

1) 국가경쟁력 제고

인재의 적극적이고 균형적 활용을 통해 국가경쟁력을 강화할 수 있다. 여성, 장애인, 과학기술인력 등 다양한 계층과 집단에서 배출된 인력이 각 집단마다 지니고 있는 가치, 경험, 지식을 활용하여 정부의 정책결정 및 집행과정에 참여함으로써, 정책의 창의성과 유연성을 높일 수 있을 뿐만 아니라 사회적 변화에도 적극적으로 대처할 수 있다.

2) 사회통합

국가의 중요한 정책결정 과정에 다양한 계층과 집단의 시각과 의견이 반영될 수 있다면 정책결정의 대표성과 민주성이 제고될 수 있다. 다양한 사회구성원의 참여를 보장함으로써 실질적, 심리적으로 사회통합을 유도해

낼 수 있다. 그 결과 국가정책에 대한 소외의식을 약화시켜 사회통합의 계기가 마련될 수 있다.

3) 국가 균형발전

현재 우리나라는 인력과 자원의 중앙집중 현상이 심화되고 있다. 따라서 유능한 지역인재를 등용하고 자원을 분산시킴으로써 인력 및 자원의 활용 및 국가 전체의 균형발전 차원에서도 큰 도움이 될 수 있다.

3. 통합(균형)인사제도

오늘날 지식정보화 사회에서 국제 경쟁력을 확보하기 위해서는 다양한 인적자본을 효율적으로 활용하는 것이 중요하며, 이를 위해서는 효율성 위주의 실적주의 인사원칙에 대한 적극적인 해석과 재음미를 통해 효율성과 형평성의 조화가 필요하게 되었다. 우리나라에서는 공직 구성의 다양성과 대표성, 형평성 등을 제고하기 위해 균형인사(Balanced-Personnel)제도가 도입되어 그동안 공직임용에서 소외되었던 여성, 장애인, 과학기술인력, 지방인재, 저소득층에 대한 공직 진출 지원이 이루어지고 있다.

균형인사의 목적은 이러한 인사개혁정책 추진을 통해 균형 있는 인적자본의 활용과 육성을 통해 더불어 사는 균형발전 사회를 이루기 위한 것으로 그 기본적인 구도와 내용은 다음 〈표 4-1〉과 같다.

〈표 4-1〉 균형인사제도 기본 구도

소수계층의 균형인사를 통한 더불어 사는 균형사회실현				
다양한 계층의 가치와 이익반영		사회 소수집단의 고용기회 확대	지역인재의 균형적 활용	
국가 전체적인 공익추구		실질적인 사회통합	국가경쟁력 강화	
여성	장애인	지역인재	이공계	저소득층

자료: 인사혁신처 홈페이지

1) 양성평등

오늘날 지식정보화 시대는 감성·창의성·유연성 등이 특히 요구되는 시대로서 인적자본으로 여성 인력의 효율적 활용이 국가경쟁력 강화와 국가발전에 필수요소가 되고 있다. 그러나 우리나라 여성의 경제활동 참가율은 OECD 회원국 평균에도 미치지 못하는 낮은 수준으로 나타나고 있어, 여성 인력의 사회참여를 적극적으로 유도하고 활용을 증대시키는 것이 국가경쟁력 향상을 위한 인적자원관리상의 중요한 정책과제라 할 수 있다.

이에 따라 우리나라에서는 공공부문부터 선도하여 양성평등의 관점에서 여성이 차별받지 않고 능력을 충분히 발휘하면서 근무할 수 있도록 제도적 기반을 마련하는 등 적극적인 여성 공무원 인사정책을 추진하고 있다. 또한 공직의 성별 불균형을 적극적으로 해소하고 남성에 대한 역차별을 해소하기 위해 양성평등채용목표제를 실시하고 있으며, 출산·육아휴직 제도의 개선 등 가정 친화적 근무환경을 조성하기 위한 각종 제드를 시행하고 있다.

특히 여성의 공직 진출이 활발해지면서 2021년 국가직 공무원의 여성 비율은 48.2%까지 증가하였으나 고위직 여성 비율은 10.0%로 여전히 저조한 수준이다. 이처럼 과소대표된 여성 관리직 비율의 개선을 위하여 인사혁신처는 '여성관리자 임용현황 관리'(2002~2006년 5급 이상, 2007~2017년 4급 이상)를 추진해왔으며, 2018년부터는 관리의 대상을 실질적인 의사결정 권한을 갖는 고위공무원단 및 본부 과장급으로 상향하여 추진하고 있다. 이와 더불어 여성관리자 후보자 풀 확대를 위해 2017년 말 「균형인사지침」을 개정하여 중앙부처별로 주요직위(부처의 핵심기능을 수행하면서 직무의 중요도와 난이도가 높아 공무원의 역량개발과 경력발전을 위해 선호되는 부서 내의 직위로 주로 본부 실·국별 주무부서, 공통부서의 기획·인사·예산·감사 담당부서의 과장-총괄/담당 계장-총괄/담당 주무관 등이 해당함)를 지정하고, 양성 평등한 주요직위 임용 노력을 의무화하였다. 또한 일과 생활의 균형을 위한 제도를 활성화하는 등 공직 내 성별에 따른 차별요소를 해소하고 실질적 양성평등 실현을 위해 노력하고 있다.

2) 장애인 임용

장애인 고용정책은 장애인에게 소득보장의 기회를 확대하여 독립적인 경제생활을 가능하게 함과 동시에 장애인의 진정한 사회참여라는 관점에서 매우 중요한 사회복지정책이다. 특히 국가기관에서 장애인을 고용하는 것은 정부가 모범적인 고용주로서의 역할을 수행하는 것뿐만 아니라, 장애인 당사자들이 국가행정에 직접 참여한다는 점에서 민주적 의의가 매우 크다고 할 수 있다.

정부는 장애인의 공직 진출확대를 위해서 장애인 구분모집제, 중증장애인 경력경쟁채용, 장애인 공무원 인사관리지침 제정, 장애인 수험편의 지원 강화 등의 노력을 해왔으며, 2006년에는 장애인 의무고용 적용직종도 대폭 확대(32%→84%)하였다. 특히 중증장애인의 공직 진출의 제도적 지원을 위해 중증장애인만 응시할 수 있는 '중증장애인 일괄 경력경쟁채용시험'을 도입하여 시행되고 있다.

「장애인 고용촉진 및 직업재활법」 개정에 따라 2009년부터 국가 및 지방자치단체의 장애인 의무고용률이 2%에서 3%로 상향되어, 정부는 「중앙행정기관 장애인 의무고용률 3% 달성을 위한 종합계획」을 수립 추진하여 2011년 말 3.2%를 달성하였으며, 2021년 말 중앙행정기관 장애인 고용률은 3.68%로 정부부문 장애인 법정 의무고용률인 3.4%를 초과 달성하였다.

이러한 장애인 공무원에 대한 양적인 채용확대 이외에, 채용된 장애인 공무원이 공직에서 마음껏 역량을 펼치며 일할 수 있도록 2015년부터 보조공학기기와 근로지원인 서비스를 제공하고 있으며, 장애인 공무원의 교육훈련, 보직관리 등 적절한 인사관리시스템 마련과 장애인 친화적 근무여건 조성을 위한 각종 제도도 도입되어 운영되고 있다.

3) 지방 인재·지역 인재

오랫동안 지속되어 온 중앙과 지방 간 불균형 발전의 원인 중 하나로 인재의 수도권 집중에 따른 지역 간 불균형을 들 수 있다. 또한, 지방대학을 비롯한 지방학교의 낙후와 불균형은 심각한 수준으로 나타나고 있어서 중앙과 지방 간 인력격차의 해소와 유능한 지방 인재의 육성을 위하여 적극적인 평등조치가 요구되고 있다.

이에 따라 정부는 국가 균형발전과 우수한 지방 인재의 공직 진출을 지원하기 위해 2007년부터 5급 국가공무원 공채시험에 지방 인재 채용목표제를 도입하고, 2015년에는 7급 국가공무원 공채시험으로 확대하여 운영하고 있다. 이 제도는 5 · 7급 공채 및 외교관 후보자 선발시험 중 선발 예정 인원이 10명 이상인 시험단위에서, 지방 인재(서울시를 제외한 지방소재 학교 출신 합격자)가 일정 비율(5급 · 외교관 20%, 7급 30%)에 미달할 경우 선발 예정 인원 외에 추가로 선발하는 제도이다.

한편 공직의 지역 대표성 제고 및 국가 균형발전, 고졸 출신의 공직 진출 확대 등을 위해 2005년부터 인턴제 방식의 채용제도인 '지역 인재 추천 채용제도'가 도입 · 운영되고 있다. 이 제도는 2005년부터 6급으로 선발해 오다 2010년부터는 7급으로 선발하고 있으며 2012년에는 9급으로까지 확대하여 선발하고 있다. 지역 인재 7급의 경우 학사학위 취득(예정)자를 학교 추천을 통해 선발하여 1년간 수습근무 후 일반직 7급 국가공무원으로 임용 여부를 결정하며, 지역 인재 9급은 특성화고 · 마이스터고 등 졸업(예정)자를 학교추천을 통해 선발하여 6개월간 수습근무 후 일반직 9급 국가공무원으로 임용 여부를 결정하는 제도로서, 학력이 아닌 능력과 실력 중심의 공정사회 구현을 위해 도입되었다.

4) 이공계

지식기반경제의 가속화로 IT, BT, NT, ET 등 신기술 분야의 기술혁신이 국가경쟁력과 경제성장의 핵심 요소로 등장하면서 전문적 사고에 바탕을 둔 정책수요가 크게 증대되고 있다. 이에 따라 경제, 산업, 교육, 예산 등 국가의 전반적 주요 정책결정 시 과학적, 기술적 사고에 바탕을 둔 판단이 요구되고 있어 과학기술 전문지식을 지닌 전문 인력의 확보가 중요하게 되었다.

따라서 고도의 전문성을 갖춘 우수 과학기술인력을 공직에 다수 유치하고, 과학기술인력에 대한 정책교육의 강화를 통한 지속적인 인재양성체계를 구축하며, 고급 전문 인력들이 공직에 전념할 수 있는 보직관리와 보상체계를 강구할 필요성이 대두되었다. 이에 따라 정부는 「균형인사 기본계획」을 통해 5급 국가공무원 신규 채용 시 40%를 이공계 공무원으로 채용하도록 하고, 고위공무원의 30% 이상을 이공계 공무원으로 임용하도록 권고하고 있으며, 공직사회의 과학기술 마인드를 함양하기 위하여 기본교육과정에 과학기술 관련 교육 의무화, 과학기술 전문교육 확대 등을 추진하고 있다.

5) 사회통합인재

우리 사회는 경제 양극화에 따른 계층 간 소득불평등이 심화되고 있고 이에 따라 저소득층이 지속적으로 증가하고 있다. 저소득층은 교육·취업 등 사회 각 분야에서 기회의 불평등을 겪게 되고 이는 다시 저소득층을 벗어날 수 없는 주요한 원인이 되어 빈곤의 악순환이 반복되고 있다.

이에 따라 정부는 저소득층의 취업에서의 불평등을 해소하고, 경제적 자립을 지원하기 위해 2009년 저소득층 공직 진출제도를 도입하였다. 현재 9급 공채 인원의 2% 이상 및 9급 경채 인원의 1%를 이상을 저소득층(「국민기초생활보장법」에 따른 수급자 또는 「한부모가족지원법」에 따른 지원대상자)으로 채용하고 있으며, 다문화 가족, 북한이탈주민 등 신규 소수집단에 대해서는 공직 채용정보를 제공하고 있다.

4. 제도의 확대

국가공무원 임용에 있어서의 균형인사 정책의 적극적 확대 추세와 더불어 지방자치단체에서도 다문화가정이나 탈북이주민 출신에 대한 임용이 추진되고 있으며, 공공기관에서도 이러한 추세가 확대되고 있어, 현재 공직사회의 다양성 관리는 인사행정에서 중요한 과제로 관리되고 있다.

찾아볼 문제

1. 우리나라에서의 다양성 관리 적용대상 집단 및 인원의 확대 추이를 찾아봅시다.
2. 국가공무원법상 다양성 관리 적용 규정을 찾아봅시다.

토론할 문제

1. 우리나라 통합(균형)인사제도의 성과와 한계는 무엇인지 토론해 봅시다.
2. 향후 우리나라에서 다양성 관리의 적용을 확대할 대상이나 분야, 내용 등에 대해 토론해 봅시다.

제 5 장

공직의 분류제도: 계급제와 직위분류제

제1절 공직분류의 필요성과 제도의 정의

1. 공직분류의 필요성

인사행정의 성공은 우수한 인재만이 아니라 그 사람이 능력과 잠재력을 충분히 발휘할 수 있도록 일을 구성함으로써 이루어질 수 있다. 즉 사람(人)과 일(職)이 적절히 조화를 이루었을 때 인사행정의 성과는 극대화된다.

그렇다면 공직, 즉 정부의 공적인 자리들은 어떻게 구성할 것인가? 수많은 공직을 상황에 따라 개별적으로 관리하기는 불가능하므로 동일 성격을 가진 공직은 같이 묶어서 동일하게 취급할 필요가 있다. 즉 선발, 교육훈련, 보수 등 일련의 인사행정에서 일관성과 효율성을 높일 수 있는 공직의 분류 방법이 필요하게 된다. 바로 사람과 일은 공직의 분류를 위한 두 가지 기준이 된다.

2. 계급제의 정의

계급제(階級制, rank-in-person, rank-in corps, rank classification)란 유사한 개인적 특성을 가진 공무원을 하나의 범주나 집단으로 구분하여 계급을 형성하는 제도를 말한다. 즉 사람의 특성을 기준으로 공직을 분류한 후 분류된 범주나 집단을 계급이라고 부르는 것이다. 여기서 특성이란 경력, 자격, 능력 등을 말한다.

계급제는 이 특성들을 같은 계급 내의 사람들이 공유한다는 가정을 토대로 하며 실제로 어떤 종류의 일을 맡는지와 관계가 없다. 즉 무슨 일을 하는가보다 무슨 일을 할 수 있는가가 더 중요하다. 예를 들어 직업공무원은 9급에서 1급까지의 계급으로 이루어지는데 8급에 속한 구성원끼리는 9급 구성원보다 높은 경력, 자격, 능력 등을 공유한다고 보는 것이다.

사실상 인류 사회 속의 많은 조직이 계급제를 형성하고 있다. 군대는 이병에서 대장까지, 경찰은 순경에서 치안총감까지 계급으로 이루어져 있다. 조선시대 벼슬은 종9품부터 정1품까지, 대학교에서 1학년에서 4학년까지, 학원에서 초급반에서 고급반까지 이루어진 것도 계급제이다. 한 마디로 수준별로 집단화한 것을 계급이라고 보면 되는데, 회사에서는 사원에서 사장에 이르기까지 이를 직급이란 말과 흔히 혼용하여 쓴다. 정부에서 직급은 계급과 다른 개념이므로 후에 상술하기로 한다.

계급제에서 개별적인 계급(rank)을 묶어서 또 다시 범주화한 것을 계급군(class, group)이라고 한다. 이 계급군 간에는 하는 일의 종류가 다르고 임용경로도 서로 달리 하고 이동이 쉽지 않으며 계급끼리보다 더 큰 차등이 있다. 우리나라에서는 5급 이상을 관리계급이라고 하고 감독관리와 정책결정을 맡는다. 6급 이하는 사무계급이라 하고 일반서기, 집행업무를 맡는다. 다른 종류의 채용시험을 치르고 9·7급 임용자는 6급까지 근무연수에 따라 무난히 승진하는 것이 일반적이지만 5급으로 승진하기 위해서는 시험이나 일정한 심사를 통과해야 한다(공무원임용령 제34조).

3. 직위분류제의 정의

직위분류제(職位分類制, rank-in-job, position classification system)란 직무 종류나 수준에 따라 공직을 수직적·수평적으로 분류하여 체계화한 제도를 말한다. 직무를 담당할 사람의 특성이나 인적 요소는 고려하지 않고 일의 특성만을 고려한다. 여기서 일의 특성이란 일이 조직 내에서 얼마나 중요하고 어려운 일인지에 대한 수직적 수준뿐만 아니라 일이 어떤 전문분야별 종류인가에 따라 수평적으로 분류되는 것을 말한다.

직위분류제는 인류사회에서 일반화된 분류의 방식이 아니라 매우 예외적이고 인위적인 것이다. 특히 미국과 일부 국가에서 발전시킨 특이한 제도이다. 과거 한국의 미군정시대에도 직위분류제를 도입하려 시도했지만 실패했던 이유도 사회문화와 잘 맞지 않았기 때문이다. 신분사회와 벼슬계급의 전통을 가지며 전문기술은 천시를 받던 조선시대 전통문화와 일제의 군대식 계급제적 공직구조가 결합되어 있어 짧은 기간 많은 비용을 들이면서 정착시키기 어려웠던 것이다.

그러나 이는 한국만의 문제가 아니다. 오랜 군주국가 전통과 관료제 전통을 가진 프랑스, 독일, 이탈리아 등 서구국가들과 한국, 일본, 중국 등 직업이 미분화된 전통적인 농경사회 모두 직위분류제는 쉽게 정착시킬 수 있는 성격의 것이 아니었다(Stahl, 1983: 177-178).

제2절 계급제와 직위분류제의 비교

기본적으로 계급제는 조직 전체의 위계와 질서를 중시하고 직위분류제는 구성원 개인의 전문적 능력과 성과를 중요시한다고 보면 된다(Stahl, 1983: 179).

1. 특징의 비교

1) 동일 계급 동일 보수 대 동일 직무 동일 보수

계급제하에서는 어떤 일을 하는가에 관계없이 같은 계급에 속해 있는 한 기본적으로 같은 보수를 받는다(equal rank, equal pay). 같은 경력, 자격, 능력을 가진 사람들이기 때문이다. 반면, 직위분류제하에서는 어떤 일을 하는가가 가장 중요하다. 따라서 같은 일에 대해서는 같은 보수를 받는다(equal work, equal pay).

2) 일반행정가 대 전문행정가

계급제에서는 계급별 수직적 분화를 중요시하지만 직무종류별 수평적 분화는 발달해 있지 않다. 즉 일의 전문성이 세분화되어 있지 않기 때문에 굳이 전문행정가를 필요로 하지 않는다. 어떤 일이 주어져도 웬만히 적응할 수 있는 멀티플레이어, 즉 일반행정가(generalist)가 필요한 것이다. 반면 직위분류제는 공직을 전문성별로 세분화하기 때문에 전문행정가(specialist)를 반드시 필요로 한다.

따라서 공직 채용방식도 차이가 난다. 계급제하에서는 공무원 시험과목으로 교양, 언어, 역사 등 인문학적 소양을 중시하며, 공직 내에서도 한 자리에 오래 있는 것보다는 다양한 자리를 거치는 것이 인사평가에서 유리하다. 직위분류제하에서는 전문적이고 실용적인 세부 전문분야를 검증하기 때문에 다수가 한 자리에 모여서 통일된 필기시험을 보는 방식은 적합하지 않다.

3) 폐쇄형 충원 대 개방형 충원

계급제하에서는 전문가보다는 멀티플레이어를 필요로 하기 때문에 굳이 외부인사를 뽑을 필요가 없다. 비용을 줄이는 방법으로는 외부 충원보다는 내부 충원이 일반적으로 우월하기 때문이다. 따라서 내부 인사이동 혹은 승진으로 공석을 충원하는 폐쇄형 충원(closed career system)을 활용한다.

반면, 직위분류제하에서는 공석이 생겼을 때 조직 내의 기존 인물로 충원하기 쉽지 않다. 왜냐하면 각 자리가 특정한 전문성을 필요로 하는 자리인데 다른 전문성을 가진 사람으로 채울 수가 없기 때문이다. 결국 대안은 인력풀이 넓은 조직 외부에서 모집하는 개방형 충원(open career system)을 채택하는 것이다. 그래서 민간분야와 정부 간의 인적교류가 매우 활발해진다.

4) 연공서열 승진 대 능력 승진

계급제하에서 승진의 기준은 연공서열 혹은 근속연수이다. 시간이 지나면 경력, 자격, 능력도 함께 향상된다는 가정하에 재직기간이 늘어나면 상위계급으로의 승진은 저절로 성취된다. 근속연수가 중요한 이유는 조직의 통합과 조정을 위한 위계와 질서가 중요하기 때문이다. 구성원 간 경쟁 혹은 개별 구성원의 돌출적인 능력 발휘는 위계와 질서를 무너뜨릴 것이라고 가정한다.

반면, 직위분류제하에서는 원천적으로 연공서열이 기준이 될 수 없다. 개방형 충원제도 속에서 민간부문과의 인력이동이 너무 빈번하기 때문이다. 따라서 좁은 영역의 전문성을 토대로 하여 개별적인 성과나 능력 평가가 이루어진다. 특히 중요한 일을 하거나 어려운 일을 하는 사람은 더 나은 보상을 받는 것이 원칙이다. 그래서 직무별 특성을 미리 분석하여 일의 곤란성과 책임도를 평가해 놓고 이 기준에 따라 보상한다. 즉 결과나 성과는 서로 같더라도 맡았던 업무가 어떤 종류였는지에 따라 능력은 달리 평가되고 최종 보상도 달라진다.

5) 강한 신분보장 대 약한 신분보장

승진의 기준이 연공서열 혹은 능력인가는 신분보장의 수준으로까지 영역이 확장된다. 계급제하에서는 조직의 위계와 질서에 복종하는 대신 강한 신분보장이라는 특권을 부여하는 일종의 가부장적이고 지속적인 결속관계가 형성된다. 또 재직기간에 따라 자연히 승진하기 때문에 인사권자의 자의가 없는 한 특별히 신분보장에 위협이 될 만한 요소도 없다.

반면, 직위분류제하에서는 조직과 개인이 일종의 계약관계에 있다. 상응하는 보수에 맞게 각 직무에 대한 성과는 담당직원 개인이 책임져야 하고 그 성과는 차기 계약에 다시 피드백된다. 따라서 계약과 달리 성과가 저조할 경우 조직에서 퇴출압력을 받을 수도 있다.

2. 장단점의 비교

〈표 5-1〉에서 보는 바와 같이 앞서 논의한 계급제와 직위분류제의 각 특징으로 인하여 그 결과로서 각 장담점이 도출될 수 있다. 계급제의 장점은 인력운용의 탄력적 운용에 있어서는 우세하지만 나머지 는점에서는 열등하거나 우열을 단언하기 어렵다(Stahl, 1983 : 179-182).

1) 보상의 공정성

계급제하에서는 서로 직무의 곤란성과 책임도가 상이함에도 불구하고 동일 계급이라면 동일한 보상을 받는다. 이것이 부담이 많은 직무를 담당하게 된 사람에 대해서는 형평성에 대한 불만을 일으킬 수 있다. 반면, 직위분류제하에서는 업무 부담에 따라 보상이 결정되므로 형평성을 한층 향상시킬 수 있다.

〈표 5-1〉 **계급제와 직위분류제의 특징과 그 결과의 장단점 비교**

특징과 그 결과		계급제	직위분류제
특 징	보수 책정의 기준	동일 계급 동일 보수	동일 직무 동일 보수
결 과	보상의 공정성	낮 음	높 음
특 징	선호되는 인재상	일반행정가	전문행정가
결 과	행정의 전문성	낮 음	높 음
	인력운용의 탄력성	높 음	낮 음
	조정의 용이성	높 음	낮 음
특 징	충원의 방식	폐쇄형 충원	거방형 충원
결 과	조직 내 역동성	낮 음	높 음
특 징	승진의 기준	연공서열	능 력
결 과	실적주의에 기여	낮 음	높 음
특 징	신분보장의 정도	강한 신분보장	약한 신분보장
결 과	직업공무원제에 기여	높 음	낮 음

2) 행정의 전문성

직위분류제 최대의 강점은 행정의 전문성을 높일 수 있다는 점이다. 직무는 전문성별로 명확히 정의되어 있고 세분화되어 있다. 일할 사람도 그 직무에 적합한 전문가를 필요로 한다. 계급제가 오늘날 개혁의 대상이 되는 최대 이유도 전문성을 약화시킨다는 점이다.

3) 인력운용의 탄력성

계급제하에서는 일반행정가를 선호하고 양성하는데 이들은 어느 자리, 어느 일을 맡겨도 원만히 적응해 나갈 수 있는 멀티플레이어적 잠재력을 가지고 있다. 즉 인사권자나 관리자의 입장에서는 공석을 채울 수 있는 내부 인재풀이 매우 넓어지는 것이다. 반면, 직위분류제하에서는 각 직무가 전문화되어 있으므로 공석이 생겨도 이를 채우기에 내부 인재풀이 좁을 수밖에 없다. 결국 조직 외부에서 찾아볼 수밖에 없게 된다.

4) 조정의 용이성

계급제하에서는 구성원이 다양한 직위와 직무를 경험했기 때문에 시각의 폭이 넓고 인간관계가 넓어지기 때문에 소통이 원활하고 유기적인 관점에서 업무처리를 시도하게 된다. 반면, 직위분류제하에서는 전문가적인 좁은 시각이 고착화되어 할거주의를 극복하기 어렵다.

그러나 소수의견에 의하면 계급제하에서는 전문영역이 명확히 구분되지 않아서 직무의 경계가 불명확하기 때문에 역시 갈등이 조장되고 조정이 어려워질 가능성은 있다(강성철 외, 2014: 206).

5) 조직 내 역동성

계급제하에서는 행정의 폐쇄성으로 인해 공직의 특권계급화와 경직성 등 관료제의 병폐가 발생하기 쉽다. 반대로 직위분류제는 행정을 외부에 개방하고 공직 내에 새로운 피(new blood)를 주입함으로써 활력을 불어넣는데 유리하다.

6) 실적주의에 기여

계급제하에서는 연공서열이 승진의 기준이 되는데, 이는 실적주의에 역행하는 것이다. 반면, 직위분류제하에서는 전문성을 기준으로 하는 능력과 실적을 기준으로 평가되므로 실적주의 발전에 보다 기여하게 된다.

7) 직업공무원제에 기여

계급제는 그 자체가 직업공무원제 수립의 한 요건이기 때문이며 그 자체도 직업공무원제 확립에 기여한다. 반면, 직위분류제는 태생 자체가 직업공무원제의 폐해를 극복하기 위한 것이었다. 따라서 인사개혁이 그 폐해의 극복을 지향하고 있다면 직위분류제적 요소를 적극적으로 도입하는 것이 바람직하다.

제3절 직위분류제의 원칙과 실제

1. 직위분류의 원칙

「국가공무원법」은 직위분류제를 단계적으로 실시할 수 있다고 규정하고 있다(제24조). 또 직위분류의 원칙을 "모든 대상 직위를 직무의 종류와 곤란성 및 책임도에 따라 직군·직렬·직급 또는 직무등급별로 분류하되, 같은 직급이나 같은 직무등급에 속하는 직위에 대하여는 동일하거나 유사한

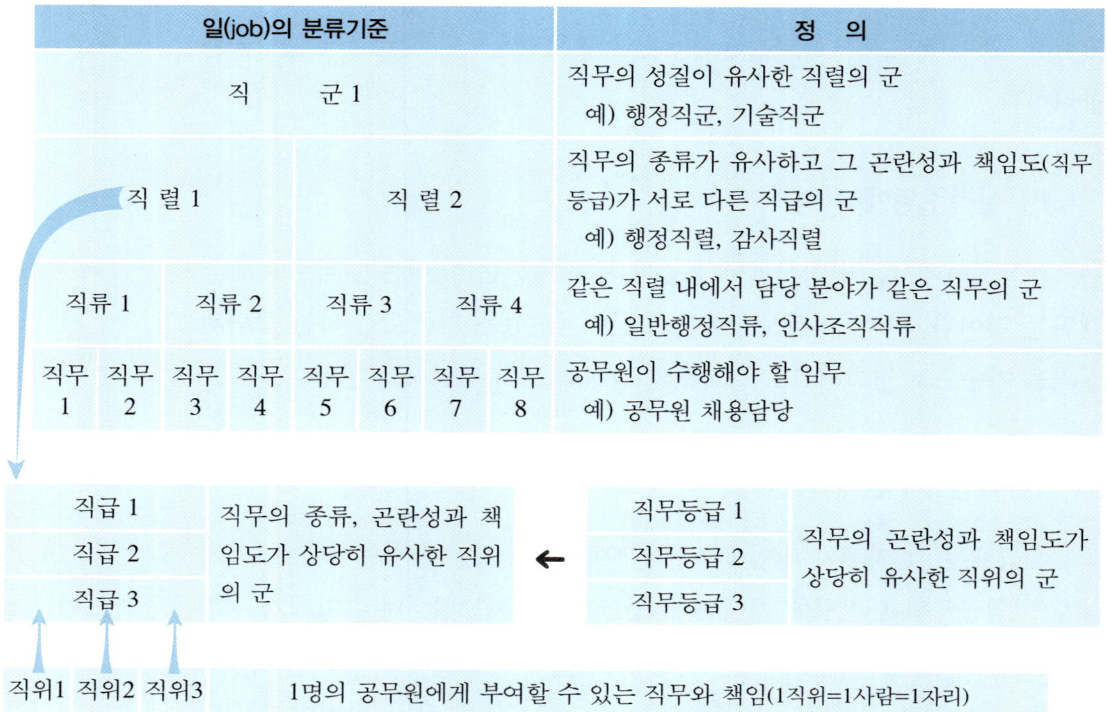

[그림 5-1] 직위분류제의 요소

보수가 지급되도록 분류하여야 한다"고 정하고 있다(제22조). 그리고 직무분석을 할 수 있다고 정하고 있다(제22조의2).

위 법률상에 나오는 용어들의 개념에 대한 해설은 [그림 5-1]과 같다. 그리고 직위분류의 과정을 단계별로 설명하면 다음과 같다.

① 직위(職位, position)란 1인이 맡는 자리로서 기본 단위이며, 분류 이전에는 무질서하게 배열되어 있다([그림 5-2] ①).

② 직무분석을 통하여 이 직위들을 전문성에 따라 직무의 종류별, 즉 직렬(職列, series)별로 분류한다. 참고로 직렬을 비슷한 것끼리 묶은 것이 직군(職群, group)이고, 직렬을 다른 것끼리 쪼갠 것이 직류(職類, sub-series)이다([그림 5-2] ②).

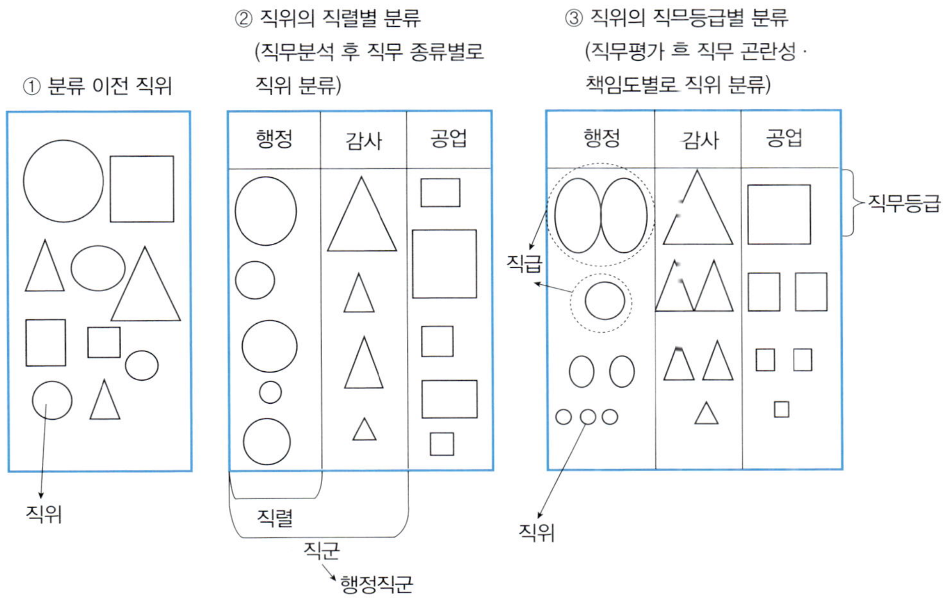

자료: U.S. Civil Service Commission, 1961; 유민봉 · 임도빈, 2014, p.94 재인용을 수정 · 보완.
주: 도형의 유사 모양은 유사한 직무의 종류를 말하고, 도형의 유사 크기는 유사한 직무의 곤란성과 책임도를 의미함.

[그림 5-2] 직무분류의 도식적 이해

③ 직무평가를 통하여 다시 직무 곤란성과 책임도, 즉 직무등급(等級, grade)에 따라 수직적으로 분류한다([그림 5-2] ③). 참고로 직무등급이란 직무의 곤란성과 책임도가 상당히 유사한 직위의 군을 말한다.

④ 위와 같이 직무분석과 직무평가의 결과 직급(職級, class)이라는 주요 요소가 도출되는데, 이는 결국 직무의 종류(즉 전문성)도 유사하고 동시에 곤란성과 책임도도 유사한 직위의 집단이다. 다시 말해 직위의 수평적, 그리고 수직적 분류를 거친 결과물이 직급인 것이다([그림 5-2] ③).

참고로, 직급과 달리 계급제의 계급은 전문성에 따른 수평적 분류가 미흡하고 수직적 분류에 있어서도 직무의 성격을 감안하지 않는다.

2. 직위분류제의 수립 과정

직위분류제는 장기간에 많은 비용을 들여 완성되는 제도이다. 구상하여 정착시키기까지 전 과정을 좀 더 상세화하면 [그림 5-3]과 같다. 준비작업, 분석·평가, 유지·관리 순이며 분석·평가 과정을 세분화하면 직무조사, 직무분석, 직무평가, 직급명세서 작성과 정급으로 나뉜다.

1) 준비작업

직위분류를 위한 담당기관을 구성한 후, 분석팀을 그 내부에 설치하든 외부에 위탁하든지 선택한다. 개혁과정에서 이해관계가 첨예하게 대립할 가능성이 매우 높으므로 가장 바람직한 방안은 경험이 많은 외부 기관에 위탁하는 것이다. 그 다음 직위분류의 범위를 결정한다. 예를 들어 2000년도 개방형 직위제를 위한 직위분류 작업은 131개 직위, 즉 당시 3급 이상 20%가 대상이었다. 다음으로 직위분류 작업에 대한 지지를 확보하는 것이다. 직위분류제와 같이 새로운 제도를 도입하는 과정에서는 저항이 따르기 마련이

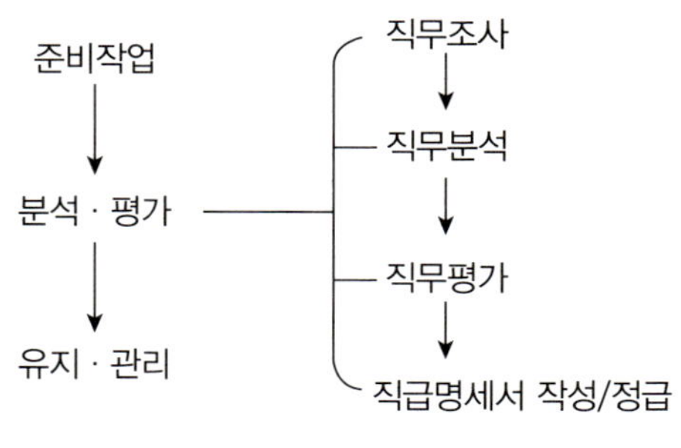

[그림 5-3] 직위분류 작업의 과정

고 충분히 설득이 없다면 불만 세력은 정확한 분석을 위한 자료 수집에 협조하지 않을 것이다.

2) 분석·평가

(1) 직무조사

현재 근무자들이 어떤 일을 하고 있는지 직무를 조사한다. 자료 수집 방법으로는 현담당자, 전담당자, 기타 관련인을 대상으로 하는 면접, 관찰, 설문지 기법, 일기식 기록이 있다. 조사내용으로는 무슨 일을 하는가, 어떻게 하는가, 감독관계는 어떤가, 다른 직무와의 관계는 어떤가, 어떤 장비나 도구를 활용하는가, 근무환경이나 조건은 어떤가, 담당자는 어떤 능력, 자격, 경력, 교육을 가져야 하는가 등이다. 이 결과를 토대로 직무기술서(job description)를 작성한다([그림 5-4] 참조). 여기에는 위 조사내용 외에도 직무의 종류와 곤란성·책임도를 예비적으로 결정하여 기입할 수도 있다(Nigro, Nigro & Kellough, 2007: 124-125).

(2) 직무분석

직무분석(job analysis)이란 전문성을 기준으로 하여 직무의 종류를 구분하는 작업을 말한다. 실제 분석적 기법은 존재하지 않으므로 조사된 직무 정보를 가지고 분석팀의 논리적 사고 및 판단력에 의존하는 것이 보통이다. 분석팀은 적절한 직렬의 수는 몇 개가 되어야 하는지, 어느 정도 유사직위를 동일 직렬에 포함시켜야 하는지 고민해야 한다. 또한 분류 결과는 직위분류제 자체만이 아니라 향후 모집·선발, 교육, 인사이동 등 인사행정의 여러 용도로 쓰일 수 있으므로 이들에 대해 어떤 파급효과를 낼 것인지도 예측해야 한다.

만약 직렬의 수가 너무 많으면 너무 세분화된 것이어서 경직성이 높아질 것이다. 혹은 그 수가 너무 적으면 너무 전문화가 안 된 것이어서 계급제

직무명: ____________________ 일련번호: ____________________

작성일자: ____________________ 작성자: ____________________

직무에 대한 요약:

임무와 책임
- 일상적 업무:
- 주기적 업무 (주간별/월별/분기별):
- 비일상적 업무 (상관이 지시하는 업무):

다른 직무와의 관계
- 감독자/인원:
- 감독대상자/인원:

근무조건
- 근무 장소 (안전, 위생):
- 근무형태 (내근/외근):

최소자격 요건
- 학력:
- 경력:
- 지식, 기술:

기계/장비/도구:

[그림 5-4] **직무기술서 양식**

와 구분되는 직위분류제의 장점을 살리기 어려울 것이다. 모집·선발, 교육, 인사이동에서도 효과가 적어질 것이다(Nigro, Nigro & Kellough, 2007: 126).

(3) 직무평가

직무평가(job evaluation)란 직무의 곤란성과 책임성을 기준으로 상대적 가치를 결정하는 것이다. 역시 분석팀은 직무분석 때와 마찬가지로 적절한 직무등급의 수는 몇 개가 되어야 하는지, 어느 정도 곤란성과 책임도가 유사해야 동일 직무등급으로 취급할 수 있는지 고민해야 한다. 또한 분류 결과는 직위분류제 자체만이 아니라 향후 보수의 결정에도 사용될 수 있으므로 이에 대해 어떤 파급효과를 낼지 예측해야 한다.

만약 직무등급의 수가 너무 많으면 너무 세분화된 것이어서 경직성이 높아질 것이다. 혹은 그 수가 너무 적으면 너무 상대적 가치가 포괄적으로

직무평가의 4가지 방법

평가를 하는데 있어서 항상 중요한 것이 직무등급을 정하는 기준이 무엇인가이다. 정해져 있는 척도가 기준일 경우(절대평가)와 다른 직무가 기준일 경우(상대평가)가 있다. 절대평가방식에는 분류법과 점수법이 있고, 상대평가방식에는 서열법과 요소비교법이 있다. 이 중 점수법과 요소비교법은 숫자를 활용하여 평가하는 정량적 방법이다.

- 서열법(ranking method)이란, 직무와 직무를 서로 개괄적으로 비교하여 서열을 매김으로써 등급을 정하는 방법이다. 간편하지만 객관성이 희박하다. 또 등급 간의 간격이 어느 정도 되는지 알 수도 없다.
- 분류법(classification method)이란, 각 직무를 등급별 정의를 기술해 놓은 등급기준표와 개괄적으로 대조함으로써 해당 등급에 할당하는 방법이다. 절대적 기준이 정해져 있어 서열법보다는 객관성이 높지만, 〈표 5-2〉에서 보는 바와 같이 "단순," "다양," "어느 정도" 등 쓰이는 용어 자체가 추상적이므로 계량적 방법의 객관성 수준에는 미치지 못한다.
- 점수법(point method)이란, 직무의 특성을 세부요소로 나누어 각 세부요소별 가치에 점수를 매긴 후, 그 합산점수를 등급표에 적용하여 등급을 정하는 방법이다. 〈표 5-3〉에서 보는 바와 같이 세부요소로 나누고 숫자를 쓴다는 점에서 서열법과 분류법보다는 정교하고 객관성이 높다. 그러나 작성과정에 많은 비용이 필요하며, 〈표 5-3〉의 경험평가표의 사례와 같은 객관적인 척도를 찾기 어려운 이상 주관성이 개입할 가능성이 여전히 남아 있다.
- 요소비교법(factor comparison method)이란, 조직 내에서 대표적인 기준직무(key job) 몇 개를 선정해서 각 요소별로 기준직무와 평가할 직무를 비교해 가며 점수를 매기는 방법이다. 직무를 요소별로 계량화하는 점은 점수법과 동일하지만, 직무와 직무를 비교한다는 점에서는 점수법과 차이가 있다. 보통 다음과 같은 작업순서를 따른다. ① 대표적인 기준직위 몇

〈표 5-2〉 **분류법의 직무등급표 사례**

등급	정 의
1	매우 단순하고 반복적인 작업들이나 혹은 비반복적인 과업이라 하더라도 사고의 필요성이 거의 없는 직무들
2	직무를 수행하면서 일하는 방법을 배울 수 있기 때문에, 사전에 간단한 학습(훈련)을 필요로 하는 과업들, 엄격한 감독하에서 수행되는 직무들
3	과업들은 다양하지만 본질적으로 반복적인 직무들, 그러나 직무수행의 절차는 회사의 방침이나 작업규칙에 의해 결정되어 있음. 간단한 지시와 같은 업무감독하에서 직무가 수행됨. 직무수행 의사결정권한이 드물게 부여되고 약간의 판단력이 요구됨
4	과업들이 다양하고 이를 수행하기 위해 어느 정도의 직무경험이 필요한 직무들. 자주 판단력을 필요로 하며, 독자적 사고가 요구되는 직무수행. 직무는 보통 정도의 감독하에서 수행됨
5	과업들의 직무수준이 어느 정도 요구되며 과업분야에서 특화되어 있는 직무들. 작업자 자산의 독자적 판단력이 작업수행에 빈번하게 발생됨. 보통 정도의 감독하에서 직무가 수행됨. 해당 직무수행자는 몇 명의 하위직급 작업자들을 지휘할 수도 있음
6	높은 수준의 책임이 부여되어 있는 과업들로서 독자적인 판단을 필요로 하는 직무들. 또한 높은 수준의 전문기술이 요구됨. 보통 정도의 감독하에 직무가 수행됨. 소규모의 하위 작업집단을 지휘하고 조정하는 업무가 있을 수 있음

〈표 5-3〉 **점수법의 직무평가표와 등급표**

등급표

등급	총점
1	0~49
2	50~99
3	100~149
4	150~199
5	200~249
6	250~300

직무평가표

직무요소			직무 A	직무 B
난이도(200)	기술(80)	교육(30)	30	26
		경험(30)	22	24
		지식(20)	20	13
	노력(70)	육체적 노력(30)	28	26
		정신적 노력(40)	35	36
	근무환경(50)	작업조건(30)	30	25
		위험성(20)	17	20
	책임도(100)	장비/작접과정(30)	20	22
		타인의 안전(30)	20	23
		타인의 직무수행(40)	40	35
총점(300)			262	247
등 급			6	5

경험평가표

경험	점수
1년 미만	22점
1 이상~2년 미만	24점
2년 이상~3년 미만	26점
3년 이상~4년 미만	28점
4년 이상	30점

개를 선정한다. ② 기준직무들을 평가하기 위한 요소를 선정한다. ③ 각 기준직무의 금전적 가치를 평가요소별로 배분한다(〈표 5-4〉). ④ 평가요소별 금전적 가치에 있어서 각 기준직무와 평가할 직무의 것을 비교하여 직무평가표를 완성한다(〈표 5-5〉). 〈표 5-5〉의 직무평가표에 따라 기준직무 A, B, C와 비교함으로써 직무 E, D, F의 평가요소별 가치를 알 수 있고 이 가치들을 합계하면 보수를 책정할 수 있다. 예를 들어 직무 E의 보수는 지식 23만원, 숙련도 20만원, 정신적 노력 21만원, 육체적 노력 16만원, 책임 16만원, 직무환경 23만원의 합계인 119만원으로 책정할 수 있다. 이를 〈표 5-4〉의 기준직무들과 비교하면 직무 A(122만원)보다는 적고 직무 B(112만원)보다는 많다. 요소비교법의 장점은 직무들을 관찰한 결과를 토대로 서로 비교하기 때문에 점수법보다 객관성은 향상되고 보수의 산정이 직접 가능하다는 장점이 있다. 그러나 그만큼 작성 과정에 비용이 많이 들고 전문성이 필요하다는 한계가 여전히 남아 있다.

〈표 5-4〉 요소비교법에서 기준직무의 평가요소별 점수배분

기준 직무	보수 (만원)	지식		숙련도		정신적 노력		육체적 노력		책임		직무환경	
		순위	가치 (만원)	순위	가치 (만원)	순위	가치 (만원)	순위	가치 (만원)	순위	가치 (만원)	순위	가치 (만원)
A	122	1	24	1	21	1	18	3	17	2	21	1	22
B	112	2	22	3	17	2	17	1	20	1	23	3	17
C	108	3	21	2	18	3	16	2	19	3	19	2	20

〈표 5-5〉 요소비교법의 직무평가표

가치(만원)	지식	숙련도	정신적 노력	육체적 노력	책임	직무환경
24	직무 A					
23	직무 E				직무 B	직무 E
22	직무 B					직무 A
21	직무 C	직무 A	직무 E	직무 D	직무 A	
20		직무 E	직무 D	직무 F	직무 F	직무 C
19	직무 D	직무 D	직무 F	직무 B	직무 C	직무 F
18	직무 F	직무 C	직무 A	직무 C		직무 D
17		직무 B	직무 B	직무 A	직무 D	직무 B
16		직무 F	직무 C	직무 E	직무 E	

기준직급: **감 사 관**

요약

지휘를 받아 숙련된 수준의 감사업무를 수행하며 감사부서 직원들의 감사업무를 지휘

특성

공무원 비위·부조리, 진정민원 등에 대한 감사와 사후관리를 수행함. 기타 기관 내 부패방지종합대책, 고충 처리, 공직윤리 관련법 위반 관리 등을 실시

수행업무의 예

1) 해당 기관과 그 소속기관 및 산하단체에 대한 감사
  ○ (종합감사) 연간 감사계획을 수립하여 본청 및 지방청에 대한 정기 감사 실시
  ○ (특정감사) 민원다발 분야 등 관행적 부당업무, 언론보도 등에 의한 사회적 물의를 일으킨 업무 등 파급효과가 큰 분야를 대상으로 감사 실시
  ○ (일상감사) 일반적 사후감사로는 시정이나 치유가 곤란한 인력·예산집행 등에 대한 행정적 낭비요인과 시행착오 사전 예방을 위한 감사 실시
  ○ 기타 해당 기관 승인 비영리법인에 대한 감사 실시
2) 공무원의 비위·부조리, 진정민원 및 기관장이 감사에 관하여 지시하는 사항에 관한 조사 및 처리
  ○ 수사기관 등으로부터 통보된 공무원 범죄처분 결과에 대한 징계처분 요구, 공무원의 비위·부조리 사건에 대한 조사 및 불이익 처분
  ○ 해당 기관 업무관련 진정민원의 조사 및 처리, 청장 지시사항 에 대한 조사 실시
3) 감사결과에 대한 재심의 처리 및 감사에 관한 사후관리
  ○ 감사결과에 대한 재심의 처리 및 감사결과 지적사항 등 사후관리

-중 략-

최소 자격

  ○ 중앙행정기관 또는 지방자치단체에서 감사·수사·법무, 예산·회계, 조사·기획·평가 등의 업무를 3년 이상 담당한 사람으로서 5급 이상 또는 이에 상당하는 공무원으로 근무한 경력이 있는 사람
  ○ 판사, 검사, 변호사 또는 공인회계사로서 3년 이상 근무한 경력이 있는 사람

-중 략-

역량 요건

  ○ 공공기관의 물자구매·시설공사 계약, 비축, 국유재산관리 등 조달업무에 관한 전반적인 지식
  ○ 감사에 대한 전반적인 지식

인성 요건

  ○ 공직자로서 투철한 사명감과 부패척결에 대한 확고한 의지
  ○ 강직한 청렴의식 및 공정한 직무수행
  ○ 법령 준수 및 원칙에 입각한 엄정한 신상필벌

등급의 기준	가	나	다	라	마	바
직무의 곤란성		O				
직무의 책임도	O					

[그림 5-5] 직급명세서의 예

된 것이어서 직위분류제의 장점을 살리기 어려울 것이다. 특히 보수결정 용도에서 유용하지 않을 것이다(Nigro, Nigro & Kellough, 2007: 126).

(4) 직급명세서 작성

직무분석과 직무평가를 거치면 각 직위가 포함될 직급이 결정된다. 직위분류제의 가장 중요한 결과물은 바로 직급에 대한 구체적 내용을 명백하고 상세하게 기록하는 직급명세서(class specification)이다([그림 5-5] 참조). 앞서 직무기술서는 각 직위에서 하고 있는 일에 대해 조사한 정보를 담아낸 보고서인 반면, 직급명세서는 그 직무들을 과학적으로 분류한 후 그것을 토대로 새롭게 구성한 분류의 기준에 관한 보고서이다.

(5) 정 급

정급(定級, allocation)이란 분류 대상 직위를 어느 하나의 직급, 즉 새로운 분류의 틀 속에 배치하는 것이다(「국가공무원법」 23조). 이 과정 속에서 어떤 직위들은 통합될 수도 혹은 분리될 수도 있다. 마지막으로 공무원 성명과 그 공무원의 직위가 속하게 된 직급을 표시한 정급표(allocation list)를 기관별로 작성 후 배포한다. 이에 대한 피드백과 이의신청을 받아 수정 보완하는 것으로 직위분류 작업은 종결된다.

3) 유지·관리

담당기관 내 임시위원회가 있었다면 해체하고 분석팀도 해체한다. 이제 직위분류제의 유지·관리는 인사담당기관에서 담당한다. 직위분류제는 직무내용이나 기술 변화에 끊임없이 적응해야 한다.

3. 한국의 직위분류제 실태

1) 계급제와 직위분류제의 기술적 절충주의

우리나라의 경우는 현재 계급제를 기초로 직위분류제를 형식적으로 도입한 형태이다. 형식적이라 함은 직군, 직렬, 직류 구분은 해 놓았으나 이것이 과학적인 직무분석을 토대로 한 것이 아니라 과거부터 내려오던 것을 답습하는 형태이기 때문이다. 또 계급제를 기준으로 수직적 분류를 하므로 곤란성과 책임도, 즉 등급을 기준으로 한 과학적 직무평가는 더군다나 이루어지지 않았다.

〈표 5-6〉의 일반직공무원의 직급표에서 보는 바와 같이 우리나라의 직급은 등급과 직렬이 아니라 계급과 직렬이 만나는 지점에서 형성되는 독특한 모습을 보인다. 예를 들어 행정직렬의 5급은 행정사무관이라는 직급에 속한다. 사회복지직렬 공무원이 4급이 되면 행정직렬 4급처럼 서기관이라는 직급에 속하게 된다. 이런 기술적 절충주의는, 계급제의 폐해는 그대로 안고 가면서 전문성도 향상시키지 못하는 이중의 실패를 야기할 가능성이 높다.

2) 직위분류제 확대의 필요성

비용과 저항이 직위분류제의 확대를 막는다는 주장이 있으나, 이는 설득력이 적어 보인다. 비용은 큰 만큼 성과도 매우 클 것이기 때문이다. 직무분석의 결과는 채용, 교육훈련, 인사이동, 직무설계(적정 업무량) 등 다양한 인사 분야에도 적용되어서 행정의 효율성을 극대화시킬 것이다. 예를 들어, 앞서 논의한 직급명세서([그림 5-5])에 지원기간·접수장소 등의 정보만 첨가하면 모집공고문으로 사용할 수 있다. 직무평가 역시 보수체계의 혁신을 도모하여 민간부문에 뒤지지 않는 전문 인력의 풀을 보유하게 되고 동기부여에도 긍정적 영향을 미칠 것이다.

〈표 5-6〉 일반직공무원의 직급표 일부

직군	직렬	직류	계급 및 직급						
			3급	4급	5급	6급	7급	8급	9급
행정	교정	교정			교정관	교감	교위	교사	교도
	보호	보호			보호 사무관	보호 주사	보호 주사보	보호 서기	보호 서기보
	검찰	검찰			검찰 사무관	검찰 주사	검찰 주사보	검찰 서기	검찰 서기보
	마약 수사	마약 수사			마약수사 사무관	마약수사 주사	마약수사 주사보	마약수사 서기	마약수사 서기보
	출입국 관리	출입국 관리			출입국관리 사무관	출입국관리 주사	출입국관리 주사보	출입국관리 서기	출입국관리 서기보
	철도 경찰	철도경찰			철도 경찰 사무관	철도 경찰 주사	철도 경찰 주사보	철도 경찰 서기	철도 경찰 서기보
	행정	일반행정 인사조직 법무행정 재경 국제통상 운수 고용노동 문화홍보 교육행정 회계	부 이 사 관	서 기 관	행정 사무관	행정 주사	행정 주사보	행정 서기	행정 서기보
	직업 상담	직업 상담				직업상담 주사	직업상담 주사보	직업상담 서기	직업상담 서기보
	세무	세무				세무 주사	세무 주사보	세무서기	세무 서기보
	관세	관세				관세 주사	관세 주사보	관세서기	관세 서기보
	사회 복지	사회 복지			사회복지 사무관	사회복지 주사	사회복지 주사보	사회복지 서기	사회복지 서기보
	통계	통계			통계 사무관	통계 주사	통계 주사보	통계 서기	통계 서기보
	사서	사서			사서 사무관	사서 주사	사서 주사보	사서 서기	사서 서기보
	감사	감사		감사관	부감사관	감사 주사	감사 주사보	감사 서기	감사 서기보
	방호	방호 경비			방호 사무관	방호 주사	방호 주사보	방호 서기	방호 서기보

직위분류제의 확대는 공무원들과 관리자 모두에게 고민거리인 승진문제도 해결해줄 수 있다. 전문성이 높거나 부담이 많은 자리에는 승진보다는 금전적 보상을 더 주어 모두가 승진을 목적으로 경쟁하는 상황에서 벗어나도록 만들어 주어야 한다.

또 바람직한 개방형 직위제는 직위분류제를 전제로 해야 한다. 직무분석과 직무평가를 거쳐 선발 직위와 직무에 대한 구체적 설명을 모집공고에 담아야 하기 때문이다. 따라서 개방형 직위제와 직위분류제를 병행하여 확대하는 것도 효율적인 방안이다.

찾아볼 문제

1. 「국가공무원법」에 직위분류제가 어떻게 반영되어 있는지 찾아봅시다.
2. 상대적으로 전문성이 높아서 직위분류제의 긍정적 효과를 보다 많이 볼 수 있는 조직들이 있다. 한국의 중앙정부 조직도에서 어떤 부처들이 그런지 찾아봅시다.

토론할 문제

1. 현재의 일반직공무원 직급표를 보면서 향후 30년 내에 새롭게 필요할 것으로 예측되는 직렬, 직군, 직류에는 어떤 것이 있을지 논의해 봅시다.
2. 나라일터(www.gojobs.go.kr) 사이트에 게시된 개방형 직위를 선택한 후 해당 모집공고 내용을 토대로 해당 직위에 대한 직무기술서와 직급명세서 등을 만들어 봄으로써 직위분류제의 과정을 연습해 봅시다.

제6장 인사행정기관

제1절 인사행정기관의 의의와 필요성
제2절 중앙인사기관의 주요 기능
제3절 중앙인사기관의 유형
제4절 한국 중앙인사기관의 발달
제5절 한국 인사행정기관 현황

제 1 절 인사행정기관의 의의와 필요성

공공부문 인적자원의 효율적인 관리를 위해서는 인사행정을 체계적이고 종합적으로 다룰 수 있는 기관이 필요하다. 인사기관을 어떻게 조직하고 어떤 기능과 지위를 부여하느냐에 따라 인사행정의 효율성이 좌우되고, 더 나아가서는 행정 전체의 효율성에 영향을 미치게 된다. 따라서 인사기관의 구조와 기능을 어떻게 설계할 것인가 하는 문제는 인사행정에서 매우 중요하다.

인사기관은 일반적으로 인사행정의 대상이 되는 공무원의 범위를 기준으로 중앙인사기관, 부처인사기관, 지방자치단체 인사기관으로 구분하고 있다. 중앙인사기관은 범정부적으로 인사행정을 종합적으로 다루는 기관이고, 부처 인사기관은 정부 각 부처의 인사업무를 주관하며, 지방자치단체 인사기관은 지방자치단체의 인사업무를 관장한다. 그러나 부처인사기관이나 지방자치단체 인사기관은 전문성과 자율성뿐만 아니라 규모 면에서도 한계가 있어 일반적으로 인사기관은 독립된 기구로서 중앙인사기관을 의미한다.

1. 중앙인사기관의 의의

중앙인사기관(Central Personnel Agency)은 정부 전체의 인사행정을 총괄하는 범정부적 인사행정기관으로 인사기준을 마련하는 등 인사행정을 전문적·집권적으로 총괄한다. 이러한 중앙인사기관은 인사행정 전반에 걸친 정책(공직분류, 임용, 교육훈련, 보수 등)을 수립하고 고위직에 대해서는 직접적인 인사관리를 실행한다.

2. 중앙인사기관의 필요성

중앙인사기관이 필요한 이유는 중앙인사기관은 인사행정의 통일성 및 일관성 유지, 인사행정의 전문화, 행정수반에 대한 참모기능 수행, 정치적 중립 및 공무원신분보장 등을 위해서이다. 또한 인사관리 기술과 운영 효율화를 통해 각 부처 및 지방자치단체를 지원하고, 각종 사회 집단의 정책 요구를 정당하게 반영하여 세력집단의 지원을 확보하는 기능도 수행한다.

1) 인사행정의 통일성·일관성 유지

중앙인사기관이 필요한 이유는 먼저 인사행정의 일관성과 통일성을 유지하기 위해서이다. 정부부처마다 인사기준이나 방법이 다르면 부처 간 불균등은 물론 부처이기주의, 인사권자의 자의적 결정 등의 문제가 발생할 가능성이 매우 크다. 따라서 중앙인사기관이 통일적이고 일관적인 기준과 원칙을 수립하여 범정부적 통일성을 확보할 필요성이 있다. 이러한 통일성과 일관성 확보를 통해 인사행정의 능률성이 강화될 수 있다.

2) 인사행정의 전문성 강화

중앙인사기관이 인사행정만을 전담함으로써 인사행정의 전문화를 촉진하여 인사행정의 능률성, 효과성을 증진시킬 수 있다. 즉 인사행정의 전문성 강화를 위해 중앙인사기관이 필요하다.

3) 행정수반에 대한 참모기능

중앙인사기관은 인사기능을 수행함으로써 행정수반에 대한 참모기능을 수행하여 행정수반을 적절히 보좌할 수 있다. 즉 행정수반에 대한 적절한 보좌기능을 수행하기 위해서 필요하다.

4) 정치적 중립성 확보

중앙인사기관은 행정의 정치적 중립성을 유지하고 공무원의 신분보장을 위해 필요하다. 중앙인사기관은 엽관주의와 정실주의의 정치적 폐해를 배제하고 인사행정의 공정성과 중립성을 확보하여 공무원의 신분·권익을 보장한다. 미국에서 중앙인사기관이 만들어진 이유는 행정의 정치적 중립성을 확보하기 위해 독립적인 인사기관을 만들어 실적제에 의해 임용된 공무원의 신분을 보장하기 위해서였다.

제2절 중앙인사기관의 주요 기능

중앙인사기관은 과거에는 엽관주의나 정실주의의 폐해를 방지하고 부처 간의 할거주의적 인사행정을 방지하는 등 주로 소극적이고 방어적인 기능을 수행해 왔다. 그러나 현대에 와서는 인사행정의 범정부적 통일성, 인사행정의 과학화와 전문화 등 인사행정의 능률성 향상과 국정관리를 위한 효율적 수단을 제공하는 적극적 기능을 수행하고 있다.

1. 준입법적 기능

중앙인사기관은 법률의 범위 내에서 인사규칙이나 규정을 제정한다. 인사행정 관련 정책 및 법안을 입안하거나 관련 규칙을 제정하고, 공무원의 분류와 보수제도, 보수수준을 결정하는 등 인사행정 전반에 대한 법규를 만드는 기능 등을 수행한다.

2. 준사법적 기능

인사 조치에 대한 시비를 가리고 구제, 소청 심사 등의 기능을 의미한다. 중앙인사기관은 인사에 관한 구속력 있는 제재나 의결을 할 수 있는 기능을 수행하는데, 이러한 기능으로는 비위 공무원에 대한 제재나 징계, 위법·부당한 제재를 받은 공무원으로부터의 소청을 재결, 고충처리심사 등이 있다.

3. 집행기능

인사행정에 관한 구체적 사무를 인사 법령에 따라 수행하는 기능이다. 중앙인사기관은 인력수급계획을 수립하는 등 인사에 관한 기획업무와 그에 따른 선발업무를 수행한다. 또한 인사행정의 주요 활동인 임용, 교육훈련, 승진, 사기앙양 등 인사법령에 따른 집행업무를 수행하며, 상위직에 대한 인사기능을 직접 집행한다.

인사행정이 집권화되면 인사정책의 결정뿐 아니라 구체적 집행까지 담당하게 되고, 인사행정이 분권화되면 중앙인사기관은 인사정책의 범정부적 결정이나 인사발전 연구에 치중하게 되며, 부처인사기관이나 지방자치단체 인사기관이 구체적인 집행을 담당한다.

4. 감독 및 감사 기능

중앙인사기관은 법령에 따라 인사집행기관의 인사를 감사·감독하는 기능을 가지며 인사기능의 분권화가 이루어지는 경우에 이 기능은 더욱 중요성을 갖게 된다. 중앙인사기관은 각 행정기관의 인사행정을 통제, 지도하고, 인사업무의 위법성과 부당성 조사 및 공무원 징계처리 등의 기능을 수행한다. 이러한 기능의 근본적인 목표는 공무원의 능력발전과 행정 성과의 향상이다.

5. 보좌기능

중앙인사기관은 행정수반에게 인사정책에 관한 자문 및 보고 등을 통해 권고적·보좌적 기능을 수행한다. 중앙인사기관은 행정의 전반적 관리의 효율적 수행을 위해 행정수반에게 인사 관련 보고, 권고, 지원 등을 통해 참모기능을 수행하는데 비독립단독형인 경우 이러한 기능은 중앙인사기관의 본질적 기능이 된다.

제3절 중앙인사기관의 유형

중앙인사기관의 유형을 구분하는 일반적인 기준은 독립성, 합의성, 집권성 등이다. 독립성은 입법부나 사법부로부터 독립은 물론 정치적 힘을 갖고 있는 행정부로부터의 독립을 의미한다. 특히 행정수반으로부터 어느 정도 독립성을 갖느냐 하는 것이 가장 중요한 요소이다. 이러한 독립성은 위원의 신분보장, 자주적 조직권, 예산의 자주성을 유지하는 것 등이다. 합의성은 기관장 혼자서 의사결정을 하지 않고 복수의 구성원에 의한 회의체식 합의기구를 운영하는 것을 의미하며, 집권성은 각 부처의 인사기관보다는 중앙인사기관의 인사권을 강화하는 것을 의미한다.

독립성과 합의성을 기준으로 중앙인사기관의 유형은 4가지로 구분될 수 있으나, 주로 독립합의형(위원회형)과 비독립단독형(부처조직형)이 주류를

〈표 6-1〉 중앙인사기관의 유형

합의성 \ 독립성	비독립	독 립
단독형	비독립 단독형	독립 단독형
합의형	비독립 합의형	독립 합의형

이루고 있다.

1. 독립합의형(위원회형)

행정부로부터 독립되어 있으면서 인사, 예산 등 운영상의 자율성이 있으며 복수의 위원으로 구성되는 합의 기구를 갖고 있는 유형으로 주로 인사행정의 엽관주의·정실주의 폐해 방지와 인사행정의 정치적 중립성 보장을 위해 채택된다.

독립합의형의 가장 큰 장점은 정치적 중립성이 보장되어 엽관주의·정실주의 인사의 방지가 가능하다는 점이다. 또한 합의제를 통한 다수의 결정으로 인하여 신중한 의사결정이 이루어지며, 인사행정의 계속성 확보와 인사행정에 대한 이익집단 요구의 균형 있는 수용이 가능하며, 다른 기관과의 밀착이나 소원한 관계를 방지할 수 있고 입법부·일반 국민·행정부와의 원만한 관계 유지가 가능하다는 장점이 있다.

그러나 행정부의 인사정책과 유리되고 각 부처와의 연계가 미흡하다는 점, 합의체 위원들의 책임분산, 책임 소재 불분명 및 책임전가, 인사정책 결정의 지연, 비능률적이고 비합리적 의사결정의 가능성, 인사행정의 적극화의 어려움, 독립적 지위 유지로 인한 정책의 강력한 추진 미흡 등이 단점으로 지적된다.

2. 비독립단독형(부처조직형)

행정부로부터 독립되어 있지 않고 행정부의 한 기관으로서 내각에 속한 단독장관제의 기구로 기관장이 혼자서 정책을 결정하고 집행하는 유형이다. 즉 여러 부처 중의 하나가 인사기능을 담당한다.

이러한 유형의 장점으로는 책임 소재의 명확성, 인사정책의 신속한 결정, 능률적 행정 수행, 변화에 대한 신축적 대응 등이 지적되며, 단점으로는 인사행정의 독립성 결여로 인한 인사행정의 엽관화·정실화, 단독제 기관장의 독선적·자의적 결정 가능성, 인사행정의 일관성과 계속성 결여, 공무원의 권익 침해 가능성이 높다는 점 등이다.

3. 절충형

인사정책의 결정과 집행과 관련한 기구가 이원화되어 있는 유형이다. 현재 대부분의 국가의 운영방식으로 각 국가의 실정과 인사기능의 성격에 따라 중앙인사기관을 복수로 설치하는 유형이다. 이러한 조직 형태의 장점으로 인사행정의 정치적 중립성, 공무원 개인의 권익 보장, 인사행정의 효율화 도모 등이 지적된다. 전형적인 예가 미국이며, 일부 국가에서는 실제 집행기능을 예산을 가지고 있는 재무부에서 하는 경우도 있다.

4. 외국의 사례

선진국에서는 공통적으로 실적주의가 확립되는 과정에서 중앙인사기관을 새로이 설치하거나 권한을 강화하였고, 오늘날에는 기획·선발을 담당하는 합의제 기관과 구체적인 집행업무를 담당하는 단독제 기관으로 중앙인사기관이 이원화되어 가는 것이 주요 특징이다.

1) 미 국

미국은 독립 이후 중앙인사기관 없이 인사행정기능이 각 부처에 분산되어 있었던 이른바 '엽관주의 인사행정 시대'가 지속되었다. 그러나 행정환경의 변화와 엽관주의의 폐해를 극복하기 위해 시행된 「펜들턴법」에 따라 1883년에 '연방인사위원회(Civil Service Commission)'가 설치되어, 각 부처에

분산된 인사행정기능을 집권화하고 실적제를 강화하였다.

연방인사위원회는 100여 년 가까이 지속되다가 1978년에 인사행정의 능률성과 대응성을 확보하기 위해 시행된 「공무원제도개혁법」(Civil Service Reform Act)에 의해, 기존의 연방인사위원회는 인사행정을 주관하는 '인사관리처(OPM: Ofice of Personnel Management)'와 '실적제보호위원회(MSPB: Merit System Protection Board)' 및 '연방노사관계청(FLRA: Federal Labor Reltions Authority)'으로 복수화되었다. 미국의 인사관리처장은 상원의 동의를 얻어 대통령이 임명하며, 4년의 임기보장으로 상당한 정도의 독립성이 인정되어 있다.

2) 일 본

일본은 국가공무원법상 '인사원'과 내각총리대신 소속의 '내각관방'의 이원체제로 운영되고 있다. 중앙인사기관인 인사원은 국가공무원의 인사관리를 관장하면서 내각과 각 부처로부터 강한 독립성을 부여받은 합의체 행정기관으로, 내각으로부터 인사원 내부조직과 정원의 자주성, 규칙과 지령의 제정권 등 준입법권과 예산편성의 독자성을 부여받는 실질적인 독립합의형 기구로 평가되고 있다. 한편 내각관방의 내각인사국은 국가공무원에 대한 인사행정과 간부직원 인사의 일원관리를 담당하고 있다.

인사원은 3명의 인사관으로 구성되며, 인사관은 국회 양원의 동의를 얻어 내각이 임명하고 임기 4년으로 재임할 수 있으나 계속해서 12년 이상 근무할 수 없고 퇴직 후 1년 동안은 다른 직위에 임명될 수 없다. 이처럼 일본 인사원은 정치적 중립성을 확보하여 인사의 공정성과 중립성을 보장하고 공무원의 권익보호장치로서의 기능을 수행하고 있다.

제4절 한국 중앙인사기관의 발달

1. 고시위원회와 총무처(1948년)

1948년 정부수립 당시 중앙인사기관은 「고시위원회」와 「총무처」가 「정부조직법」(1948, 7. 17)에 의하여 설치되었는데, 고시와 전형(특별채용)은 대통령 소속하의 고시위원회가 담당하고, 나머지 인사행정업무는 국무총리 소속하의 총무처 인사국에서 담당하고 있었다. 당시 「고시위원회」는 대통령 소속하에 설치된 합의제 행정기관으로서 독립성을 갖고 있었으나 시험업무만을 관장하고 헌법기관이 아니어서 논란의 대상이 되었는데, 전통적인 입법·사법·행정 외에 고시원과 감찰원을 가진 중국식 5권분립제의 영향을 받은 것으로 생각된다. 이어서 과학적인 인사관리를 위하여 「국가공무원법」이 1949. 8. 12에 제정되었다(법률 제44호).

2. 국무원 사무국(1955년) 및 국무원 사무처(1960년)

제2차 헌법 개정과 정부조직 축소(1955. 2. 7)에 따라 국무총리제가 없어지고 국무원제가 신설되었는데, 이에 따라 중앙인사행정기구로서의 고시위원회와 인사국은 1급 공무원을 장으로 하는 국무원 사무국의 인사과와 고시과로 각각 축소되었다(1955. 2. 17 국무원사무국 직제). 그 후 4.19를 계기로 「정부조직법」이 개정(1960. 7. 1)되어 국무원 사무국이 국무원 사무처로 승격 개편되었으며 인사 사무는 국무원 사무처 인사국에서 관장하였다.

3. 내각사무처(1961년)

5.16을 계기로 국무원 사무처가 내각사무처로 명칭이 바뀌고 그 밑에 기존의 인사국 이외에 인사행정 개선을 위한 행정관리국이 추가 설치되었다(1961. 7. 21, 내각사무처 직제). 1963년 4월에 제3공화국이 발족됨과 더불어 공무원의 정치적 중립과 신분보장 및 실적주의 확립을 위하여 「국가공무원법」이 대폭 개정되었고(1963. 4. 17), 이 법에 따라 내각사무처에 인사위원회와 소청심사위원회가 설치되었는데, 「인사위원회」는 내각사무처장의 인사행정 정책수립과 집행에 관한 자문에 응하기 위하여 설치된 비상설 기관이었으며, 「소청심사위원회」는 공무원의 징계처분, 기타 불이익 처분에 대한 소청을 심사 결정하기 위해 설치된 준사법적 기관이었다.

4. 총무처(1963년)

1963년 12월 정부조직 개편으로 내각사무처가 총무처로 개편되었고(1963. 2. 14), 1973년 2월 「국가공무원법」 개정으로 「인사위원회」가 폐지되고, 1급 공무원의 특별채용 및 3급 이상 공무원의 승진심의를 위하여 대통령 훈령으로 국무총리 소속의 비상설기관인 「중앙승진심의위원회」가 설치·운영되었다(1991. 5. 31 「국가공무원법」을 개정하여 법적기구로서 「중앙승진심사위원회」로 변경).

5. 행정자치부(1998년) 및 중앙인사위원회(1999년)

1998년 2월의 정부조직 개편에 의하여 총무처와 내무부를 통합하여 행정자치부가 신설되었으나, 종래 총무처 인사국에서 관장하던 인사업무는 잠시 인사복무국과 고시훈련국으로 나누어졌다가 그 후 다시 행정자치부 인사국으로 통합되었다.

이후 1999년 5월에 김대중 대통령의 선거공약에 따라 「국가공무원법」을 개정하여 대통령 직속의 독립적인 심의·의결기구로서 중앙인사위원회를 설치하여 행정자치부 인사국의 인사기획과 및 급여과 업무를 이관하였고, 그 밖에 채용 및 승진 인사심사와 직무분석업무를 수행하게 되었다. 이로써 인사기능은 이원화된 상태를 유지하게 되었다.

6. 중앙인사위원회(2004년)

그 후 중앙인사위원회와 행정자치부와의 인사기능의 이원화에 따른 논란에 따라 2004년에 「정부조직법」 개정(법률 제7186호, 2004.3.11 공포)으로 정부 인사기능이 중앙인사위원회로 일원화됨에 따라 행정자치부의 인사기능을 이관받아 통합 중앙인사 관장기관으로 새롭게 출범(2004년 6월)하였으며 소속기관으로 중앙공무원교육원과 소청심사위원회를 두고 있었다.

7. 행정안전부(2008년) 및 안전행정부(2013년)

2008년 2월에 이명박 정부 출범에 따른 정부조직 개편으로 행정자치부와 중앙인사위원회, 비상기획위원회, 정보통신부의 일부를 통합한 행정안전부가 출범하게 되어 인사기능은 주로 행정안전부 '인사실'에서 수행하게 되었다. 2013년 박근혜 정부 출범과 더불어 단행된 정부조직 개편으로 행정안전부는 안전행정부로 재출발하였고 인사기능은 여전히 인사실 중심으로 수행되었다.

8. 인사혁신처(2014년)

2014년 11월에 세월호 사건 이후 공직사회의 혁신을 위하여 기존의 안정행정부 인사기능을 중심으로 인사혁신처가 신설되어 단독기관 형태의 인사기관으로 새 출발하여 현재의 조직 모습에 이르고 있다.

인사혁신처는 설립 이후 공무원 연금개혁, 경력개방형제도 중앙선발위원회, 전문직 공무원제도 도입 등 공직의 개방성과 전문성 향상을 추진해왔고, 통합(균형)인사정책, 재해보상, 적극행정, 디지털 인재개발 등 시대변화에 따른 기능을 수행하고 있으며 그 구체적인 기능과 조직구성은 홈페이지를 통해 확인할 수 있다.

한국 인사행정기관 현황 제5절

1. 중앙인사기관

현재 우리나라의 중앙인사기관은 2014년 신설된 인사혁신처이며 총리 소속 독임제 행정기관으로 공무원 인사 · 윤리 · 복무 · 연금 사무를 관장하는 기관이다. 소속 기관은 국가공무원인재개발원과 소청심사위원회가 있으며 산하기관으로는 공무원연금공단이 있다. 인사혁신처와 그 소속 기관 직제에 따르면 인사혁신처는 행정부 소속 공무원의 인사행정에 관한 기본정책의 수립, 인사행정 분야의 혁신, 인재채용, 인사관리, 인재개발, 윤리, 복무, 연금 및 소청에 관한 사무를 관장하며, 하부조직으로는 인사조직과, 인재채용국, 인사혁신국, 인사관리국, 윤리복무국, 인재정보기획관, 공무원노사협력관, 재해보상정책관 등을 두게 되어 있다.

국가공무원인재개발원은 인사혁신처장의 관장 사무를 지원하기 위하여 인사혁신처장 소속으로 설치되며, 「공무원 인재개발법」 제3조 제2항에 따른 교육훈련, 연구 · 개발 및 평가, 교류 · 협력 등에 관한 사무를 관장하고 기획부, 리더십개발부, 글로벌교육부 및 연구개발센터를 두고 있다.

소청심사위원회는 행정기관 소속 공무원의 징계처분 및 그 밖에 그 의사에 반하는 불리한 처분에 대한 소청을 심사 · 결정하기 위하여 「국가공무원법」 제9조 제1항에 따라 인사혁신처의 소속 기관으로 설치되며, 위원회는 위원장 1명을 포함한 상임위원 5명과 7명의 비상임위원으로 구성한다. 소청심사위원회 위원장은 정무직으로 하고, 상임위원은 고위공무원단에 속하는 임기제 공무원이며 비상임위원의 임기는 2년이다.

2. 지방인사기관

우리나라의 지방자치단체나 지방의회의 인사기관은 중앙인사기관처럼 독립된 기관의 형태를 가지고 있지 않고, 임용권자(지방자치단체장이나 지방의회 의장)의 보조기관인 '인사과' 등 부서 단위로 존재한다.

「지방공무원법」에 의하면, 지방공무원제도와 관련한 특징적인 점은 지방공무원 인사의 중립성 확보를 위해 임용권자별로 지방자치단체에 인사위원회를 두도록 하고 있다는 점이다. 지방인사위원회는 16명 이상 20명 이하의 위원(소속 공무원 수가 적은 지방의회 의장 소속 인사위원회 등은 7명 이상 9명 이하)으로 구성되고, 위원장은 시 · 도의 국가공무원으로 임명하는 부시장 · 부지사 · 부교육감, 시 · 도의회의 사무처장, 시 · 군 · 구의 부시장 · 부군수 · 부구청장, 시 · 군 · 구의회의 사무국장 또는 사무과장이 되고, 무엇보다도 외부 위원을 2분의 1 이상 위촉하여야 한다는 점이 특징이다.

지방 인사위원회의 주요 기능은 공무원 충원계획의 사전심의 및 각종 임용시험의 실시, 임용권자의 요구에 따른 보직관리 기준 및 승진 · 전보임용 기준의 사전의결, 승진임용의 사전심의, 임용권자의 요구에 따른 공무원의 징계 의결 또는 징계부가금 부과 의결, 지방자치단체의 장이 지방의회에 제출하는 공무원의 임용 · 교육훈련 · 보수 등 인사와 관련된 조례안 및 규칙안의 사전심의, 임용권자의 인사운영에 대한 개선 권고 등 주로 기관장의 인사권을 견제하는 기능으로 구성되어 있다.

관련 지방공무원법

제7조(인사위원회의 설치)

① 지방자치단체에 임용권자(임용권을 위임받은 자는 제외하되, 그중 시의 구청장과 지방자치단체의 장이 필요하다고 인정하는 소속 기관의 장을 포함한다)별로 인사위원회를 두되, 시 · 도에 특별시장 · 광역시장 · 특별자치시장 · 도지사 · 특별자치도지사(이하 "시 · 도지사"라 한다) 또는 교육감 소속으로 인사위원회를 두는 경우에는 필요하면 제1인사위원회와 제2인사위원회를 둘 수 있다. 〈개정 2021. 10. 8.〉

② 인사위원회는 16명 이상 20명 이하의 위원으로 구성한다. 다만, 지방의회의 의장 소속 인사위원회, 임용권을 위임받은 기관에 두는 인사위원회와 해당 지방자치단체의 인구 수, 위원 선정의 어려움 등을 고려하여 대통령령으로 정하는 지방자치단체에 두는 인사위원회는 7명 이상 9명 이하의 위원으로 구성할 수 있다. 〈개정 2012. 3. 21., 2021. 10. 8.〉

제9조(인사위원회의 기관)

① 인사위원회에 위원장 · 부위원장 각 1명을 두며, 위원장은 시 · 도의 국가공무원으로 임명하는 부시장 · 부지사 · 부교육감, 시 · 도의회의 사무처장, 시 · 군 · 구의 부시장 · 부군수 · 부구청장, 시 · 군 · 구의회의 사무국장 또는 사무과장이 되고, 부위원장은 해당 인사위원회에서 호선(호선)한다. 다만, 임용권을 위임받은 기관에 두는 인사위원회의 위원장과 부위원장은 해당 인사위원회에서 호선한다. 〈개정 2021.10.8〉

② 제7조제1항에 따라 시 · 도에 복수의 인사위원회를 두는 경우 제1인사위원회의 위원장은 제1항 본문에 따르고, 제2인사위원회의 위원장은 부시장 · 부지사(「지방자치법」 제123조제6항 후단에 따라 특정지역의 사무를 담당하는 부시장 · 부지사를 말한다) 또는 인사를 담당하는 국장이 된다. 〈개정 2021.10.8〉

찾아볼 문제

1. 「국가공무원법」 제2장의 내용을 찾아보고 정리해 봅시다.
2. 현재 우리나라 중앙인사기관의 조직과 기능을 찾아서 정리해 봅시다.
3. 외국의 중앙인사기관의 조직과 기능을 찾아보고 비교해 봅시다.

토론할 문제

1. 우리나라 중앙인사기관의 위상, 기능과 관련한 주요 쟁점과 대안에 대해서 토론해 봅시다.
2. 우리나라에서 중앙인사기관의 관리대상 범위는 주로 국가일반직이다. 이러한 관리대상 범위의 확대필요성과 한계 및 현실적인 대안에 대해서 토론해 봅시다.

제7장 공무원의 분류

제1절 공무원의 구분

1. 국가공무원과 지방공무원

공무원은 임용주체나 소속에 따라 국가공무원과 지방공무원으로 구분된다. 이처럼 국가공무원과 지방공무원은 임용권자가 다르고 근거 법률이 다르다. 국가공무원은 대통령이나 장관이 임용하며 지방공무원은 지방자치단체장이나 교육감이 임용한다. 그러나 실질적인 인사관리 원칙과 기준 면에서는 차이가 거의 없다. 한편 공무원에게 지급하는 보수의 재원이 국비냐 지방비냐에 따라 구분하기도 한다.

2. 상근 공무원과 시간선택제 공무원

근무시간에 따라서 상근 공무원, 시간선택제 공무원으로 구분하는데, 상근 공무원은 주당 40시간 내외를 통상적인 근무시간으로 전일제 근무를 전제로 하는 공무원이다. 시간선택제 공무원은 유연근무제도의 일환으로 통상적인 근무시간보다 짧은 시간 근무하는 공무원이다.

시간선택제 공무원은 시간선택제 채용 공무원과 시간선택제 전환 공무원, 시간선택제 임기제 공무원 등이 있다. 시간선택제 채용 공무원은 '능력과 근무의욕이 있으나 종일 근무는 곤란한 인재들에게 적합한 일자리로 근무시간을 선택하여 근무하면서 정년이 보장되는 공무원'(공무원임용령 제3조의3)으로 2014년부터 채용이 시작되었다.

시간선택제 채용대상은 7급 이하로, 중앙부처의 경우 전문분야는 인사혁신처 협의를 거쳐 상위직급의 채용도 가능하도록 되어 있다. 근무시간은 원칙적으로 주 20시간이며, 오전·오후·야간·격일제 근무 등이 모두 가능하고 임용권자의 판단에 따라 5시간 범위에서 조정할 수 있다. 시간선택제 채용 공무원의 승진소요최저연수는 근무시간에 비례하여 인정하며, 보수는 원칙적으로 근무시간에 비례하여 지급되지만 복리후생적 수당은 전일제와 동일하게 지급된다. 연금은 공무원연금이 아닌 국민연금에 가입되며, 겸직과 관련하여서는 영리업무가 원칙상 금지되나 기관장 허가 시 겸직이 가능하다. 전일제 전환은 엄격하게 제한되어 경쟁에 따른 신규채용절차를 거쳐야 한다.

시간선택제 임기제 공무원은 한시적인 사업 수행 또는 시간선택제 전환자의 업무대체를 위해 일시적으로 채용되는 공무원(공무원임용령 제3조의2)으로 근무시간은 1일 최소 3시간 이상, 주당 15~35시간 근무하며 시간선택제 일반임기제 공무원과 시간선택제 전문임기제 공무원으로 구분된다. 일반임기제 공무원은 직제 등 법령에 규정된 경력직 공무원의 정원에 해당하는 직위와 「책임운영 기관의 설치·운영에 관한 법률」 제7조 제1항에 따른 책임운영기관의 장의 직위에 임용되는 임기제 공무원이며, 전문임기제 공무원은 특정 분야에 대한 전문적 지식이나 기술 등이 요구되는 업무를 수행하기 위하여 임용되는 임기제 공무원을 의미한다(공무원임용령 제57조의3).

시간선택제 전환 공무원은 전일제 공무원이 시간선택제로 전환하는 경우를 의미한다. 즉 통상적인 근무시간(주 40시간, 일 8시간) 동안 근무하던 공

〈표 7-1〉 시간선택제 공무원의 종류

	근무시간	근무기간	근무형태
시간선택제 채용 공무원	임용권자 또는 임용제청권자가 15~35시간 범위에서 지정	정년까지 근무	주 5일 근무(오전 · 오후) 및 격일제 가능
시간선택제 임기제 공무원	1일 최소 3시간 이상, 주당 15~35시간 근무	5년 미만 (사업 등의 이유가 있을 시 최장 5년 미만으로 연장 가능)	사업 또는 업무에 따라 상이
시간선택제 전환 공무원	1일 최소 3시간 이상, 주당 15~35시간 근무	최소 3개월 이상, 최대 사용기간은 제한 없음(시간 단위 신청)	격일제 가능하나 격주제 및 격월제 불가

무원이 본인의 필요에 따라 시간선택제 근무를 신청하여 근무하는 제도로 2010년부터 시행 중이다. 일반직(임기제 포함)과 별정직 공무원은 직위·계급 및 직무 분야 등의 제한 없이 시간선택제 근무 신청이 가능하다. 시간선택제 전환 공무원의 근무기간은 최소 1개월 이상으로 최대 사용기간은 제한 없으며 시간단위 신청이 가능하다. 시간선택제 전환 공무원의 근무시간은 1일 최소 3시간 이상, 주당 15~30시간(별정직 공무원 15~35시간)이며, 근무형태는 격일제는 가능하나 격주제 및 격월제는 허용되지 않고 있다(공무원 임용규칙 제95조). 한편 시간선택제 근무로 전환 시 그 남은 근무시간 범위 내에서 시간선택제 임기제 공무원의 채용이 가능하다.

3. 정규직 공무원과 임기제 공무원

임용형태에 따라 정규직 공무원, 임기제 공무원으로 구분한다. 정규직 공무원은 근무기간을 정하지 않고 정년까지 근무할 것이 예정된 공무원을 말하며, 임기제 공무원은 국가나 지방자치단체가 전문적인 지식과 능력 및 경험을 가진 사람을 임용해 특정한 직위에서 일정 기간 계약을 통해 근무하게 함으로써 공직의 경쟁력과 전문성을 제고하기 위해 도입한 제도이다.

임기제 공무원은 전일근무를 하는 일반임기제 공무원, 전문임기제 공무원, 시간선택제를 적용하는 시간선택제 임기제 공무원, 한시 임기제 공무원 등으로 분류한다. 아래에서는 현재 「국가공무원법」상의 공무원의 분류를 중심으로 서술한다.

경력직과 특수경력직 제2절

공무원은 직업공무원제와 실적주의의 적용을 받느냐 안 받느냐에 따라 경력직과 특수경력직으로 구분한다. 경력직은 실적과 능력에 의해 선발되며, 신분이 보장되고 공개경쟁에 의해 임용된다. 반면에 특수경력직은 인사권자의 재량이 보장되며 신분보장이 없거나 약한 것이 특징이다.

우리나라의 경우, 공무원을 경력직과 특수경력직으로 구분하며, 경력직은 일반직, 특정직이 있으며(「국가공무원법」 제2조 제2항), 특수경력직은 정무직과 별정직으로 구분된다(「국가공무원법」 제2조 제3항).

1. 경력직

경력직 공무원이란 실적과 자격에 따라 임용되고 그 신분이 보장되며 평생 동안(근무기간을 정하여 임용하는 공무원의 경우에는 그 기간 동안을 말한다) 공무원으로 근무할 것이 예정되는 공무원을 말한다(「국가공무원법」 제2조).

이러한 경력직은 일반직과 특정직으로 나뉜다.

일반직은 기술·연구 또는 행정 일반에 대한 업무를 담당하는 공무원으로 ① 행정·기술직, ② 우정직, ③ 연구·지도직 등이 있으며, 일반직 공무원 중 특수 업무 분야에 종사하는 공무원으로 전문경력관이 있다. 일반직은 계급제를 근간으로 1급에서 9급으로 구분하며, 직무의 곤란성과 책임성에 따라 직급으로 구분한 직위분류제의 적용을 받는다.

특정직은 담당업무가 특수하여 자격·신분보장·복무 등에서 특별법이 우선 적용되는 공무원으로 ① 법관·검사, ② 외무공무원, ③ 경찰공무원, ④ 소방공무원, ⑤ 교육공무원, ⑥ 군인·군무원, ⑦ 헌법재판소 헌법연구관,

⑧ 국가정보원의 직원·경호공무원 등 특수 분야의 업무를 담당하는 공무원으로서 다른 법률이 특정직 공무원으로 지정하는 공무원이다.

2. 특수경력직

인사권자의 재량에 의해 임용되는 특수경력직은 정무직과 별정직으로 구분된다. 정무직은 선거, 국회동의에 의하여 임용되는 공무원, 고도의 정책결정업무를 담당하거나 이를 보조하는 공무원으로서 법령에서 정무직으

〈표 7-2〉 공무원의 종류

<table>
<tr><th colspan="2">구 분</th><th>내 용</th></tr>
<tr><td rowspan="3">경력직</td><td rowspan="2">일반직</td><td>기술·연구 또는 행정일반에 대한 업무를 담당하는 공무원
① 행정·기술직, ② 우정직, ③ 연구·지도직</td></tr>
<tr><td>일반직 공무원 중 특수 업무 분야에 종사하는 공무원
① 전문경력관</td></tr>
<tr><td>특정직</td><td>담당업무가 특수하여 자격·신분보장·복무 등에서 특별법이 우선 적용되는 공무원
① 법관·검사, ② 외무공무원, ③ 경찰공무원, ④ 소방공무원, ⑤ 교육공무원, ⑥ 군인·군무원, ⑦ 헌법재판소 헌법연구관, ⑧ 국가정보원의 직원·경호공무원 등 특수 분야의 업무를 담당하는 공무원으로서 다른 법률이 특정직 공무원으로 지정하는 공무원</td></tr>
<tr><td rowspan="2">특수경력직</td><td>정무직</td><td>선거, 국회동의에 의하여 임용되는 공무원, 고도의 정책결정업무를 담당하거나 이를 보조하는 공무원으로서 법령에서 정무직으로 지정하는 공무원
① 감사원장·감사위원 및 사무총장, ② 국회사무총장·차장·도서관장·예산정책 처장·입법조사처장, ③ 헌법재판소 재판관·사무처장 및 사무차장, ④ 중앙선거관리위원회 상임위원·사무총장 및 차장, ⑤ 국무총리, ⑥ 국무위원, ⑦ 대통령비서실장, ⑧ 국가안보실장, ⑨ 대통령경호실장, ⑩ 국무조정실장, ⑪ 처의 처장, ⑫ 각부의 차관, 청장(경찰청장은 특정직), ⑬ 차관급상당 이상의 보수를 받는 비서관(대통령비서실 수석비서관, 국무총리비서실장, 대법원장비서실장, 국회의장비서실장), ⑪ 국가정보원장 및 차장, ⑫ 방송통신위원회 위원장, ⑬ 국가인권위원회 위원장</td></tr>
<tr><td>별정직</td><td>비서관·비서 등 보좌업무 등을 수행하거나 특정한 업무 수행을 위하여 법령에서 별정직으로 지정하는 공무원
① 비서관·비서, ② 장관정책보좌관, ③ 국회 수석전문위원, ④ 국가정보원 기획조정실장, ⑤ 기타 법령에서 별정직으로 지정하는 공무원</td></tr>
</table>

로 지정하는 공무원으로, ① 감사원장·감사위원 및 사무총장, ② 국회사무총장·차장·도서관장·예산정책처장·입법조사처장, ③ 헌법재판소 재판관·사무처장 및 사무차장, ④ 중앙선거관리위원회 상임위원·사무총장 및 차장, ⑤ 국무총리, ⑥ 국무위원, ⑦ 대통령비서실장, ⑧ 국가안보실장, ⑨ 대통령경호실장, ⑩ 국무조정실장, ⑪ 처의 처장, ⑫ 각부의 차관, 청장(경찰청장은 특정직), ⑬ 차관급 상당 이상의 보수를 받는 비서관(대통령비서실 수석비서관, 국무총리비서실장, 대법원장비서실장, 국회의장비서실장), ⑪ 국가정보원장 및 차장, ⑫ 방송통신위원회 위원장, ⑬ 국가인권위원회 위원장 등이 있다.

별정직은 비서관·비서 등 보좌업무 등을 수행하거나 특정한 업무 수행을 위하여 법령에서 별정직으로 지정하는 공무원으로 ① 비서관·비서, ② 장관정책보좌관, ③ 국회 수석전문위원, ④ 국가정보원 기획조정실장, ⑤ 기타 법령에서 별정직으로 지정하는 공무원 등이 있다.

고위공무원단제도 제3절

1. 의의 및 유형

고위공무원단제도(SES: Senior Executive Service)는 국가공무원 체계 중 일부 고위직(3급 이상 고위공무원 중 일부 상위직)을 중하위직과 구별하여 별도로 운영하는 제도를 말한다. 고위공무원단제도는 미국이 1978년 「연방공무원개혁법」에 의해 최초 도입한 이후 영국, 호주, 캐나다 등 OECD 정부혁신 선도국가들이 도입하였으며, 우리나라에서는 2006년 7월 1일부터 시행되었다.

우리나라의 경우는 실·국장급 고위공무원의 자질향상과 안목 확대, 부처 간 정책 조정 및 협의 촉진, 업무 성취동기의 부여 강화 등을 위해 도입되었으며, 국가공무원 중 고위공무원들을 중앙인사기관에서 직접 별도로 관리·운영하는 인사시스템이다. 이러한 고위공무원단제도에서는 계급이 폐지되고 직무성과에 따라 보수가 지급되며, 개방형으로 임용되고 기관 간의 이동이 자유롭다.

고위공무원단제도는 직위분류제에 계급제를 가미한 미국식 고위공무원단제도(SES: Senior Executive Service)와 계급제에 직위분류제를 가미한 영국식 고위공무원단제도(SCS: Senior Civil Service)의 두 가지 유형이 있다.

미국식 고위공무원단제도는 엄격한 직위분류제로 인해 발생하는 문제점을 극복하기 위해 도입되었으며, 행정관리에 대한 폭넓은 시야와 다양한 행정경험을 갖춘 고위공무원을 양성하고 그들에 대한 인력관리를 융통성 있게 하기 위해 도입된 제도이다.

영국식 고위공무원단제도는 전통적인 계급제의 폐쇄성과 비전문성을 극복하기 위해 도입된 제도이며, 개방형 임용의 확대과정에서 고위공무원 상호 간 연계성과 통합성, 전문성을 제고하기 위해 설치되었다.

2. 도입 취지

고위공무원단제도는 정부의 주요 정책 결정 및 관리에 있어서 핵심적 역할을 담당하는 실·국장급 공무원을 범정부적 차원에서 적재적소에 활용하고 개방과 경쟁을 확대하며 성과책임을 강화함으로써 역량 있는 정부를 구현하고자 2006년도에 도입되었다.

그동안 우리나라 고위공무원의 인사관리의 문제점으로 지적되어 온 연공서열식 계급제에 의한 승진, 미약한 성과관리, 폐쇄형 전보, 전문성과 경쟁력의 부족 등의 문제를 해결하기 위해, 성과와 책임을 강화하고 고위직의 개방과 경쟁 확대를 표방하였다.

이처럼 고위공무원단제도 도입의 취지는 행정의 생산성과 대응성을 높여 정부의 경쟁력을 강화하고 국정목표를 효율적으로 추진하는 동시에 고위공무원 상호 간의 응집력을 강화하고자 한 것이다.

3. 구성 및 주요 특징

고위공무원단은 행정기관 국장급 이상 공무원으로 구성되며, 일반직·특정직·별정직 등 약 1,500여 명으로 구성되어 있다. 부지사 부교육감 등 지방자치단체에 국가공무원으로 보하는 일부 고위직도 고위공무원단에 포함된다.

1) 일 중심 인사관리

고위공무원단은 과거 1~3급의 계급을 폐지하고 직무와 직위에 따라 인사관리가 이루어진다. 이에 따라, 계급에 구애되지 않는 폭넓은 인사로 적격자를 임용할 수 있으며, 계급과 연공서열보다는 업무와 실적에 따라 보수를 지급한다. 즉 직무의 중요도·난이도 및 성과에 따라 보수를 차등 지급하는 것이다.

2) 개방의 확대와 경쟁 촉진

민간과 경쟁하는 개방형 직위제도와 함께 타 부처 공무원과 경쟁하는 공모직위제도를 도입·운영하고 있으며, 부처에서는 고위공무원 직위의 30% 범위 내에서 개방형 직위 또는 공모직위를 운영한다.

공모직위의 경우, 각 부처 장관은 소속에 관계없이 전체 고위공무원단 중에서 적임자를 인선할 수 있으며, 부처에 배치된 고위공무원은 소속 장관이 인사와 복무를 관리한다. 중앙인사기관은 초과 현원의 관리와 부처 간 이해관계를 조정하는 역할을 수행한다.

3) 성과의 체계적 관리 및 능력개발 강화

성과목표·평가기준 등을 상급자와 협의하여 성과계약을 체결하고, 목표달성도 등을 평가하는 성과계약 등 평가제가 시행되고 있으며, 또한, 고위공무원이 되기 위해서는 후보자교육과 역량평가를 거쳐야 한다. 후보자교육은 기관의 과장급을 대상으로 고위공무원단 직위로의 진입 전에 고위공무원으로서 갖추어야 할 핵심 역량에 대해 사례 중심의 현장감 높은 교육 형태로 운영되고 있다.

4) 고위직의 책임성 제고

직업공무원제의 근간을 유지하되 고위직의 책임성을 제고한다. 고위공무원 인사의 실적주의 원칙과 정치적 중립성이 보장되며 정년 및 신분보장 제도도 유지된다. 다만, 성과와 능력이 현저하게 미달하는 고위공무원은 객관적이고 공정한 판단을 거쳐 엄정하게 인사조치된다.

적격심사에서 탈락하는 경우는 ① 근무성적 평정에서 최하위 등급의 평정을 총 2년 이상 받은 때, ② 정당한 사유 없이 직위를 부여받지 못한 기간이 총 1년에 이른 때, ③ 근무성적 평정에서 최하위 등급을 1년 이상 받은 사실이 있는 경우와 정당한 사유 없이 6개월 이상 직위를 부여받지 못한 사실이 있는 경우, ④ 조건부 적격자가 교육훈련을 이수하지 아니하거나 연구과제를 수행하지 아니한 때 등이다.

4. 역량평가

역량(competency)이란 조직의 목표달성과 연계하여 뛰어난 직무수행을 보이는 고성과자의 차별화된 행동특성과 태도를 의미한다. 기존의 '능력(ability)' 개념이 개인 측면의 보유 자질에 초점을 맞춘 것이라면, 역량은 조직 측면에서 조직의 성과 창출을 위한 자질이라고 할 수 있다.

민간부문과 해외 각국은 고위직의 선발과 능력개발의 기준으로 역량모델을 적극 활용하는 추세이다. 이는 고위직으로 갈수록 표면적인 지식 · 기술보다는 조정통합 · 전략적 사고 · 고객지향 등과 같은 역량이 직무성과에 더 큰 영향을 미치기 때문이며, 역량평가를 통해 역량을 객관적 · 체계적으로 평가한다.

역량평가는 기존의 다면평가나 인터뷰, 서류심사 방식의 평가체계와는 상이한 특성들을 갖고 있다.

첫째 역량평가는 구조화된 모의 상황을 설정하여 현실적 직무 상황에 근거한 행동을 관찰 · 평가하는 방식으로 추측이나 유추가 아닌, 직접 나타난 행동들을 관찰함으로써 평가자의 주관성을 배제할 수 있다.

둘째, 역량평가는 대상자의 과거 성과를 평가하는 것이 아니라 미래행동에 대한 잠재력을 측정하는 것으로, 성과에 대한 대외 변수를 통제하여 환경적 변인을 제거함으로써 개인의 역량에 대한 객관적 평가가 가능하다.

셋째. 역량평가는 다양한 실행과제를 종합적으로 활용함으로써 개별 평가기법들의 한계를 극복하고 대상자들의 몰입을 유도하며, 다양한 역량들을 측정할 수 있다.

넷째, 역량평가는 다수의 평가자가 참여하며 합의에 의하여 평가 결과를 도출하는 체계로, 이러한 과정을 통해 개별 평가자의 오류를 방지하고 평가의 공정성을 확보할 수 있다.

평가대상 역량은 정부의 고위공무원단과 과장급 공무원들에게 요구되는 역할을 바탕으로, 기존의 역량모델링과 직무분석, 해외 및 민간사례에 대한 벤치마킹 등의 다양한 절차와 방법을 통해 도출하여 역량 전문가 자문회의에서 선정되었다. 고위공무원단은 전략적 사고, 문제인식, 성과지향, 변화관리, 고객만족, 조정통합, 과장급은 정책기획, 성과관리, 조직관리, 의사소통, 이해관계조정, 동기부여로써 각 6가지가 도출되었으며, 역량들은 각각

사고, 업무, 관계 역량군의 3가지로 범주화할 수 있다.

1) 고위공무원단 후보자 역량평가

(1) 의의 및 도입배경

실·국장급 공무원의 경쟁력을 강화하고 국정관리능력을 획기적으로 높이기 위하여 2006년 7월 1일부터 고위공무원단제도가 도입되었으며, 고위공무원단으로서의 기본 역량을 갖춘 사람만이 고위공무원단에 진입할 수 있도록 역량 교육 및 평가를 의무화하고 있다. 따라서 과장급 공무원 및 민간인이 고위공무원단에 진입하기 위해서는 고위공무원단 역량평가를 통과하여야 하며, 인사혁신처는 고위공무원으로서 요구되는 역량을 갖추었는지를 사전에 검증하여 적격자만이 고위공무원단에 선발될 수 있도록 하는 장치로써 역량평가 제도를 시행하고 있다.

2006년 7월 고위공무원단 제도 시행과 동시에 역량평가가 실시되기 시

〈표 7-3〉 고위공무원 평가역량

역량명		정 의
사 고	문제인식	정보의 파악 및 분석을 통해 문제를 적시에 감지·확인하고, 문제와 관련된 다양한 사안을 분석하여 문제의 핵심을 규명하는 역량
	전략적 사고	장기적인 비전과 목표를 설정하고, 이를 실행하기 위한 대안의 우선순위를 명확히 하여 추진방안을 확정하는 역량
업 무	성과지향	주어진 업무의 성과를 극대화하기 위한 다양한 방안을 구축하고, 목표달성 과정에서도 효과성과 효율성을 추구하는 역량
	변화관리	환경 변화의 방향과 흐름을 이해하고, 개인 및 조직이 변화상황에 적절하게 적응 및 대응하도록 조치하는 역량
관 계	고객만족	업무와 관련된 상대방을 고객으로 인식하고, 고객이 원하는 바를 이해하고 그들의 요구를 충족시키려 노력하는 역량
	조정·통합	이해당사자들의 이해관계 및 갈등상황을 파악하고, 균형적 시각에서 판단하여 합리적인 해결책을 제시하는 역량

작하였으며, 2009년 역량모델 개편 및 2010년 평가위원 수 확대 이후 '6개 역량, 4개 실행과제, 9명의 평가자'라는 평가체계가 유지되고 있다.

(2) 역량평가 대상자

원칙적으로 고위공무원으로 신규 채용되려는 자, 4급 이상 공무원이 고위공무원단 직위로 승진 임용되거나 전보되려는 자는 역량평가를 통과해야 한다. 전보는 고위공무원이 아닌 연구관·지도관을 고위공무원단 직위로 전보하는 경우에 해당된다(근거법령: 「국가공무원법」, 「고위공무원단 인사규정」, 「고위공무원단 인사규칙」).

(3) 역량개발 교육과정

4급 이상 공무원이 고위공무원단 직위로 승진 임용되고자 하는 경우에는 역량평가를 받기 전에 고위공무원단 후보자과정(5일 과정, 국가공무원인재개발원)을 의무적으로 이수해야 한다. 후보자과정에서는 사전 역량다면진단 및 e-러닝을 통한 역량기초교육이 실시된다. 개방형 직위 등의 민간후보자는 의무적으로 교육을 이수할 필요는 없으나 본인이 원하는 경우에는 단기교육을 받을 수 있다. 역량평가를 통과하지 못한 경우에는 부족한 역량을 보완하기 위해 역량레벨업과정(국가공무원인재개발원)을 선택하여 이수할 수 있다.

(4) 평가대상 역량

고위공무원단 역량평가를 통해 검증하는 역량은 문제인식, 전략적 사고, 성과지향, 변화관리, 고객만족, 조정·통합 등 총 6개이다.

(5) 평가기법

역량평가는 다양한 실행과제로 구성되는 체계를 지칭하며, 하나의 실행과제는 인적 요소인 평가자·피평가자, 물적 요소인 모의상황(simulation), 매개 요소인 역할가이드 및 행동분류참조표 등으로 이루어져 있다.

역량은 평가센터기법에 따라 모의 직무상황에서 평가대상자가 보이는 행동을 평가위원이 직접 관찰하여 평가하는데, 현재 고위공무원단후보자 역량평가는 1:1역할수행(interview, 1:1 role play, presentation), 1:2역할수행(1:2 role play), 서류함기법(in-basket), 집단토론(group discussion) 등 4개의 평가방법이 활용되고 있으며, 한 번의 평가 시에 6명을 평가하는데 9명의 평가위원이 참여한다.

평가센터(Assessment Center) 기법은 구조화된 모의상황, 다양한 실행과제, 다수의 평가자를 특성으로 하는 기법으로, 구조화된 모의상황에 기초한 평가를 통해 현실적 직무 상황에 근거한 행동을 관찰 · 평가하여 평가자의 주관성을 배제할 수 있다. 또한 다양한 실행과제를 통해 개별 평가기법의 한계를 극복할 뿐만 아니라 복합적인 실행과제 활용을 통해 다양한 역량평가가 가능하며, 다수 평가자의 활용으로 개별 평가자의 오류 방지 및 평가의 공정성 확보에 용이하다.

(6) 평가와 활용

평가위원은 전·현직 공무원단, 관련 학계 대학교수, HR 분야 민간전문가들로 Pool을 구성하는데, 평가위원이 되기 위해서는 사전에 평가교육을 이수한 후 실제 역량평가를 수차례 관찰하여 충분한 경험을 쌓아야 한다.

역량평가 통과 기준은 역량 항목별로 5점 만점으로 평가하여, 6개 역량의 평균점수가 보통 이상(2.50점 이상)인 경우에 통과된다.

재평가와 관련하여 승진임용의 경우 역량평가 미통과 시 횟수제한 없이 재평가가 가능하지만 2회 연속 미통과 시 마지막 평가일 후 6개월 경과 후, 3회 연속 미통과 시 마지막 평가일 후 1년 경과 후 재평가가 가능하다. 개방형 · 별정직의 경우는 1회에 한하여 재평가가 가능하며, 기한제한은 없다.

역량평가 후에는 평가대상자에게 역량평가 통과 여부, 역량 수준, 역량별 강점 및 약점, 역량개발 조언 등을 담은 결과보고서를 통보하며, 이를 통해 자신의 역량수준과 부족한 역량을 인식하고 역량개발로 연계할 수 있도록 하고 있다.

2) 과장급 후보자 역량평가

(1) 의의 및 도입배경

정부는 정책 추진의 핵심적 위치인 중간 관리층의 경쟁력 강화를 위해 2010년에 역량평가 대상을 과장급으로 확대하였으며, 2015년에는 중앙부처 과장 진입 시 역량평가 통과자에 한해서만 과장 보직을 부여하도록 의무화하였다. 이에 따라 각 중앙부처는 과장급 보직 부여를 위해 자체적으로 역량평가를 실시하거나 인사혁신처에 평가대행을 요청하여야 한다. 현재 감사원, 외교부, 관세청, 특허청 등은 자체평가를 실시하고 있으며, 인사혁신처는 자체평가기관에 대한 인증제 실시, 적극적 평가 대행을 통해 과장급 역량평가의 성공적 운영에 노력하고 있다.

(2) 평가대상자

과장급후보자 역량평가대상자는 과장급 직위로 신규 채용되려는 자, 과장급 직위로 전보 또는 승진임용되려는 자로 규정하고 있다(근거법령: 「공무원 임용령」, 「공무원 임용규칙」)

(3) 역량개발 교육과정

고위공무원단 후보자 과정과는 달리 과장후보자과정(3일 과정, 국가공무원인재개발원 등)은 의무적으로 이수해야 하는 것이 아니라 본인이 선택할 수 있으며, 교육의 주요 내용은 사전 역량다면진단 및 e-러닝을 통한 역량기초교육 등이다. 고위공무원단후보자 과정과 마찬가지로 과장후보자 정규과정을 이수하기 어려운 사람을 대상으로 하는 단기교육과정, 역량평가를 통과하지 못한 사람을 대상으로 하는 역량레벨업과정이 운영되고 있다.

(4) 평가대상역량

과장급 역량평가 체계는 '5개 역량, 3개 실행과제, 6명의 평가자'로 구성되어 있으며 평가대상 역량은 정책기획, 성과관리, 조직관리, 의사소통, 이해관계조정 등 5개로 다음 〈표 7-4〉와 같다.

(5) 평가기법

평가센터기법에 따라 모의 직무상황에서 평가대상자가 보이는 행동을 평가위원이 직접 관찰하여 평가하는데, 1:1역할수행(1:1 role play), 발표(presentation), 서류함기법(in-basket), 집단토론(group discussion) 등 4개의 구체적인 평가방법이 활용되며, 한 번의 평가 시에 6명을 평가하는데 6명의 평가위원이 참여한다.

과장급은 4개의 실행과제로 평가를 받는데 각 실행과제의 핵심은 제시된 과제가 실제 업무 상황에서 일어날 수 있는 모의상황(simulation)으로 제시된다는 점이다. 각 실행과제들은 현안 문제에 대한 기자와의 인터뷰 상황, 부서 간 중복된 업무를 조정하는 상황, 업무에 대한 현황과 해결책을 제시

〈표 7-4〉 과장급 공무원 평가역량

역량명	정 의
정책기획	다양한 분석을 통해 현안을 파악하고, 개발하고자 하는 정책의 타당성을 검토하여 최적의 대안을 제시하는 역량
성과관리	조직의 미션과 전략에 부합하는 성과목표를 수립하고, 이를 달성하기 위해 업무집행 과정을 점검하고 관리하는 역량
조직관리	전체 조직 및 각 부서 간의 관계를 고려하여 목표달성을 위한 실행 계획을 수립하고, 필요한 자원을 확보하며 업무를 배분하고 조직화하는 역량
의사소통	상대방의 의견을 경청하여 그 의미를 정확히 이해하고, 자신의 의견을 명확하고 효과적으로 전달하는 역량
이해관계조정	공동의 목적을 위해 다양한 이해관계자들 간의 갈등을 해결하고, 협력적인 업무관계를 구축 · 유지하는 역량

하는 상황, 여러 현안과제를 처리하는 상황, 여러 기관의 관계관이 모여 합의/조정하는 상황, 현안 문제에 대한 인터뷰를 진행하는 상황 등 다양하고 현실성 있는 모의상황구조(plot)를 설계하여 개발되었다.

(6) **평가와 활용**

평가위원은 전·현직 공무원단, 관련 학계 대학교수, HR 분야 민간전문가들로 Pool을 구성하는데, 평가위원이 되기 위해서는 사전에 평가교육을 이수한 후 실제 역량평가를 수차례 관찰하여 충분한 경험을 쌓아야 한다.

평가는 역량 항목별로 5점 만점으로 평가하여, ① 5개 역량의 평균점수가 보통 이상(2.50점 이상)인 경우, ② 5개 역량의 평균점수가 2.30점 이상이고 이 중 2개 이상 역량의 점수가 3.0점 이상인 경우 통과된다.

승진임용의 경우 역량평가 미통과 시 횟수제한 없이 재평가가 가능하지만, 2회 연속 미통과 시 마지막 평가일 후 6개월이 경과해야 재평가가 가능하다. 개방형 · 별정직의 경우는 1회에 한하여 재평가가 가능하며, 기한제한은 없다.

평가 후에는 평가대상자에게 역량평가결과 통과 여부, 역량 수준, 역량별 강점 및 약점, 역량개발 조언 등을 담은 결과보고서를 통보하여, 피평가자가 이를 통해 자신의 역량수준과 부족한 역량을 인식하고 역량개발로 연계할 수 있도록 하고 있다.

5. 인사 심사

고위공무원 인사심사제도는 「국가공무원법」 제28조의 6의 규정에 의하여 고위공무원단 직위로의 채용 및 승진임용에 있어서 공정성과 객관성·적격성 여부를 인사혁신처가 실적주의 원칙에 입각하여 사전에 검증함으로써 정책결정 계층인 고위공무원 인사관리가 합리적이고 투명하게 이루어지도록 하는데 그 의의가 있다.

〈표 7-5〉 고위공무원 인사심사 기준

	심사항목	심사기준
적법성	임용자격요건 충족 여부	• 각 개방형 및 공모직위별 직무수행요건 충족 여부 • 당해 직위의 채용자격요건인 학력, 자격증, 경력 등 충족 여부 • 개별법령에서 정한 자격요건 구비 여부 등
	임용결격사유 해당 여부	• 국가공무원법 제33조 및 공직선거법 제266조의 임용결격사유 해당 여부 • 승진임용제한 여부 등
	기타 적법성 여부	• 각 개방형 및 공모직위별 직무수행요건 충족 여부 • 당해 직위의 채용자격요건인 학력, 자격증, 경력 등 충족 여부 • 개별법령에서 정한 자격요건 구비 여부 등
적격성	근무실적	• 최근 3년간 업무추진실적과 직무성과계약제 평가결과, 상벌사항 • 감사원 감사결과, 기타 정책평가결과 등을 통해 정책성패 등 기여도 확인 등
	직무수행능력	• 고위공무원단 후보자교육과정 이수 및 역량평가 결과 • 기획력, 업무추진력, 리더십 등
	전문성	• 임용예정직위 관련 분야 전문지식 • 기술, 실무경험 등
	경 력	• 임용예정직위 관련 분야 근무경력 • 직위 및 직위별 근무기간 등
	기 타	• 개혁성·청렴도·성실성 등 • 국가정보원 신원조사, 소속기관 공무원과 유관기관·단체의 여론조사 등
기타	균형인사	부처별·직위별 특성, 직렬 또는 임용구분별 형평성 등 고려

자료: 인사혁신처 홈페이지

1) 구성 및 운영

인사심사위원회는 위원장(인사혁신처 처장), 인사혁신처 소속 고위공무원(차장) 1인, 인사혁신처 처장이 위촉하는 민간위원 5인으로 구성되고, 매주 1회 개최되며 필요시 수시회의가 개최된다. 위원회는 재적위원 과반수의 출석으로 개의하고, 출석위원 과반수의 찬성으로 의결한다.

〈표 7-6〉 고위공무원 인사심사 결정 유형

구 분	내 용
원안의결	기관에서 심사요청한 인사안을 수용하여 그대로 의결하는 경우
개선권고부 의결	기관 인사안을 수용하되, 불합리한 인사운영에 대하여 개선권고 의견을 붙여 의결하는 경우
보 류	관련자료의 조사, 사실확인 등 보완이 필요하여 결정을 유보하는 경우
부 결	법령요건을 갖추지 못하였거나 1·2·3순위자가 모두 부적격하여 인사안에 동의하지 않는 경우
수정의결	1순위자보다 2·3순위자가 더 적격하다고 판단하여 순위를 변경하여 의결하는 경우

자료: 인사혁신처 홈페이지

2) 심사대상 및 기준

인사심사대상은 일반직 고위공무원의 승진 임용 및 채용, 별정직 고위공무원의 채용, 고위공무원단에 속하는 외무공무원의 채용 및 외무공무원의 고위공무원단 직위로의 최초 보직 등이다.

심사기준은 적법성, 적격성, 기타 요건 등이 있으며, 결정은 원안의결, 개선권고부 의결, 보류, 부결, 수정의결 등이 있다.

3) 심사방법과 절차

정부는 온라인 인사심사시스템을 구축하여 일체 서류 없는 인사심사를 실시한데 이어 2004년 12월부터는 e-사람을 통한 온라인인사심사시스템을 도입하여 운영 중이다. 이 시스템에 의하면 각 기관별로 e-사람에 축적된 인사자료를 기반으로 심사자료를 작성하고 행정 EDI를 통해 송수신하여 온라인으로 인사심사를 실시한다. 이러한 온라인 심사를 통해 인사심사의 신뢰도와 효율성을 제고하고 각 기관의 서류 작성에 소요되는 과중한 업무부담을 경감할 뿐 아니라 e-사람 자료의 범정부적 공동 활용이 가능하게 되었다.

찾아볼 문제

1. 우리나라 공무원 종류별 총원 현황과 변화 추이를 찾아서 정리해 봅시다.
2. 「국가공무원법」 제1장과 제3조3항의 공무원의 범위에 관한 규정을 찾아봅시다.
3. 우리나라 고위공무원단의 구성과 인원 변화추이 및 직무등급제의 변화과정을 찾아봅시다.

토론할 문제

1. 공무원 구분의 주요 쟁점과 개선방안에 대해서 토론해 봅시다.
2. 우리나라 고위공무원단제도의 운영상의 주요 문제점과 발전방향에 대해서 선진국의 사례와 비교하여 토론해 봅시다.

제 8 장 인적자원계획, 모집과 선발

제1절 인적자원관리계획

1. 인적자원계획의 의의

인적자원(human resources)은 특정한 조건과 자질(성, 학력, 경력, 기술 등)을 갖춘 사람을 의미하며, 인적자원계획은 조직이 필요로 하는 인적자원의 동원과 활용을 적정하게 할 수 있도록 정부의 인적자원 수요를 예측하고 그 공급 방안을 수립하는 과정을 가리킨다. 인적자원계획은 좁은 의미로 보면 인적자원 수요와 공급의 예측 및 조정계획을, 넓은 의미로 보면 인적자원의 개발, 배분, 활용, 보존의 제 단계를 포함하는 인사관리 전반에 관한 계획을 말한다.

이러한 인적자원계획은 인적자원을 효율적으로 활용한다는 측면에서 그 필요성이 절실하다. 즉 정치, 경제, 사회 각 분야에서 필요로 하는 인력의 수급을 원활하게 함으로써 국가사회에 공헌을 할 수 있으며, 인적 전문성 부족, 환경의 급변, 급속한 기술변화, 적시성 있는 인력공급 곤란, 가치관·직업관의 다양화 등이 야기할 수 있는 문제에 대한 대비를 할 수 있다는 측면에서 필요성이 있다.

인적자원계획을 합리적으로 수립하고 시행했을 때의 장점은 다음과 같이 설명할 수 있다. 먼저 조직의 성과 향상과 구성원의 사기 향상에 기여한다는 점이다. 즉 적격자를 적정 인원수만큼 확보하고, 인적자원의 수급을 원활하게 하며, 그에 따른 적절한 승진기회도 주어진다면, 직원의 사기 향상과 성과향상의 효과를 거둘 수 있다. 또한 인사권자가 인적자원 수급에 대한 장기계획에 관심을 갖게 됨으로써 사업과 예산의 운영을 효율적으로 할 수 있다.

정부조직에서도 인적자원계획은 매우 중요하다. 정부의 주 임무는 정책의 수립, 집행 및 행정서비스 제공이기에 우수한 인적자원의 적정규모 확보가 관건이 된다. 또한 인건비는 전체 예산에서 차지하는 비중이 매우 높기 때문에 효율적 관리가 중요하며, 인적자원의 획득·교체 시 조치는 복잡한 과정과 비용을 고려하면 더욱 그러하다고 볼 수 있다.

이러한 인적자원계획의 필요성과 장점에도 불구하고 현실적으로는 몇 가지 문제점을 내포하고 있다. 첫째, 양적·질적 실태, 변동, 전망에 관한 인력정보체계가 확립되어 있지 않다는 점, 둘째, 빈자리를 메꾸거나 단편적으로 조정하는 점증주의식 인력관리를 할 가능성이 높다는 점, 셋째, 정치적 영향과 권력 관계에 의해 주먹구구식으로 인력을 배분하는 일이 종종 있다는 점이다. 따라서 체계적인 분석에 바탕을 둔 인적자원계획의 수립과 집행이 절실히 필요한 것이다.

2. 인적자원계획 과정

인적자원계획의 수립 및 운영 과정은 다음과 같다.

첫 단계는 총수요 예측이다. 총수요 예측은 필요 인원 총량을 예측하는 것이다. 예측하는 방법은 과거추세연장법, 목표설정방법, 간접적 지표를 활용하는 방법 등이 있다.

과거추세연장법(projection)은 통계적 방법에 의한 공무원수 추계이며, 과거의 공무원수 증감추세를 그대로 연장하여 추계하는 방법으로 과거의 실적자료를 토대로 경향선(trend line)을 찾아내어 그것을 연장시켜 미래의 공무원수를 예측하는 방법이다.

목표설정법은 특정한 목표를 설정하고 그에 맞춰 공무원수를 조절하는 방식이다. 예를 들어 연도별로 공무원 1명당 국민수 목표를 설정한 후에 그 목표를 달성하기 위한 공무원수급계획을 추진하는 방식이 있다.

간접적 지표를 이용하는 것은 거시적 혹은 미시적인 변수들을 활용하여 공무원 수요를 예측하는 것이다. 거시적·외부적 지표에는 인구증가,

GDP, 노동생산성, 기술진보 등이 있고, 미시적·내부적 변수에는 조직의 미래 업무의 양과 질, 현직원의 이동과 직위의 변동상황, 사무자동화, 전산화, 직제개편(조직개편) 등이 있다.

다음 단계는 현재 보유인력 및 공급능력을 분석하는 것이다. 보유인력분석은 직종별, 직급별로 어느 정도 인력을 보유하고 있는지를 양적으로 파악하는 것이며, 현재 인력의 자질, 지식, 기술, 자격 등에 관한 질적 정보를 포함하여 분석한다. 또한 현재 조직에서 인력의 증감 상황을 예측하는 것이 필요하다. 구체적으로 퇴직자의 수, 직급별 승진 상황, 그리고 연례적인 채용계획(신규 채용, 특채 등) 등을 파악함으로써 인력의 증감 상황을 예측해 볼 수 있다. 공급능력분석에서는 경찰대학이나 과거의 세무대학 등 교육기관들에서 필요한 분야에 매년 배출하는 인원수를 파악하는 것도 포함되어야 한다.

마지막 단계는 이러한 총수요와 공급 현황파악 및 전망분석을 토대로 추가공급이 어느 정도 필요한지를 예측하는 것이다. 이러한 순수요를 바탕으로 공급(양성)방안을 수립하게 된다.

3. 우리나라 정부 인적자원관리계획

대부분의 정부 기관은 인적자원관리계획을 인사혁신처에 제출하여야 하며, 인사혁신처는 이를 토대로 정부의 전체적인 연간 충원계획을 수립한다. 각 기관의 인적자원관리계획에는 조직의 중장기 비전·목표, 인력 현황, 인적자원관리의 목표와 실천계획 등이 포함되어야 한다.

인적자원관리계획은 5년 이내의 중장기 계획을 의미하며, 기관의 사명과 주요사업 및 추진과제를 기반으로 하고, 그 기간 동안 조직의 중장기 비전·목표, 인적자원분석/전략개발 등 필요인력 예측, 인적자원관리계획의 목표 등의 내용이 포함된다. 그리고 관련된 실천계획은 1개년 단위로 작성하고 있다. 아래는 정부에서 제시하는 인적자원관리계획의 수립모델이다.

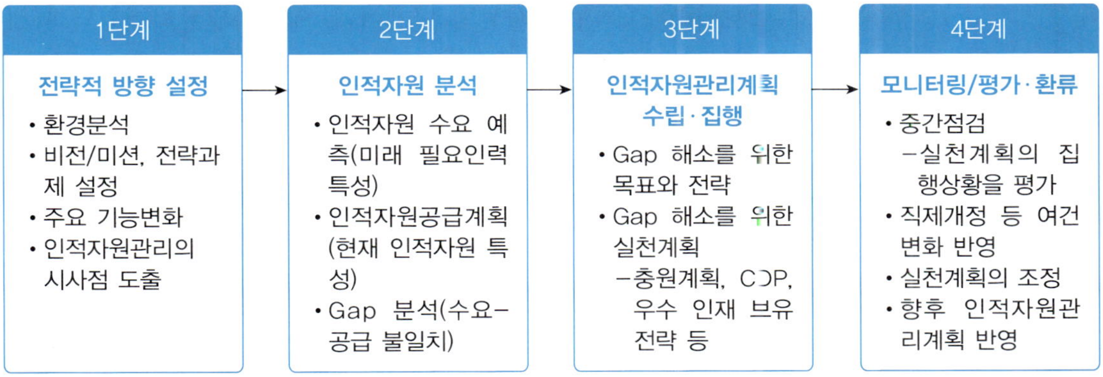

출처: 인사혁신처(2023), 공무원 인사실무.

[그림 8-1] 인적자원관리계획 수립모델

1단계는 전략적 방향의 설정이다. 이 단계에서는 조직 내 외적인 환경분석을 통해 시사점을 도출하고, 그 결과에 근거하여 조직의 비전과 목표 설정 및 주요 전략과제 및 기능변화를 도출한다.

2단계는 인적자원 분석 및 전략개발이다. 이 단계는 앞 단계에서 도출한 각 조직의 전략과제에 필요한 인력의 특성을 파악하고 현재 인적자원과의 격차를 파악하기 위한 것이다. 인적자원 규모와 구조(직종, 연령, 성별, 장애인, 이공계 비율 등)에 관한 분석단위 이외에도 자격증/학위 소지자, 지역인재, 전문경력자, 핵심인재 등 전문인력 분석단위를 도출하고 적합한 확보비율 등 검토한다.

3단계는 인적자원관리계획의 수립 및 집행이다. 전 단계의 인력분석 결과를 바탕으로, 필요인력과 보유인력 간 차이를 해소하기 위한 5개년 목표를 설정하고 기능별·분야별 추진전략을 설정한다. 구체적으로 충원계획(계급별/분야별/직렬·직류별 신규채용(공채, 경채, 개방형 등), 내부승진, 타 부처로부터의 전입 등), 배치계획(필수 보직기간 준수율 관리 및 내부 직위공모 등 전보·재배치, CDP 등), 그 밖에 인사운영 및 조직개편 계획 등의 내용이 포함되어야 한다.

4단계는 모니터링과 평가·환류의 단계이다. 인적자원관리계획의 특성상 많은 변수가 내재한 복잡하고 역동적인 과정으로 주기적인 평가가 필요하며 환경변화 등 여건을 고려하여 실천계획 등을 수정하여야 한다. 이러한 평가결과에 대한 시사점을 도출하여 차기 인력관리계획에 반영한다.

제2절 모 집

외부임용은 조직의 외부에서 새로운 인력을 충원하는 방식을 말한다. 이러한 외부충원은 주로 모집과 선발이라는 절차를 통해서 이루어진다. 이러한 외부임용의 주목적은 조직에 필요한 인재를 조직 바깥에서 발굴하고 등용하는 데 있다.

1. 모집의 유형

1) 모집의 개념과 의의

모집이란 유능한 후보자들이 공직에 관심을 가지고 응모하도록 유도하는 활동을 의미한다. 이러한 모집의 유형 중 과거의 소극적 모집과 대비하여 적극적 모집이 있다. 소극적 모집은 모집공고를 공개하고 자원자가 응모하도록 기다리는 방식을 말한다.

한편, 적극적 모집이 필요하게 된 배경은 다음과 같다. 첫째, 정실(엽관)인사의 후퇴가 일반화되고, 사회적 규범 내지 통념화되었다는 점, 둘째, 행정기능의 확대·전문화로 보다 유능한 인재를 필요로 하게 되었다는 점, 셋째, 경제발전으로 인해 취업선택의 기회가 확대되어 유능한 인재들이 민간부문으로 대다수 취업을 하게 되었다는 점, 넷째, 민간부문 직업의 유인체제(incentive system)가 대폭 개선된 점들이 있다.

따라서 달라진 사회경제적 변화에 따라 적극적인 모집을 통해 공직에서 필요로 하는 인재들을 적재적소에 확보하는 것이 주요한 목적이라고 볼 수 있다.

2) 적극적 모집 방안

적극적 모집의 방안에는 크게 근본적·기본적 여건을 조성하는 방안과 모집활동을 적극화하는 방안이 있다. 첫째로 근본적·기본적 여건을 조성하는 방안은 공직의 사회·경제적 지위(socio-economic status)를 거선하여 공직에 대한 인식을 긍정적으로 변환하는 노력을 가리키고 있으며, 직업으로서의 매력, 즉 보수, 승진·발전 가능성, 안정성, 일의 보람(적성, 사회적 기여도, 자아실현의 정도) 등의 공직이 갖는 매력을 높이는 방안을 의미한다. 즉 직업공무원제의 여건을 조성한다는 의미이다.

둘째로 모집활동을 적극화하는 방안에는 ① 합리적인 인력계획의 수립, ② 홍보활동의 강화, ③ 지원 절차의 간편화, ④ 정기적인 시험 실시, ⑤ 합격자 임용의 신속·객관화, ⑥ 공급원의 개척 등의 방안이 있다.

합리적인 인력계획을 수립하는 하는 것은 공무원 수급전망을 예측하고, 직급별로 필요한 인원을 예측하며, 임용방법별(예: 공채, 특채, 내부승진)로 확보계획을 수립하고, 적정한 수의 인원채용을 하는 것을 의미한다. 홍보활동의 강화는 구체적으로 공무원이 될 수 있는 방법이나 기회, 그리고 공무원의 근무조건이나 특전 등에 대해서 적극적으로 알리는 것이다. 언론이나 인력양성기관 등에 대한 홍보도 이에 포함된다.

지원절차를 간편화하는 것은 지원 서류를 간소화, 원서접수의 시기나 방법에 대해서 다양한 방법을 제공하는 방안을 들 수 있다. 예를 들어 연중무휴로 원서를 접수하거나, 원서를 접수할 때 온라인이나 우편 등을 활용하면 더 많은 지원자들이 쉽게 지원할 수 있다.

모집 시기와 인원, 전형방법을 정례화하여 정기적인 시험을 실시하는 것도 적극적 모집방안 중의 하나이다. 그렇게 되면 공직 희망자들이 자신의 경력관리를 보다 체계적으로 준비할 수 있기 때문이다.

합격자들의 임용을 신속하고 객관적으로 처리하는 것도 적극적 모집의 일환이다. 임용 대기시간이 길어지면 더 좋은 조건을 가진 다른 직업을 택하는 임용포기의 가능성이 높아지기 때문이다. 임용절차를 임용후보자의 순위에 따라 객관적으로 임용하고 배치하여 투명성과 합리성을 높이는 것도 모집을 원활하게 하는 요인이라고 할 수 있다.

공직에 필요한 인력을 제공할 수 있는 공급원을 개척하는 것도 적극적 모집의 한 가지 방법이다. 공급원을 개척하는 방법은 크게 소극적인 것과 적극적인 것으로 나뉜다. 소극적인 방법은 필요한 분야의 대상자들에게 장학금을 지급하여 모집을 유도할 수 있고, 미리 고용계약을 체결(특히 과학기술직의 경우)하여 안정적인 인력수급을 보장하는 방법도 있다. 더 나아가 과거에 있었던 철도고등학교, 세무전문대학, 현재의 경찰대학 등 공무원 양성기관을 설치하여 필요한 인력을 더 적극적으로 양성하고 공급하는 방법이 있다.

2. 모집 요건

모집대상의 자격요건은 민간조직과 유사한 요건도 있지만, 직무의 특성과 공직이라는 특수성이 더해져서 다른 자격요건들도 찾아볼 수 있다. 대표적인 자격요건으로 국적, 학력, 연령, 성 등이 있다.

1) 국 적

원칙적으로 공직에서 외국인은 제외가 된다. 주된 이유는 공직에서 하는 업무가 국가적 이익과 관련 있는 경우가 많고, 때로는 기밀사항을 다루기도 하며, 민간조직과 비교해서 더 높은 충성심을 요구받는 경우도 많기 때문이다. 외국의 경우, '영주권'만 가진 경우에도 허용하는 경우가 있다. 귀화하는 경우에는 별문제가 없다. 또한 과학기술직·전문직의 경우에는 예외를 인정하는 경우가 많다. 그러나 외무직의 경우에는 국적을 엄격히 제한하는 편이다.

2) 학 력

정부의 임용정책에서의 학력제한 여부는 국가 전체적 인사관리에 큰 영향을 미친다. 전통적으로 교육제도(학력)와 밀접하게 관련된 계급제를 유지하는 영국 같은 경우, 기본 학력(교양)을 중시하는 경향이 있다. 직위분류제를 유지하는 미국의 경우, 특정한 자격과 능력을 중시하고, 학력뿐 아니라 전공분야까지 고려하는 경우가 많다. 한국의 경우 과거에는 응시자격에 학력을 제한하였다. 예를 들어, 3급을(乙)(사무관)은 대학수료 2년 이상, 보통고시 합격자, 4급을(乙)(외무)은 초급대학 이상의 자격요건을 두었으나, 재수생의 지나친 누적과 각종 부작용으로 인하여 1971년(사무관 미만에 대해), 1972년(사무관 이상에 대해) 이후 철폐하였다.

이러한 학력제한이 필요한지 또는 불필요한지에 대하여는 여전히 논란이 있다. 학력제한을 없애야 한다는 측의 논리는 다음과 같다.

첫째로 공직취임의 기회균등을 부여하여 민주적 형평성 유지에 기여할 수 있다고 주장한다. 원칙적으로 학력(능력과 관련하여)제한은 민주성이나 실적주의에 위배되지 않는다. 하지만 현실적으로는 학력이 실력·능력 이외의 경제적·지리적·신체적 이유 등으로 인하여 제한을 받는 경우가 많으므로, 사회구조적 요인 때문에 제한을 받는 것을 시정한다는 측면에서는 설득력이 있다.

둘째로 과도한 교육열 및 형식주의적인 교육관을 해소하는 면에서 학력제한은 없어져야 한다고 볼 수 있다. 지원 자격에 맞추기 위해 학력을 이수하는 부작용을 염두에 두는 것이다. 셋째로 학력제한이 없으면 철저하게 능력 중심으로 채용이 가능하다는 이점이 있다.

반면, 학력제한이 필요하다는 입장의 논리는 다음과 같다. 첫째, 교육기회가 점차적으로 확대되고, 장학제도도 확충되었으며, 교육의 충실화 및 교육기관의 지역분산이 고르게 분포됨에 따라 학력의 기회가 위에서 언급한 경제적·지리적·신체적 이유 등으로 제한받지 않는다는 점이다.

둘째, 행정의 전문화로 인하여 학력뿐 아니라 전공도 어느 정도 고려할 필요가 있다는 점에서 자격요건, 특히 학력의 제한이 필요하다는 주장이다. 셋째, 채용시험의 타당성의 한계가 있다. 즉 평가의 내용 및 방법상의 한계로 인하여 채용시험이 적합한 인재를 선발하는 도구로서 미흡하기 때문에 최저 학력을 요구함으로써 필수적 능력과 인품을 어느 정도 구비했다고 볼 수 있는 것이다.

3) 연 령

모집대상의 자격요건으로서의 연령은 보통 상한선과 하한선을 규정한다. 연령의 하한선은 18~20세로 대체로 성인 기준이다. 연령의 상한선을 제한하는 이유에는 직업공무원제 확립에 기여한다는 점, 근무와 관련된 상하관계에서 발생할 수 있는 문제를 해소한다는 점, 보수체계상 생활급과 연계되는 보수체계와 연관되어 있다는 점 등이 있다.

그러나 2008년에 개정된 공무원임용시험령에 근거하여 5·7·9급 공개경쟁채용시험의 응시 상한연령이 폐지되었다. 다만 경찰(경찰청), 군무원(국방부), 국정원 직원 등은 신체활동, 계급질서 등의 업무 특성을 이유로 응시 상한연령을 유지하고 있다. 우리나라는 2024년부터 직급별 응시 나이차이를 없애고 만 18세 이상(최종시험 예정일이 속한 연도)으로 응시연령을 동일하게 제한하고 있다.

공무원시험 응시자격

결격사유: 부적격자 공직채용 방지

「국가공무원법」 제33조(외무공무원의 경우는 「외무공무원법」 제9조, 검찰·마약수사직의 경우는 「검찰청법」 제50조)의 결격사유가 없어야 하며(기준일: 면접시험 최종일), 공무원임용시험령 등 관계법령에 의하여 응시자격을 정지당한 자는 응시할 수 없다.

「국가공무원법」 제33조(결격사유) 다음 각 호의 어느 하나에 해당하는 자는 공무원으로 임용될 수 없다. 〈개정 2010.3.22., 2013.8.6., 2015.12.24., 2018.10.16., 2021.1.12., 2022.12.27., 2023.4.11.〉

1. 피성년후견인
2. 파산선고를 받고 복권되지 아니한 자
3. 금고 이상의 실형을 선고받고 그 집행이 끝나거나(집행이 끝난 것으로 보는 경우를 포함한다) 집행이 면제된 날부터 5년이 지나지 아니한 자
4. 금고 이상의 형의 집행유예를 선고받고 그 유예기간이 끝난 날부터 2년이 지나지 아니한 자
5. 금고 이상의 형의 선고유예를 받은 경우에 그 선고유예 기간 중에 있는 자
6. 법원의 판결 또는 다른 법률에 따라 자격이 상실되거나 정지된 자

6의2. 공무원으로 재직기간 중 직무와 관련하여 「형법」 제355조 및 제356조에 규정된 죄를 범한 자로서 300만원 이상의 벌금형을 선고받고 그 형이 확정된 후 2년이 지나지 아니한 자

6의3. 다음 각 목의 어느 하나에 해당하는 죄를 범한 사람으로서 100만원 이상의 벌금형을 선고받고 그 형이 확정된 후 3년이 지나지 아니한 사람
 가. 「성폭력범죄의 처벌 등에 관한 특례법」 제2조에 따른 성폭력범죄
 나. 「정보통신망 이용촉진 및 정보보호 등에 관한 법률」 제74조 제1항 제2호 및 제3호에 규정된 죄
 다. 「스토킹범죄의 처벌 등에 관한 법률」 제2조 제2호에 따른 스토킹범죄

6의4. 미성년자에 대한 다음 각 목의 어느 하나에 해당하는 죄를 저질러 파면 · 해임되거나 형 또는 치료감호를 선고받아 그 형 또는 치료감호가 확정된 사람(집행유예를 선고받은 후 그 집행유예기간이 경과한 사람을 포함한다)
 가. 「성폭력범죄의 처벌 등에 관한 특례법」 제2조에 따른 성폭력범죄
 나. 「아동 · 청소년의 성 보호에 관한 법률」 제2조 제2호에 따른 아동 · 청소년 대상 성범죄

7. 징계로 파면처분을 받은 때부터 5년이 지나지 아니한 자

8. 징계로 해임처분을 받은 때부터 3년이 지나지 아니한 자

응시연령

공직을 희망하는 사람에게 연령에 관계없이 균등한 기회를 부여하기 위하여 응시상한연령 폐지
일반직 채용시험: 만 18세(교정·보호직렬은 20세) 이상

학 력

공직을 희망하는 사람에게 학력에 관계없이 균등한 기회를 부여하기 위하여 학력제한 폐지

※ 연혁: 1972년까지 학력제한, 1973년 이후 학력제한 폐지

출처: 인사혁신처 홈페이지

4) 성

공식적으로 여성을 차별하는 국가는 거의 없다. 그러나 실제로는 고위직으로 갈수록 여성 공직자의 수가 적은 것이 현실이다. 따라서 이러한 현실과 사회문화적 요인을 반영하여 제도적 보완을 하는 것이 바람직하다. 우리나라에서는 2003년부터 양성평등채용목표제를 채택하여 운영하고 있다. 이는 어느 한쪽의 성비가 30% 미만일 때 해당 성의 응시자를 목표비율만큼 추가 합격시키는 제도이다.

3. 모집방법

현재 우리나라에서 시행중인 공무원 모집방법 및 제도는 공개경쟁채용제도, 경력경쟁채용제도, 개방형직위제도, 공모직위제도 등 크게 네 가지로 구분해 볼 수 있다.

1) 공개경쟁채용제도

공개경쟁채용제도는 공무원의 결원을 공개·평등의 원칙에 의거하여 국

민에게 공직담당의 균등한 기회를 주고 공직에 적합한 인재를 확보하기 위한 제도이다. 공개경쟁채용시험은 크게 5급과 6급 이하로 구분하여 시행하고 있다. 응시자격과 관련하여 과거에는 학력 제한이 있었으나, 현재는 직급에 따른 연령 제한만을 두고 있다.

5급과 7급 공개경쟁채용시험은 시험과 일정이 직렬별(행정직·과학기술직)로 다르지만, 대체로 3단계로 진행된다. 행정직의 경우 1단계는 공직적격성평가(Public Service Aptitude Test, PSAT), 2단계는 필기시험(5급은 논술형, 7급은 선택형), 3단계는 면접시험으로 진행되며, 1단계 시험을 응시하기 위해서는 영어능력시험에서 특정 점수 이상과 한국사능력검정시험 2급 이상이라는 자격요건을 갖춰야 한다.

9급 공개경쟁채용시험의 경우에는 총 2단계로 진행되며, 1단계는 선택형 필기시험, 2단계는 면접시험이다. 9급 공개경쟁채용시험은 국어, 영어, 한국사가 필수과목이며, 직렬에 따른 전문 2과목 포함, 총 5과목으로 구성되어 있다.

2) 경력경쟁채용제도

경력경쟁채용제도는 공개경쟁채용에 의하여 충원이 곤란한 경우에, 임용이 예정된 직위와 관련된 전문인력을 채용하는 제도를 의미한다. 전문인력이란 임용직위에 관련된 자격증을 소지하거나 관련 경험을 보유한 자를 뜻한다. 2011년에 도입된 경력경쟁채용제도는 1949년부터 운영된 특별채용제도에서 명칭이 변경된 것이다. 경력경쟁채용제도는 경직된 조직구조에 융통성과 대응성을 높이기 위한 일환 중 한 제도이며, 우리나라에서는 2011년에 시작된 민간경력자 5급 일괄채용제(이하 민간경력자 일괄채용제도)가 대표적이다.

민간경력자 일괄채용제도는 공직의 전문성을 높이고 폐쇄성이 야기하는 문제를 줄여서 공직의 경쟁력을 강화하자는 목적에서 도입이 되었으며,

학위, 자격증, 현장 근무경력 등을 중요한 자격요건으로 한다는 점에서 다른 제도와 차별화가 된다. 민간경력자 일괄채용제도 역시 3단계로 이루어져 있으며, 1단계는 공직적격성평가(PSAT), 2단계는 직무적격성검사, 3단계는 면접시험으로 구성되어 있다. 이 중 2단계인 직무적격성검사는 서류전형이며 직무역량, 근무경력, 직무 성과 등에 따라 서류전형위원회에서 응시자격요건에 적합 여부를 평가한다.

이 외에도 경력경쟁채용 요건(「국가공무원법」 제28조 제2항)에는 특수지역 근무예정자, 외국어 능통자, 과학기술 및 특수전문분야 연구·근무경력자, 연고지 및 일정지역 거주자의 한지채용, 귀화자 및 북한이탈주민 대상 등 13호의 요건이 있으며, 각 호마다 선발방법에 다소 차이가 있다.

〈표 8-1〉 개방형직위제도의 직위지정기준

전문성	• 직무수행에 요구되는 경험적 또는 학문적 전문지식이나 기술의 수준 정도를 말함 • 고도의 전문성이 요구되는 직위 중 최신 지식·기술을 도입할 필요가 있거나 업무환경의 변화속도가 빠른 직위는 우선하여 지정함 • 해당 직무의 오랜 경험에 의한 전문성이 높게 요구되는 직위는 후순위 처리됨
중요성	• 직무내용이나 성격상 당해 직위의 업무가 당해 기관의 전체 업무 중에서 차지하는 비중 및 당해 직위 업무수행 결과의 대국민 영향과 파급효과의 정도를 말함 • 부처 내에서 중요성이 높은 직위 중 일부 직위를 개방형직위에 포함시킴
민주성	• 정책결정 또는 집행에 객관성·공정성이 요구되어 다양한 국민시각의 반영이나 국민의 참여가 요구되는 정도를 말함 • 민주성이 높게 요구되는 직위는 우선하여 지정함
변화필요성	• 행정환경의 변화 등으로 인하여 제도나 형태의 신속한 개선 또는 개혁이 요구되는 정도를 말함. • 변화 필요성이 높게 요구되는 직위는 우성하여 지정함
조정성	• 공직사회 내부의 이해를 바탕으로 한 부처 간 또는 부서 간의 이해관계 조정의 필요성 정도를 말함 • 전문성, 민주성, 변화 필요성 또는 중요성이 높게 요구되는 직위하고 하더라도 조정성이 높게 요구되는 직위는 개방형직위로 지정하지 않을 수 있음

출처: 개방형직위 및 공모직위 운영 지침

3) 개방형직위제도와 공모직위제도

개방형 직위는 공직사회의 경쟁력을 높이기 위해서 전문성이나 효율적인 정책수립과 관련된 고위직에 공직과 민간을 대상으로 공개모집을 하고 선발시험을 거쳐 직무수행요건을 갖춘 최적격자를 선발하여 임용하는 제도를 말한다. 개방형 직위 대상 직위는 소속 장관별로 고위공무원단 직위 총수의 20% 범위 안에서 지정할 수 있다. 대상 직종은 일반직(연구직·지도직 포함)·특정직·별정직·계약직 공무원으로 보할 수 있는 고위공무원단 직위가 포함된다. 어떠한 직위를 개방형 직위로 할지는 〈표 8-1〉에 제시된 기준을 고려하여 지정할 수 있다.

공모직위제도는 효율적인 정책수립 및 관리를 위하여 필요하다고 판단되는 직위에 요구되는 자격요건에 따라, 그 요건을 갖춘 자를 정부 내 공개모집을 통해 선발시험을 거쳐 직무수행요건을 갖춘 최적격자를 선발하여 임용하는 제도이다. 대상 직위는 소속 장관별로 경력직 공무원으로 보할 수 있는 고위공무원단 직위 총수의 30% 범위 안에서, 과장급 직위 수의 20% 범위 내에서 지정할 수 있다. 대상 직종은 일반직(연구직, 지도직 포함), 특정

〈표 8-2〉 공모직위제도의 직위지정기준

구분	내용
직무공통성	• 직무의 성격과 내용이 동질적이거나 유사한 정도를 말함 • 각 부처 공통 사무 또는 유관 부처 관련 사무의 경우 인적교류가 용이함으로 우선적으로 지정
정책통합성	• 국가 중요 정책의 결정·집행 시 부·처 간 이해관계 조정 또는 정책공조 등 협력의 필요성 정도를 말함 • 인적교류를 통해 정부정책의 효과성을 제고할 수 였는 직위를 우선적으로 지정
변화필요성	• 타 부처 공무원 유치를 통해 소속 부·처 업무, 정책 또는 인력의 변화를 도모할 필요성 정도를 말함 • 외부 인력유치를 통해 객관적 시각에서 업무 또는 정책 변화를 추진하거나 소속 부·처 인적자원의 역량 향상을 도모할 필요가 있다고 판단되는 직위를 우선적으로 지정

출처: 개방형직위 및 공모직위 운영 지침

직으로 보할 수 있는 직위가 포함된다. 어떠한 직위를 공모직위로 할지는 〈표 8-2〉에 제시된 기준을 고려하여 지정할 수 있다.

제3절 선 발

1. 선발의 기준

선발이란 지원자 중에서 장래에 성공적으로 공직을 수행할 자격과 능력이 있는 자를 골라서 뽑는 것을 의미한다. 이와 같은 선발을 효과적으로 진행하려면 선발하는 기준과 원칙이 명확하게 마련되어야 한다. 효과적인 선발기준과 원칙에는 크게 여섯 가지 기준이 있는데, 타당도, 신뢰도, 공평성, 변별도, 실용도, 대민관계이다.

1) 타당도

타당도(validity)는 선발기준의 적합성을 의미하며, 주로 직무수행능력을 얼마나 정확히 예측할 수 있느냐를 나타낸다. 즉, 시험이 측정하려고 목적하고 의도한 바를 실제 제대로(accurately) 측정하고 있는 정도를 의미한다. 그 종류에는 준거타당도, 내용타당도, 구성타당도 등이 있다.

준거타당도(criterion-related validity)는 측정하려고 하는 미래의 행동이나 위치를 예언하고 예측해주는 정도를 나타내며, 임용시험의 경우에 임용시험성적과 직무수행평가와의 상관관계(correlation)를 통해서 직무수행능력을 예측해보는 것이다.

내용타당도(content validity)는 하나의 표본(표집: sample)으로 내용의 모집단(전집: universe)을 대표해주고 있는 정도를 의미하며, 예컨대 시험에 출제된 문제들이 시험대상범위를 얼마나 잘 대표하고 있느냐를 가리킨다. 임용시험의 경우에는 어떤 직위의 직무수행에 필요한 자질과 능력을 얼마나 대표성 있게 측정할 수 있는가를 뜻한다.

구성타당도(construct validity)는 측정하고자 하는 추상적인 개념이 실제로 측정도구에 의하여 제대로 측정되었는지의 정도를 의미한다. 임용과 관련하여서는 인간특성(human trait), 예를 들어 지능, 가치관 등을 측정할 때 그것을 구성하는 요소를 얼마나 잘 측정하고 있느냐를 의미한다.

이러한 타당도에 영향을 주는 요인에는 표본(시험문항)의 길이와 형태, 선발비율(selection ratio), 속이는 반응(faking response) 등이 있다. 일반적으로 표본이 크고 대표성이 있을수록 타당도가 높고, 경쟁률이 높을수록 타당도는 높아지는 경향이 있으며, 부정행위, 요행 등이 작용하지 않아야 타당도가 높아진다.

2) 신뢰도

신뢰도(reliability)는 선발기준과 척도 및 절차가 신뢰할 수 있는 정도를 나타내는 것이다. 이는 시험이 측정도구로서 가지는 일관성(consistency)을 의미하는 것으로 시험 자체의 신뢰성과 평가자의 신뢰도(rater's reliability)를 의미한다. 다시 말해 측정의 오차(error)를 나타내는 정도를 가리킨다.

측정방법에는 크게 세 가지 있다. 첫째는 검사-재검사 신뢰도(test-retest reliability)로 동일한 시험을 동일한 집단에 시간을 달리하면서 두 번 실시하여 그 점수 간의 상관관계를 측정하는 방법이다. 이 방법은 시차가 작용하는 문제가 있다. 즉 짧은 시차를 두면 기억효과가 개입할 수 있고, 긴 시차를 두면 성장 및 변화의 가능성이 있다.

둘째는 동형검사 신뢰도(equivalent form reliability)인데, 형태만 다른 같은 내용의 시험을 동일집단에 실시하여 결과를 비교하는 방법이다. 동형검사란 통계적으로 점수의 평균(mean)과 표준편차(standard variation)가 같은 시험이며 문제은행식으로 개발된 시험이 대표적인 방법이다. 이 방법은 둘 이상의 측정도구 간에 등가성(equivalence) 확보의 어려움이 생길 수 있다는 단점이 있다.

마지막으로 반분신뢰도(split half reliability)가 있다. 이는 하나의 시험으로 두 가지 시험의 효과를 내도록 하나의 시험지를 둘로 나누어 절반끼리의 점수를 비교하는 방법으로 시간대가 서로 다름으로 해서 오는 문제를 해소할 수 있다. 이러한 반분신뢰도법을 사용하려면 측정도구가 같은 개념을 측정한다는 점이 명백하여야 하며, 양분된 측정도구의 문항, 또는 항목의 수는 그 자체가 각각 완전한 척도를 이룰 수 있어야 한다.

신뢰도에 영향을 주는 요인에는 시험의 길이와 문항의 형태, 시험의 환경, 수험자의 심리상태, 채점기준 등이 있다. 일반적으로 표집을 많이 할수록 신뢰도가 높아지고, 우연히 맞출 가능성이 높을수록 신뢰도는 낮아진다고 볼 수 있다. 또한 시험의 물리적 환경과 감독 방식이 외부변수로 영향을 줄 수 있으며, 평가자 간의 평가기준 차이 및 평가결과 격차가 영향을 줄 수 있다. 따라서 신뢰도를 높이는 방안으로는 문항수를 많이 하면서 표현을 명백히 하고, 시험 환경을 잘 통제하며, 채점기준을 객관화하는 노력이 필요하다.

3) 공평성과 변별도 등

공평성은 형평성이라고도 하며, 동일한 자격자에 대한 기회균등의 정도를 의미한다. 변별도(辨別度)는 선발장치가 응시자 간에 상대적 우선순위(서열)를 제시할 수 있는 정도로 적절한 난이도가 확보되어 있는지의 유무를 의미한다. 실용도는 선발하는 데 소요되는 비용, 시간, 노력, 전문성이 어느 정도 필요하며 그것을 용이하게 확보할 수 있는가이다. 대민관계는 선발기준과 원칙이 국민의 눈높이에 맞는지를 확인하는 것이다. 이 중에서 공평성과 대민관계는 공직선발에서 특히 강조되는 요건이라 할 수 있다.

2. 선발 방법

선발에는 다양한 방법이 있다. 우선 최저자격요건을 부고-하는 경우가 있다. 예를 들어 교육훈련 정도, 경력, 주거장소 등을 자격요건으로 하여 선발하는 것을 의미한다. 그 외에 시험형태로 지원자들을 모아서 선발하는 장치가 있다. 대표적으로 필기시험, 실기시험, 구두시험 등이 있다. 마지막으로 과거의 전력을 조사(background investigation)하여 공직자의 요건을 갖춘 사람인지 확인하는 방법이 있다.

1) 필기시험

필기시험은 가장 오랜 역사를 지니고 있으며, 널리 사용되는 대표적인 시험 형태이다. 객관성이 높고 표준화가 용이하고 증거가 남는다는 점에서 이점이 있다. 크게 주관식과 객관식으로 구분할 수 있다. 주관식(subjective test) 시험은 논문식 시험(essay test)이라고도 하며, 다각적인 능력을 심층적으로 측정할 수 있고, 일반적으로 문제작성이 쉬워서 시간과 경비를 절약할 수 있는 장점이 있으나, 채점에 전문성이 요구되고, 주관성과 편견이 개입될 가능성이 높은 것이 단점이라고 할 수 있다. 객관식(objective test) 시험은 그 형식에 따라 여러 가지 형태가 있다. 대표적으로 ① 진위형(true-false), ② 연결형(matching), ③ 배열형(arranging), ④ 보완형(completion), ⑤ 정정형(correction), ⑥ 선다형(multiple choice)이 있다. 장점은 채점이 용이하고 신뢰도가 높으나, 피상적인 특성만을 측정하기 쉽다는 단점이 있다.

2) 구두시험

구두시험(oral test)은 면접이라고도 하며, 시험관의 물음에 말로 답하는 시험을 의미한다. 피면접자의 수를 기준으로 개별면접(individual interview)과 집단면접으로 구분할 수 있다. 개별면접은 다시 일대일 면접, 다대일 면접으로, 집단면접은 집단토론식 면접이 있다. 이러한 구두시험은 필기시험으로 파악하기 어려운 개성, 행태, 가치관 등을 평가할 수 있고, 지식 자체를 측정하는 방식도 있다.

3) 실기시험

실기시험(peformance test)은 담당하게 될 직무의 실제 능력을 측정하는 시험이며, 직무수행과 직결되는 특성을 평가하기 때문에 가장 타당도가 높다고 볼 수 있다. 그러나 실제 적용대상이 한정된다는 단점이 있다.

3. 임용후보자 명부 작성과 추천

이러한 모집과 선발 절차를 통해서 선정된 후보들을 서열화하여 임용후보자 명부(eligible list)를 작성한다. 이러한 채용후보자 명부에는 채용시험에 합격한 사람을 대상으로 인적사항(교육배경 등), 시험성적, 훈련성적 등을 토대로 순위를 매겨 기록한다. 이러한 채용후보자 명부를 바탕으로 공석이

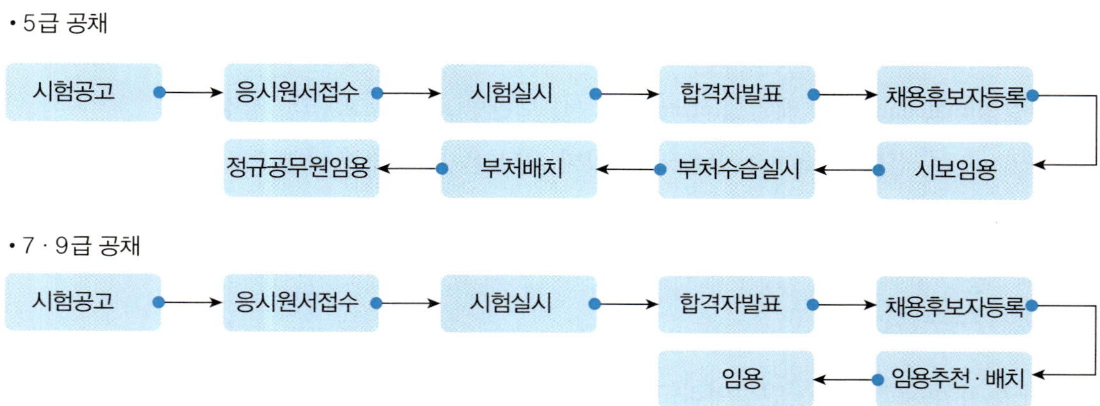

출처: 인사혁신처 홈페이지

[그림 8-2] **공무원 채용절차**

생기면, 중앙인사기관, 시험실시기관에서 임용권자 또는 임용추천권자에게 후보자를 천거한다.

배수추천제를 적용하는 경우 보통 2~5배수를 추천한다. 이는 임용권자의 재량권과 선택권을 존중해주는 관행이며, 시험성적의 근소한 차이가 직무수행능력의 차이를 정확하게 반영하지는 않기 때문이다. 그러나 특별추천제(지정 추천제)라고 하여 임용권자가 특수한 자격요건, 조건을 지정하는 경우에는 후보자 서열에 상관없이 적격자를 추천하기도 한다. 또한 공직후보자의 풀(pool)을 더 다양하게 확대하고자 정무직, 과장급 이상 개방형 직위, 공공기관장 등의 직위에 공직후보자를 국민으로부터 직접 추천받는 국민추천제도가 있다.

4. 시보 및 임명

이렇게 선발된 자는 시보(probation)라는 기간을 거친다. 시보는 원래 최종 단계의 적격판정단계를 의미한다. 즉 정식 공무원으로 임용하기 전에 그때까지의 여러 전형 방법으로 밝혀내지 못한 점을 평가하는 단계이다. 실제 직무수행을 통해서 전형을 치루는 시험의 일종으로서 신분보장이 안 되는 기간이다. 감독자(보호자)가 같이 일하며 적격 여부를 판정하기 때문에 전형의 타당도가 높다고 볼 수 있다. 그러나 실제에 있어 전형의 성격은 유명무실하고 형식화되어 있는 경우가 많으며, 시보기간에 탈락자가 거의 없다는 것이 그 반증이다. 현실은 실무수습기간 및 적응훈련(orientation)의 성격이 강하다고 할 수 있다. 현 우리나라 공무원의 시보기간은 5급의 경우는 1년, 6급 이하는 6개월이며 임용된 사람 중에 지방공무원에서 중앙공무원으로 전환하는 사람처럼 예외적으로 면제되는 경우도 있다.

이같은 시보기간이 끝나면 초임 보직을 받게 된다. 공석이 없는 경우에는 무보직형태로 근무하기도 하며, 훈련을 목적으로 순환보직(rotation)을 시키는 경우도 있다. 초임자는 대부분 일선기관에 배치된다.

찾아볼 문제

1. 올해의 공무원의 임용계획에 대해 찾아서 발표해 봅시다.
2. 국가법령정보센터에서 공무원임용령을 찾아보고, 가장 최근에 개정된 내용과 그 이유가 무엇인 말해 봅시다.

토론할 문제

1. 우리나라 공무원 선발제도의 장단점에 대해서 토론해 봅시다.
2. 필기시험과 면접시험의 장단점을 선발기준에 의거하여 토의해 봅시다.

제9장 인사이동과 경력개발

제1절 임용의 의의와 유형

일반적으로 임용은 공무원의 신분관계를 설정하는 임명과 일정한 직무를 부여하는 보직행위를 포함한다. 임용은 크게 외부임용과 내부임용으로 구분해 볼 수 있으며, 외부임용은 8장에서 다룬 신규채용을 의미하고, 이와 대비된 내부임용은 기존의 인적자원을 활용하는 것을 뜻한다. 공무원을 신규로 채용하는 대표적인 제도로는 공개경쟁채용시험과 경력경쟁채용시험이 있다. 공개경쟁채용은 공무원을 신규로 채용할 때, 일정한 자격요건을 갖춘 불특정 다수인을 대상으로 경쟁시험을 실시하는 제도이다. 경력경쟁채용은 특수한 직무로 인하여 공개경쟁채용으로 충원이 곤란한 분야에 대해서, 관련 직위의 전문성과 경력을 갖춘 자를 선발하는 제도이다. 이 외에도 2장과 8장에서 다룬 개방형직위제도와 공모직위제도가 포함된다.

9장에서 다룰 내부임용은 크게 수직이동과 수평이동으로 분류할 수 있으며, 수직이동은 승진, 강임과 같이 위아래로 이루어지는 인사이동을, 수평이동은 배치전환을 의미하며, 전직, 전보, 파견, 겸임처럼 수평적으로 이루어지는 인사이동을 가리킨다. 이 밖에도 임용 속에는 휴직, 직위해제, 복직, 면직, 해임 등의 행정행위를 포함한다. 자세한 내용은 절을 바꾸어 설명하기로 하며, 징계와 관련된 임용의 유형은 17장에서 자세히 다루기로 한다.

수직이동 제2절

1. 수직이동의 의의와 유형

대표적인 수직이동에는 승진과 승급, 강임 등이 있다. 승진은 수직적인 상승이동을 의미하며, 하위직급 또는 계급에서 직무의 책임도와 비중이 높은 상위직급 또는 계급으로 이동하는 과정을 말한다. 승급은 같은 직급 또는 계급 내에서 호봉만 상승하는 경우를 가리키며, 근무성적과 근무기간 등을 기준으로 정한다. 강임(降任)은 공무원을 현재보다 낮은 직급 또는 계급으로 임명하는 것을 뜻한다.

이러한 수직이동은 기존의 인적자원의 능력을 효율적으로 이용한다는 데 의의가 있으며, 내부승진의 경우 조직차원에서 가장 유능한 인재를 내부적으로 발탁하고 적재적소에 배치한다는 점에서 조직의 업무능률향상에 중요한 의미를 갖는다. 개인차원에서는 개인능력의 발전에 도움이 된다. 즉, 보다 중요하고 어려운 직책을 맡음으로써 능력발전의 계기가 되고, 조직내부에서의 영향력이 증대됨과 아울러 사회적 지위가 향상되는 복합적인 효과를 기대할 수 있다. 또한 공무원들의 주된 불만이 보수와 승진임을 비추어볼 때, 사기 앙양에도 큰 도움이 된다고 할 수 있다.

2. 승진기준과 범위

대표적인 수직이동인 승진에 있어서 중요한 쟁점은 어떠한 기준과 범위를 가지고 하느냐이다. 첫째로 경력직의 승진한계를 어디까지 설정할 것인가이다. 즉 실적주의 원칙의 적용을 받는 직업공무원의 승진상한선을 어느 정도까지 설정하느냐에 따라서 승진할 수 있는 최고위직의 한계가 달라진다고 볼 수 있다. 일반적으로 실적주의의 발전정도가 낮은 나라에서 승진한계가 낮은데, 후진국일수록 엽관인사가 많이 작용하기 때문이라고 볼 수 있다.

둘째로 승진과 신규채용과의 비율을 정하는 것이다. 크게는 개방형과 폐쇄형으로 나눠볼 수 있다. 개방형은 외부채용비율이 높은 경우를 의미하며, 기관의 신진대사 촉진, 새로운 기풍 조성, 공무원의 자질향상에 기여 등의 장점이 있으나, 재직자의 사기 저하, 조직의 안정성이 약해진다는 단점을 가지고 있다. 폐쇄형은 내부승진에 주로 의존하는 방식을 의미한다.

셋째로 재직자 승진경쟁의 고려범위를 고려하는 것이다. 즉 공석이 생겼을 때 승진경쟁의 범위를 동일기관에 한정시킬 것인가? 아니면 외부기관도 포함시킬 것인가이다. 경쟁범위를 제한하는 경우에 그 기관의 팀워크와 업무능률의 향상에 기여하고, 재직자의 사기 앙양에 도움이 된다. 하지만 승진기회균등원칙에 위배가 되고 기관 간 승진기회의 불균등 해소에 도움이 되지 않으며, 외부로부터의 유능한 인재발탁이 곤란하다는 단점이 있다.

넷째로 승진의 기준을 능력(실적) 위주로 할 것인가, 경력 위주로 할 것인가도 중요한 쟁점이다. 능력 위주의 기준을 사용할 경우 ① 시험, ② 근무성적평정, ③ 훈련성적, ④ 상벌기록, ⑤ 학력배경 등이 그 평가기준이 되며, 경력 위주의 기준을 사용할 경우, ① 총경력, ② 선임순위(seniority), 즉 임용예정직보다 차하위직급에서 근무한 경력 등이 주요한 기준이 된다.

참고로 현재 우리나라 5급 공무원의 경우 근무성적 70%와 훈련성적 30%의 기준을 사용하고 있다. 그 외에 기타 가산점이 포상, 자격증(공인회계사, 세무사, 변리사, 변호사 등), 특수지 근무 등에 대해 추가될 수 있다.

3. 공정한 승진의 중요성

현대 인사관리에서는 능력과 실적 위주로 평가하는 것이 주요한 경향이다. 그러나 능력과 실력을 객관적으로 정확하게 평가할 수 있느냐가 중요한 문제라고 볼 수 있다. 시험을 치르는 경우 객관성은 있으나, '능력'을 정확히 평가할 수 있느냐 하는 문제가 있다. 근무성적평정의 경우 실제로는 경력이 많은 사람에게 좋은 점수를 주는 경향이 있는 것도 사실이다. 따라서 경력과 실적을 혼합하여 적용하되 행정의 효율화를 위해 실적에 중점을 두는 것이 중요하다. 특히 고위직의 경우 실적이 동일한 경우에만 경력에 따라 승진을 결정하는 것도 한 가지 방법이라고 볼 수 있다.

또 하나 중요한 쟁점은 승진의 공정성을 제고하기 위한 장치가 효과적으로 운영되어야 한다는 것이다. 현재는 승진심사위원회를 구성하여 운영하는데, 고위공무원 승진 후보자 심사의 경우 고위공무원임용심사위원회가, 4급 이하는 부처별로 승진심사위원회가 운영되고 있다. 그리고 승진경로(promotion path)제도를 활용하는 것도 한 가지 방법이다. 즉 직급마다 초임직위·중견직위·승진예정직위를 설정하고 그 경로에 따라서 승진이 이루어지는 방식을 의미한다. 이러한 승진경로제는 인사관리 및 승진의 공정성 확보와 개인의 능력발전에 도움을 줄 수 있다. 이러한 승진경로가 전체 경력경로(career path)가 되기도 한다. 관련 내용은 4절에서 후술한다.

제3절 수평이동

1. 수평이동의 의의

수평이동은 배치전환이라고도 하며, 횡적인 인사이동을 의미하고 동일한 직급이나 계급 내에서 직위가 달라지는 것을 말한다. 이러한 수평이동은 능력과의 괴리, 적성과의 부조화, 인간관계의 부적응 등을 해소하는 방안으로 사용될 수 있으며, 권태와 침체를 방지하여 새로운 근무의욕과 동기를 유발할 수 있다. 그리고 능력발전 및 훈련의 한 방안으로 다양하고 광범위한 경험을 축적한다는 측면에서 그 필요성이 있다. 또한 조직 및 업무변동에 따라 인력배치를 조절할 필요가 있을 때 유용한 수단으로 사용될 수 있으며, 민원인들과의 유착관계 형성을 방지하는 순기능도 있다.

그러나 인사권자의 불합리한 징계수단으로 악용될 소지도 있으며 조직 및 직무수행의 안정성을 저해할 수 있다. 또한 잦은 이동은 계속적인 적응 문제를 야기할 수 있으며 경험축적을 통한 전문성배양을 저해할 수 있는 단점이 있다.

2. 수평이동의 유형

수평이동에는 다양한 방법이 있지만, 대표적으로 전보, 전직, 파견, 겸임, 전출입, 인사교류가 있다. 전보는 동일한 직급 내에서의 직위·부서·부처만 바꾸는 이동을 하는 것을 의미한다. 전직은 직렬 자체를 달리하는 임용을 의미하며, 전직시험을 치루는 것이 원칙이다.

파견은 소속부처를 바꾸지 않고(원래 직위를 유지한 체) 일정 기간 동안 다른 기관에서 근무하는 것을 가리킨다. 겸임은 한 사람에게 둘 이상의 직위를 부여하는 것을 말하며, 전출입은 인사 관할을 달리하는 기관 간(국회, 법원, 헌재, 행정부 등) 이동을 뜻한다.

인사교류는 정부 인력의 균형 있는 배치 및 효율적인 활용, 국가정책수립과 집행의 연계성 확보라는 측면에서 중요하며, 행정기관 상호 간의 협조체제를 증진하고 공무원들의 고충을 해소하며 종합적 능력발전기회를 부여한다는 데 의의를 가지고 있다.

현재 우리나라에서는 계획교류와 수시교류제도를 활용하고 있다. 계획교류는 인사교류계획에 의해 선정된 직위를 대상으로 일정 기간 교차근무 후 원소속기관으로 복귀하는 기관 간 교류를 의미한다. 계획교류의 유형으로는 부처 간 교류, 중앙·지방자치단체 간 교류, 정부·공공기관 간 교류, 정부·대학·연구기관 간 교류 등이 있다.

반면, 수시교류제도는 개인의 적성과 소질을 개발하고 개인의 애로사항(부모봉양, 부부공무원 고충 등)을 해결하는 목적으로 맞교환자를 찾아 상호 근무기관을 옮기는 교류제도이다. 그렇게 하여 공직에 활력 및 생산성을 제고하는 것을 목적으로 한다.

제4절 경력개발계획

1. 정의와 의의

먼저 경력은 개인이 평생 쌓아온 직무 경험과 그 과정으로, 평생 얻게 되는 경험의 과정으로 정의될 수 있다. 직장 내에서의 경력이란 어떤 조직에서 입사한 시점부터 퇴사할 때까지 또는 현재까지 거친 보직 경로를 나타낸다.

경력개발계획(career development plan)은 개인이 직업 또는 경력을 계획, 관리 및 향상하기 위한 전략적인 로드맵 또는 계획을 나타낸다. 이 계획은 현재의 직업 상황과 원하는 목표를 기반으로 개인의 역량과 경험을 개발하고, 미래의 경력 목표를 달성하기 위한 단계 및 목표를 설정한다. 경력개발계획은 개인의 전문성, 성장, 진로, 교육 및 교육 목표 등을 명확하게 정의하고 추진하기 위한 중요한 도구이다.

경력개발계획은 다음과 같은 의의가 있다.

첫째, 경력개발계획은 직원이 내부 이동을 통해 어떤 진로 방향을 원하는지 명확하게 설정할 수 있도록 도와준다. 이를 통해 직원은 내부 이동을 통해 무엇을 달성하고자 하는지 명확하게 이해하고 관리할 수 있다.

둘째, 경력개발계획은 직원이 내부 이동을 위해 필요한 역량과 기술을 식별하고 이를 향상시키기 위한 목표를 설정할 수 있게 한다. 내부 이동을 고려할 때 필요한 역량을 개발하고 보완할 수 있도록 도움을 준다.

셋째, 경력개발계획은 직원이 내부 이동에 필요한 교육, 자격증, 훈련 등을 계획할 수 있도록 돕는다. 개인은 내부 이동을 위한 필수 자격을 얻고 미래 역할에 대비하기 위한 교육 및 자격증을 선택할 수 있다.

넷째, 경력개발계획은 직원의 전략적 발전을 촉진한다. 직원은 조직 내에서 더 나은 기회와 역할을 찾고, 미래에 필요한 역량을 개발하여 경력을 발전시킬 수 있다.

다섯째, 경력개발계획은 개인의 자기평가를 돕고, 성장 및 개선 기회를 식별하는 데 사용된다. 직원은 내부 이동을 위한 개발 영역을 식별하고 개선할 수 있다.

여섯째, 경력개발계획을 통해 조직은 직원의 역량을 최대한 활용할 수 있다. 조직은 내부 이동을 고려한 직원의 역량과 경험을 고려하여 더 효율적으로 팀을 조직하고 성과를 향상할 수 있다.

일곱째, 내부 이동을 통해 직원은 새로운 도전을 찾고, 더 많은 역할을 수행함으로써 조직 내에 만족도와 이탈률을 줄일 수 있다. 경력개발계획은 직원들에게 더 나은 경력 발전 기회를 제공함으로써 퇴직률을 감소시킬 수 있다.

여덟째, 내부 이동은 다양한 관점과 역할을 조직 내에 가져올 수 있으며, 이는 혁신과 문제 해결 능력을 향상시킬 수 있다. 경력개발계획은 조직 내 다양한 역할로의 진로 개발을 촉진할 수 있다.

종합하면, 경력개발계획은 직원과 조직에게 내부 이동을 통한 경력 발전을 지원하고 조직의 역량을 향상시키는 데 필수적인 도구이다. 이를 통해 조직은 더 효과적으로 인재를 유치하고 개발하며, 직원은 조직 내에서 더 나은 기회를 찾을 수 있다([그림 9-1] 참조).

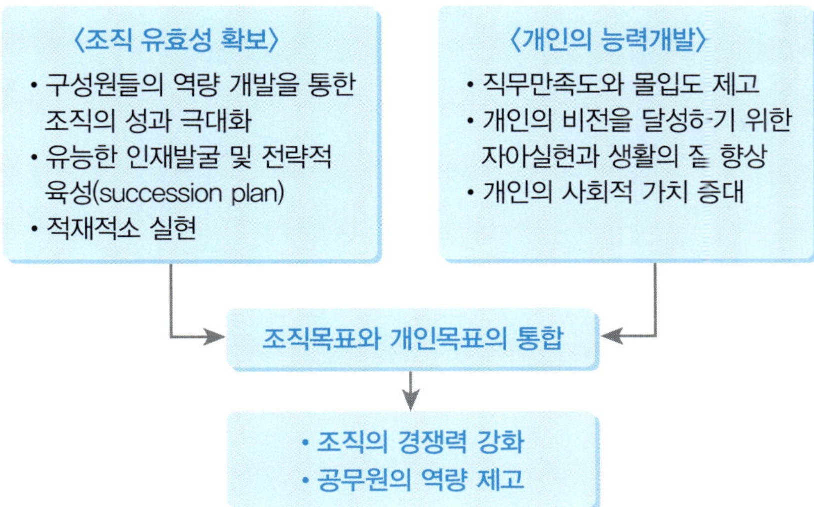

출처: 중앙인사위원회, 경력개발제도 운영매뉴얼, 2006.

[그림 9-1] **경력개발계획의 목적**

2. 경력개발계획의 과정

경력개발계획은 기본적으로 개인이 직업 또는 경력을 발전시키기 위한 전략적인 계획이다. 아래는 경력개발계획을 수립하는 일반적인 과정을 설명한다.

1) 자기평가

개인은 현재의 역량, 관심사, 가치관 및 목표를 자세히 검토한다. 어떤 기술, 역량, 특성을 가지고 있는지와 어떤 영역에서 개선이 필요한지를 식별한다. 개인의 강점과 약점을 파악하고 어떤 진로나 직업에 관심이 있는지를 고려한다.

〈표 9-1〉 목표 설정의 스마트(SMART) 기법

구 분	내 용
Specific(구체적)	목표는 자신뿐만 아니라 타인도 명확히 알 수 있도록 상세하고 초점이 정확해야 함
Measurable(측정 가능)	목표는 관찰 가능하며 계량화하여 목표 달성 여부, 진척 정도, 노력 정도 등을 평가할 수 있어야 함
Achievable(달성 가능)	능력과 열정을 가지고 달성할 수 있는 현실적이고 실제적인 목표를 의미함
Realistic(현실적)	목표에 따라 수립되는 활동과 행동들은 달성할 결과에 초점을 두어야 함
Timely(시간설정)	시간 제한이 없는 목표는 성취하지 못할 가능성이 크므로 목표달성시한을 설정하여 평가해 보아야 함

출처: CDP-C, 한국고용정보원.

2) 목표 설정

개인은 경력개발계획을 통해 달성하고자 하는 목표를 설정한다. 이 목표는 단기적인 것일 수도 있고 장기적인 것일 수도 있다. 목표는 구체적이고 측정 가능하며 현실적이며 시간제한이 있는 스마트(SMART) 목표여야 한다.

3) 경력 목표 정의

목표를 향해 나아가기 위해 어떤 진로나 경력 목표를 설정할 것인지를 정의한다. 어떤 분야나 역할에 진출하고자 하는지, 어떤 역량과 경험이 필요한지를 고려한다.

4) 역량 및 지식 식별

개인은 목표를 달성하기 위해 필요한 역량과 지식을 식별한다. 어떤 기술, 지식을 습득하거나 개발해야 하는지를 고려한다.

5) 계획 수립

경력개발계획을 수립한다. 이 계획에는 목표, 역량 및 지식 개발을 위한 활동, 시간표, 자원 등이 포함된다. 어떤 교육, 훈련, 자격증, 프로젝트, 네트워킹 활동 등을 포함하여 개발 계획을 구체화한다.

6) 자원 확보

개인은 경력개발계획을 실행하기 위해 필요한 자원을 확보한다. 이는 도서, 온라인 강의, 튜터, 컨설턴트, 학습 자료 등을 포함할 수 있다.

7) 실행 및 평가

계획을 실행하고 목표를 향해 나아간다. 정기적으로 계획을 검토하고 진행 상황을 평가한다. 필요한 경우 조정을 가하고 새로운 목표를 설정한다.

8) 자기평가와 조정

일정 주기마다 자기평가를 실시하고 계획을 조정한다. 목표에 도달하기 위해 필요한 수정 사항을 파악하고 조치한다.

9) 장기적인 비전

경력개발계획은 단기적인 목표뿐만 아니라 장기적인 진르와 비전을 고려해야 한다. 개인은 어떤 방향으로 나아가고자 하는지를 고려하여 계획을 조정한다.

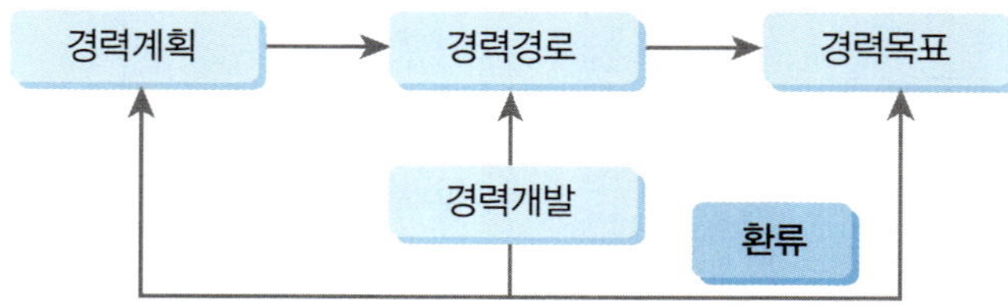

출처: 중앙인사위원회, 경력개발제도 운영매뉴얼, 2006.

[그림 9-2] **경력개발계획의 과정**

3. 조직 차원의 경력개발계획

경력개발계획은 협의와 광의의 의미로 접근해 볼 수 있다. 좁은 의미에서는 개인의 경력 목표 설정, 구체적인 경력경로 선택 및 해당 경로에 따른 보직 관리를 제공하여 개인이 원하는 경력 목표를 달성하도록 돕는 제도이다. 그러나 넓은 의미의 경력개발계획은 조직구성원의 자기발전 욕구를 충족시키면서, 조직의 필요에 부응하는 인재를 육성하고, 이를 통해 조직의 목표를 달성하도록 하는 광범위한 인사관리 활동을 포괄하는 계획을 의미한다.

따라서 이러한 조직 차원에서 경력개발계획은 다음과 같은 과정을 따른다.

1) 조직의 비전과 목표 고려

조직은 비전과 목표를 고려하여 어떤 종류의 인재와 역량이 필요한지를 정의한다.

2) 기존 인재 평가

현재 직원들의 역량과 성과를 평가하고 강점과 약점을 식별한다. 내부 인재 중에서 조직의 요구사항과 부합하는 인재를 찾아낸다.

3) 계획 수립

조직은 내부 인사이동 및 승진을 지원하기 위한 계획을 수립한다. 어떤 직군에 인력을 이동시키거나 어떤 역량을 개발해야 하는지를 그려한다.

4) 교육 및 개발 프로그램 제공

조직은 직원들에게 필요한 교육, 훈련, 자격증 프로그램을 제공한다. 이를 통해 역량을 향상시키고 조직의 요구에 부응하도록 돕는다.

5) 진로 개발 지원

조직은 직원들의 진로 개발을 지원한다. 이를 통해 직원이 조직 내에서 미래에 어떤 역할을 맡게 될지를 고려하고 피드백을 제공한다.

6) 자원 제공

조직은 직원들에게 학습 자료, 자격증 시험 준비, 튜터링 등을 지원하기 위한 자원을 제공한다.

7) 평가 및 보상

성과를 평가하고 내부 이동이나 승진에 대한 보상을 제공한다. 공정하고 투명한 평가 및 보상 시스템을 유지한다.

8) 개인과 조직의 목표 일치

개인의 목표와 조직의 목표를 일치시키려고 노력한다. 개인이 조직의 비전과 목표를 실현하기 위한 중요한 역할을 할 수 있도록 지원한다.

개인과 조직의 경력개발계획은 서로 보완적인 요소를 가지고 있으며,

상호 협력하여 직원의 개인적인 성장과 조직의 성과를 동시에 증진시킬 수 있다.

4. 경력경로 유형

각 부처는 조직을 수 개의 전문분야와 공통분야로 구분하고 공무원의 경력, 전공, 적성 등과 부처별 실정에 맞게 경력경로 유형을 한 개 이상 선택할 수 있다.

경력경로 유형을 일반적으로 T자형, 역T자형, I자형으로 나타내는데, 이러한 용어는 경력 개발에 관한 다양한 모델과 이론에서 사용되며 개인의 진로와 경력 개발 방향을 설명하는 데 도움이 된다. 아래에서는 이러한 경력경로 유형을 간략히 설명한다.

1) T자형 경력경로(T-Shaped Career Path)

T자형 경력경로는 개인이 한 분야에서 깊은 전문 지식과 역량을 갖춘 전문가로 시작하고, 이에 더하여 다양한 분야에 대한 폭넓은 지식과 기술을 개발하는 경로를 나타낸다. 개인은 자신의 전문분야에 대한 깊은 전문성을 갖추고 동시에 다른 분야와의 협력과 연결을 강화한다. 이는 현대 조직에서 요구되는 다재다능성과 협력 능력을 반영한다. 과학기술직 공무원의 경우 이미 전문성을 갖고 시작하여 경력탐색기가 불필요하기 때문에 3급 이후 고위공무원단에 편입되는 T자형 경력경로가 적절한 유형이라고 볼 수 있다.

2) 역T자형 경력경로(Inverse T-Shaped Career Path)

역T자형 경력경로는 먼저 다양한 분야에서 광범위한 지식과 역량을 개발한 후에 특정 분야나 직무로 깊은 전문성을 갖추는 경로를 나타낸다. 개인은 다양한 경험을 통해 창의성을 키우고 문제 해결 능력을 향상시킨 후, 특정 분야에서 깊은 전문성을 발전시킨다. 정부 조직에서는 참모형 공무원에 적합한 유형이다.

3) I자형 경력경로(I-Shaped Career Path)

일반행정직 공무원의 경우, 경력기간을 경력탐색기, 전문성 활용기, 고위공무원단인 3단계로 나눈 I자형 경력모형을 권한다. 초기에는 다양한 직무경험을 쌓으면서 적성에 맞는 직무를 찾을 수 있도록 하고, 이러한 경력탐색기 이후에는 자기 전문성을 살릴 분야를 정하고 보직경로를 줄여 전문성을 키울 수 있는 기회를 준다. 이후 3급 이상 고위공직자가 되면 그동안 쌓은 전문성과 경륜을 바탕으로 다시 직무 범위를 넓혀 고위관리자로 일하도록 하며 넓은 시야와 포용력을 기르게 하는 방식이다.

이러한 경력경로 유형은 다양한 경력 모델과 조직의 필요에 따라 조절될 수 있다. 개인은 자신의 목표와 역량을 고려하여 어떤 경력경로를 따를 것인지를 결정하며, 시간이 지남에 따라 경력경로를 조정하거나 변화시킬 수 있다. 가장 적합한 경력경로를 선택하고 발전시키는 것은 개인의 경력개발과 성공에 중요한 역할을 한다.

찾아볼 문제

1. 정부의 특별승진 제도에 대해 찾아봅시다.
2. 정부의 인사교류 현황에 대해 인사혁신처 인사통계에서 찾아봅시다.

토론할 문제

1. 승진의 공정성을 제고하기 위한 방안에 대해 토론해 봅시다.

2. 순환보직의 폐해를 해결하기 위한 방안은 무엇인지 토론해 봅시다.

제 10 장 교육훈련

제1절 교육훈련의 의의
제2절 교육훈련의 종류와 방법
제3절 교육훈련의 저항과 극복방안
제4절 한국의 공무원 교육훈련

제1절 교육훈련의 의의

1. 교육훈련의 개념

일반적으로 교육(education)이란 개인의 잠재력을 개발하는 과정이며, 훈련(training)은 담당 직무 수행 능력을 향상시키기 위해 필요한 지식과 기술을 연마하는 과정으로 구분하지만, 동시에 사용하는 것이 보편적인 추세이다. 교육훈련은 공무원이 업무를 성공적으로 수행하기 위한 지식이나 기술 습득과 잠재적인 능력을 개발하는 활동이다.

과거와 달리 오늘날에는 교육훈련을 단순하게 새로운 지식과 기술을 습득하는 과정으로 해석하는 것을 확장하여 개인의 잠재적인 능력과 역량을 발견하고 개발하며 증진시키는 종합적인 과정으로 이해할 수 있다. 이러한 교육훈련은 신규로 채용된 경우, 전직이나 전보로 새로운 업무를 담당하는 경우, 승진이 예정되었거나 승진이 이루어진 경우, 새로운 지식이나 기술이 도입되는 경우 등에 실시하는 것이 일반적이다.

2. 교육훈련의 중요성

조직구성원들은 지식과 기술이 끊임없이 발전하는 현대사회에서 직무수행을 효율적으로 수행하기 위해서는 무엇보다도 새로운 지식과 기술을 습득하는 것이 필요하다. 공무원도 마찬가지로 변화하는 행정수요와 업무로 지속적으로 직무수행 지식과 기술을 습득해야 한다. 필요한 능력발전을 위해서는 의도적으로 교육과 훈련을 통하여 습득하고 발전시켜 나가야 한다.

궁극적으로 조직인으로서 공무원은 교육훈련을 통하여 공직수행능력을 향상시켜 직업적 성공의 기회를 획득하고 효율적으로 업무를 수행하여 조직의 목표달성에 기여하며 자신의 부족한 인간관계를 보완하고 개선할 수 있는 학습과정으로 이해할 필요가 있다.

인사행정측면에서 교육훈련은 개인 차원에서는 담당 직무에의 만족도 향상, 조직에의 몰입도 향상, 자신에게 적합한 경력발전의 기회를 가질 수 있으며, 조직 차원에서는 조직 목표 달성을 위한 생산성 향상, 효율적인 인사관리를 위한 인력의 조정과 통제 및 재배치라는 중요한 기능을 제공할 수 있다.

교육훈련의 중요성을 정리하면 다음과 같다(박천오 외, 2011: 228-229). 첫째, 공무원 개인 또는 정부조직이 현대사회의 급속한 행정환경 변화에 신속하고 능동적으로 대응할 필요가 증대되어 새로운 지식과 기술 습득은 물론 구성원의 행태변화를 위하여 교육훈련은 절대적으로 필요하다.

둘째, 과학기술의 발전, 새로운 사회문화의 변화, 지식기반사회의 등장 등으로 새로운 지식을 가진 지식인력(knowledge manpower)의 필요성이 제기되어 개인의 역량개발을 위한 교육훈련의 필요성이 증대되고 있다.

셋째, 행정환경 변화에 능동적으로 대응하기 위한 공무원의 의식, 태도, 행동의 변화가 필요한데, 이러한 변화에 공무원들이 저항할 가능성이 있으므로 교육훈련을 통하여 이를 적절하게 통제하고 극복하는 전략적 인적자원관리가 필요하다.

3. 교육훈련의 수립과정

피교육대상자를 중심으로 교육훈련을 실시하는 수요자 중심 교육훈련은 기본적으로 수요조사로부터 출발한다.

먼저 피교육대상자를 중심으로 본인이 희망하는 교육훈련 내용에 대한 수요조사가 이루어진다. 물론 본인의 의사와 상관없이 의무적으로 이루어지는 교육과정도 있지만, 대부분의 교육내용은 본인이 원하는 프로그램으로 구성되어야 효과를 기대할 수 있다.

다음으로 수요자의 교육수요 내용이 종합되고 분석되면 여기에 적합한 교과목을 편성해야 한다. 이른바 교육의 내용, 교육 시간, 교육 방법 등 교육 전반에 관한 교육프로그램인 것이다.

교육프로그램이 결정되면 이를 효과적으로 전달할 교육제공자인 강사를 선정해야 한다. 강사는 최대한 해당 과목의 내용에 정통할 뿐만 아니라 교육훈련을 올바르게 이해하는 전문가이어야 한다. 지식을 아는 것과 이를 효과적으로 전달하는 것은 다르기 때문에 전문성과 교수법을 동시에 충족하는 강사를 선정해야 한다.

프로그램에 따라 적절한 강사가 결정되면 피교육대상자에 대한 본격적인 교육이 실시된다. 교육훈련은 직급, 목적, 내용, 대상 등에 따라 교육훈련 기간, 교육훈련 방법 등이 다르고 최적화된 기간과 방법이 병행되어야 소기의 성과를 창출할 수 있다.

마지막으로 교육훈련이 끝나면 피교육대상자를 중심으로 교육훈련 전반에 대한 평가를 실시하고, 그 결과를 바탕으로 차기의 교육훈련 전반에 대하여 환류시켜 문제점은 보완하고 좋은 점은 발전시키는 노력을 해야 한다.

제2절 교육훈련의 종류와 방법

1. 교육훈련의 종류

교육훈련의 종류는 목적에 따라 다양한 기준에 의해 분류하여 설명할 수 있다. 대표적으로 실시의 목적, 직급, 기간, 장소, 주체기관 등을 기준으로 분류할 수 있다. 여기에서는 교육훈련의 실시 목적, 대상과 직급에 따라 간단하게 설명한다.

1) 기본교육훈련

기본교육(orientation training)은 일명 신규채용자훈련, 적응훈련, 오리엔테이션(orientation)으로 어떤 조직에 처음 입사하는 경우에 그 회사와 조직의 구성원으로 적응시키기 위한 교육을 말한다. 일정한 조직이나 집단은 나름대로 고유한 문화나 특성을 가지고 있으므로 조직구성원의 일원으로서 지녀야 할 공통적인 기본 소양을 갖추도록 하는 교육이다.

따라서, 기본교육의 내용은 조직의 기본 정보, 정책 방향, 비전과 목표, 보편적인 지식과 기술, 가치관, 태도 등으로 구성된다. 초·중 고·대학교에서 신입생에게 실시하는 학교 소개와 학생 적응을 위해 정보를 제공하는 오리엔테이션, 처음 입사한 직장에서 실시하는 초보교육이 여기에 해당한다. 한편, 승진·배치전환·복직 등으로 인한 새로운 교육훈련이 필요한 경우에 실시하는 것은 경력자에 해당되기 때문에 재적응훈련(reorientation training)이라고 한다.

2) 전문교육훈련

특정 분야의 직무 수행에 필요한 전문분야를 실시하는 전문교육은 직무교육이며, 조직 구성원이 담당 직무를 수행하기 위하여 필요한 전문적인 지식과 기술을 습득시킬 목적으로 실시하는 교육훈련이다. 전문교육은 특정 분야의 업무수행에 적합한 교육내용으로 구성되어야 한다.

3) 소양교육훈련

조직이나 집단의 일원으로 사회생활을 할 때 조직구성원으로 지녀야 할 가치관이나 태도 등을 교육훈련시키는 것으로 일명 윤리교육훈련, 정신교육이라고 불린다. 민간부문과 달리 공공부문, 특히 공무원은 조직구성원이 가져야 할 일반적인 소양 이외에 공직자로서 지녀야 할 공직관, 공복관,

국가관 등이 매우 중요하다. 공직에 처음 입문하면 기본적인 적응훈련 이외에 국민의 공복으로서 공익을 우선시하는 사고방식과 국가 정책에 합당한 행동과 태도 등을 가지도록 교육훈련이 이루어져야 한다.

4) 재직자 교육훈련

재직자 훈련(refresher and extension course)은 일명 보수교육(補修教育)으로 현재 공무원으로 근무하고 있는 자를 대상으로 새로운 지식·기술·법령 등을 습득시키거나, 사회 환경 변화에 따른 적응력과 대응력을 향상시키기 위하여 근무 자세와 태도나 가치관을 개선시키기 위하여 수시 또는 정기적으로 실시하는 교육훈련이다.

5) 감독자 교육훈련

감독자 훈련(supervisory training)은 부하를 지휘·감독하고 이에 대한 책임을 지는 직위(주로 과장급)에서 지녀야 할 능력향상을 목적으로 실시하는 것이다. 주요 내용은 감독자의 직무와 책임에 대한 기본 지식, 의사소통과 인사관리 기법, 부하의 훈련, 사무 관리와 개선 기법, 인간관계 개선 기법 등이라고 할 수 있다. 대표적인 방법은 회의, 사례연구 등이 많이 사용된다.

6) 관리자 교육훈련

관리자 교육훈련(executive training)은 관리층 직위 점유자들이 지녀야 할 능력을 중심으로 교육훈련을 실시하는 것이다. 주로 고위관리자로서의 실·국장급과 중간관리자로서의 과장이 지녀야 할 능력을 구분하여 실시할 수 있다.

고위관리자의 경우 제반 상황의 분석과 종합능력, 리더십, 정책결정 능력, 행정환경으로서의 정치·경제·사회 전반을 분석하고 이해하는 능력, 통찰력과 직관력, 창의력 등을 배양하는 교육훈련이다. 관리자는 단순히 담당 직무에 대한 전문적인 지식과 기술보다는 조직을 둘러싸고 있는 제반 환경을 파악하고 이를 종합하고 정리하여 정책결정 등에 활용하는 능력이 중시된다. 교육훈련은 전문가 양성보다는 일반행정가적 측면을 강조하는 사례연구, 분임토의, 토의 등이 효과적일 수 있다.

2. 교육훈련의 방법

교육훈련의 방법은 교육 목적, 교육 대상, 교육 기간 등에 따라 적합한 방법을 선택하는 것이 가장 효율적이다. 캠벨(Campbell, 1970)은 크게 세 가지로 분류하여 설명하고 있으며, 저자들에 따라 다양하게 분류하고 있다(강성철 외, 2014; 김렬, 2014; 박천오 외, 2012; 오성호 외, 2014; 이종수 외, 2014). 하지만, 이러한 분류는 이해 편의상 일 뿐 한 방법이 어느 하나에 정확하게 포함되는 것은 아니다.

여기에서는 캠벨의 분류와 선행연구를 바탕으로 크게 네 가지로 구분하여 설명한다.

1) 정보제공 방법

(1) 강 의

강의(lecture)란 한 사람의 교육훈련자(강사)가 여러 사람을 대상으로 교육 내용을 전달하는 가장 일반적이고 전통적인 방법이다. 강의는 경제적이며 비교적 사용이 쉬운 방법이다. 최근에는 집합교육보다는 사이버강의로 이루어지는 경향이 높아 이용률이 증가하고 있다.

강의의 특징은 강사가 교육훈련 내용을 탄력적으로 조정할 수 있다는 점, 강사가 제대로 준비하는 경우 체계적이고 논리적으로 정보전달이 가능하다는 점, 동시에 많은 피교육훈련자들을 대상으로 실시할 수 있다는 점 등으로 신규채용자 훈련에 자주 이용된다.

그러나, 다수를 대상으로 실시하기 때문에 수강생의 이해정도를 평가하기가 쉽지 않고, 수강생의 참여가 어려워 피교육생들의 흥미를 유발하기가 쉽지 않아 그 효율성이 문제되고 있다.

(2) 회의, 토의, 토론

회의·토의·토론(conference, discussion, debate)[1)]은 주로 소규모의 조직과 집단형태로 빈번하게 이용하는 방법으로 소수 인원(보통 12~25명 내외)이 사회자(교육담당자)의 사회로 피교육훈련자들의 참여를 통하여 진행하는 방법이다. 사회자는 토의 주제를 소개하고 토의가 주제를 벗어나지 않으면서 활발하게 이루어지도록 진행하고 마지막에 결론을 맺어주는 역할을 수행한다.

주요 장점은 여러 사람의 지식·정보·생각을 집약시키는데 효과적인

---

1) 개념을 구분하기가 명료하지는 않지만 다음과 같이 설명할 수 있다(강성철 외, 2014: 331-332 및 김렬, 2014: 328-329에서 재인용 및 저자가 보완 수정).

① **컨퍼런스(conference)**는 학회 · 기관 · 단체 등이 공동 연구 성과나 결과를 도출하기 위하여 대규모로 개최하는 공식적인 모임이나 협의(학술회의, 사업회의, 기자회견, 학부모-선생님 회의 등).

② **세미나(seminar)**는 발표나 토론을 통하여 연구주제를 공동으로 연구하는 것으로 피교육생이나 회원들이 사회자(교관)의 지도하에 특정한 연구 결과를 발표하고 이에 대하여 상호 토론하는 방법.

③ **워크숍(workshop)**은 새로운 지식과 기술 습득을 위한 소집단 모임으로 특정 주제에 대한 연구나 지식 · 기술을 실제 상황에 적용해보려는 연구협의회.

④ **패널(panel)**은 하나의 주제에 대하여 서로 다른 의견을 가진 몇 사람이 사회자의 진행하에 서로 토론을 진행하는 방법.

⑤ **심포지엄(symposium)**은 사회자의 진행하에 특정한 주제에 대하여 두 사람 이상이 발표하고 청중들의 질문에 답하는 방법으로 전문가의 다양한 의견을 공개적으로 발표하는 데 초점을 둠.

⑥ **포럼(forum)**은 사회자의 진행하에 하나의 주제에 대하여 각자 다른 입장의 전문가가 공개적으로 자신의 의견을 발표하고 옹호하며 상대의 의견을 비판하면서 논박하는 데 비중을 두는 공개토론회로 일반 청중의 질문과 토론을 병행하는 것으로 주로 공공성이 강한 주제가 적합함.

점, 피교육훈련자들이 능동적으로 참여가 가능하다는 점, 참여가 보장되어 토의 결과를 집행하는 데 유리하다는 점이다. 단점으로는 사회자의 역할이 중요하다는 점, 참여자들이 주제에 대한 사전 준비가 필요하다는 점, 참여 인원이 제약되고 많은 시간이 소요된다는 점이다.

(3) 분임토의

분임토의(syndicate)는 10여 명의 피훈련 그룹에게 가상적인 과제를 주고 토론을 통하여 대안을 모색하는 제한적인 교육훈련 방법이지만, 매우 효율적인 방법으로 고위관리자 교육훈련에 많이 이용되고 있다 각 분임조는 조원들끼리 모여 질의와 토론을 통하여 합리적인 해결방안을 도출하여 피훈련자 전원이 참여한 가운데 발표하고 그 내용에 대하여 비평과 토론을 진행하는 것이 일반적이다. 경우에 따라서는 인터넷, 도서관, 현장시찰 등을 통하여 자료를 수집할 수도 있다.

(4) 감수성훈련

감수성훈련(sensitivity training)은 실험실훈련, T(training)-집단훈련, 집단역학훈련이라고도 불린다. 이는 피훈련자간의 행동, 태도 및 감정적 교감을 통하여 서로를 이해하는 과정에서 자신을 발전시키는 교육훈련 방법이다. 이 방법은 1946년 레윈(Lewin)이 주도했던 티그룹(T-Group)활동을 기본으로 발전하여 왔으며, 사전에 과제나 사회자를 지정하지 않고 10여명 내외의 다소 이질적인 피훈련자들끼리 자유롭게 토론을 통하여 대인간의 관계와 이해, 문제해결 방법의 터득 등을 얻도록 하는 방법이다.

피훈련 참가자들은 집단구성원간 원활한 상호작용을 통하여 자신의 행동이 타인에게 어떤 영향을 미치는지 파악하고 자신에 대한 인식을 높이는 과정에서 상호 신뢰와 의사소통을 강화시켜 개인과 조직의 발전적 변화를 경험하게 된다. 이 훈련 방법은 개인의 가치관, 행동과 태도 등을 변화시킬 가능성을 고려하므로 며칠 동안 지속되는 경우 보다 효과적이라고 할 수 있다.

(5) 브레인스토밍

브레인스토밍(brainstorming)은 여러 사람들이 모여 하나의 주제에 대하여 아무런 제약 없이 자유분방하게 자신의 의견을 말하고 이를 평가하면서 정리하여 최상의 해결방안을 도출해내는 방법이다. 이 방법은 창조적이고 혁신적인 아이디어를 개발하는 데 사용되며, 모든 구성원들이 비판을 받지 않고 발언하면서 기록한다. 피훈련자간의 의견 차이를 표면화시키고 익숙하지 않은 아이디어의 풀을 확장시키며 신선한 아이디어를 허용한다(백종섭, 2015: 143). 단점으로는 많은 시간이 소요되거나 적절한 아이디어가 도출되지 않을 가능성도 있다.

2) 모의훈련 방법

(1) 사례연구

사례연구(case study)는 사전에 하나의 사례를 가지고 피훈련자들이 교관(사회자)의 지도하에 토의하면서 문제의식과 해결방안을 모색하도록 유도하는 방법이다. 사례연구는 실제적이어서 피훈련자들의 관심과 흥미를 유발하여 능동적인 참여가 이루어지며, 지식이나 기술보다는 독립적이고 분석적인 사고능력과 문제해결 능력을 동시에 개발시키는 장점을 가진다. 중간감독자나 고위관리자에게 적합한 교육훈련 방법이다. 하지만, 소수 인원으로 참여가 제한되며, 많은 시간이 소요되고 적절한 사례 발굴이 어렵다는 단점이 있다.

(2) 서류함기법

서류함기법(in-basket exercise)은 일명 '서류처리 실습과제', '문서함 실습과제'라고 한다. 몇 가지 직무 과제를 부여하고 주어진 시간 내에 해결방안을 간단하게 보고서로 작성하여 제출한 후 이 보고서를 중심으로 평가자가 인터뷰를 진행하면서 다시 평가하는 방법이다(이창길, 2014: 229).

다시 말하면, 공무원이 직무를 수행할 때 직면할 수 있는 가상의 상황들을 실제와 유사하게 설정하여 하나의 바구니라는 과제바구니에 담아 놓고 주어진 시간 내에 제시된 과제들을 해결하도록 설계된 평가기법으로 경영실기 기법이라고도 한다.

구두로 표현하는 것이 아니라 주어진 과제를 문서로 작성하여 제시해야 한다. 주로 확인하는 역량은 개념적 사고, 분석적 사고, 판단력, 결단력, 의사결정 등으로 당면한 과제를 얼마만큼 합리적이고 효율적으로 해결하는 역량을 평가한다. 아울러 주어진 과제의 우선순위 개념과 설정 기준, 여러 과제간의 통합과 연관성을 고려하는 역량도 평가할 수 있다.

(3) 역할연기

역할연기(role playing)란 가상적인 상황을 설정한 후에 피훈련자들로 하여금 그 상황에서 주어진 역할을 수행해봄으로써 실제 직무를 수행할 때 역할연기 경험을 바탕으로 직무수행능력을 향상시키는 훈련 방법이다. 피훈련자는 주어진 시나리오대로 연기하는 것이 아니라 실제 상황처럼 자신의 의사결정에 따라 역할연기를 하는 것이다. 교육훈련이 끝나면 다른 피훈련자인 청중과 교육담당자들이 역할연기 내용에 대하여 함께 토론하고 비평하면서 교육훈련 내용을 전달하는 것이다.

역할연기는 주로 대인관계, 사람의 태도나 행동 변화 훈련에 적합하며, 피훈련자의 적극적인 참여를 유도하는 경우 자신의 약점을 파악하고 개선하는 데 매우 유용한 교육훈련 방법이지만, 행동이 주 교육수단이기 때문에 새로운 지식이나 기술을 전달하는 데는 한계가 있다.

3) 실무실습 훈련

(1) 도제제도

도제제도(apprenticeship)는 과거 공업사회 시대에 많이 활용된 교육훈련 방법으로 피훈련자는 공장 등 작업현장에서 허드렛일과 기초적인 일을 보조하면서 장래 필요한 기술을 습득해나가는 것이다. 주로 공식적인 매뉴얼이 없거나 피훈련자가 기초적인 지식밖에 없는 경우 기술자로 성장하기 위하여 보수 없이 숙식만을 제공받고 일종의 봉사 대가로 기술을 배우는 것이다. 오늘날은 대학교나 연구소에서 지도교수 밑에서 실험 등을 보조하며 지식을 습득하는 방법으로 이용되기도 하지만, 자칫 노동착취로 변질될 가능성도 높아 주의가 필요한 교육훈련 방법이다.

(2) 실무수습

실무수습은 인턴십(internship)으로 요즈음 대학생들이 많이 이용하는 교육훈련 방법으로 졸업 이전에 미리 직장생활을 체험하여 진로선택에 도움을 받는다. 이 제도는 부서의 책임자가 피훈련자에게 일정한 기간 동안 임시로 업무수행을 부여하고, 피훈련자는 실제로 해당 부서에서 일을 하며 다양한 경험을 쌓는 훈련방법이다. 실무수습이 종료되면 감독자는 그동안의 업무수행 성과를 평가하여 인턴의 특징과 장단점을 제공함으로써 피훈련자의 장래 진로와 업무수행에 도움을 주도록 한다.

(3) 현장훈련

현장훈련(on-the-job training)은 피훈련자가 실제로 업무를 수행하면서 상급자로부터 교육훈련을 받는 방법이다. 일종의 개인교습에 해당되어 교육과정과 내용이 실제적이므로 피훈련자의 능력발전에 크게 도움이 될 수 있다. 하지만, 상급자의 적극적인 관심과 지도가 필수적이며, 상급자는 감독자인 동시에 교육담당자로서의 이중의 지위와 역할을 수행하여 역할갈등을 야기할 수 있다. 이 방법이 성공적으로 이루어지기 위해서는 상급자에 대한 추가적인 배려(수당 등 지급)가 주어지는 것이 바람직하다.

(4) 액션러닝

액션러닝(action learning)은 '실천학습', '행동학습'이라고도 하며, 민간 기업에서 경영혁신을 위한 목적으로 도입한 교육훈련으로 정부에서는 2005년도부터 고위공직자 교육훈련 방법으로 도입하였다. 액션러닝이란 소규모 그룹이 실질적인 업무현장의 문제와 원인을 규명하고 이를 해결하기 위한 실행계획을 수립하여 현장에 적용한 후 그 실천과정에 대한 성찰을 통해 학습하는 방법이다(중앙공무원교육원, 2008: 221).

즉, 소그룹으로 구성된 피훈련자 그룹이 피훈련자들끼리 또는 전문가의 도움을 받아가며 각 기관에서 실제 직면하였던 정책과제를 분석하면서 해결 가능한 정책대안을 모색하는 교육훈련 방법이다. 과제 해결 방안을 도출하기 위하여 현장 방문이나 기타 정보를 수집하여 실제로 문제를 해결할 수 있는 대안을 마련하는 것이 특징이다.

액션러닝은 실제적인 문제가 과제로 제시되어 보다 현실감이 있고 적실성이 높으며 문제해결지향성이 강하여 특히 고위직 교육훈련에 적합한 방법이다.

액션러닝을 도입한 이유는 다음과 같다(중앙공무원교육원, 2008: 221-222; 박천오 외, 2012: 249). ① 가르치는 교육에서 스스로 배우는 학습, ② 개인의 지식축적 수단에서 조직 목표 달성 수단, ③ 지식전달 수단에서 문제해결 수단, ④ 강의실 중심 교육에서 업무현장 중심 학습, ⑤ 공급자 중심에서 수요자 중심으로 구조와 방식의 변화가 필요하였기 때문이다.

액션러닝이 성공하기 위한 요소는 〈표 10-1〉과 같다(중앙공무원교육원, 2008: 224-226).

〈표 10-1〉 액션러닝의 성공 요소

성공 요소	내 용
• 적절한 과제의 선정	문제해결을 통해 조직과 피훈련자 모두 변화를 경험할 수 있는 해결이 필요한 실질적인 현실 과제
• 적정 규모의 그룹	문제해결을 위한 창의적이고 다양한 관점과 경험을 가진 구성원간 토론과 비판이 가능한 집단
• 적합한 질문과 성찰	과제 해결을 위한 현명한 질문과 성찰로 학습이 가능
• 강력한 실행 의지	문제해결방안만이 아닌 실천이 중요
• 강한 학습의욕	강한 학습의욕으로 학습결과가 장기적으로 개인과 조직에 긍정적 영향
• 숙련된 퍼실리테이터 (facilitator)	그룹의 의사결정을 촉진하고 학습과정을 용이하게 조력해주는 유능한 전문인력

4) 역량기반 교육훈련

(1) 역량기반 교육훈련의 개념과 특징

역량기반 교육훈련이란 조직이 필요로 하는 역량을 개인별로 진단한 후 그 결과에 따라 요구되는 역량수준을 갖출 수 있도록 교육훈련을 실시하는 것을 말한다(오성호 외, 2015:275). 여기에서 역량(competency)이란 '개인과 조직의 성공적인 성과달성에 있어 핵심이 되면서 관찰, 측정 및 지도 가능한 행위로 표현되는 내재적 특성'이라고 정의할 수있다. 반면, 능력(ability)은 개인의 보유 자질 중심에 초점을 두어 지식과 기술 등 투입을 강조하지만 능력이 실제로 조직의 목적달성에 나타나는 지는 크게 관심을 두지 않는 편이다(삼일회계법인·Hewitt Associates, 2001:4).

전통적 교육훈련은 높은 성과를 내기 위하여 필요한 것을 찾아내어 거기에 적합한 행동과 태도, 지식과 기술을 교육훈련시키는 데 중점을 둔다. 역량기반 교육훈련은 기존 교육훈련과 달리 조직 목표달성을 위한 구성원 개인의 높은 성과달성에 관심을 두는 것은 비슷하지만, 조직 구성원 중 고성과자가 그러한 높은 성과를 창출한 여러 가지 특성을 분석하여 다른 구성원들도 이러한 특성을 지닐 수 있도록 동기를 부여하고 교육훈련을 강화하는 것이다.

(2) 역량기반 교육훈련의 과정

역량기반 교육훈련체계가 구축되기 위해서는 다음과 같은 과정을 필요로 한다(최무현·김영우, 2009:36).

① 요구분석: 조직내외 환경 분석을 통해 전략적 과제 및 방향 도출
② 역량모델 개발: 요구분석을 통해 수집된 자료를 기초로 고성과자의 특성으로부터 검증된 역량모델 개발
③ 역량진단 및 역량차이 도출: 개발된 역량모델을 적용하여 부족한 역량갭 도출
④ 교육훈련 교과 및 프로그램 설계: 역량갭과 교육수요조사를 바탕으로 핵심역량별 교육과정 설계
⑤ 지원 및 평가체계 구축: 교육훈련 프로그램의 지원 및 평가체계 구축

(3) 역량기반 교육훈련의 유용성과 한계

역량에 기반한 교육훈련이 여러 가지 특성을 지니고 있기 때문에 가지는 유용성은 다음과 같다(최무현·김영우, 2009:36).

첫째, 조직의 비전이나 전략과 연계된 역량모델을 구축하여 조직 성과와 개인 업무의 효과성에 가장 크게 영향을 미치는 지식, 기술 및 태도에 초점을 두어 교육훈련을 진행할 수 있다(성과기반 교육훈련).

둘째, 역량모델을 통해 피교육자 자신의 능력을 정확히 진단하고, 고성과자와의 격차를 줄이는 방법을 파악하여 자기 개발을 주도적으로 학습한다(학습자 지향 교육훈련).

셋째, 조직의 발전과 개인의 성장을 지원하는 코칭과 피드백을 위한 정보와 지침을 제공한다.

넷째, 각 역량의 행위지표들이 교육훈련의 내용을 명확하게 해 주고 교

육훈련의 효과성평가에 지표로 활용되어 효과성 평가를 용이하게 해준다.

따라서, 다음과 같은 경우에 적합한 교육훈련 방법이라고 할 수 있다(Dubois and Rothwell, 2004:134-135; 오성호 외, 2015:277 재인용).

조직이 역량기반 교육훈련의 질을 향상시킬 만큼 충분한 자원을 보유한 경우, 과업이나 관련된 교육훈련 내용이 조직의 성공에 전략적 효과를 줄 수 있는 경우, 역량모델 구축에 충분한 시간 투입이 가능한 경우, 교육훈련 효과의 유효기간이 길어 역량모델 구축 비용을 상쇄할 수 있는 경우, 교육훈련을 받을 대상이 많은 경우, 의사결정자가 완전히 성공적인 교육훈련 효과보다는 모범적인 정도로 효과 달성에 초점을 두는 경우이다.

반면, 다음과 같은 한계를 지니고 있다(Dubois and Rothwell, 2004:133; 오성호 외, 2015:276 재인용)

역량모델 구축에 시간과 비용이 많이 소요된다는 점, 구성원에 따라서는 자기주도적 학습보다는 전통적인 강사의 지시중심적 학습을 선호하는 경우에는 역량기반 교육훈련은 부적절한 방법이다.

제3절 교육훈련의 저항과 극복방안

1. 교육훈련의 저항 이유

1) 피훈련자의 저항

교육훈련은 궁극적으로 피훈련자들의 지식과 기술 습득을 요구하고 행동과 태도는 물론 가치관까지 변화를 기대하는 측면이 강하다. 새로운 지식과 기술을 배우는 것은 즐거움이기도 하지만, 다른 한편으로는 학습의 부담으로 작용한다. 행동과 태도 및 가치관의 변화는 더욱 심리적으로 부담을 가지게 되어 저항으로 나타난다.

아울러 교육훈련을 받기 위해서는 대부분 근무지를 벗어나야 하며 장기간 이탈하는 경우 교육훈련으로 인한 득보다는 인간관계의 단절, 승진에서의 불리, 복귀할 때 적응의 어려움, 새로운 보직에 대한 불안감 등의 손해가 더 클 수 있다는 우려가 저항을 가져온다.

2) 감독자와 관리자의 저항

조직의 감독자와 관리자는 부하 직원들이 교육훈련을 받는 경우 인원부족이나 유능한 부하의 이탈로 인한 업무수행에 지장을 초래한다는 인식을 가지고 있다. 장기적으로는 부하의 능력향상으로 인한 잠저적인 경쟁자로 보는 시각도 교육훈련에 부정적인 요소로 작용한다.

3) 참여방법과 교육내용의 문제

교육훈련은 개인은 물론 조직에도 도움이 된다는 인식이 있더라도 개인의 필요에 의한 교육훈련이 아니라 조직 개편, 구조조정, 징계의 한 수단이나 징계의 편법 등으로 타의적으로 교육훈련을 받는 경우에는 저항이 발생할 수 있다. 아울러 교육훈련의 내용이 자신의 필요에 부응하지 못하는 경우 피교육훈련자는 이를 기피하거나 어쩔 수 없이 참여하는 결과로 나타날 것이다.

2. 교육훈련 저항의 극복방안

교육훈련이 소기의 목적과 성과를 달성하기 위해서는 무엇보다도 교육훈련에 대한 저항을 극복해야 한다. 무엇보다도 교육훈련은 피훈련자 개인에게 도움이 되는 내용으로 구성되도록 교과내용의 선택기회를 제공해야 한다. 둘째로 피교육훈련자가 염려하는 인간관계의 단절, 복귀시 적응의 어려움, 승진의 불리 가능성 등을 해소하도록 관련 정보의 지속적 제공, 교육

내용과 연계된 보직을 부여하도록 제도화해야 한다. 셋째, 교육훈련의 결과를 보직 부여, 승진 등 인사행정에 적극 반영하여 참여로 인한 불리를 해소해야 한다. 마지막으로 감독자와 관리자는 당장의 손해보다는 부하의 능력발전이 장기적으로 국가와 행정발전을 위해 이익이라는 인식의 전환이 필요하며, 부하를 경쟁자가 아닌 자신의 업무를 지원하고 보조하여 같이 성장·발전하는 동반자로 인식하도록 설득하고 이해시켜야 한다.

제4절 한국의 공무원 교육훈련

1. 교육훈련의 법적 근거와 실시 체계

국가는 공무원의 교육훈련에 대하여 법령으로 자세하게 규정하고 있으며, 대표적인 법령은 「공무원 인재개발법」, 「공무원 인재개발법 시행령」, 「지방공무원 교육훈련법」, 「지방공무원 교육훈련법 시행령」이다. 「공무원 인재개발법」에서는 교육훈련의 목적으로 '국가공무원은 국민 전체에 대한 봉사자로서 갖추어야 할 정신적 자세를 확립하게 하고 그 직무를 효과적으로 수행할 수 있는 기술 및 능력을 향상하게 함'이라고 명시하고 있다.

한편, 「국가공무원법」에서는 모든 공무원과 시보 공무원이 될 자는 담당 직무와 관련된 학식·기술 및 응용능력을 배양하기 위하여 법령으로 정하는 바에 따라 교육훈련을 받아야 한다고 하였다. 각 기관의 장과 관리직위에 있는 공무원은 일상 업무 및 교육훈련 등을 통하여 계속적으로 소속 직원의 능력을 발전시킬 책임을 지며, 교육훈련 실적은 인사관리에 반영하여야 한다고 규정하고 있다.

한편, 지방공무원의 교육훈련의 목적으로 「지방공무원 교육훈련법」에서는 지방자치단체에 근무하는 공무원에게 주민에 대한 봉사자로서 지녀야

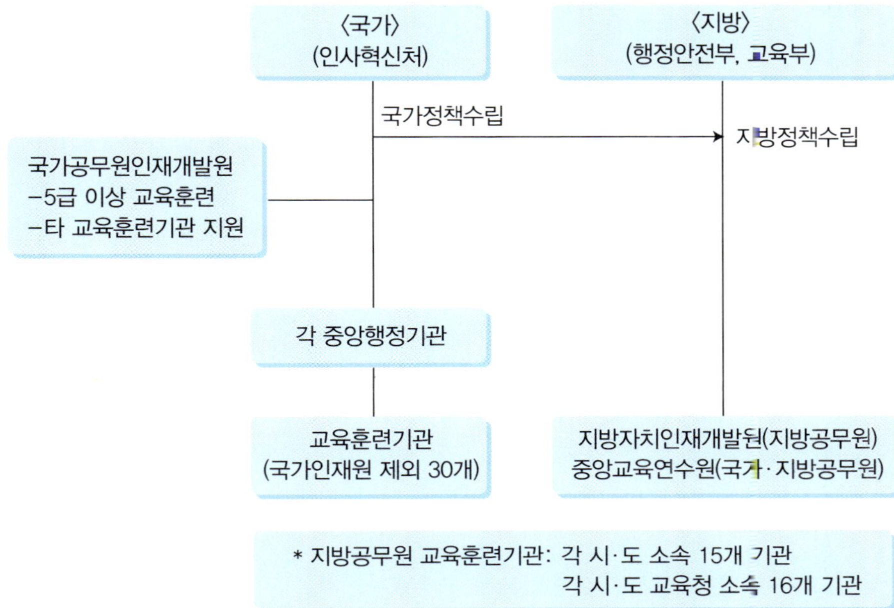

출처: 교육훈련정보센터 홈페이지

[그림 10-1] 공무원 교육훈련 실시 체계

할 바람직한 공직윤리와 직무를 효율적으로 수행할 수 있는 기술과 능력을 함양하는 것으로 명시하고 있다. 보다 자세한 내용은 관련 홈페이지(국가훈련정보센터)를 참조하면 많은 도움을 받을 수 있다(www.training.go.kr). 교육훈련 실시 체계는 [그림 10-1]과 같다.

2. 교육훈련의 담당기관

「공무원 인재개발법」에서는 국가공무원의 교육훈련에 관한 기본정책 및 일반지침의 수립과 그 운영에 필요한 사무는 인사혁신처장이 관장한다고 규정하여 중앙교육훈련 관장기관을 '인사혁신처'로 명시하고 있다. 5급

일 잘하는 공무원의 말하기 비법은

회의할 때, 보고할 때, 발표할 때 등 일을 잘하기 위해 기본이 되는 '말하기 종합 교육과정'이 신설된다. 국가공무원인재개발원은 공무원의 말하기 소통역량을 키우기 위해 오는 18일부터 5급 이하 공무원 등을 대상으로 '공무원 일잘러('일 잘하는 사람'을 뜻하는 신조어), 소통 학습 온라인과정(아카데미) 말하기 편'을 최초로 개설한다고 17일 밝혔다. '나라배움터(http://e-learning.nhi.go.kr)' 누리집 주제(테마) 과정에 개설되는 이번 과정은 구두보고, 회의, 발표 등 주요 업무 상황별 소통 기술을 체계적이고, 종합적으로 체득할 수 있도록 마련됐다. 교육은 오는 8월까지 업무보고, 회의, 발표 등 다양한 소통상황 맞춤형 온라인 학습 콘텐츠(10차시)를 매주 목요일 제공하고, 5회에 걸쳐 실습이 진행된다. 현직 공무원 등이 온라인상에서 학습 지도교수로 참여해 1대 1 지도와 종합해설을 제공하는 등 입체적인 교육을 병행한다. 또 학습자가 자신의 업무 소통 수준을 진단하고, 다양한 실무상황에 적용할 수 있도록 다양한 학습 보조자료(숏폼, 카드뉴스 등)도 제공한다. 특히 이번 교육과정은 온라인 교육과정과 말하기 실전 연수(워크숍) 2회 등을 체계적으로 연계해 교육 효과를 극대화할 수 있도록 구성됐다.

출처: 인사혁신처 보도자료(2023.05.18.)

2022년 지방공무원 교육훈련평가 우수기관 및 우수사례 발표

행정안전부는 시·도 교육훈련 분야 2021년도 실적 평가를 실시하고, 우수기관 1곳과 우수사례 3건을 선정했다고 밝혔다. 우수기관에는 부산광역시가 선정되었으며, 우수사례로 광주광역시의 '새천년(MZ)세대와 함께하는 엠지(MG, more good) 교육', 인천광역시의 '지역민과 함께하는 화상강의 보조강사제 운영', 경상남도의 '소통설계자 양성 동아리 활동'이 선정됐다. 광주광역시는 공직사회 내부의 빠른 세대교체에 대응하여 세대별 문화와 가치관의 차이를 좁힐 수 있도록 '슬기로운 신규생활', '세대 간 소통과 공감 마당' 등 소통과 공감 교육을 운영하여 선배 공무원의 직무수행과 조직생활의 경험과 방법(노하우)을 나누고, 애로사항을 청취하였다. 인천광역시는 화상강의 수요 증가에 따라 보조강사를 공개모집하고 인력은행(뱅크)에 등재·관리하는 화상강의 보조강사제를 운영하여 원활한 화상강의 운영과 더불어 지역 내 주민 일자리 제공에도 힘썼다. 경상남도는 도민과 소통이 필요한 정책현장에서 고객 참여와 몰입을 돕는 소통설계자 양성 학습동아리를 운영하여 공무원의 소통역량을 높이고 있다.

과 정 명	슬기로운 신규생활	세대 간 소통과 공감 마당
교육횟수 및 기간	연 2회, 3일/회	연 5회, 1일/회
교육인원 및 대상	50명(25명/회) 임용 2년 내 직원(시 · 자치구)	125명(25명/회) 시 소속 부서장 이하 직원
교과내용	• 공공언어 바로쓰기/공문서 작성 • 예산집행/민원해결 실습/정책기획 • 공직생활 멘토링	• 소통의 이해와 자가진단/소통방법 배우기 • 공직사회 조직문화 특성과 MZ 세대의 이해 • 시대에 따른 변하는 리더십과 긍정적 동기부여 등
주요 성과	• 전 · 현직 공무원을 강사로 섭외하여 직무수행 및 조직생활 중의 경험과 노하우를 교육생과 나눔 • 강사 · 선배 공무원과의 피드백을 통해 교육 후 공직생활에 대한 비전과 계획을 수립하는 계기 마련	• 세대별 · 직급별로 교육 인원을 안배하여 참여 • 퍼실리테이터의 주관으로 대화와 교감을 나눔 • 미래세대가 원하는 리더십에 대한 토론을 겸하여 발전적 조직문화 발굴 시도

출처: 행정안전부 보도자료(2022.06.28.)

이상 공무원 및 고위공무원단에 속하는 공무원과 5급 공개경쟁채용시험에 합격한 채용후보자의 교육훈련을 관장하기 위하여 인사혁신처장 소속으로 국가공무원인재개발원을 두고 있다.[2)]

지방공무원(지방자치단체의 장 및 「지방교육자치에 관한 법률」 제18조에 따른 교육감 소속의 공무원)의 교육훈련을 관장하기 위하여 행정안전부 장관 소속으로 지방자치인재개발원(www.logodi.nhi.go.kr)을 설치 · 운영하고 있다.

또한, 특수한 직무를 담당하는 공무원의 교육훈련과 직무분야별 전문교육훈련을 실시하기 위하여 필요하다고 인정되는 경우에는 대통령령으로 정

2) 정부는 「공무원 교육훈련법」을 「공무원 인재개발법」으로 개정하여 2016년 1월 1일부터 기존의 중앙공무원교육원을 국가공무원인재개발원으로 변경하였다(National Human Resource Development Institute).

하는 바에 따라 관계 중앙행정기관의 장 소속으로 전문교육훈련기관을 설치할 수 있도록 하여 많은 중앙 부처들은 그 소속기관으로 교육훈련기관을 설치·운영하고 있으며, 자세한 내용은 각 부처의 홈페이지를 통하여 확인할 수 있다.

3. 교육훈련의 종류와 내용

공무원 교육훈련의 내용과 방법에 대하여 「공무원 인재개발법 시행령」 및 「지방공무원 교육훈련법 시행령」에 자세하게 규정하고 있는데, 기본교육훈련, 전문교육훈련, 기타교육훈련, 자기개발학습으로 구분하고 있다(〈표 10-2〉 참조).

4. 교육훈련 결과의 활용

공무원이 각 교육기관에서 받은 교육훈련의 실적이나 성적은 인사관리 등 여러 분야에 반영되고 있다. 「국가공무원법」에서는 교육훈련 실적은 인사관리에 반영하여야 한다고 명시하고 있다. 반영 방법과 내용은 기관마다 약간씩 차이를 보이고 있으나, 대부분 비슷하여 주요 법령이 규정한 내용을 중심으로 설명한다.

1) 신규임용 활용

모든 공무원과 시보 공무원이 될 자는 담당 직무와 관련된 학식·기술 및 응용능력을 배양하기 위하여 법령으로 정하는 바에 따라 교육훈련을 받아야 한다. 채용후보자인 시보 공무원이 될 자가 교육훈련에 따르지 아니한 경우, 훈련 성적이 나쁘거나 본인의 귀책사유로 교육훈련을 계속 받을 수 없게 되는 등 공무원으로서 직무를 수행하기 곤란하다고 판단되는 경우(「국

〈표 10-2〉 교육훈련의 내용과 방법

구 분	교육훈련 대상	교육훈련 내용	교육훈련 방법
기본 교육훈련	• 신규채용후보자 • 신규채용자 • 승진임용예정자(승진시험 합격자 및 승진심사 통과자)	승진된 사람이 공무원으로서 필요한 능력과 자질을 배양하기 위한 교육훈련	• 국가공무원인재개발원 • 인사혁신처장이 정하는 전문교육훈련기관 • 인사혁신처장이 인정하는 직장훈련이나 위탁교육훈련
전문 교육훈련	모든 공무원	담당하고 있거나 담당할 직무분야에 필요한 전문적인 지식과 기술을 습득하기 위한 교육훈련	• 직장훈련 • 직장훈련이 곤란한 경우 교육훈련기관 • 교육훈련기관이 곤란한 경우 위탁교육훈련
기타 교육훈련	모든 공무원	위의 교육훈련에 속하지 아니하는 교육훈련으로서 소속 기관의 장의 명에 의하여 또는 공무원 스스로 하는 직무 관련 학습·연구활동을 포함한 교육훈련	법령에 특별한 방법을 명시하지 않아 다양한 기관에서 다양한 방법으로 가능(교양교육, 시책교육, 직무 관련 동아리 교육 등)
자기개발 학습	모든 공무원	직무를 창의적으로 수행하고 공직의 전문성과 미래지향적 역량을 갖추기 위하여 스스로 하는 학습·연구활동	• 행정기관의 장은 소속 공무원의 자기개발계획 지원체계 구축 노력 • 성과평가시 교육훈련기준시간 달성도에 성과책임을 부여하고 이를 관리

자료: 「공무원 인재개발법 시행령」 제7-8조 및 「지방공무원 교육훈련법 시행령」 제4-5조.

가공무원법」) 및 규정에 의한 채용후보자로서 받은 교육훈련 성적이 수료 점수에 미달하거나 채용후보자 교육훈련 중 질병, 병역 복무 또는 그 밖에 교육훈련을 계속할 수 없는 불가피한 사정 외의 사유로 퇴학처분을 받은 경우(「공무원임용령」)에는 채용후보자로서의 자격을 잃는다.

지역인재의 추천 채용과 관련하여 「공무원임용령」에서는 임용예정 계급이 7급 또는 9급인 견습직원으로 선발된 사람은 각급 공무원교육원, 일반교육기관 또는 그 밖의 행정기관에 위탁하여 일정한 기간 직무수행에 필요한 교육훈련(실무수습을 포함한다)을 받게 할 수 있다. 이때 견습직원의 교육훈련 성적이 불량한 경우에는 중앙인사관장기관의 장과 협의를 거쳐 견습기간이 끝나기 전에 견습근무를 그만두게 할 수 있다.

2) 보직부여 활용

「공무원임용령」에서는 공무원을 보직할 때 공무원이 담당할 직위의 직무요건과 공무원의 인적요건을 고려하여 적재적소에 임용하도록 명시하고 있다. 인적요건이란 전공분야, 근무경력, 전문성, 적성 및 교육훈련 실적을 포함한다.

각급 행정기관의 장은 특별한 사유가 없으면 교육훈련을 받은 공무원이 교육훈련을 통하여 습득한 지식과 기술을 충분히 활용할 수 있도록 교육훈련 이수분야와 관련된 분야에 보직하여야 한다. 특별히 6개월 이상의 위탁교육훈련을 실시할 때에는 교육훈련 이수 후에 보직할 직위를 미리 지정하여야 하며, 교육훈련 이수 후에는 특별한 사유가 없으면 그 직위에 보직하여야 한다(「공무원 인재개발법 시행령」).

국내외 위탁교육훈련을 받았거나 6개월 이상의 교육훈련을 받은 공무원은 특별한 사정이 없으면 그 교육훈련 내용과 관련되는 직위에 보직하여야 한다(「공무원임용령」).

3) 승진임용 활용

4급 이하(우정직 공무원의 경우에는 우정2급 이하 공무원) 및 연구사·지도사인 공무원에 대해서는 교육훈련을 이수한 시간을 승진임용에 반영하여야 한다. 다만, 직무수행상의 특별한 사유로 승진임용에 필요한 교육훈련 시간을 충족하지 못한 공무원에 대해서는 중앙행정기관의 장이 필요하다고 인정하는 경우 교육훈련 시간을 승진임용에 반영하지 아니할 수 있다.

지방공무원의 경우, 법령에 따라 특별한 사정이 없는 한 5급 이하 일반직 공무원에 대해서는 교육훈련 이수시간을 승진임용에 반영하여야 한다.

5. 나라배움터와 이러닝

1) 나라배움터의 의의

국가공무원인재개발원은 공무원의 상시적 자기주도학습 지원을 위해 새로워진 나라배움터 서비스를 2017년 2월 14일 개시한다고 밝혔다(http://www.e-learning.nhi.go.kr). 공무원 교육의 모든 것을 한 곳에서 해결할 수 있는 이러닝 교육플랫폼인 나라배움터이다. 국가공무원이라면 누구나 나라배움터에서 원하는 시간에 틈틈이 학습하고, 미리 내려받기로 어디서든 원할 때 학습할 수 있으며, 나라배움터 한곳에서 자료와 학습과정을 찾아볼 수 있다. 공무원들의 높은 평생학습(Lifelong Learning) 수요와 모바일과 빅데이터 등 IT기술을 바탕으로 나라배움터도 학습자중심의 'All-in-one 서비스'를 시작한 것이다.

2) 나라배움터의 특징

나라배움터 All-in-one 서비스는 세 가지 특징을 갖고 있다.

첫째, 공직가치, 리더십, 어학, 지식콘텐츠 등 공무원 교육관련 모든 학습콘텐츠를 나라배움터에서 제공한다. 공직가치와 공직리더십, 직무전문, 글로벌 등의 학습과정 뿐만 아니라, 경제·경영, 인문소양, IT 등 최신 지식콘텐츠와 어학과정까지 모두 제공한다.

둘째, 국가·지자체 등 80여 개 공무원 교육훈련기관 이러닝 사이트에서 나라배움터의 ID로 접속(로그인)해 검색부터 수강까지 한 번에 할 수 있다.

셋째, 이러닝 과정 외에 최신 Gov-MOOC 동영상 강좌도 한 곳에서 볼

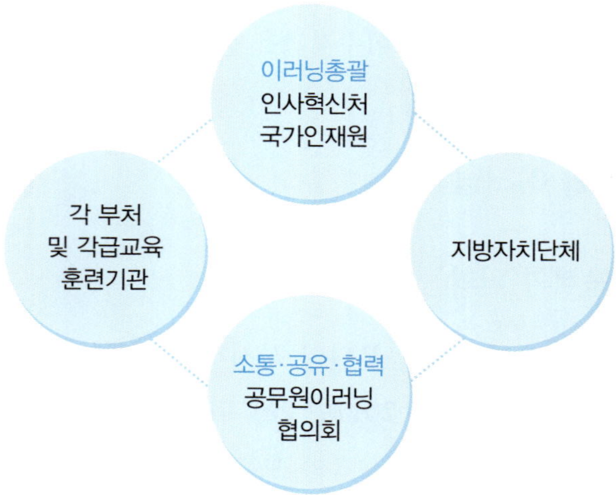

자료: http://e-learning.nhi.go.kr

[그림 10-2] 이러닝 공동활용 대상

수 있다. 이는 Government Massive Open Online Course의 줄임말로 수강인원 제한없이(Massive) 모든 사람이 수강 가능한(Open) 웹기반(Online)의 강좌(Course)를 지칭한다.

3) 이러닝의 운영

나라배움터에서는 이러닝을 운영하며, 주요 내용으로 법,제도 등 직무 및 국정철학 관련 이러닝학습, 자료공유 및 진도관리 등 자기주도적 학습 지원 및 Gov-OCW로 상시 학습을 지원한다. 이러닝은 이러닝운영시스템(LMS)과 교과목(콘텐츠)을 각급 기관에서 무상으로 공동 활용함으로써 각 기관의 이러닝운영을 지원하고 있으며, 그 대상은 중앙 및 지방행정기관, 각급 교육훈련기관이다.

찾아볼 문제

1. 교육훈련과 관련된 법령을 분석하여 새롭게 변화된 규정과 내용이 무엇인지 알아봅시다.
2. 국가공무원인재개발원, 지방행정연수원 홈페이지를 방문하여 교육훈련 과정과 내용을 알아봅시다.
3. 광역자치단체 또는 중앙부처의 교육훈련기관 홈페이지를 방문하여 국가공무원인재개발원과 지방행정연수원의 교육훈련 내용과 비교해 봅시다.

토론할 문제

1. 브레인스토밍 교육훈련방법을 적용하여 행정학 전공 학생들의 취업률을 향상시키기 위한 방안을 모색해 봅시다.
2. 역량기반 교육훈련의 사례들을 찾아보고 장애요인과 성공요인에 대해 토론해 봅시다.
3. 공무원 현직자를 인터뷰해 보고 공직사회에서 교육훈련의 의미와 한계를 토론해 봅시다.

제 11 장 성과평가

제1절 성과평가의 의의

제2절 성과평가의 방법

제3절 성과평가제도

제1절 성과평가의 의의

1. 개념과 목적

성과평가란 공무원의 개인적인 능력과 근무태도 및 직무수행실적을 정기적·체계적으로 평가하는 활동을 의미하며, 인사행정에 있어서 공식적인 중요한 기능이다.

성과평가를 하는 목적은 다음과 같다.

첫째, 공정한 인사행정의 근거가 된다. 성과평가의 결과가 승진·전보·승급·징계·감원·포상 등 여러 인사행정에 반영될 수 있다.

둘째, 근무능률 향상에 기여한다. 평정결과를 상·벌 또는 인사에 반영함으로써 자극을 줄 수 있고, 평정자와 피평정자 간에 이해증진을 촉진한다.

셋째, 공무원 능력발전의 기초가 된다. 성과평가를 하게 되면 제3자에 의해 자신의 근무성과가 평가되고, 장·단점이 지적되므로, 능력발전을 위한 동기유발이 된다. 물론 개별 통보 및 면담(performance evaluation interview)이 전제되는 경우에 한하여 기대되는 효과이다.

넷째, 훈련의 필요성을 파악하는 데 유용하다. 훈련수요는 직무수행요건과 현재의 자질을 비교하여 측정할 수 있는데, 현재의 자질은 바로 근무성적평정으로 파악될 수 있다.

다섯째, 인사관리의 평가기준이 된다. 우선 임용시험성적과 근무성적의 상관관계를 비교함으로써 임용시험의 타당도가 어느 정도인지를 검증할 수 있는 기초가 된다. 또한 훈련성과를 평가하는 기준도 될 수 있다.

2. 성과평가의 대상과 요건

성과평가는 근무성적(performance)과 개별적 특성(personal traits)을 대상으로 한다. 근무성적은 근무성과의 양과 질, 근무태도 및 방법을 포함한다. 개별적 특성은 근무수행능력을 의미하며, 능력, 적성, 지식, 이해력, 리더십, 협동성 등이 포함된다.

성과평가의 참여자는 크게 평정자와 피평정자로 나눌 수 있다. 평정자는 평정목적(상벌 혹은 능력발전)에 따라 평정자의 범위가 확대(예: 다면평가)될 수 있다. 한국의 경우 감독자 평정(평정자와 확인자)을 원칙으로 하고 있다. 평정자는 평정대상 공무원의 직근상급·직근상위감독자 또는 차상급·차상위감독자 중에서 지정되며, 확인자는 평정자의 직근상급·직근상위감독자 또는 차상급·차상위감독자 중에서 임용권자가 지정한다. 피평정자는 성과평가의 대상이며, 1급에서 9급 일반직 공무원, 연구·지도직 공무원 등 공무원 전원 등이 대상으로 포함된다. 4급 이상 공무원은 성과계약 등 평가에 따라 평정자와 평정대상자가 합의한 목표의 달성도를 평정하며, 5급 이하 공무원은 공무원 성과평가서에 의한 평정을 실시하고 있다.

성과평가의 요건에는 대표적으로 타당성, 신뢰성, 변별도, 수용성, 실용성이 있다. 타당성은 평정의 요소와 조직의 목표 간의 직접적인 관련성을 의미한다. 신뢰성은 두 사람 이상의 평정결과의 유사성을 의미한다. 즉 평정결과가 일관성을 갖는지를 나타낸다. 변별도는 평가결과가 우월한 사람과 열등한 사람을 뚜렷하게 구분할 수 있는지 유무를 가리킨다. 수용성은 평정자가 평정의 중요성을 인식하고, 평정대상자는 평가에서 좋은 점수를 받기 위해 노력할 동기를 유발할 수 있는 정도를 말한다. 실용성은 평정자나 평정대상자 모두에게 이해가 용이하고, 경제성과 융통성이 높아야 함을 가리킨다.

제2절 성과평가의 방법

성과평가의 방법은 크게 기법에 따른 분류와 평정자에 따른 분류로 나뉠 수 있다. 방법을 기준으로 할 때, 도표식 평정척도법, 강제배분법, 사실표지법, 사실기록법, 서열법, 강제선택법, 중요사건기록법, 행태기준척도법, 행태관찰척도법 등으로 나눌 수 있으며, 평정자를 기준으로 하여 자기평정법, 동료평정법, 감독자평정법, 부하평정법, 집단평정법, 감사적 방법 등으로 나눌 수 있다.

1. 기법에 의한 분류

우선 기법에 의한 성과평가 방법 중, 가장 대표적인 방법이 도표식 평정척도법(graphic rating scale)이다. 현재 우리나라 정부와 많은 기업에 적용되고 있으며, 직무수행능력과 실적을 중심으로 평가척도를 제시하고 평정자와 확인자가 평가한다. 〈표 11-1〉은 도표식 평정척도법의 한 가지 예이다. 예를 들어 평가자는 평가대상자의 능력과 실적에 대해 각 평가요소별로 ① 매우 미흡, ② 미흡, ③ 보통, ④ 우수, ⑤ 매우 우수 등으로 등급을 결정하여 합산점수를 내며, 합산점수에 단위과제별 가중치를 곱하여 소계점수를

〈표 11-1〉 도표식 평정척도법

	직무수행능력(50)							실적(50)
평점요소	기획력	의사전달력	협상력	추진력	신속성	팀워크	성실성	
50% 평정자								
50% 확인자								

산정할 수 있다.

이러한 도표식 평정척도법의 장점은 평정표의 작성이 간단하고, 평가가 쉽고, 상벌의 목적에 이용하기 편리하다는 데 있다. 그러나 등급구분의 기준이 명백하지 않고, 등급 간 간격이 균일하지 않는 등 주관성이 강한 것이 단점이라고 볼 수 있다.

둘째로 강제배분법(forced distribution method)이 있다. 강제배분식 방법은 평정치의 편중과 관대화 경향을 방지하기 위해서 등급별로 비율을 정하여 지키도록 강제하는 방법이다. 이러한 방식은 도표식 평정척도법에서 나타나는 오차를 방지하는 한 가지 방법이 될 수 있으며, 분표 비율은 주로 종(鐘)형의 정상분포곡선(예, 수:우:양:가=2:4:3:1)이 되도록 한다. 피평정자의 수가 많을수록 사용하기가 수월한 점이 있다. 이러한 강제배분식 방법은 서열법과 함께 상대평가로서 집중화와 관대화의 오류에 대처할 수 있지만, 우수집단과 비우수집단을 나누어 평정하는 경우 우수집단에 속한 구성원들은 상대적으로 불이익을 받고, 비우수집단의 구성원들은 추가적인 이득이 발생할 수 있는 단점이 있다.

셋째로 사실표지법(check list)이 있다. 사실표지법 또한 도표식 평정척도법과 같은 주관성이 개입될 수밖에 없는 성과평가 방법의 단점을 해소하기 위한 방법 중의 하나이다. 평가요소에 대한 질문항목을 중심으로 이에 대한 사실 여부만 찬성 또는 반대(yes/no 혹은 ○/×)를 표시하는 평정방법이다. 질문항목마다 가중치를 두어 수치로 환산할 수 있으며 가중치 점수는 평정자에게 공개되지 않고 인사부서 내부적으로 관리한다. 인사국 공무원이었던 프로브스트(J. B. Probst)가 1930년에 고안해서 '프로브스트 평정법'이라고도 한다.

넷째로 사실기록법이 있다. 사실기록법은 객관적인 사실을 기록하는 평정법이며, 도표식 평정척도법의 주관성을 보완하는 방법 중의 하나이다. 사실기록법은 크게 두 가지 기법으로 나눌 수 있다.

하나는 산출기록법(production report)이다. 산출기록법은 공무원의 시간당 수행한 업무량을 측정하거나 일정한 업무량을 달성하는 데 소요된 시간을 계산하여 그 근무실적을 평가의 대상으로 하는 방법이다. 이와 같은 방법은 단순하고 반복적인 업무의 실적평가에 적합한 반면, 계량화하기 어려운 업무에는 적용이 곤란할 수 있다. 예를 들어 일반 회사, 특히 생산기업의 경우 적합할 수 있으나, 기획업무를 맡은 공무원의 경우에는 적용상 한계가 있을 수 있다.

다른 하나는 중요사건기록법(critical incident method)이 있다. 중요사건기록법은 평정대상자의 직무수행과 관련된 중요 사건을 관찰하여 평정기간 동안 일시적으로 기록해 놓았다가 누적된 사건기록을 중심으로 평정하는 방법이다. 이 방법은 특정한 몇몇 행동을 지나치게 강조할 위험성은 있지만, 감독자와 부하가 해당 사건에 대해 토론하는 과정에서 피평정자의 직무수행능력과 태도를 개선할 수 있는 장점이 있다.

다섯째로 서열법(ranking method)이 있다. 서열법은 인물비교법이라고도 하며, 피평정자들을 서로 비교하여 순위를 정하면서 평정하는 방법이다. 평정요소별로 서열을 정하여 이를 종합평가하는 분석적 순위법, 두 사람씩 짝을 지어 비교하면서 서열을 정하는 쌍쌍비교법, 기준인물을 선택하여 이와 비교하는 대인비교법 등이 있다. 조직이나 부서가 적은 경우(10~20여명) 적합한 방식이다.

여섯째로 등급법(grading method)이 있다. 몇 개 등급별로 기준을 기술하고 설정해 놓은 등급기준표를 미리 작성해서, 피평정자를 해당 등급에 할당하는 방법이다. 서열법보다 더 정확한 분류가 가능하며, 평정자와 피평정자가 이해하기 쉬운 장점이 있으나, 분류 자체의 정확성이 보장될 수 없어서 주관성 배제가 어려운 단점이 있다.

일곱째로 서술적 보고법(narrative report)이 있다. 서술적 보고법은 피평정자로 하여금 자신의 근무실적을 스스로 보고하도록 하는 방법이다. 이 방법은 평정자가 놓칠 수 있는 사실을 파악하고 참조할 수 있는 장점이 있으나, 스스로 평가를 하는 방식이므로 역시 객관성 담보가 어려운 방법이다.

여덟째로 정기적 시험법(periodic test)이 있다. 정기적 시험법은 표준화된 기준에 의해 만들어진 문제를 주어진 시간에 해결하는 방법이다. 다른 방법에 비해 상대적으로 객관적 방법이나, 실제 능력을 종합적으로 평가할 수 있는가의 문제가 있다.

아홉째로 강제선택법(forced choice method)이 있다. 강제선택법은 강제선택식 사실표지법이라고도 하며, 비슷한 가치가 있다고 보통 생각하기 쉬운 서술항목 가운데서 피평정자의 특성에 가까운 것을 강제적으로 선택하게 하는 방법이다. 평정표에는 비슷하게 좋은 것으로 또는 나쁜 것으로 보이는 문항들이 짝으로 제시되어 있으며, 어떤 것이 정말 피평정자에게 유리한지 또는 불리한지를 알 수 없는 문항들을 놓고 평정하도록 하기 때문에 강제선택법은 평정자의 편견이나 정실이 개입되는 것을 억제할 수 있다.

열째로 행태기준 평정척도법(BARS: Behaviorally Anchored Rating Scale)이 있다. 행태기준 평정척도법은 도표식 평정척도법에 중요사건기록법을 결합한 방식이다. 주관적 판단을 배제하기 위하여 직무분석에 기초하여 직무와 관련된 중요한 과업분야를 선정하고 각 과업분야에 대해서 가장 이상적인 과업행태로부터 가장 바람직하지 않은 과업행태까지 몇 개의 등급으로 구분하고 각 등급마다 중요 행태를 명확하게 기술하고 점수를 할당하는 방법이다. 이 방법은 관리자와 직무수행자가 공동으로 주요 업무의 기준행동을 서술하고 척도의 계량수치도 배정할 수 있다. 따라서 신뢰와 참여를 얻을 수 있는 반면, 동일직무이더라도 과업마다 별도의 행태기준을 작성해야 하는 등 시간과 비용이 많이 들고 어느 하나의 행태만을 선택하라는 것은 인간행동의 다양성을 인정하지 않고 상호배타성을 전제로 하기 때문에 설득력이 약하다. 인간은 바람직한 행태를 보일 때도 있고 바람직하지 않은 행태를 보일 때도 있기 때문이다([그림 11-1] 예시 참고).

직무 역할: 간호사
성과 차원: 어려운 환자 대응

1	2	3	4	5
어려운 환자에 대해 자주 짜증내며 이러한 환자를 다루는데 다른 간호사들의 도움이 자주 필요함	어려운 환자에 대해 가끔 짜증내며 이러한 환자를 다루는데 다른 간호사들의 도움이 거의 필요하지 않음	어려운 환자에 대한 인내심이 강하며 환자와의 상호작용에서 동정심을 표현함	어려운 환자에 대한 인내심이 강하며 환자와의 상호작용에서 동정심을 표현하며 다른 간호사들에게 어려운 환자를 도움	어려운 환자에 대한 인내심이 강하며 환자 및 그 가족과의 상호작용에서 동정심을 표현하며 다른 간호사들에게 어려운 환자를 도우며 환자들의 불안을 덜어줌

[그림 11-1] 행태기준 평정척도법의 예시

마지막으로 행태관찰 척도법(BOS: Behavioral Observation Scales)이 있다. 행태관찰 척도법은 행태기준 평정척도법(BARS)의 단점인 바람직한 행동과 바람직하지 않은 행동과의 상호배타성을 극복하고자 개발되었다. 즉 행태기준 평정척도법을 바탕으로 직무와 관련된 중요한 과업분야를 선정하고 각 과업분야에 대해서 가장 이상적인 과업행태로부터 가장 바람직하지 않은 과업행태까지 나열하되, 등급에서는 각 행동의 빈도수를 표시하는 방법이다([그림 11-2] 참고).

2. 평정자에 의한 분류

다음으로 누가 평정자의 역할을 맡느냐에 따른 분류가 있다. 가장 일반적인 형태는 상급자(감독자)가 평정하는 것이다. 단수 평정은 감독자만 하는 방식이고, 복수 평정은 감독자와 확인자 등 둘 이상을 두는 방식이다. 다른 형태로 스스로 평정을 하는 방식이 있다. 자기평정(self-rating)이라고도 하

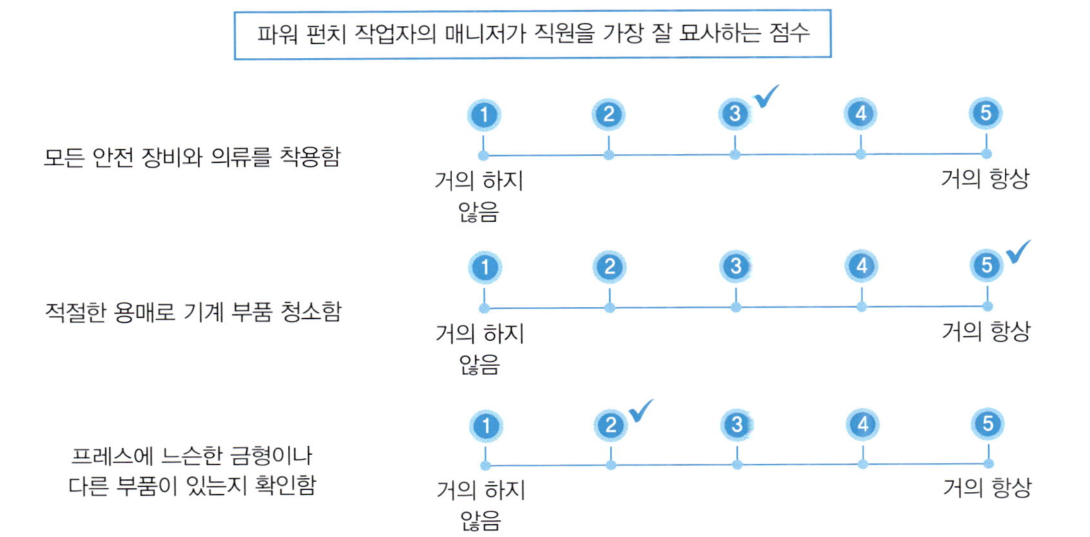

[그림 11-2] **행태관찰척도법의 예시**

며, 대표적인 방식이 기법에 따른 분류에서 언급한 서술적 보고가 있다.

복수평가의 한 형태로서 1인의 피평정자를 대상으로 다양한 직위에 있는 여러 명의 평정자들이 참여하는 다면(집단)평가가 있다. 즉 다면평가란, 어느 개인을 평가할 때 현행 근무성적평정과 같이 직속 상사 한 사람이 평가하는 것이 아니라, 다수의 평가자가 여러 방면에서 평가하는 것을 뜻한다. 주로 위(상사), 옆(동료), 아래(부하) 및 본인에 의한 평가가 포함된다.

우선 다면평가는 다양한 계층으로부터 종합적이고 정확한 평가가 가능하다는 점에 그 유용성이 있다. 공무원이 조직 내에서 업무를 수행할 때, 여러 계층의 사람들과 업무적으로 관계를 맺는다. 즉 상급자, 하급자, 동료, 민원인 등으로 구성된 다양한 사람들과의 상호 협력 속에 업무를 추진하게 되는데, 각 계층은 자신의 입장에서 자신과 업무관계를 맺고 있는 조직구성원을 평가하게 된다. 이것은 피평가자로 하여금 공정한 평정이 이루어진다는 인식을 갖게 한다.

또한 다면평가는 현대 조직특성과 부합한다. 현대 사회에서는 조직의 계층적 구조가 완화되거나 수평적 구조로 변환되고, 팀워크가 강조된다. 따라서 다른 조직원들과 보다 긴밀한 관계 속에 직무가 수행되기 때문에 동료, 부하, 자기 자신의 평가도 중요하게 된다. 더욱이 팀제와 같은 조직하에서는 사람과 사람, 사람과 조직 간의 관계 역량이 중요시되어야 하는데, 다면평가는 직무수행에 관한 커뮤니케이션을 증가시키므로 조직 내에 소통을 증가하는 장치로 사용될 수 있다. 그 결과로 개인이 달성해야 할 목표나 개인이 수행해야 할 다양한 역할에 대해서 상하좌우의 관계자들이 기대하는바 등에 대한 이해가 증진될 수 있다.

그러나 다면평가과정에서 상급자를 제외한 평정자들은 평가업무에 익숙하지 않을 수 있다. 평가업무에 익숙하지 않을 경우 평가의 기준이나 방법을 인식하고 사용하는데 한계가 있기 때문에 평정의 부정확성이 높아질 가능성이 있다. 관련하여 다면평가는 평가자 수의 증가로 인해 평정자의 추가선발과, 필요한 자료의 구입비용 및 교육훈련비용의 증가로 인한 부수적 비용의 증대로 이어진다.

더해서 다면평가는 피평정자로 하여금 업무와 관련된 모든 방향에서 충실히 대응해야 하는 압력을 받는다. 따라서 업무 관련 집단들과 원만한 인간관계를 유지하는데 우선적으로 노력을 해야 하므로 인기투표로 전락할 수 있는 위험이 있다. 다시 말해 능력 있는 사람이 아니라 인간관계가 좋은 사람이 높은 평정점수를 받을 수 있다는 우려가 제기된다. 관련하여 동료나 하급자의 경우 평정업무 자체를 부담스러워 할 수 있다. 동료의 경우 같은 집단 간의 결속 혹은 사회적 친밀성이 업무수행에서 중요하게 작용하는데, 평가업무는 이러한 결속력이나 친밀성을 약화시킬 수 있다.

반대로 평정자들 사이의 경쟁심으로 인해, 같은 집단에 속한 사람에게 유리하게 평가하는 심리가 작용할 경우 평가의 정확성은 그만큼 떨어지게 된다. 하급자의 경우도 상급자를 평가하는 것이 부담스러워 정확한 평가를 피하고, 관대화하는 경향이 나타날 수 있다.

따라서 다면평가가 제대로 정착하기 위해서는 우선 성숙한 평가문화의 정착이 요구된다. 평정자는 중립적인 자세로 평가하고, 피평정자는 평가결과를 자기개발의 기회로 삼는 자세가 필요하다. 그러나 우리나라의 조직문화를 고려하여 동료평가, 부하평가 등은 단계적으로 도입하는 전략도 필요할 것이다.

3. 성과평가상의 오류

이렇게 다양한 성과평가 방법들은 평정자가 피평정자를 정확하고 공정하게 평가하는데 도움이 되도록 만들어졌다. 그러나 어떠한 방법을 활용하든 여전히 오류가 있을 가능성은 존재한다. 따라서 아래와 같은 오류를 최대한 줄이기 위해서는 어떠한 성과평가상의 오류가 있는지 인지하고 최소화하기 위해 노력해야 할 것이다.

1) 후광효과와 뿔효과

후광효과(halo effect)는 하나의 현저한 평가요소가 긍정적인 경우 다른 평정요소에 모두 긍정적인 영향을 미치는 효과를 의미하며, 연쇄효과 또는 현혹효과라고도 한다. 예를 들어 인상이 좋으면 직무수행능력도 좋을 것이라고 판단한다면 인상이라는 요소가 다른 평정요소 전반에 긍정적인 영향을 과도하게 미치게 되는 것이다. 반면에 하나의 평가요소가 부정적으로 평가되어 나머지 평가요소도 전부 부정적으로 평가되는 것을 뿔효과(horn effect, 역광효과라고도 한다)라고 한다. 이러한 후광효과와 뿔효과를 방지하기 위해서는 자질과 역량 등을 세세히 구분하여 요소별로 평가하는 것이 바람직하다.

2) 집중화, 관대화, 엄격화 경향

집중화 경향(central tendency)은 평가결과가 평균치에 집중되는 경향을 의미한다. 이러한 경향은 평정자가 자신의 평정결과에 신상필벌로 이어지는데 대해 부담을 느끼거나, 평정에 대한 확신이 없을 때 발생할 수 있다. 이러한 오류를 대처하는 성과평가 방법 중에는 등급별로 비율을 정하여 지키도록 강제하는 강제배분식 방법이나, 평정결과를 순위로 매기는 서열법이 있다.

관대화 경향(leniency tendency)은 평정자가 모든 피평정자에게 가능한 한 높은 점수를 주려는 경향을 뜻한다. 이러한 경향은 위의 집중화 경향과 유사하게 피평정자가 평정결과에 대한 부담이 크거나, 온정주의로 인하여 성과의 차등을 주는데 주저하게 될 때 많이 발생한다. 실제보다 너그럽고 후한 평정을 하는 오류를 최소화하는 성과평가 방법으로는 비공개로 하거나 강제배분식 방법을 활용할 수 있다. 엄격화 경향(strictness tendency)은 피평정자에게 전반적으로 낮은 점수를 주려는 경향을 뜻하며, 강제배분식 방법을 통해 오류를 최소화할 수 있다.

3) 체계적 오류와 총계적 오류

체계적 오류(systematic or constant error; 일관적, 규칙적 오류라고도 한다)는 특정한 성향이 일정하게 영향을 주어 측정결과가 모두 높아지거나 낮아지게 되는 편향적 경향을 보이는 오류를 뜻한다. 이는 우연한 실수 등으로 측정이 잘못되는 것이 아니라 지속적이고 체계적으로 발생하는 오류이며, 평정자의 성향에 따라서 지속적으로 후하거나 박하게 점수가 편중되는 경향을 의미한다. 반대로 총계적 오류(total error, 총체적 오류라고도 한다)는 평정자의 평정기준이 일정하지 않아서 측정결과가 높아지거나 낮아지는 경향이 불규칙하게 나타나는 현상을 의미한다.

4) 초두효과와 근접효과

초두효과(primacy effect)는 초기의 실적이 평정에 더 영향을 많이 미치는 현상을 의미하며, 근접효과(recency effect)는 반대로 최근의 실적과 사건이 과거의 실적과 사건보다 평정에 더 큰 영향을 주는 경향을 의미한다. 근접효과는 반대로 최근의 실적과 사건이 과거의 실적과 사건보다 평정에 더 큰 영향을 주는 경향을 의미한다. 이러한 오류를 줄이는 방법으로는 중요사건기록법이 있다. 즉 중요 사건과 실적이 있을 때마다 기록을 하여 평정에 반영함으로써 시간이 지남에 따른 차등효과 가능성을 줄일 수 있다.

5) 논리적 오차

논리적 오차(logical error)는 평정요소 간에 존재하는 논리적 상관관계에 의한 오류를 의미한다. 예를 들어 근면성이 높으면 작업실적이 높다고 판단할 수 있으나, 근면하지만 생산성이 높지 않아서 작업실적이 적을 가능성도 있다.

6) 상동오차

상동오차(stereotyping)는 정형화나 집단화의 착오에 해당하는 것으로 피평정자가 속한 범주와 집단에 대한 편견이나 선입견, 고정관념에 의한 오차를 뜻한다. 상동오차의 예로 특정 지역 출신의 성향은 어떠할 것이라는 선입견, 명문대학 졸업자는 업무처리 능력이 우수할 것이라는 편견 등이 있다.

7) 이기적 착오

이기적 착오(self-serving bias)는 자존적 편견이라고도 하며, 자신의 실패에 대한 책임은 회피하고, 성공한 것에 대한 공로는 강조하려는 경향을 뜻한다. 구체적으로 자신이 실패한 요인을 평가할 때에는 개인적 요인보다는 상황적 요인을 과대평가하고, 자신이 성공한 요인을 평가할 때에는 상황보다 개인적 요인을 과대평가하는 경향을 말한다.

8) 대비오차

대비오차(contrast error)는 바로 직전의 피평정자와 비교하여 평정하는 오류를 의미한다. 즉 바로 직전의 피평정자의 성과가 높은 경우, 바로 다음 피평정자는 상대적으로 불이익을 받을 수 있다. 반대로 바로 직전의 피평정자의 성과가 낮은 경우, 바로 다음 피평정자는 반사이익을 받을 수 있다.

9) 유사성 효과

유사성 효과(similarity effect)는 평정자가 자기 자신과 닮았거나, 비슷한 성향의 직원에게 호감을 가지고 후한 점수를 주는 오차를 의미한다. 사람은 상대에게서 자신과 닮은 점을 발견했을 때 더 친밀감과 호감을 느끼며, 반대로 자신과 다른 사람은 피하고 낮은 평가를 주곤 한다. 예를 들어 특정 지역 출신 면접관이 같은 지역 출신 지원자를 호평하거나, 백인 면접관이 흑인이나 히스패닉 지원자에게 구체적인 근거 없이 더 낮은 점수를 준다면 유사성 효과라고 볼 수 있다.

제3절 성과평가제도

1. 개 관

성과평가제도는 1961년 10월 22일에 근무성적평정규정이 공포되고, 1962년 8월 16일에 이에 의거한 시행규칙요강이 각 기관에 시달되면서, 우

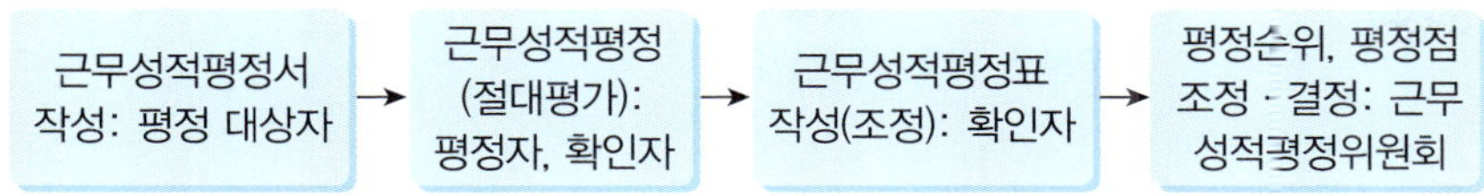

[그림 11-3] **성과평가절차**

리나라에 처음 도입되었다. 정기 평정은 1년에 2회에 걸쳐 실시되고 있으며, 특별한 조정사유가 있는 경우에는 정기평정 외에 수시평정을 인정하고 있다. 1991년 6월 29일 공무원 평정규칙 개정에 의해, 기관에 따라 근무성적 평정시의 평정요소와 배점비율을 조정할 수 있게 하였다. 또한 자기평정서를 제출하게 하였으며, 평정표는 먼저 절대평가하고 나중에 상대평가로 전환하였으며, 평정대상에 4급 이상도 포함하였다.

공무원 직급별로 4급 이상에는 성과목표달성도 평가제를 도입하였고, 5급 이하에는 근무성적평가제가 적용되었다. 구체적으로 평정대상자가 자신의 업무추진실적, 직무수행능력, 직무수행태도 등에 관해 기입하고 평정자와 확인자가 근무성적을 평정한 다음, 근무성적평정위원회가 최종적으로 평정하는 방식이다([그림 11-3]).

현재 4급 이상의 공무원에게 적용되는 서식은 단위목표 평가서 및 개인별 목표관리 총점표 등이 있으며, 5급 이하 공무원에게 사용하는 서식은 도표식 평정척도법, 서열법, 강제배분법에 기초한 근무성적평정서, 그리고 평정 단위별 서열명부, 근무성적평가표 등이 있다.

2. 근무성적평가제

5급 이하 공무원에게 적용되는 근무성적평가는 평가 대상 공무원의 근무 실적, 직무수행능력, 직무수행태도등으로 나누어진다. 평가시기는 연 2회(6월 말, 12월 말)이나 6월 말 평가는 생략 가능하다. 〈표 11-2〉는 정부에

〈표 11-2〉 공무원 근무성적평가 서식

공무원 근무성적평가서

☐ 평가대상기간:

성 명	소 속	직 위	직 급	현직급임용일	현보직일

Ⅰ. 평가자 사전진단

* 평가자는 반드시 평가자 사전진단을 작성한 후 근무성적평가서를 기재해 주시기 바랍니다. 사전진단 결과는 평가에 반영하지 않으며 비공개 사항으로 인사관리를 위한 자료로만 활용됩니다.

○ 1~2번 문항은 4단계(매우 그렇다-그렇다-보통-아니다), 3~5번 문항은 예/아니오로 답하고 6번 문항에 대해서는 자유롭게 서술

연번	측정지표	문 항	답 변
1	성과	나는 이 직원에게 최상위 등급의 성과급을 주고 싶다.	
2	역량	나는 직원을 당장 상위 직급으로 승진시키고 싶다.	
3	협업, 대인관계	나는 이 직원과 언제든지, 계속 함께 일하고 싶다.	
4	직무수행 태도	나는 우리 부서의 모든 직원들이 이 직원처럼 일해야 한다고 생각한다.	
5	발전 가능성	나는 이 직원에게 앞으로 난이도·책임도가 더 높은 업무를 맡길 것이다.	
6	1~5문항 중 '아니오' 답변이 있다면, 이 직원의 (　　) 향상을 위해 나는 (　　　　　　　　　　) 지원을 할 것이다.		

○ 다음 문항에 대해서는 자유롭게 서술

- 내가 이 직원에게 칭찬할 점은

- 향후 보완, 발전을 위해 지원해야 할 점은

년　　월　　일

평가자 직위(직급)　　　　　성명　　　　　　(서명 또는 인)

〈표 11-2〉 공무원 근무성적평가 서식(계속)

II. 근무성적평가서

☐ 평가대상기간:

성 명	소 속	직 위	직 급	현직급임용일	현보직일

1. 담당업무

2. 근무실적 평가(50점)

연번	성과목표 또는 단위과제	업무 비중(%)	주요 실적	평가결과(예시) 성과산출실적 또는 과제해결 정도	소계 점수
1					
2					
3					
추가 업무					
총 점					

작성요령

1. 추가 업무는 연초에 성과계획을 수립한 이후에 추가된 업무를 의미
2. 각 평가요소별로 매우 미흡(①)-미흡(②)-보통(③)-우수(④)-매우 우수(⑤)의 5단계로 평가하되, **매우 미흡**(①)은 당초 계획을 현저히 미달한 경우, **미흡**(②)은 당초 계획을 미달한 경우, **보통**(③)은 당초 계획을 달성한 경우, **우수**(④)는 당초 계획을 초과한 성과를 달성한 경우, **매우 우수**(⑤)는 획기적인 성과를 달성한 경우에 부여하도록 함.
3. 근무실적 부분을 성과계약 방식으로 활용하고자 하는 경우는 연초 성과계획서 대신 성과계약서를 작성하고 최종평가서는 아래 예시를 참고하여 각 부처 실정에 맞게 활용하도록 함. 이 경우 평가지표, 주요 실적, 목표 달성도 등의 항목을 활용하여 소개점수 산출 가능(가중치 활용 가능)

〈예시〉

No.	성과목표	성과지표		주요 실적	목표달성 정도	소계 점수
		지표명	목표점			

〈표 11-2〉 공무원 근무성적평가 서식(계속)

3. 직무수행능력 평가(50점)

연번	평가요소	요소별 배점	정 의	평가등급	소계 점수
1	열 정	10점	자신의 업무에 대한 자부심을 바탕으로 적극적으로 일하며, 성과 창출을 위해 스스로 업무를 찾아 노력함		
2	헌 신	5점	국가적 · 조직적 차원의 목표를 나의 목표로 고려하고, 최선을 다해 공익을 추구하며 국민에게 봉사함		
3	창의 · 혁신	10점	전통적 접근방식을 넘어 상황에 대한 새로운 통찰력을 보여주며, 새로운 아이디어와 적극적 업무처리를 장려함		
4	공감 · 소통	10점	타인을 존중하는 마음으로 예의 있게 대하며, 각기 다른 상황에서 다양한 사람들의 요구와 감정을 적절하게 고려하고 대응함		
5	윤 리	10점	정직하고 공정하며 청렴하게 행동하고, 국민에 대한 봉사자로서 가져야 할 윤리의식을 확립함		
6	책 임	5점	자신의 업무나 정책의 결과에 대해 자신과 타인 및 조직에 책임을 지며, 의사결정의 영향과 의미를 인지함		
총 점					

* 평가요소별로 '전혀 그렇지 않다(①)–'거의 그렇지 않다(②)–가끔 그렇다(③)–자주 그렇다(④)–항상 그렇다(⑤)'의 5단계로 평가함.

4. 평가자 의견 및 종합평가

성과면담 결과 및 평가자 의견			
성과면담 실시일			
평가자 최종의견 (면담결과 포함)		근무실적	직무수행 능력
	우수한 점		
	보완할 점		
평가등급 및 점수			

평가자 직위(직급) 성명 (서명 또는 인)

확인자 직위(직급) 성명 (서명 또는 인)

서 5급 이하 공무원들에게 실제 사용하는 근무성적평가표의 한 예를 볼 수 있다. 평가항목은 근무실적, 직무수행능력을 기본항목으로 하고, 직무수행태도와 부서단위 평가결과를 추가할 수 있다. 평가항목의 총점은 100점이다. 평가항목을 「근무실적」과 「직무수행능력」으로 할 경우, 근무실적과 직무수행능력 어느 한 항목의 비율이 70%를 초과하지 않아야 하고, 근무실적과 직무수행능력의 평가점은 각 50점으로 동일한 비율로 정하는 것이 바람직한 것으로 권고하고 있다.

또한 「직무수행태도」와 「부서단위운영평가」를 별도항목으로 추가하는 경우에는 우선 근무실적과 직무수행능력, 어느 하나의 비율이 70%를 초과하지 않아야 하는 것은 동일하나, 직무수행태도는 10% 이내, 부서단위 운영평가는 30% 이내로 정해야 한다(공무원 성과평가 등에 관한 지침).

평가항목별 평가요소는 소속기관 장관이 직급별·부서별·업무분야별 직무특성을 반영하여 정할 수 있다.

3. 성과목표달성제

4급 이상의 공무원(고위공무원단 포함)에게 적용되는 성과목표달성제는 평가 대상 공무원들이 매년 초에 설정한 단위목표 달성도를 등급(3개 이상이며 인원 비율은 부처에서 자율 결정, 단 고위공무원단은 5개 등급)으로 평가하는 방법이다. 우리나라에 도입된 대표적인 방법으로는 목표관리제와 성과계약 등 평가제가 있다(공무원 성과평가 등에 관한 규정).

1) 목표관리제

목표관리제(MBO: Management by Objective)는 상하조직 구성원의 참여과정을 통해 조직의 목표를 설정한 다음 업무 수행과정과 결과를 목표에 비추어 평가하고 환류시키는 상향식(bottom up) 관리방식이다. 1999년에 4급 이상 공무원들을 대상으로 성과주의 행정관리를 실현하기 위하여 도입되었다. 이러한 목표관리제는 조직 전체의 성과와 개인적 성과의 연결이 매우 중요한 요인으로 작용하나, 실제로는 그 연결이 미흡하였다.

또한 상향식 평정으로 인하여 기관장 평가가 형식적인 것에 그친 것도 아쉬운 점이었다. 실제로 기관장의 성과관리에 관한 역할인식이 부족하여 성과면담 등의 프로세스를 경시한 것이 그 이유라고 볼 수 있다. 마지막으로 목표관리제는 계급과 서열을 바탕으로 위계적으로 작동하는 우리나라 행정문화와 잘 맞지 않았다. 목표관리제는 구성원들의 참여, 자율, 창의성에 입각할 때 가장 효과적이기 때문이다.

2) 성과계약 등 평가

성과계약 등 평가는 장차관 등 기관의 책임자와 실국장, 과장 간에 공식적인 성과계약을 체결하고, 성과목표 및 지표 등에 관하여 서로 합의한다. 그리고 당해 연도의 직무성과계약에 의해 개인의 성과를 평가하고 평가결과를 성과급, 승진 등에 반영하는 성과평가시스템이다. 성과계약 등 평가는

〈표 11-3〉 성과평가표의 예

<table>
<tr><th rowspan="2">No.</th><th rowspan="2">성과목표</th><th colspan="3">성과지표</th><th rowspan="2">주요 실적</th><th rowspan="2">평가 결과</th></tr>
<tr><th>성과지표명
(측정방법 포함)</th><th>목표점</th><th>측정결과</th></tr>
<tr><td rowspan="3"></td><td rowspan="3">100자 이내</td><td></td><td></td><td></td><td rowspan="3">500자 이내</td><td rowspan="3"></td></tr>
<tr><td></td><td></td><td></td></tr>
<tr><td></td><td></td><td></td></tr>
<tr><td rowspan="2"></td><td rowspan="2"></td><td></td><td></td><td></td><td rowspan="2"></td><td rowspan="2"></td></tr>
<tr><td></td><td></td><td></td></tr>
<tr><td rowspan="2"></td><td rowspan="2"></td><td></td><td></td><td></td><td rowspan="2"></td><td rowspan="2"></td></tr>
<tr><td></td><td></td><td></td></tr>
</table>

2004년에 도입되었으며, 그 배경은 위에서 언급했듯이 성과평가로서 목표관리제가 갖는 한계로 인하여 대체와 보완의 필요성이 있었기 때문이다.

이러한 성과계약 등 평가는 부하평가에 대한 관리자의 책임이 실질적으로 부여되므로, 성과계약에 대한 중간점검과 최종평가 등을 통해 실질적인 면담이 이루어지는 효과가 있다. 또한 조직의 목표와 연계한 개개인의 목표의식이 직무수행목표를 명확하게 하며, 조직 목표달성과 그와 연관된 개인의 성과에 대한 자료가 장기적으로 축적되는 효과가 있다. [그림 11-4]

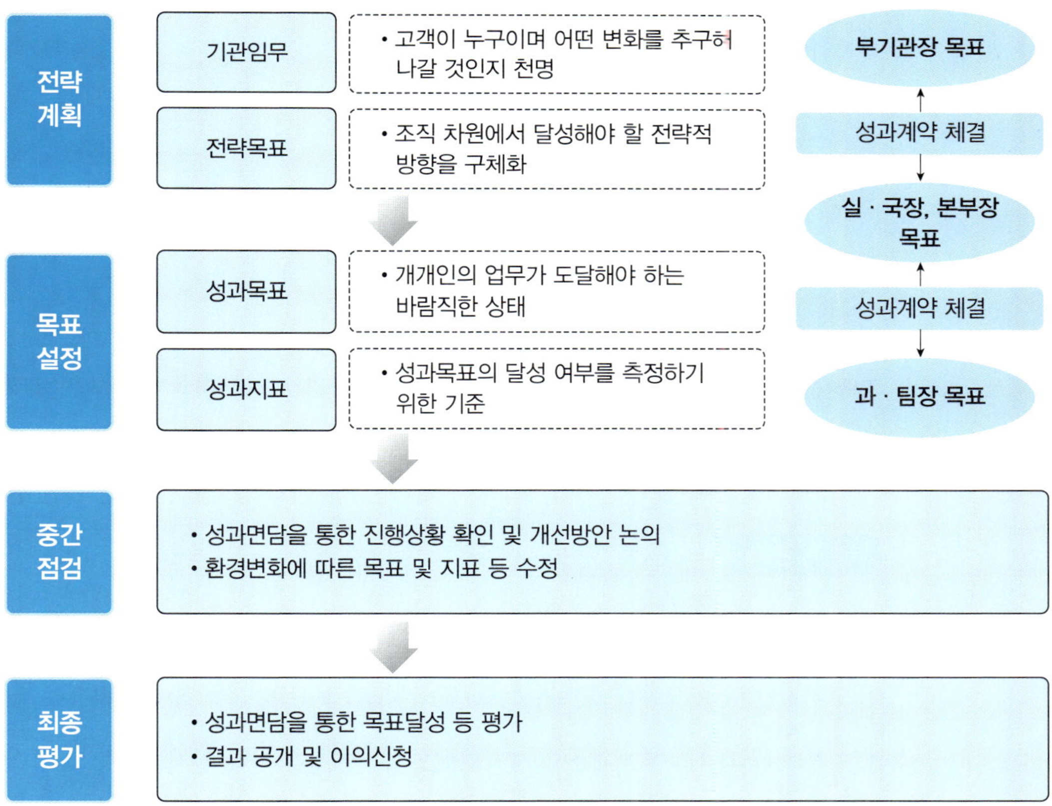

출처: 2023 공무원 인사실무

[그림 11-4] **성과계약 등 평가의 절차**

는 성과계약 등 평가제의 절차를 보여준다. 우선 기관의 책임자와 실국장, 과장 간에 목표 및 지표를 설정하고 성과 계약을 체결한다. 7~8월경에 성과계약 당사자 상호간 면담의 중간점검을 거쳐, 연말에 최종평가를 하게 된다.

최종적으로 매년 말에 평가결과를 성과급 등급 결정을 위한 기초 자료로 활용하고, 개인별 성과관리카드에 수록하여 승진인사심사, 인재추천 등 각종 인사운영에 반영한다. 고위공무원단에 속하는 공무원의 경우 최하위 등급의 평정을 받은 경우 적격심사 대상이 될 수 있다.

그 외에 동료, 하급자, 민원인 등의 평가의견을 인사운영에 반영하는 다면평가제를 운영하고 있으며, 그 결과를 각종 인사운영에 활용하고 있다(성과평가규정 제28조).

찾아볼 문제

1. 공무원 성과평가제도의 법적 근거를 찾아봅시다.
2. 정부 다면평가의 운영제도를 찾아봅시다.
3. 민간기업의 성과평가제도와 공공기관의 성과평가제도를 대표적으로 한 가지씩 찾아서 비교해 봅시다.

토론할 문제

1. 공무원 성과평가의 바람직한 방향에 대해서 토론해 봅시다.
2. 성과평가 상의 오류를 줄이기 위해서는 제도적 보완 방안을 찾아봅시다.
3. 정부의 성과관리 프로세스를 정리해보고 개선점을 제안해 봅시다.

제12장 보수 및 연금

제1절 보 수

1. 보수의 개념과 의의

1) 보수의 개념

인사관리에서 적절한 보상시스템을 갖추는 것은 매우 중요하다. 정부를 포함한 모든 조직은 인적자원을 활용하여 조직의 미션을 달성하고 있다. 특히, 정책을 수립하고 집행하는 정부의 경우 인적자원의 효과적이고 효율적인 활용이 정부의 성패를 결정한다. 인적자원의 활용과정에서 적절한 보상시스템은 조직구성원들의 사기와 동기부여, 그리고 안정감에 영향을 준다.

일반적으로 보상은 비금전적인 것과 금전적인 것으로 나누어 볼 수 있다. 비금전적인 보상은 비물질적, 심리적, 내재적인 보상으로 칭찬, 사회적 지위, 직업의 안정성, 직무의 중요성 등이 대표적인 예가 된다. 반면에 금전적인 보상은 보수, 상여금, 성과급 등을 포함하는 직접적인 것과 연금과 후생복지 등이 포함되는 간접적인 것으로 나뉜다. 보수는 금전적인 보상을 의미한다.

보수는 노동을 제공한 사람에 지급되는 노동의 대가로 근로자가 투입한 시간 및 업무의 결과물과 교환되는 금전적인 가치로 정의될 수 있다. 우리나라 공무원 보수규정 제4호에 따르면 '보수는 봉급[1)]과 그 밖의 각종 수당을 합산한 금액을 말한다'로 정의되어 있다.

1) 민간부문의 경우 봉급 대신에 임금이라는 표현이 통상적으로 쓰이고 있다.

2) 보수의 중요성

인사행정에서 보수는 여러 가지 측면에서 중요성을 갖고 있다. 우선 보수는 금전적인 보상으로 공무원이 고용주인 정부로부터 받는 근로의 대가 중에서 가장 현실적이고 직접적인 것이다. 적정한 보수는 공무원의 생존과 직결되는 문제로 사기 및 불만 수준과 밀접한 관련이 있다. 보수 수준이 적정 수준 이하일 경우 사기는 떨어지고 불만 수준이 높아질 수 있다.

둘째, 고용주인 정부 입장에서도 보수는 매주 중요한 인적자원관리 수단이다. 정부는 보상의 수준과 내용이 합리적이고 공정한 보상시스템을 바탕으로 구성원으로부터 높은 조직 몰입도와 충성심을 이끌어 낼 수 있다. 특히, 보수는 정부가 사용할 수 있는 보상체계 중 가장 직접적인 효과를 기대할 수 있는 수단이다.

셋째, 공무원 보수의 원천이 되는 세금을 납부하는 국민의 관점에서 공무원 보수와 관련된 이슈는 쉽게 정치적 논쟁의 대상이 된다. 특히, 정년 보장되는 공무원들이 노력이나 업무 성과에 비하여 높은 보수를 받고 있다고 국민이 인식할 경우 공무원과 정부에 대하여 부정적인 태도가 생기고 신뢰가 낮아질 수 있다.

3) 공무원 보수의 특징

공무원 보수는 개념상 민간의 임금과 동일하나 노동생산성 및 노동시장의 상황을 주로 고려하여 보수 수준이 결정되는 민간과는 다른 공무원 보수만의 특징을 갖고 있다(이창길, 2013; 유민봉·임도빈, 2011). 우선 공무원의 보수는 직무 외적인 요소에 의하여 결정되는 부분이 많다. 보수는 일반적으로 구성원이 갖고 있는 업무 전문성과 투입하는 시간 및 산출 수준과 비례적으로 결정되어져야 한다. 그리고 업무 전문성과 성과 수준은 시장에서 그 가치가 평가된다. 하지만 공무원의 경우 업무가 민간과 비교되기 어렵다는 점과 인사관리의 특수성 때문에 업무에 투입된 노력과 업무의 결과물 이외의 요소도 보수 결정에 영향을 미친다. 계급제를 기반으로 하는 순환보직제의 경우 현재 수행하는 직무의 난이도나 직무 수행 수준과는 무관하게 보수가 결정되는 것이 대표적이다.

둘째, 보수결정이 법과 정치의 영향을 많이 받는다. 보수의 원천이 세금이기 때문에 보수의 결정은 국회의 통제를 받는다. 따라서 보수의 결정 과정에 있어 사회적 합의가 필요하다. 공무원 보수는 정부의 재정과 관련이 되므로 예산의 영향을 받아 경직적인 측면이 강한 경향도 있다.

셋째, 근무의 가치를 정확하게 산정하기 어렵다. 공직과 관련된 시장이 존재하고 있지 않기 때문에 공직의 기여도를 화폐 가치로 환산하는 것이 불가능하다. 공공서비스는 시장에서 거래되지도 않으며 시장에서 거래되는 재화나 서비스 중에서 공공서비스와 비교될 수 없는 경우가 많기 때문이다. 경찰, 외교, 소방 등이 이러한 성격을 갖고 있는 대표적인 업무라고 할 수 있다.

넷째, 공무원의 보수는 노동에 대한 반대급부의 성격도 있지만 생활보장적인 특징도 있다. 이는 공무원의 경우 겸직 금지 등 공직에만 전념하도록 하는 의무를 부여하는 대신에 최소한의 생활보장에 필요한 금전적인 보상을 보장하는 의미이다. 공무원과 그 가족에게 최소한의 생활을 보장하기 위하여 공무원 보수 결정에 있어 일반의 표준생계비를 고려하는 것은 이 때문이다.

다섯째, 정부가 일방적으로 공무원 보수를 결정한다. 노사 협약에 따라 결정되는 민간과는 다르게 공무원 보수는 행정부와 입법부를 포함하는 공무원 보수 결정 과정에서 공무원과의 협상이 실질적으로 이루어지고 있지 않다. 공무원 보수 결정 과정에서 노동조합의 참여가 없는 경우가 대부분이며 공무원과 행정부가 합의를 하였다고 해도 예산부처나 입법부에서 얼마든지 반대하고 자율적으로 결정할 수 있다.

2. 공무원 보수의 결정요인

1) 보수 수준 결정요인

공무원 보수는 민간부문과는 다른 요인에 의하여 결정된다. 민간기업의 경우 외부 노동시장의 상황, 조직의 매출 및 이윤 등 수익성 등을 감안하여 보수가 결정되나 공무원 보수는 '일반 표준 생계비, 민간의 임금, 기타 사정'을 감안하여 결정되도록 설계되어 있다(「국가공무원법」 46조). 일반적으로 공무원의 보수를 결정함에 있어 고려되는 요인들은 다음과 같다.

첫째는 일반 표준 생계비이다. 공무원의 보수는 일반 사회의 관점에서 인간다운 생활 유지가 가능한 수준의 보수를 보장하는 수준으로 결정되어 진다. 이는 보수의 결정이 직무의 중요성이나 난이도 이외에 사회경제적인 요인도 감안하여 결정된다는 것을 의미한다.

둘째는 민간부문의 보수 수준이다. 정부도 외부 노동시장과의 경쟁을 무시할 수 없기 때문에 공무원 보수 결정에 있어서 민간부문의 보수 수준을 고려한다. 특히, 개방형 직위제도가 활성화되면서 공무원의 보수가 빈번하게 민간의 보수수준과 비교되고 있다. 민간부분의 보수를 비고함에 있어 직무의 유사성이 가장 중요한 비교 기준이다. 하지만 공무원의 직무와 동일한 직무를 민간부문에서 찾을 수 없는 경우가 많기 때문에 현실적으로는 직무의 유사성보다는 경력, 교육수준 등의 유사성을 감안하여 민간과의 보수 수준을 비교한다.

셋째는 정부의 인건비 지불능력이다. 공무원의 보수는 예산 범위내에서 지급되어야 한다. 예산은 세입 및 세출규모, 전년대비 예산 증가율 등에 의하여 결정되고 이중 일정 비율이 인건비로 책정되게 된다. 인건비의 전체 규모는 공무원의 규모, 예산 대비 인건비 비중 등을 고려하여 결정된다.

넷째는 국가 경제수준과 물가 수준의 고려이다. 공무원 보수는 세금으로 구성된 재원에서 지급되므로 국민의 담세능력을 무시하여 결정될 수 없다. 그리고 정부의 예산 제약과 국민의 담세 능력은 국가 전체의 경제수준에 의하여 결정되므로 공무원의 보수 수준은 궁극적으로 국가의 경제수준에 의하여 결정된다고 할 수 있다. 또한 물가 수준도 공무원의 보수와 관련이 깊다. 특히 물가 상승률은 매년 공무원 보수 수준의 결정에 중요한 변수가 된다. 물가 상승률을 반영하지 못하는 경우 보수 실질 구매력이 떨어지게 되어 마이너스 인상효과를 가져오기 때문이다.

다섯째, 보수 이외의 직간접적인 보상의 내용과 수준도 공무원 보수 결정에 영향을 미친다. 특히, 간접적이고 금전적인 보상인 연금과 금전적 혹은 비금전적 복리후생 수준이 중요한 역할을 한다. 연금은 노후 보장 뿐만 아니라 지연된 보수의 성격을 갖고 있기 때문에 현재의 보수를 결정할 때 중요한 요인으로 고려된다. 민간부문의 고용과 가장 큰 차이를 보이고 있는 정년의 보장도 주요한 편익으로 보수를 결정할 때 영향을 미친다.

2) 보수관리 기준

공무원 보수 수준의 관리는 적정한 보수 수준 및 지급 방식을 설계하여 공무원들이 조직의 목표 달성을 위하여 적극적으로 노력하도록 하는 활동이다. 공무원 보수관리의 주요한 기준들은 다음과 같다(이창길, 2013).

첫째, 공무원의 보수 체계 및 수준이 조직 성과 및 목표 달성에 효과적으로 작동할 수 있어야 한다. 공무원에 대한 보수관리가 공무원의 사기를 높이고 불만 요인을 줄이고 근무동기를 향상시킬 수 있도록 이루어져야 함을 의미한다.

둘째, 보수 결정의 기준이 평등성과 형평성의 기준에 부합되어야 하며 불합리한 기준에 의하여 결정되어져서는 안 된다. 예를 들어 성별이나 출신지역 등이 보수 결정의 기준이 되어서는 안 되며 동일 직무의 경우 동일 보수가 지급될 수 있도록 해야 한다. 형평성의 원칙은 모든 공무원이 동일한 보수를 받아야 한다는 형식적인 형평성의 의미보다는 다른 것은 다르게 대해야 한다는 실질적 형평성 원칙이 중요하다. 숙련도가 높은 경우 또는 성과가 높은 경우 더 높은 보수를 받을 수 있도록 하는 것이 대표적인 예가 된다.

셋째, 공무원의 보수는 국민의 관점에서 볼 때 적정한 수준을 유지해야 한다. 적정한 수준이란 민간 보수 수준과 국민의 기본적인 생활수준을 감안한 것으로 보수의 대외적 형평성으로도 볼 수 있다.

넷째, 보수는 공무원이 수행하는 업무의 특성, 난이도, 책임성, 상대적 가치 등을 감안하여 결정되어져야 한다. 특히, 직무 수행에 직접적으로 영향을 미치는 역량의 종류와 수준, 그리고 직무 수행의 결과로 나타나는 성과가 보수에 적정하게 반영되는 것이 중요한다. 보수의 직무관련성이 낮을 경우 보수를 통한 사기 및 동기부여 효과가 크지 않을 수 있다.

3. 우리나라 공무원 보수체계

1) 보 수

공무원 보수규정에 따르면 공무원의 보수는 봉급과 그 밖의 각종 수당을 합산한 금액이다. 단, 연봉제 적용을 받는 공무원은 봉급이 아니라 연봉을 받기 때문에 연봉과 그 밖의 각종 수당을 합한 금액을 의미한다. 봉급은 직무의 난이도와 책임성의 정도에 따라 직책별로 지급되는 기본급여를 의미하며 수당은 직무여건 및 생활여건 등을 고려하여 지급되는 부가적인 급여이다.

봉급 즉, 기본급은 직종별로 구분되어 11개의 봉급표가 있다.[2] 수당은 수당과 실비변상 등 총 18종류로 구성된다. 이 중 수당은 상여수당, 가계보전수당, 특수지 근무수당, 특수근무수당 및 초과근무수당으르 세분되며 실

2) 11개의 직종은 일반직, 전문경력관, 공안직, 연구직, 지도직, 우정직, 경찰·소방직, 초중고 교원, 국립대학교 교원, 군인, 헌법연구관이다.

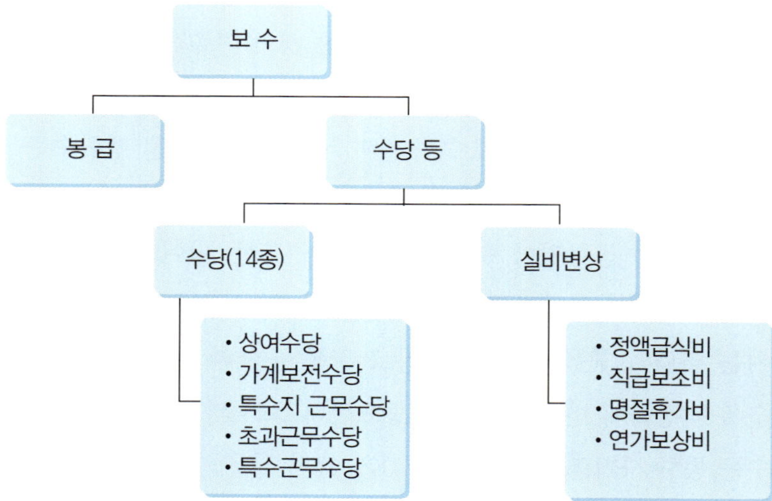

[그림 12-1] **공무원 보수 구조**

비변상은 정액급식비, 직급보조비, 명절휴가비 및 연가보상비가 있다.

2) 봉급제도

우리나라 공무원 봉급은 크게 호봉제와 연봉제로 나뉘어지며 연봉제는 고정급적 연봉제, 성과급적 연봉제, 직무성과급적 연봉제로 세분된다.

호봉제는 경력을 반영한 호봉에 따라 기본급이 결정되는 봉급제도이다. 우리나라의 경우 호봉의 결정은 매년 정기 승급을 통하여 1호봉씩 상승하는 구조로 되어 있어 연공급의 성격을 갖고 있다. 호봉체계에 따른 봉급표는 직종별로 다르다. 현재 11개의 직종별로 경력에 따라 호봉을 산정할 수 있는 봉급표가 별도로 구성되어 있다.

호봉제는 연공에 따라 생산성이 높아지는 것을 반영하는 제도로 성과 수준을 측정하기 어려운 공직의 특성을 반영하는 시스템이다. 호봉제는 또한 동일한 직급, 동일한 경력을 가진 공무원은 모두 동일한 기본급을 수령하는 제도로 보상의 형평성을 강조하는 제도이다.

호봉에 의한 봉급의 결정은 관리 측면에서 용이성을 갖고 있는 반면에 고성과자와 저성과자 간의 차별적인 보상의 기능이 상대적으로 약하다는 문제점을 갖고 있다. 이러한 문제점을 완화하기 위해서 정부는 고성과자에 대한 적절한 보상을 위하여 근무성적 및 기타 업무실적에 대한 평가를 바탕으로 성과상여금을 차등 지급하는 제도를 운영하고 있다. 정부는 성과상여금을 통하여 공직사회의 경쟁력을 높이고 일하는 분위기가 조성되기를 기대하고 있다.

봉급이 호봉을 기준으로 결정되는 제도는 보수의 형평성은 확보될 수 있으나 보수의 공정성 측면에서 다소 문제가 있을 수 있다. 개인의 능력, 실적, 성과 및 조직 공헌도 등이 보수에 반영되지 않기 때문이다. 또한 불만요인의 감소 및 동기부여 등의 효과는 기대하기 어렵다는 단점도 지적되고 있다.

이러한 문제점을 해결하기 위하여 정부는 연공급적인 성격의 보수체계에서 능력과 실적을 반영하는 보수체계로의 전환을 시도하여 1999년부터 연봉제를 도입하였다. 당시는 국가적인 위기에 처해 있던 시기로 정부 내부적으로는 공직사회의 경쟁력과 생산성을 제고하고 창의적이고 열심히 일하는 공직분위기를 조성하고 정부 외부로터 민간부문의 인재를 공직사회에 유치하기는 것을 목적으로 연봉제를 도입하게 되었다.

우리나라의 연봉제는 적용 대상 공무원에 따라 고정급적 연봉제, 성과급적 연봉제, 그리고 직무성과급적 연봉제로 구분되어 운영되고 있다. 첫째로 고정급적 연봉제는 개별 직위마다 고정된 연봉을 책정하고 있는 제도로 성과의 측정이 지극히 어려운 차관급 이상의 정무직 공무원에게 적용된다. 고정급적 연봉제의 대상자는 연봉과 함께 가족수당, 직급보조비, 정액급식비 등을 관련 법령에 근거하여 받게 된다.

둘째는 성과급적 연봉제이다. 성과급적 연봉제는 계급별 기본 연봉과 업무 실적에 따른 평가 결과를 반영하여 차등 지급되는 성과연봉으로 구성

〈표 12-1〉 호봉제와 연봉제 비교 표

구 분		개 념	특 징	적용대상 공무원
호봉제		경력을 반영한 호봉으로 기본급 결정	경력에 따른 생산성 증가 반영 형평성 강조 공정성 문제	공무원보수규정 별표3, 별표3의2, 별표4 내지 별표6, 별표8, 별표10 내지 별표14 적용공무원
연봉제	고정급적 연봉제	개별 직위마다 고정된 연봉 책정	성과측정이 지극히 어려운 정무직	정무직 공무원
	성과급적 연봉제	계급 기본연봉+ 성과연봉	성과측정이 가능한 공무원	일반직, 별정직 등 1-5급 또는 이에 상당하는 공무원(국립대학교 교원), 임기제 공무원
	직무성과급적 연봉제	기본연봉+성과연봉		고위공무원단 소속 공무원

된다. 성과급적 연봉제는 성과의 측정과 평가를 전제하고 있기 때문에 성과의 측정이 가능한 일반직, 별정직 등 1~5급 또는 이에 상당하는 공무원과 임기제 공무원에게 적용된다. 연봉의 결정은 계급별로 한도액이 있어 그 한도 내에서 개인별로 결정되며 연봉 외에 가족수당, 시간외근무수당, 연가보상비, 직급보조비, 정액급식비, 특수근무수당 및 특수지근무수당 등이 지급된다.

마지막으로 직무성과급적 연봉제는 고위공무원단에 적용되는 연봉제이다. 기본적으로 성과급적 연봉제와 유사한 구조로 설계되어 있으나 기본연봉의 결정이 기준급과 직무급으로 구성되어 있고 성과급의 비중이 더 높다는 점에서 차이가 난다.

3) 수당제도

수당은 봉급과 함께 보수를 구성하고 있으며 직무여건, 생활여건 등에 따라 지급되는 부가적인 금전적 보상이다. 수당의 지급은 '공무원 수당 등에 관한 규정'에 따라 지급되며 5개 분야 14종으로 구분된다. 수당과 함께 4가지 종류의 실비변상도 수당과 유사한 개념을 갖고 있어 동일한 규정에 근거하여 지급되고 있다.

상여수당은 모두 3종으로 상위직급의 대우 공무원으로 선발된 공무원에게 지급하는 대우 공무원 수당, 근무연수에 따라 지급되는 정근수당, 근무실적 및 업무실적이 우수한 사람에게 지급하는 성과상여금이 있다.

가계보전수당은 모두 4종으로 부양가족이 있는 공무원에게 지급되는 가족수당, 고등학교에 다니는 자녀가 있는 공무원에게 지급하는 자녀학비보조수당, 하사 이상 중령 이하 군인 및 재외 공무원에게 지급하는 주택수당, 육아휴직한 공무원에게 지급하는 육아휴직수당으로 구성된다.

특수지근무수당은 도서, 벽지, 최전방과 같은 접적지 등 고통이 불편하고 문화, 교육시설이 없는 지역이나 근무환경이 특수한 기관에 근무하는 공무원에게 지급된다.

특수근무수당은 모두 4종으로 구분된다. 기술, 교육, 특수직무 분야 등 특수한 업무에 종사하는 공무원에게 지급하는 특수업무수당, 위험한 직무에 종사하는 공무원에게 지급하는 위험근무수당, 출산휴가나 육아휴직 중인 공무원의 업무를 대행하는 공무원에게 지급하는 업무대행수당, 장기지원 군법무관에게 지급하는 군법무관수당이 있다.

초과근무수당은 모두 2종으로 규정된 근무시간 외에 일한 5급 이하 공무원에게 지급하는 초과근무수당, 4급 이상의 관리자에게 지급하는 관리업무수당이 있다.

마지막으로 실비변상은 총 4가지로 모든 공무원에게 지급되는 정액급식비와 직급보조비, 설날과 추석에 재직 공무원에게 지급되는 명절휴가비, 그리고 1급 이하 공무원 중 20일 이내의 미사용 연가에 대하여 지급되는 연가보상비가 있다.

4) 여비제도

여비는 공무여행에 필요한 경비를 충당하기 위하여 지급되는 비용으로 운임, 숙박비, 식비, 일비, 이전비, 가족여비 및 준비금으로 구분된다. 여비는 봉급 및 수당과는 달리 업무 수행과 관련해서 발생하는 비용을 충당하기 위하여 지급되다.

운임은 출장지로 이동하기 위한 교통수단 이용에 소요되는 비용을 충당하는 여비로 철도, 선박, 항공, 자동차 운임으로 구성된다. 실제 발생한 비용을 지급하는 실비정산이 원칙이다.

숙박비, 식비, 일비는 여행 중 발생하는 숙박, 식사, 그리고 출장지에서 소요되는 각종 비용을 충당하기 위한 여비로 여비지급 등급표에 따라 지급된다. 지급 기준은 공무원 여비규정에 따르며 국내와 국외가 구분된다.

이전비, 가족여비는 전임지에서 신임지로의 거주 및 이사화물을 이전한 경우, 외국으로 부임하거나 외국에서 다른 외국으로 전근 또는 외국에서 본국으로 전근하는 공무원에게 지급된다. 가족여비는 가족을 동반하는 경우 지급된다. 준비금은 국외 출장 시 비자발급비, 예방접종비, 여행자보험가입비 등 사전 준비를 위한 비용을 충당하기 위한 여비이다.

공적마일리지제도

공무상 출장으로 인해 발생한 항공마일리지를 공적마일리지라고 한다. 공무상 출장으로 공적 마일리지가 발행한 공무원은 전자인사관리시스템에 공적마일리지를 등록하고 향후 공무 출장시에 우선적으로 사용하여야 한다.

5) 성과보수제도

공무원 성과보수제도는 크게 성과연봉과 성과상여급으로 구성되어 있다.

공무원 성과연봉은 성과계약 등 평가 결과에 따라 최종 평가등급이 결정되면, 기관 실정에 맞는 평가 요소 등을 반영하여 서열화한 후, 성과급 심사위원에서 성과연봉의 지급 등급을 결정한다. 이러한 방식으로 전년도 성과평가 결과에 따라 성과연봉이 결정되면 당해 연도에 기본연봉에 더하여 성과연봉이 지급된다. 그리고 올해 성과연봉의 일부는 다음 연도 기본연봉에 반영된다.

책임운영기관의 장과 책임운영기관에 임용되는 일반임기제 공무원에 대하여는 소속장관 또는 책임운영기관의 장이 따로 정하는 성과연봉 운영기준에 따라 성과연봉을 지급할 수 있다.

성과상여금제도는 근무성적평정 결과가 우수한 자에 대해 지급할 수 있는 보상제도로 「국가공무원법」, 「공무원수당등에관한규정」, 「공무원보수등의업무지침」에 근거를 두고 있다. 성과상여금제도의 운영은 업무 특성을 반영할 수 있도록 부서에 많은 자율권을 주고 있어 소속장관은 기관의 특성을 고려하여 개인별 혹은 부서별로 성과상여금을 차등 지급할 수 있다. 개인별로 차등을 두는 방법, 부서별로 차등을 두고 부서내 개인간에는 차등을 두지 않는 방법, 부서별 차등을 둔 후 부서내에서 다시 개인별로 차등을 두는 방법 등 다양한 방법을 기관이 선택할 수 있다.

개인별 지급등급은 근무성적평정결과에 의하여 결정하되, 소속장관은 필요한 경우 정부업무평가, 부서업무평가 등 다양한 기준을 반영하여 지급등급을 결정할 수 있으며, 다면평가자료도 참고자료로 활용할 수 있다.

제2절 연 금

1. 연금의 의의 및 중요성

공무원 연금은 퇴직한 공무원과 그 가족에게 안정적인 생계유지를 위하여 지급되는 금전적인 보상이다. 공무원 연금제도는 공무원의 퇴직 후 생활을 안정화시켜 현직에 있을 때 부정부패 없이 공명정대하게 직무를 수행할 수 있도록 하여 직업공무원제의 정착에도 긍정적인 영향을 미친다.

공무원 연금제도는 연금을 바라보는 시각에 따라 다양하게 이해될 수 있으며 아래의 세 가지 입장이 대표적이다.

첫째는 고용주의 입장에서 연금을 이해하는 공로보상설이다. 연금을 장기간 근무한 직원에 대하여 고용주가 위로와 감사의 의미로 지급하는 보상으로 본다. 공로보상설의 입장에서 연금의 조성은 전적으로 고용주의 책임이 될 수 있다.

둘째, 사회보장설은 퇴직 이후 삶의 안정을 위한 수단으로 연금을 이해하는 입장이다. 퇴직 이후 수입이 없고 재직기간의 수입만으로는 퇴직 후의 생계를 대비하는 것이 현실적으로 어렵기 때문에 퇴직 후 생활을 보장하기 위한 수단이 연금이 된다. 퇴직 후 소득이 없는 경우를 대비하여 최소한의 인간다운 삶을 유지하기 위한 경제적 보상이 연금이다.

셋째, 보수후불설 또는 거치보수설은 일정 기간 동안 보수의 일부를 지급하지 않고 예치하였다 퇴직 후 지급하는 것을 연금으로 보는 입장이다. 재직 기간 중 근로자가 노동의 대가로 받는 보수의 일부를 적립하였다 퇴직 이후 받는 것을 연금으로 이해하는 것은 근로자의 관점에서 연금을 이해하는 것으로 고용주의 입장을 반영하는 공로보상설과는 상반된 견해라고 할 수 있다.

세 가지 이론적인 입장과 같이 연금에 대한 다양한 시각이 존재하고 있으나 우리나라의 경우 공무원의 보수에서 일부를 적립하여 정부가 관리한 후 퇴직 이후 적립한 본인에게 연금의 형식으로 지급하고 있기 때문에 보수후불설에 가장 가깝다고 할 수 있다.

2. 공무원 연금제도 주요 연혁

우리나라의 공무원 연금제도는 1960년도 공무원의 퇴직, 사망, 부상, 질병 및 재해 등에 대하여 금전적인 보상을 규정한 「공무원연금법」이 통과되면서 제도화되었다. 1949년 제정된 「국가공무원법」에 근거 규정을 두었으나 실제 도입은 그로부터 10년여 후인 1960년도에 이루어졌다. 1960년대 우리나라의 낙후된 경제수준을 감안할 때 매우 파격적인 제도의 도입이라고 할 수 있다. 하지만 연금제도를 통하여 공무원이 퇴직후 삶에 대한 걱정 없이 업무에 몰두 할 수 있는 여건이 형성되어 결과적으로 1970년대 이후 정부주도 경제성장 과정에서 공무원이 주요한 변화관리자 역할을 하는데 기여했다고 평가할 수 있다.

1960년도 공무원 연금제도가 도입된 이후 몇 차례 중요한 변화가 있었다. 1963년도 「군인연금법」을 제정하여 「공무원연금법」 적용대상에서 군인이 배제되었다. 1967년도에는 공무원 및 군인 경력을 재직기간에 합산하도록 제도를 변경하였으며 1975년도에는 공무원으로 재임용되는 경우에만 연금 지급을 정지하였던 것을 정부투자기관 등에 근무하게 되는 경우에도 연금 지급을 정지하도록 하였다. 1982년도에는 공무원연금관리공단을 설립하여 공무원에 대한 후생복지사업과 기금증식사업을 담당하게 하였고 이후 총무처 장관이 관장하던 연금 집행 업무를 공무원연금관리공단이 수행하게 하였다. 2009년에는 연봉제 등 변화된 공무원 보수체계를 반영하는 연금법 개정을 통하여 연금 비용과 급여를 산정하는 기초보수를 종래의 한 달 기준으로 지급받는 급여인 '보수월액'에서 과세소득을 의미하는 '기준소득월액'으로 변경하였다.

기준소득월액이란?

기여금 및 퇴직급여 산정의 기준이 되는 금액으로 기준소득에서 8개 보수인 「성과상여금(호봉제), 성과연봉(연봉제), 직무성과금(판 · 검사, 헌법연구관), 상여금(우정사업본부), 시간외근무수당, 야간근무수당, 휴일근무수당, 연가보상비」를 차감하고, 공무원의 직종 · 직급별 8개 보수평균액을 가산한 금액을 월평균한 후 당해연도 공무원 보수인상률을 곱한 금액

산정방식

(전 연도 과세소득액 − 8개 평균 대상 보수 연간소득액 + 공무원 직종 · 직급별 8개 보수 평균액) ÷ 12월 × (1 + 공무원 보수인상률)

※ (8개 평균 대상 보수) 성과상여금, 직무성과금, 성과연봉, 상여금, 시간외근무수당, 야간근무수당, 휴일근무수당, 연가보상비

3. 공무원 연금제도 현황

1) 개요 및 특징

공무원과 그 유족의 노후 소득보장을 지원하고 장기 재직과 직무충실을 유도하기 위하여 인사정책 차원에서 공무원 연금제도가 도입된 이후 20년 이상 근무하고 퇴직한 공무원 혹은 공무상 질병, 부상 등으로 퇴직 또는 사망한 공무원들은 연금 또는 일시금을 지급하게 된다.

공무원 연금제도는 우리나라에서 최초로 도입된 공적연금제도로서 직업공무원을 대상으로 하는 특수직역연금제도[3]이다. 따라서 제도의 적용 대

3) 특정한 직업군을 대상으로 하는 연금제도.

상은 장·차관을 포함하는 국가(지방)공무원법에 의한 공무원과 국가·지방자치단체에 근무하는 기타 직원으로 한정되어 있다.

연금의 비용은 정부와 공무원이 균등 부담하고 있으며 사회보험원리와 부양원리를 반영하여 재정수지 부족액이 발생하는 경우 정부재정으로 보전한다. 장래의 건전한 연금재정 운용을 위하여 매 5년마다 장기 재정전망과 적정 비용 부담률 등 전반적인 재정상황을 재계산하고 이를 근거로 필요한 개선을 한다.

우리나라의 경우 공무원은 퇴직금이 별도로 없으며 연금에 퇴직금의 일부가 포함되어 지연된 보수인 후불임금적 성격을 갖고 있다.

공무원 연금제도는 연금 이외에도 재해보상, 퇴직수당, 부조급여, 후생복지 등을 포함하고 있어 공무원에 대한 종합복지프로그램의 성격이 있어 유능한 인재등용을 위한 유인으로 작용할 수 있다.

2) 공무원 연금제도 관리체계

공무원 연금제도는 인사혁신처에서 제도를 총괄하고 있으며 공무원연금공단에서 급여의 지급, 기금 증식사업, 기여금 및 부담금 등 기타비용의 징수, 공무원 후생복지사업 및 기타 인사혁신처장이 위탁하는 사업을 수행한다. 연금대상자가 근무하는 직장 등 연금취급기관은 기여금을 징수하고 급여사유를 확인하는 등 소속 공무원에 대한 연금업무를 수행한다.

인사혁신처에 설치된 연금제도의 운영과 관련된 주요 위원회로는 공무원연금운영위원회, 공무원재해보상심의회, 공무원재해보상연금위원회가 있다. 공무원연금운영위원회는 「공무원연금법」 79조에 근거하여 설치된 위원회로 공무원 연금제도에 관한 사항, 공무원연금 재정 계산에 관한 사항, 기금운용계획 및 결산에 관한 사항, 기금에 의한 공무원 후생복지사업에 관한 사항 및 기금의 출연과 출자에 관한 사항을 심의한다. 위원회의 구성은 다양한 의견을 수렴하기 위하여 공무원 연금복지 또는 재해보상업무 관련한 중앙행정기관의 공무원, 공무원 단체 소속 공무원, 퇴직연급수급자, 비영리 민간단체에 소속된 사람, 연금 관련 식견과 경험이 풍부한 사람 등이 인사혁신처장의 지명 혹은 위촉으로 위원이 된다. 위원회는 15명 이상 20명 이하로 구성된다.

공무원재해보상심의회는 「공무원재해보상법」 제6조에 근거하여 인사혁신처에 설치된 위원회로 공무원 재해보상제도에 대한 사항, 공무수행사망자의 인정에 관한 사항, 요양급여, 장해연금 또는 장해일시금, 순직유족연금 및 순직유족보상금 등의 급여 결정에 관한 사항을 심의한다. 공무원재해보상연금위원회는 「공무원재해보상법」 제52조에 근거하여 국무총리 소속으로 설치한다. 공무원재해보상연금위원회는 급여 심사 청구에 대한 사항의 심의 및 기타 급여에 대한 이의신청에 대한 재심을 한다.

3) 공무원연금 적용대상

공무원연금 대상은 장·차관을 포함하여 상시 공무에 종사하는 공무원으로 정의된다. 여기에는 국가공무원 및 지방공무원법에 의한 공무원(정규 공무원), 기타 다른 법률에 따라 국가 또는 지방자치단체에 근무하는 직원(정규 공무원 외의 직원), 청원경찰 및 청원산림보호직원, 위원회[4] 등의 상임위원과 전임직원, 기타 직원으로서 인사혁신처장이 인정하는 자가 포함된다. 하지만 군인, 선거직 공무원(대통령, 국회의원, 자치단체장, 지방의회의원), 공무원 임용 전의 수습기간 및 견습직원, 기간제 교사 등은 포함되지 아니한다.

4) 연금의 조성 및 관리

연금관리는 연금의 조성, 증식 및 관리, 그리고 지급으로 구분하여 볼 수 있다. 우선 연금의 조성은 공무원의 기여금과 정부의 부담금으로 이루어

---

4) 한시적 혹은 법령에 의하지 아니한 위원회는 제외한다.

진다. 연금 수혜자에게 연금 등의 혜택을 지급하기 위해서는 재원이 있어야 한다. 공무원연금은 보험이 아니고 지연된 보수 또는 사회보장적인 성격이 있기 때문에 공무원이 전적으로 재원마련에 책임이 있는 것이 아니라 정부와 공무원이 공동으로 부담하고 있다. 공무원이 부담하는 금액은 기여금이고 정부가 부담하는 금액은 부담금이다.

우리나라의 경우 재원의 확보는 기여제 적립방식(기금제)으로 이루어진다. 기여제란 기금의 조성 책임이 정부에만 있는 비기여제의 반대되는 개념으로 공무원과 정부가 공동으로 기금을 조성하는 제도이다. 공무원연금은 공무원도 혜택을 보지만 정부도 이득이 있는 만큼 정부와 공무원이 함께 기여하는 것이 더 바람직하다. 이론적으로는 우리나라의 경우 20년 이상 근속해야 연금 수혜 자격이 부여되기 때문에 20년 이상 기금을 적립한 후 연금의 지급이 이루어지므로 퇴직 이전까지 충분한 기금이 적립될 수 있다. 하지만 최근 들어 인구구성의 변화와 평균수명의 연장으로 연금수혜자가 누적적으로 증가하게 되면서 당해연도의 기금증가에 비하여 급여지출이 많아지면서 적립된 기금이 줄어들게 되었다.

적립방식과 반대되는 것으로 비기금제 혹은 부과방식(pay-as-you-go)이 있다. 이는 사전에 계획을 수립하여 기금을 마련하지 않고 상황에 따라 필요한 재원을 확보하는 방식이다. 보통 국가의 일반 세입금 중에서 연금 지출에 소요되는 금액을 세출예산에 계상하여 지출하는 방식이다. 비기금제의 경우 기금운용을 하지 않기 때문에 관련된 비용 지출이 줄어드는 장점이 있는 반면에 경제상황이 악화되어 재정이 어려울 경우 연금 지급 규모를 줄이거나 지급하지 못하는 경우가 발생할 수도 있다. 이러한 상황을 대비하여 일시적 과다 지출에 대한 위험준비금을 정도를 준비할 수 있다.

공무원연금기금의 운용은 「공무원연금법」 16조에 따라 공무원연금공단에서 공무원연금기금 증식사업을 통하여 관리되고 있다. 공무원연금공단은 부동산, 주식, 장내외 파생상품 거래 및 1년 만기 정기예금금리 이상의 수익이 기대되는 사업의 수행을 통하여 기금을 관리한다.

4. 연금 급여 체계

「공무원연금법」에 따르면 연금 급여는 퇴직급여, 퇴직유족급여, 비공무상장해급여 및 퇴직수당으로 구성되어 있다.

우선 퇴직급여는 퇴직연금, 조기퇴직연금, 퇴직연금일시금, 퇴직연금공제일시금, 퇴직일시금등 4가지가 있으며, 퇴직급여의 지급 조건은 「공무원연금법」 43조에 자세하게 규정되어 있으나 보통 10년 이상 재직하고 65세가 되면 지급된다.

퇴직유족급여는 퇴직유족연금, 퇴직유족연금부가금, 퇴직유족연금특별부가금, 퇴직유족연금일시금, 퇴직유족일시금등 5가지로 구성된다. 공무원연금의 경우 퇴직연금수급자가 사망한 경우 민법상 상속 순위에 따라 유족에게 연금의 일정 부분을 지급한다.

비공무상장해급여는 공무원이 공무 외의 사유로 생긴 질병 또는 부상으로 인하여 장해상태가 되어 퇴직하였을 때 또는 퇴직 후에 그 질병 또는 부상으로 인하여 장해상태로 되었을 때 지급되는 급여로 비공무상장해연금과 비공무상장해일시금의 두 가지로 구성된다.

퇴직수당은 공무원으로 1년 이상 근무하고 퇴직하거나 사망한 경우 지급된다.

찾아볼 문제

1. 국가공무원법에 나온 보수 규정을 찾아봅시다.
2. 공무원연금 업무를 수행하는 공무원연금공단의 홈페이지를 검색해서 기능과 역할을 알아봅시다.

생각할 문제

1. 공무원 보수는 민간과는 달리 다양한 요인들을 고려해서 결정된다. 이중 가장 중요하게 고려해야 할 요인은 어떤 것이며 그 이유는 무엇인가?

2. 공무원의 보수가 민간과 비교하여 적정한 수준으로 결정되어져야 한다. 그렇다면 민간과 비교하여 공무원의 보수 수준이 어느 정도가 되는 것이 가장 적정한 수준인가? 그리고 적정성을 판단할 때 고려해야 할 요인들은 어떤 것들이 있는가?

3. 공무원의 보수가 공무원의 사기와 동기부여에 어느 정도 영향을 미친다고 생각하는가?

제 13 장 공무원 후생복지

제1절 공무원 후생복지의 의의

1. 공무원 후생복지 개념과 유형

공무원 후생복지는 정규보수, 즉 임금 이외의 모든 유형의 부가적 편익 혹은 간접편익을 의미한다(박경효, 1999, 김다은 · 김서용, 2020). 이는 공무원의 물질적 · 정신적 생활을 안정시키며, 이를 통해 정부의 생산성을 제고하고 공무원의 삶의 질을 향상시키는 것을 목적으로 하는 활동이다(오석홍, 2013; 인사혁신처, 2019). 공무원 후생복지제도는 능력 있는 우수인력의 확보와 업무의 연속성 유지, 행정개혁에의 적극적 참여 유도를 위한 인센티브 기제로서의 역할(이선우, 1997), 삶의 질 향상을 통한 적극적인 근무의욕 고취(권용수, 2004a) 등의 이유로 중요성이 강조되고 있다.

일반적으로 근로자복지는 복지 제공주체에 따라 공공복지, 기업복지, 자주복지 등으로 구분된다(이정희 · 이재섭, 2010). 공공복지는 국가가 주체가 되는 복지로 국민연금, 건강보험, 고용보험, 산재보험 등의 사회보험, 생활안정대부사업, 신용보증지원사업, 직장보육시설지원사업, 창업지원사업 등의 공공근로자복지서비스 등이 있다.

기업복지는 기업이 주체가 되는 복지로 기본적인 근로조건 외에 지원되는 유류비, 주차비, 중식, 건강검진, 통근버스, 경조금, 당직비, 학자금지원, 주택자금대여 등의 현금 및 현물 복지와 휴게실, 도서실, 체육시설 등의 시설 복지 등을 포함한다.

자주복지는 근로자 주체가 스스로 시행하는 복지활동으로 노조나 상조회 등이 시행하는 복지 등을 포함한다. 공공복지는 법령에 의해 기업에 강제되는 복지로서 법정복지이고, 기업복지는 법령에 의해 강제되지 않는 법정외복지이다.

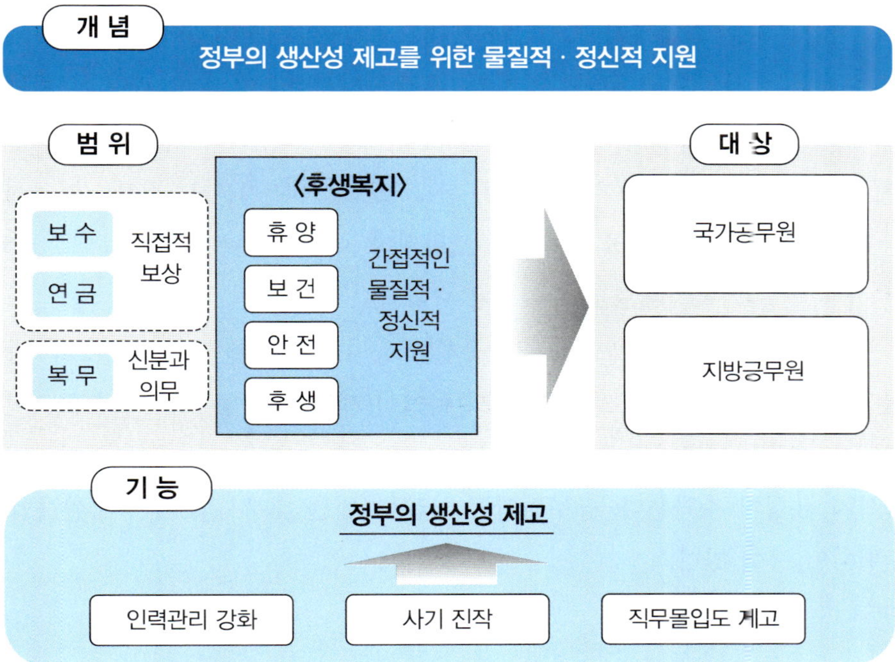

출처: 인사혁신처(2019)

[그림 13-1] 공무원 후생복지 개념도

이러한 근로자복지의 유형을 공무원복지에 적용하면 공공복지, 기관복지, 자주복지로 구분할 수 있다(이정희 · 이재섭, 2010). 공공복지는 공무원연금, 의료보험, 재해보상 혜택 등으로 구성된다. 공무원 신분보장의 특수성으로 고용보험이 배제되고 있고 연금의 경우 현재 우리나라 공무원 후생복지의 범위에서 제외되어 있다.[1] 산재보험의 경우 재해보상의 형태로 공무원연금 체계에 포함되어 있었으나 2018년 「공무원연금법」 전부개정과 「공무원

1) 제1차 공무원 후생복지 기본계획에서는 근무의 대가로 지급되는 직접적 보상으로서의 보수와 연금, 공무원의 신분과 의무에 관한 복무제도를 후생복지의 범위에서 제외하고 있다(인사혁신처, 2019).

재해보상법」 제정 이후 분리되어 규율되고 있다.

기관복지는 기업복지에 해당하는 것으로 개별 행정기관이 재원을 부담해 수행하는 사업으로 주거안정지원, 후생복지시설운영, 건강관리, 문화예술, 보육시설, 가족친화사업(생일문화상품권이나 자녀입학축하금 등), 자아실현, 퇴직관리, 근무여건(휴게실, 휴가 등), 조직문화(전자문서활성화), 자긍심제고(체육행사나 직원연찬회 등) 등이 포함된다. 이러한 기관복지사업은 2005년 이후 맞춤형 복지제도로 흡수하여 시행되고 있다.

자주복지는 교원공제회나 경제공제회 등의 직종단위 공제회, 상조회 등의 대부, 경조사, 휴양시설 운영 등의 사업이 해당된다. 공무원 복지에는 이 외에도 공무원연금기금에 의해 공무원연금공단이 수행하는 공무원연금기금복지 유형이 추가된다. 공무원연금기금복지에는 대부사업, 휴양시설사업, 주택사업 등이 있다.

2. 공무원 후생복지의 중요성

공무원 후생복지제도는 정부조직의 생산성을 높이고 공무원들의 일과 삶의 균형(Work-Life Balance, WBL)과 퇴직 후 생활 기반 마련에 기여한다. 공무원 후생복지는 공무원의 근무조건과 환경관리를 통해 직장내외 생활을 직간접적으로 지원함으로써 사기를 진작하고 직무 몰입도를 향상시켜 조직의 생산성을 제고하며 공무원 개인의 일과 삶의 균형을 통해 능동적 서비스를 제공하고, 퇴직 후 봉사 및 사회참여 기회를 확대하여 은퇴 후 활발한 생활 기반을 조성한다(행정안전부, 2012).

공무원 후생복지는 조직생산성에 긍정적 영향을 미친다. 후생복지 수준은 후생복지 만족도를 높이고 후생복지 만족도는 조직몰입이나 근무의욕에 영향을 미친다(김종관 · 이윤경 · 송지용, 2008; 권기태 · 김동원, 2016). 선택적 복지제도 이해 수준, 후생복지의 공정성, 후생복지 이용상의 편리성, 후생복지의 양적/질적 증진 등도 후생복지 만족도에 긍정적 영향을 미친다.

공무원 후생복지는 업무자율성과 혁신행동에 기여함으로써 조직생산성에 영향을 미칠 수도 있다(김응일, 2023). 공무원들의 업무자율성이 높을수록 혁신행동이 높아지는데 후생복지 수준이 높을수록 업무자율성이 혁신행동에 미치는 영향이 커진다.

공무원 후생복지는 공무원의 행복과 삶의 질에 영향을 미친다(김다은 · 김서용, 2020). 좋은 근무환경과 후생복지 수준은 행복도를 높일 수 있다. 공무원 후생복지는 보수만족을 높이고(이희태, 2009), 이직의도를 감소시킨다(서진우 · 강종수, 2022). 직무스트레스는 이직의향을 높이는데 이때 후생복지가 그러한 영향을 낮출 수도 있다.

공무원 노동조합, 선택형 복지제도, 절차적 공정성 등이 공무원 후생복지 만족을 높여줄 수 있다. 우선 공무원 노동조합의 활동이 공무원 후생복지 수준에 영향을 미친다(권기태 · 김동원, 2016). 노조운영이 효과적이거나 노사관계가 협력적이면 후생복지 수준이 높게 나타난다.

둘째, 선택형 복지제도에서의 후생복지 선택이 후생복지의 만족에 영향을 미친다(유규창, 2004). 선택적 복지를 선택한 이들의 후생복지 만족도가 더 높게 나타난다.

셋째, 절차적 공정성과 같은 의사결정 방식이 공무원 후생복지에 영향을 미칠 수 있다(허성욱 · 김성민, 2020). 선택형 복지는 후생복지 박탈감을 낮추는데 이 과정에서 절차적 공정성을 높이면 이러한 관계는 강화된다.

넷째, 사용자 지향성과 같은 제도 도입 과정의 방식이 후생복지 만족에 영향을 미칠 수 있다(장헌주 · 최무현, 2008). 맞춤형 복지제도 도입으로 인한 조직 내외 변화와 맞춤형 복지제도의 사용자 지향성이 맞춤형 복지제도에 대한 만족도에 긍정적인 영향을 미치는 것으로 나타난다.

3. 공무원의 삶의 질, 일과 삶의 균형과 후생복지

최근 공무원 후생복지는 공무원의 삶의 질(Quality of Life, QoL)과 그에 따른 일과 삶의 균형의 관점에서 특히 중요하게 논의된다. 사회적으로 개인의 삶의 질 추구 경향이 강화되면서 공공부문도 주5일 근무제, 탄력적 근무제도 등, 공무원 복지욕구가 다양화되고 있다(권용수, 2004a). 공무원의 삶의 질과 그에 기반한 일과 삶의 균형에 대한 관심은 공무원 후생복지에 대한 관심으로 이어진다. 실제 삶의 질을 중시하는 사회적 영향으로 공무원 후생복지제도는 잠재력 있는 우수인력 확보(이선우, 1997)와 이직의도에 영향을 미친다.

우리나라 공무원 후생복지는 민간부문과 비교할 때 낮은 수준으로 이는 공무원의 사기를 낮춘다(김다은 · 김서용, 2020). 공무원의 삶의 질은 민간기업 종사자에 비하여 낮은 것으로 보고되는데(조경호 · 김미숙, 2000), 이는 낮은 후생복지 수준과 일정한 관계가 있을 것으로 추론해 볼 수 있다.

최근에는 공무원의 삶의 질에서 일과 삶의 균형이 강조된다. 후생복지는 공무원의 삶의 질을 구성하는 핵심 요소로서(박경효, 1999), 건강보험이나 퇴직급여와 같은 전통적 혜택과 일과 삶의 균형에 초점을 맞추는 가족 친화적 혜택으로 구분될 수 있다(서진우 · 강종수, 2022). 이는 영국 정부의 캠페인 이후로 확산된 개념으로 근로시간자유선택제와 같이 융통적 시간사용에서 시작되어 개인 생활과 유급 노동 사이의 조화를 이루도록 지원한다(김종관 · 이윤경, 2009).

일과 삶의 균형은 1970년대 작업조건과 근로자의 행복을 동일시하는 노동환경의 질(Quality of Work Life, QWL) 개념까지 거슬러 올라가는 개념으로 일과 일 이외 영역의 균형을 의미하며 일 이외의 영역은 가족, 자신, 놀이 및 여가 등이 포함된다(김정운 외, 2005). 고용노동부의 매뉴얼에서 일과 삶의 균형은 초과근무, 휴가, 유연근무, 육아, 여가 등을 포함한다(고용노동부, 2014). 신세대 공무원이 과거 공무원보다 일과 삶의 균형을 더욱 중시한다(김태우 · 조기웅, 2021).

공무원 후생복지의 제도적 기반과 주요 내용 제2절

1. 공무원 후생복지의 제도적 기반

1) 법적 근거

공무원 후생복지제도의 법적 근거는 다음과 같다. 「국가공무원법」 제52조에 의하면 중앙인사관장기관의 장은 공무원 근무능률 증진을 위해 보건, 휴양, 안전, 후생 등에 대한 기준을 설정해야 하고 각 기관의 장은 이를 실시해야 한다.[2)]

「공무원연금법」에서는 2018년 9월 공무원연금법 전부개정법률 이후 공무원 후생복지제도를 별도의 장(제7장, 제83항~제86항)을 두어 규율하고 있다.[3)] 이에 따르면 인사혁신처장은 공무원의 삶의 질과 사기진작 차원에서 공무원 후생복지 관련 시책을 수행할 수 있고(동법 제83조), 퇴직 공무원의 후생복지를 위해 퇴직 공무원 상조회, 퇴직 공무원 현금자산 운용 등, 관련 대책을 마련해야 한다(동법 제85조).

「공무원연금법」 시행령 제85조~86조에서는 인사혁신처장이 5년마다 공무원 후생복지 기본계획을 수립하여 시행하고, 공무원연금공단이 매년 공무

2) 이 조항은 1963년 4월 17일 국가공무원법 폐지제정 법률 제1325호에서 처음 신설되었다.

3) 기존 「공무원연금법」이 퇴직 공무원 후생복지에 초점을 맞추었다면 2018년 9월 전부개정법률에서는 공무원 후생복지의 기본계획과 같은 전체적인 공무원 후생복지 관련 시책 마련이 가능하도록 근거규정이 마련되었다.

원 후생복지 사업계획을 수립하여 인사혁신처장에게 제출하도록 하였다.

대통령령인 「공무원 후생복지에 관한 규정(이하 후생복지규정)」[4]은 2005년 5월 맞춤형복지제도 규정을 위해 제정되었다. 후생복지규정은 "공무원의 다양한 복지수요를 효과적으로 충족시키고, 공무원이 건강하고 활기차게 근무할 수 있는 여건을 조성하여 정부의 생산성을 높이는 것"을 목적으로 하고 있다(후생복지규정 제1조).

2) 운영원칙

공무원 후생복지제도 운영원칙은 다음과 같다(후생복지규정 제4조). 첫째, 기관장은 소속 공무원 복지수요 충족을 위해 후생복지제도를 수립하고 운영해야 한다. 둘째, 기관장은 소속 공무원 후생복지제도 설계와 운영 시 해당 기관의 효율적 운영과 공무원 개개인의 복지욕구 사이의 조화와 균형을 이루도록 해야 한다. 셋째, 기관장은 소속 공무원 참여를 유도하여 다양한 복지수요가 반영될 수 있도록 해야 한다. 또한 기관장은 복지비용의 효용이 극대화되도록 해야 하고 소속 공무원에게 복지혜택이 공평하게 배분되도록 노력해야 한다. 넷째, 기관장은 소속기관이나 직종에 따른 다양한 복지수요의 반영과 복지혜택의 공평한 제공을 위해 필요한 경우 소속기관 장에게 후생복지제도를 수립하여 운영하게 할 수 있다.

3) 총괄 및 집행조직

공무원 후생복지제도를 총괄하는 기관은 인사혁신처이다. 구체적으로 인사혁신처 연금복지과에서 후생복지제도 관련 총괄사무를 수행한다. 「인

4) 2005년 맞춤형 복지제도가 도입되면서 이를 규율하기 위한 후생복지규정이 대통령령으로 제정되었다(2005년 5월 26일). 후생복지규정에는 정의, 적용범위, 후생복지제도 운영원칙, 맞춤형 복지제도의 의의와 항목, 복지점수의 부여와 관리, 공무원후생복지심위원회 설치, 후생복지실태조사, 전산관리시스템의 통합 운영 등이 규정되어 있다.

사혁신처와 그 소속기관 직제 시행규칙」 제10조 제5항에서는 연금복지과장의 분장 사무를 아래 표의 내용과 같이 제시하고 있다. 인사혁신처 연금복지과의 사무는 크게 연금 사무와 후생복지 사무로 구분되며, 후생복지사업에는 공무원 후생복지 종합계획 수립과 제도 연구, 기업체와 외국 공무원의 후생복지제도 실태 조사, 공무원의 건강관리와 교양 및 정서함양 관련 사항, 퇴직예정 공무원 지원계획, 맞춤형 복지제도 연구 · 개선 · 운영 사항 등을 담당하고 있다.

공무원 후생복지제도 집행기관은 각 중앙행정기관 및 지방자치단체 등, 행정기관과 공무원연금공단이라고 할 수 있다. 특히 공무원연금공단은 「공무원연금법」 제2장에 규정된 공공기관으로서 인사혁신처장의 권한과 업무를 위탁받아 「공무원연금법」의 목적을 달성하기 위한 사업을 효율적으로 추진하기 위해 설립되었다. 공공기관 경영정보 공개시스템 ALIO 사이트(alio.

〈표 13-1〉 인사혁신처 연금복지과 분장 사무

구 분	분장 사무
연 금	공무원 연금제도의 연구 및 개선
	공무원 연금재정의 장기전망 분석 및 평가
	공무원 연금제도의 개혁 및 교육 · 홍보
	기업체 및 외국 공무원 등의 연금제도 운영실태 조사
	공무원연금공단의 지도 및 지원
	「공무원연금법」 제79조에 따른 공무원연금운영위원회의 운영
후생복지	공무원 후생복지에 관한 종합계획의 수립 및 제도 연구 · 개선
	기업체 및 외국 공무원 등의 후생복지제도 실태 조사
	공무원의 건강관리 및 교양 · 정서함양 등에 관한 사항
	퇴직예정 공무원에 대한 지원계획 수립
	「공무원 후생복지에 관한 규정」 제2조제1호에 따른 맞춤형 복지제도의 연구 · 개선 및 운영

출처: 인사혁신처와 그 소속기관 직제 시행규칙(총리령 제1902호, 2023년 8월 30일 일부개정)

go.kr)에서는 공무원연금공단의 주요 기능을 연금업무, 재해보상업무, 기금운용업무, 고객지원업무, 국가위탁업무 등으로 구분하고, 기금운용업무의 일부로 공무원에 대한 연금대출, 주택임대 및 후생복지시설 운영, 국가위탁업무로 학자금 대여 등의 후생복지사업을 제시하고 있다.

공무원연금공단의 비전체계도를 살펴보면 미션에서 전현직 공무원의 복지향상을 명시하고 있으며, 전략목표로 '실용적 종합복지 서비스', 그에 따른 전략과제로 '편리하고 실용적인 생활복지서비스 확대', '촘촘하고 든든한 주거복지 실현', '체계적이고 도움되는 퇴직지원 활성화' 등을 제시하고 있다.

출처: 공무원연금공단 홈페이지(geps.or.kr)

[그림 13-2] 공무원연금공단 비전체계도

2. 우리나라 공무원 후생복지제도의 발전

우리나라 후생복지제도는 도입기, 성장기, 발전기, 성숙기의 단계를 거쳐 발전해왔다(행정안전부, 2012). 첫째, 후생복지제도의 시작은 1963년이라고 할 수 있다. 1963년「국가공무원법」폐지제정법률에서는 최초로 공무원 후생복지 근거 조항이 마련되었다. 동법률 제52조는 근무능률 증진 차원에

〈표 13-2〉 우리나라 후생복지제도 연혁

구 분	연 도	내 용
도입기 (1963~ 1979)	1963	공무원의 보건 · 휴양 · 안전 · 후생 등 기준설정 및 실시의무 규정 신설
	1966	주택분양사업 시행
	1967	학자금대부 및 연금대부 도입
	1979	복지시설(공무원연금매장 등) 운영
성장기 (1980~ 2005)	1982	국고대여학자금 신설, 주택임대사업 시행
	1983	부처간 종합체육대회 실시 (※ 제5회부터 '동호인 중심의 대회'로 전환)
	1991	공무원 미술대전 실시
	1998	공무원 문예대전 실시
	2000	퇴직예정 공무원 취업훈련 등 기본계획 수립
발전기 (2005~ 2010	2005	공무원 후생복지에 관한 규정 제정 (※ 맞춤형 복지제도 시범 실시(2003~2004) 후 전부처 확대(2005), 지방자치단체 자율 도입(2006)
	2007	공무원 음악대전 실시
	2008	공무원 상담센터(정부중앙청사) 설치
	2010	퇴직 공무원 사회참여지원사업 추진계획 수립
성숙기 (2011~ 현재)	2011	• 공무원 상담지원센터(정부과천청사) 설치 • G-senior 포털 확대개편 구축 • 퇴직예정 공무원 교육프로그램 개발 용역 완료(2011~2012)
	2012	• 퇴직 공무원 활용확대 종합계획 수립·시행: 퇴직자 전문성을 활용한 봉사 등 사회적 기여 확대 및 전담지원체제 등 인프라 구축 • 퇴직 공무원 지원센터 운영: 공무원연금공단 5개 지부에 설치(서울·부산·대전·광주·강원)

출처: 행정안전부(2012)

서 공무원의 보건, 휴양, 안전, 후생 등의 기준을 설정하여 실시하도록 의무화하였다. 이에 따라 주택분양사업, 학자금대부 및 연금대부사업, 복지시설 운영 등의 복지사업이 시작되었다. 둘째, 성장기는 1980년대 이후로 이 시기에는 후생복지제도가 대폭 확대되었다. 국고대여학자금, 부처 간 종합체육대회(동호인대회), 주택임대사업, 공무원 미술/문예대전, 퇴직예정 공무원 취업훈련 등이 이 시기에 시작되었다. 셋째, 발전기는 후생복지제도가 정착된 시기로서 맞춤형 복지제도가 시작된 2005년 이후가 된다. 맞춤형 복지제도 시행을 위해 후생복지규정이 제정되었고 공무원 상담센터가 설치되고, 퇴직 공무원 사회참여지원사업 추진계획이 수립되었다. 넷째, 2011년 이후의 성숙기에는 공무원 상담지원센터, 퇴직 공무원 지원센터 등이 설치되었다.

3. 공무원 후생복지제도의 내용

다양한 공무원 후생복지제도가 운영되고 있다. 후생복지규정상 후생복지제도는 다음과 같다. 첫째, 맞춤형 복지제도이다. 이는 연도별로는 부여되는 복지점수를 사용하여 자신이 원하는 복지혜택을 자유롭게 선택하는 제도이다. 둘째, 신체적 · 정신적 건강 유지를 통한 활기찬 근무여건 조성을 위해 건강관리 지원 시설이나 심리 상담을 제공할 수 있다. 이에 따라 인사혁신처장은 이를 지원하기 위한 공무원 상담센터를 설치 · 운영할 수 있다. 셋째, 소송비용 등의 지원을 위한 보험계약제도이다. 기관장은 소속 공무원이 직무수행에 의해 수사기관 수사나 민 · 형사상 책임 관련 소송을 수행하면서 부담하게 되는 변호사 비용, 소송비용, 손해배상금 등의 비용 지원을 위한 보험계약을 체결할 수 있다. 이는 공무원연금공단이 대행할 수 있다. 넷째, 문예 · 체육 활동 지원제도로 인사혁신처장은 공무원 예술대전, 공무원 동호인대회 등을 개최할 수 있다. 공무원 예술대전이나 공무원 동호인대회 수상자는 해당 재능을 활용한 봉사활동을 할 수 있다. 다섯째, 장애인공무원 지원제도이다. 장애인인 공무원은 보조공학기기 등을 지급받을 수 있고, 중증장애인인 공무원은 근로지원인을 배정받을 수 있다. 인사혁신처장은 관련 사무 수행을 위해 한국장애인고용공단과 같은 기관을 전문기관으로 지정할 수 있다.

우리나라의 후생복지제도에서 기관복지는 인사혁신처, 공무원연금공단, 중앙행정기관/지방자치단체 등의 서비스 공급주체별로 세분화되어 있다(인사혁신처, 2019). 인사혁신처 서비스는 후생복지규정에 따라 인사혁신처 예산을 재원으로 하여 제공되는 서비스이다. 공무원 예술대전, 동호회 및 동호인 대회, 공무원 상담센터, 장애인 공무원 근무지원 등이 이에 해당한다. 공무원연금공단 서비스는 「공무원연금법」에 따라 공무원연금기금을 재원으로 제공되는 서비스이다. 임대주택사업, 융자사업, 후생복지시설 운영,

공급주체	근거법령	재 원	서비스
인사혁신처	공무원 후생복지에 관한 규정	국가 (인사처 예산)	• 맞춤형 복지제도 수립·시행 • 공무원 예술대전(미술, 문예, 음악) • 동호회 및 동호인 대회 지원 • 퇴직 전후 지원 • 공무원 상담센터(마음건강센터) 운영 • 장애인 공무원 근무지원
공무원 연금공단	공무원 연금법	공무원 연금기금	• 임대주택 공급 • 융자사업(학자금, 연금대부) • 후생복지시설 운영(골프장 등) • 제휴복지서비스(여행, 쇼핑, 건강검진 등) • 퇴직 전후 지원
중앙 행정기관/ 지자체	국가 공무원법/ 지방 공무원법	국가 (각 기관 예산/ 지자체)	• 맞춤형 복지포인트 제공 • 생일 등 경조사 지원 • 건강검진 지원(제휴할인, 검진비 지원) • 여행·숙박·숙소 지원 • 동호회, 외국어 등 교육 지원

출처: 인사혁신처(2019)

[그림 13-3] **공무원 후생복지 서비스 현황**

제휴복지서비스 등이 이에 해당한다. 중앙행정기관/지방자치단체 서비스는 「국가공무원법」과 「지방공무원법」에 따라 각 기관과 지방자치단체 예산으로

비 전

행복한 공무원, 일 잘하는 공직사회

↑

목 표

수요 맞춤형 서비스를 제공하고 품질을 관리하여 공무원의 후생복지 만족도 제고

↑

현 황	5대 전략	13개 추진과제
공직사회 인적구성, 가치관 등 환경변화	일과 가정 양립을 위한 여건 마련	① 자녀 육아·교육 걱정 없는 여건 마련 ② 가족과 더 친해질 수 있는 환경 조성
	공무원 활력 제고를 위한 지원 강화	③ 건강한 인생 지원 ④ 휴식 있는 삶 지원
	삶의 걱정을 덜어주는 환경 조성	⑤ 생활자금 지원 확대 ⑥ 다양한 주거지원 확대 ⑦ 맞춤형 복지포인트의 활용률 제고
급증하는 퇴직 공무원에 대한 지원 미흡	적극적인 은퇴생활 지원을 위한 체계 마련	⑧ 퇴직 공무원 활용·지원 강화를 위한 추진체계 정립 ⑨ 수요자 맞춤형 사회진출 지원 강화 ⑩ 퇴직 공무원 생활지원 강화
정책 추진기반 및 서비스 질 제고를 유인하는 체계 미비	지속 가능한 서비스 혁신을 위한 추진기반 마련	⑪ 공급주체별 역할 정립과 추진체계 마련 ⑫ 범정부 협력체계 구축 ⑬ 고객 중심 서비스 제공을 위한 개발·점검·환류체계 마련

출처: 인사혁신처(2019)

[그림 13-4] 제1차 공무원 후생복지 기본계획 비전체계도

제공되는 서비스이다. 맞춤형 복지포인트 제공, 경조사 지원, 건강검진, 여행 · 숙박 지원, 동호회, 외국어 지원 등이 이에 해당한다.

현재 우리나라 공무원 후생복지제도의 구체적 내용은 제1차 공무원 후생복지 기본계획(이하 기본계획)에 기반하고 있다. 2019년에 수립된 기본계획의 주요 내용은 다음과 같다. 첫째, 비전은 "행복한 공무원, 일 잘하는 공직사회"로 하여 공무원의 삶의 질과 업무 생산성을 공무원 후생복지의 궁극적 목적으로 명확화하였다. 둘째, 목표는 "수요 맞춤형 서비스를 제공하고 품질을 관리하여 공무원의 후생복지 만족도 제고"로 하였다. 맞춤형 서비스와 서비스의 품질 관리를 통해 공무원 후생복지 서비스에 대한 만족도를 높이겠다는 것이다. 셋째, 공직사회의 인적구성과 가치관의 변화, 급증하는 퇴직 공무원 문제, 미흡한 정책 추진기반 등의 체계 등의 현실에 대응하기 위한 5대 전략과 13개 추진과제를 마련하였다. 구체적인 전략과 추진과제는 앞의 [그림 13-4]를 참조할 수 있다.

맞춤형 복지제도 제3절

1. 맞춤형 복지제도의 의의와 제도적 기반

맞춤형 복지제도는 "사전에 설계되어 제공되는 복지혜택 중에서 공무원이 본인의 선호와 필요에 따라 개별적으로 부여된 복지점수를 사용하여 자신에게 적합한 복지혜택을 선택하는 제도"이다(후생복지규정 제2조 제1호). 이는 선택적 복지제도(flexible benefits plan)로서 후생복지제도를 각자 필요에 따라 자유롭게 선택하는 고객중심 제도이다(권용수, 2004b).[5] 후생복지규

5) 맞춤형 복지제도는 2003년 3월에 기획예산처, 경찰청, 중앙인사위원회 대상으로 최초로 시범

정 제5조에서는 기관장은 가능한 한 소속 공무원에 대한 후생복지가 맞춤형 복지제도로 통합하여 운영되도록 하고 있다.

운영기관에서는 맞춤형 복지제도 운영에 대한 직원 의견수렴을 위해 심의기구로 후생복지운영협의회(이하 협의회)를 설치하여 운영할 수 있다(인사혁신처, 2023). 협의회는 위원장 포함 7인 이내 위원으로 구성하며, 협의회장은 실 · 국장급 공무원으로 기관장이 지명하고, 협의위원은 기관장이 지정하지만 직급별 · 직종별로 대표성 있게 구성하고 필요하면 노조 추천위원 1인 이상이 포함될 수 있도록 해야 한다. 협의회 사무 처리를 위한 간사 1인을 둔다.

2. 맞춤형 복지제도의 항목

맞춤형 복지제도의 항목은 기본항목과 자율항목으로 구성한다. 기본항목은 의무적으로 선택해야 하는 항목이고 자율항목은 자율적 선택이 가능하도록 운영기관별로 설계하고 운영하는 항목이다. 기본항목은 필수기본항목과 선택기본항목으로 구분되는데 필수기본항목은 공무원 조직 안정성 차원에서 전체 공무원이 의무적으로 선택해야 하는 항목으로 생명보험과 상해보장보험 등으로 구성된다. 선택기본항목은 소속 공무원이 의무적으로 선택하도록 하거나 일정요건에 해당하면 자동적으로 적용받게 되는 것으로 구성된다. 자율항목은 기관장이 소속 공무원 복지수요를 고려하여 정하는 복지혜택이다. 건강관리, 자기계발, 여가활용, 가정친화 등에 관한 항목으로 구성된다.

실시되었다(권용수, 2004b). 공무원 개인별로 복지포인트(공통+근속+가족)를 산정하여 복지항목을 선택하는 선택항목추가형을 기본으로 하고 남은 잔여포인트의 50%를 이월할 수 있도록 하는 유연소비계정형을 혼합한 유형을 채택하였다.

〈표 13-3〉 **자율항목 구성 예시**

분 야	자 율 항 목
건강관리	병의원 외래진료, 약 구입, 안경 구입, 운동시설 이용 등 **공무원 본인**과 **가족**의 건강진단, 질병예방, 건강증진 등을 위한 복지항목으로 구성
자기계발	학원 수강, 도서 구입, 세미나 연수비 등 **공무원 본인**의 능력발전을 위한 복지항목으로 구성
여가활용	여행 시 숙박시설 이용, 레저시설 이용, 영화·연극 관람 등 **공무원 본인**과 **가족**의 건전한 여가활용을 위한 복지항목으로 구성
가정친화	보육시설·노인복지시설 이용, 기념일 꽃 배달, 결혼식, 장례식 등 일과 삶을 조화롭게 병행할 수 있도록 **공무원 본인**과 **가족**을 지원하는 복지항목으로 구성

출처: 2023 공무원 보수 등의 업무지침

3. 복지점수의 구성과 배정

기관장은 해당 기관 후생복지제도의 수혜규모를 파악해 점수화해야 한다. 이렇게 산출된 복지점수를 소속 공무원에게 공평하게 부여해야 한다. 복지점수는 기본복지점수와 변동복지점수로 구성된다. 기본복지점수는 운영기관별로 일률적으로 부여하는 것이고 변동복지점수는 일정 기준에 따라 소속 공무원에게 차등적으로 부여하는 것이다. 변동복지점수 산출에는 근무연수, 가족상황, 소속 공무원 업무성과, 징계여부 등이 고려된다.

2023년 현재 변동복지점수는 근속복지점수, 가족복지점수, 추가복지점수로 구성된다(인사혁신처, 2023). 기본점수는 400점으로 일률적으로 배정되고 근속점수는 근무연수 1년당 10점으로 하여 최고 30년 300점까지 배정할 수 있다. 가족점수는 배우자를 포함하여 4인 이내 부양가족[6]으로 해야 하지만 자녀의 경우 부양가족 수가 4인을 초과하여도 모두 지급한다. 배우자는

6) 부양가족은 공무원수당 등에 관한 규정 제10조(가족수당)상 가족수당 지급대상으로서의 부양가족을 의미한다.

〈표 13-4〉 복지점수 구성

기본점수	근속점수	가족점수
• 400점 일률 배정	• 근무연수 1년당 10점 • 최고 30년까지 최고 300점 배정	• 배우자 포함 4인 이내로 하되, 자녀는 인원수에 관계없이 모두 배정 • 배우자 100점, 직계 존·비속 등 1인당 50점 다만, 직계비속 중 둘째 자녀는 100점, 셋째 자녀부터는 1인당 200점

출처: 2023 공무원 보수 등의 업무지침

100점, 직계존 · 비속에게는 1인당 50점으로 하되 직계비속 중 둘째 자녀는 100점, 셋째 자녀부터는 1인당 200점으로 한다. 추가복지점수의 경우 예산절감액, 업무성과 포상금, 복지카드 수수료 등에 대하여 점수를 재배정할 수 있다.

4. 복지점수의 사용

복지점수는 연도별로 부여하며 당해 연도 내에 사용해야 한다. 사용 후 남은 경우 다음 연도 이월이나 금전 청구가 불가하도록 되어 있다. 신규채용이나 복직 등으로 새롭게 복지점수를 부여하는 경우에는 해당 사유가 발생한 달의 1일 기준으로 월단위로 계산한다. 전직이나 직위해제, 면직, 해임, 파면, 휴직, 파견 등의 경우에는 이미 사용한 복지점수는 해당 사유가 발생한 달의 말일을 기준으로 월단위로 계산한다. 변동복지점수의 경우 부양가족 수 증가와 같은 연도 중 증감사유가 발생해도 변경할 수 없다. 복지점수를 사용한 사람은 소요 경비를 기관장에게 청구하여 정산한다. 기관장은 복지점수 정산업무의 효율적 처리를 위해 용도 확인이나 증빙자료 첨부와 같은 절차를 간소화하거나 생략할 수 있다.

5. 맞춤형 복지 통합관리시스템

인사혁신처장은 복지점수의 관리나 정산과 같은 맞춤형 복지제도 업무의 효율적 처리를 위해 전산관리시스템을 개발 · 운영할 수 있다(후생복지규정 제13조 제1항). 이에 따라 현재 인사혁신처는 맞춤형 복지 통합관리시스템을 공무원연금공단에 위탁하여 운영하고 있다(인사혁신처, 2023). 부처별 맞춤형 복지 운영현황과 관련한 자료 취합과 처리 등의 업무는 원칙적으로 이 통합시스템을 통해 관리된다. 운영기관의 장은 운영 관련 통계 현황을 통합시스템에 등록하여 처리하여야 한다. 통합시스템에 의한 복지점수 지급과 정산은 '선사용 후정산' 방식과 '복지점수 직접결제' 방식을 사용한다. 기관 자체시스템이나 타 민간운영업체 위탁 운영 시 기관 필요에 따라 '선사용 후 기관 직불방식' 혹은 '선지급 후사용 방식(충전식)' 등의 방식을 사용할 수 있다.

제4절 공무원 재해보상제도

1. 공무원 재해보상제도의 의의와 제도적 기반

공무원 재해보상제도는 "공무원의 공무상 재해 또는 공무원 본인과 그 가족의 사망 등에 대하여 적정한 보상을 제공하여 공무원과 그 유족의 생활 안정과 복리증진에 기여하는 제도"이다.[7] 공무원 후생복지의 하나의 유형인 공공복지에 해당하지만 제도적으로는 별도의 「공무원 재해보상법」에 기반하고 있어 공무원 후생복지제도와는 구분되어 운영되고 있다.

공무원 재해보상제도는 1949년 「국가공무원법」 제정과 함께 시작되었

7) 공무원연금공단 홈페이지 자료(geps.or.kr)

맞춤형 복지제도 이용 현황

맞춤형 복지제도 제휴카드 사용실적을 보면 여가생활 비중이 가장 높고 가정친화, 건강관리, 자기계발순으로 나타난다. 이러한 경향은 성별로 약간 다른데, 남성의 경우 2016년까지는 가정친화가 여가생활보다 비중이 높게 나타나고 2017년 이후 여가생활 비중이 높게 나타난다. 반면 여성의 경우 가정친화보다는 여가생활 비중이 더 높게 나타나고 그 차이는 시간이 갈수록 증폭되는 경향을 보인다.

*** 맞춤형 복지제도 제휴카드 사용실적(2015–2019)**

구 분	2015년		2016년		2017년		2018년		2019년	
	남	여	남	여	남	여	남	여	남	여
가정친화	31.9	25.2	31.7	25.1	31.3	22.5	30.2	22.8	30.1	22.3
건강관리	14.5	11.4	14.9	11.6	20.2	14.0	16.2	12.7	20.2	13.9
여가생활	29.8	41.0	29.4	41.0	35.2	56.3	35.8	53.0	32.5	53.2
자기계발	2.2	3.4	2.3	3.5	1.5	1.9	2.1	3.3	1.5	1.9

세부적으로 살펴보면 가정친화의 경우 가족식사와 차량서비스 등의 활용도가 높고 건강관리의 경우 병 · 의원 진료와 보험/금융 등의 활용도가 높게 나타난다. 여가생활의 경우 온라인쇼핑이나 생활편의시설 비중이 높고 자기계발의 경우 학원수강이 학습자재 구입보다 높게 나타난다.

*** 맞춤형 복지제도 제휴카드 세부 사용실적(2015–2019)**

구 분	복지항목	2015년	2016년	2017년	2018년	2019년
가정친화	가족식사	38.1	37.6	23.2	22.5	21.0
	차량서비스 등	23.0	23.4	21.1	21.0	20.4
	의류/잡화	11.7	11.4	10.9	9.8	7.7
건강관리	병 · 의원 진료	46.6	46.4	42.8	54.1	47.9
	보험/금융	34.4	35.0	45.6	30.6	40.9
	약국및의료기기	17.3	16.9	9.5	14.0	9.5
여가생활	온라인쇼핑	28.2	28.4	53.1	53.2	57.2
	생활편의시설	48.5	48.2	29.1	26.9	26.0
	여행/교통	8.6	8.7	5.4	7.7	6.0
자기계발	학원수강	71.0	72.4	67.3	74.7	76.3
	학습자재	29.0	27.6	32.7	25.3	23.7

출처: 서정욱 외(2020)

다.[8] 공무로 인한 부상이나 질병으로 퇴직하거나 사망한 경우 연금을 지급할 수 있도록 하였다. 1960년 「공무원연금법」 제정으로 퇴직연금, 퇴직일시금과 함께 유족부조금, 유족일시금, 장해연금 등 5종의 장기급여가 마련되었고, 1962년 「공무원연금법」 전부개정법률에서 요양비, 분만비, 상병수당, 분만수당, 장제비 등의 5종의 단기급여가 추가되었다. 1983년 「공무원연금법」 전부개정법률을 통해 공무원연금제도와 재해보상제도 체제로 정착하여 큰 변화 없이 지속되었다.

「공무원 재해보상법」은 2018년 3월 20일에 제정되어 동년 9월 21일에 시행되었다.[9] 이는 보다 전문적이고 체계적인 제도로 발전시키기 위해 공무원 재해보상제도를 「공무원연금법」에서 분리하여 규율한 결과였다. 이 과정에서 시간선택제 채용 공무원, 무기계약직, 비정규직 등으로 적용 대상을 확대하였고 공무원 재해보상 심사체계를 정비하였으며, 재활급여와 간병급여 등, 급여 종류를 확대하였다.

이 법에 근거하여 인사혁신처 소속의 공무원재해보상심의회와 국무총리 소속의 공무원재해보상연금위원회가 운영되고 있다. 공무원재해보상심의회는 공무원 재해보상제도, 공무수행사망자 인정, 급여 결정(요양급여, 장해연금 또는 장해일시금, 순직유족연금, 순직유족보상금, 위험직구순직유족연금, 위험직무순직유족보상금 등), 제3자 손해배상청구, 재요양 등의 사항을 심의한다(동법 제6조). 위원장 1인을 포함하여 100명 이내 위원으로 구성되며 기획재정부, 행정안전부, 국가보훈부, 고용노동부, 인사혁신처 소속의 4급 이상 공무원 등의 당연직 위원이 포함되고 위원 임기는 3년이며 연임도 가능

8) 인사혁신처 홈페이지 자료(mpm.go.kr)

9) 「공무원 재해보상법」은 총 7장 63조의 본문과 부칙으로 구성되어 있다. 제1장은 총칙으로 공무원 재해 인정기준, 공무원재해보상심의회 등을 규정하였다. 제2장은 급여에 대해 규정하고 있으며, 통칙과 6개의 급여유형(요양급여, 재활급여, 장해급여, 간병급여, 재해유족급여, 부조급여), 급여제한 등 8개 절로 구성된다. 제3장은 재해예방과 재활·직무복귀 지원, 제4장은 비용부담, 제5장은 심사 청구, 제6장은 보칙, 제7장은 벌칙 등을 규정하고 있다.

하다(동법 제7조).

공무원재해보상연금위원회는 심사 청구에 관한 사항을 심사하는 조직으로서 심사 자체뿐만 아니라 심사 관련 법령과 제도 개선 필요 사항에 대해 인사혁신처장에게 의견 제출이나 개선 권고를 할 수 있다. 위원장 1인을 포함한 50명 이내 위원으로 구성되며 업무 지원과 처리를 위한 사무기구의 장을 겸임하는 1인의 상임위원과 기획재정부, 행정안전부, 국가보훈부, 고용노동부, 인사혁신처 고위공무원단 소속 공무원 등의 당연직 위원이 포함된다.

2. 공무상 재해 인정기준

「공무원 재해보상법」에 따라 보상을 받기 위해서는 '공무상 재해'로 인정되어야 한다.[10] 공무원의 공무상 재해가 인정되는 경우는 공무상 부상과 공무상 질병, 그리고 이로 인해 발생하는 장해와 사망이다.(동법 제4조) 공무상 부상은 공무상 사고로 인한 부상이어야 하는데, 공무상 사고에는 공무수행 및 그에 따르는 행위 과정에서 발생한 사고뿐만 아니라 통상적인 경로와 방법에 의한 출퇴근 중 발생한 사고도 포함된다.

공무상 질병에는 공무수행 중 물리적 · 화학적 · 생물학적 요인으로 발생하는 질병뿐만 아니라 신체적 · 정신적 부담을 주는 업무로 인해 발생한 질병도 포함된다. 또한 직장 내 괴롭힘이나 민원인 등의 폭언에 의한 업무상 정신적 스트레스가 원인인 질병과 공무상 부상이 원인인 질병도 포함된다. 공무상 부상이나 질병이 주된 원인이 되어 합병증이 유발되는 경우 이 합병증도 포함된다.

공무와 재해 사이에 상당한 인과관계가 없으면 공무상 재해로 보지 않

10) 공무 외의 사유로 발생한 질병이나 부상으로 장해상태가 되어 퇴직하는 경우나 퇴직 이후에 그 질병이나 부상으로 장해상태가 되는 경우에는 「공무원 연금법」 제59조에 의하여 '비공무상 장해연금 또는 장해일시금'을 지급한다.

는다. 또한 특별한 경우가 아니고서는 공무원의 자해행위가 원인이 되어 발생하는 부상, 질병, 장해, 사망 등의 경우에는 공무상 재해로 인정되지 않는다. 다만 유해하거나 위험 환경에 근무하는 공무원에게는 공무상 재해 인정의 특례가 적용된다. 즉 유해 혹은 위험 환경 근무 공무원이 공무수행과정에서 상당기간 유해 · 위험요인에 노출되어 발생하는 질병과 그로 인한 장해 혹은 사망의 경우에는 공무상 재해로 추정된다.

이외에도 「공무원 재해보상법」은 위험직무순직공무원[11]의 요건에 해당하는 재해를 별도로 규정하고 있다.(동법 제5조) 여기에는 경찰공무원, 소방공무원, 대통령경호처 직원, 국가정보원 직원, 교도관, 산림항공기 조종사 및 동승 근무자, 어업감독 공무원, 사법경찰관리 등이 본질적 직무나 관련법상 직무 수행 중 입은 재해, 공무원이 「재난안전법」이나 「감염병법」, 「산림보호법」, 「화학물질관리법」 등에 따라 직무 수행 중 입은 재해 등이 포함된다.

3. 공무원 재해보상 급여 유형

「공무원 재해보상법」의 급여는 요양급여, 재활급여, 장해급여, 간병급여, 재해유족급여, 부조급여 등, 크게 6가지 유형과 세부유형으로 구성된다(동법 제8조). 재활급여는 재활운동비와 심리상담비, 장해급여는 장해연금과 장해일시금, 재해유족급여는 장해유족연금, 순직유족급여, 위험직무순직유족급여, 부조급여는 재난부조금과 사망조위금 등으로 구성된다. 재해유족급여 중 순직유족급여는 순직유족연금과 순직유족보상금, 위험직무순직유족급여는 위험직무순직유족연금, 위험직무순직유족보상금 등으로 세분화된다. 부조급여는 재난부조금과 사망조위금으로 구성된다.

11) 위험직무순직공무원이란 "생명과 신체에 대한 고도의 위험을 무릅쓰고 직무를 수행하다가 재해(災害)를 입고 그 재해가 직접적인 원인이 되어 사망한 공무원"을 의미한다(동법 제2조 제4호).

〈표 13-5〉 **공무원 재해보상 급여 유형**

급여의 종류			지급요건	보상수준
부상·질병	요양급여		공무상 부상 또는 질병으로 요양이 필요한 때	실제 요양기간 3년 범위 안에서 요양에 소요되는 비용(1년 이하의 기간 단위로 요양기간 연장 가능)
	재활급여	재활운동비	공무상 요양 중이거나 마친 후 3개월 이내인 공무원이 재활운동이 필요하다고 인정된 때	인사혁신처장 고시(월 10만원) 범위 내 3개월간 실비 지급
		심리상담비	공무상 요양 중인 공무원이 공무상 재해로 인한 심리적 상담이 필요한 때	인사혁신처장 고시(1회 10만원, 최대 10회) 범위 내 3개월간 실비 지급
장해	장해급여	장해급여	공무상 질병·부상으로 장해상태가 되어 퇴직하거나 퇴직 후 그 부상 또는 질병으로 장해상태가 된 때	장해등급에 따라 기준소득월액의 52%~9.75%(1급~14급)
		장해일시급	공무상 장해연금에 갈음하여 일시금으로 받을 때	5년분의 장해연금에 상당하는 금액
	간병급여		공무상 요양을 마치고 치유 후 의학적으로 상시 또는 수시로 간병이 필요한 때	「산업재해보상보험법 시행령」 제59조 제3항·제4항 준용 • 상시 간병급여: 41,170원/일 • 수시 간병급여: 27,450원/일
사망	재해유족급여	장해유족연금	장해연금을 받을 권리가 있는 사람이 사망한 때	장해연금액의 60%
		순직유족연금	공무상 부상 또는 질병으로 재직 중 사망하거나 퇴직 후 그 부상 또는 질병으로 사망한 때	기준소득월액의 38%+유족가산 5~20%(1인 5%씩 최대 20%)
		순직유족보상금		공무원 전체기준소득월액 평균액의 24배
		위험직무순직유족연금	생명과 신체에 대한 고도의 위험을 무릅쓰고 직무수행 중 재해를 입고 그 재해가 직접적인 원인이 되어 사망한 때	기준소득월액의 43%+유족가산 5~20%(1인 5%씩 최대 20%)
		위험직무순직유족보상금		공무원 전체기준소득월액 평균액의 45배 ※ 대간첩작전 수행 중 사망 시 60배
부조급여	재난부조금		수재(水災)나 화재, 그 밖의 재난으로 재산(주택)에 손해를 입었을 경우	주택 피해정도에 따라 공무원 전체 기준소득월액 평균액의 1.3배~3.9배
	사망조위금		공무원의 배우자, 부모(배우자의 부모 포함), 또는 자녀가 사망한 때 공무원이 사망한 때	(가족 사망) 공무원 전체의 기준소득월액 평균액의 65% (공무원 사망) 본인 기준소득월액의 2배

출처: 인사혁신처 홈페이지(mpm.go.kr) 자료

인사혁신처는 급여의 종류를 부상 · 질병, 장해, 사망, 부조급여 등으로 구분한다(〈표 13-5〉 참조). 부상 · 질병에 따른 급여에 요양급여와 재활급여가 포함된다. 장해에 따른 급여에는 장해급여와 간병급여를 포함한다. 사망에 따른 급여는 재해유족급여만으로 구성되며 부조급여는 법상 구분과 동일하다.

공무원연금공단은 급여의 성격에 따라 크게 재해보상급여와 부조급여로 구분한다.[12] 전자는 공무원의 공무수행 관련 부상 · 질병 · 장해 · 사망 시 사용자인 국가나 지방자치단체가 보상적 차원에서 지급하는 것이고, 후자는 공무원이나 그 가족이 사망하거나 재난으로 주택피해가 발생하는 경우 부조적 차원에서 지급하는 급여를 의미한다. 「공무원 재해보상법」상 부조급여를 제외한 나머지 급여 유형이 재해보상급여에 해당한다.

찾아볼 문제

1. 인사혁신처와 공무원연금관리공단 홈페이지에서 공무원 후생복지 내용을 찾아보고 정리해 봅시다.
2. 외국의 공무원 후생복지 내용을 찾아보고 정리해 봅시다.
3. 공무상 재해보상 사례나 판례를 찾아보고 정리해 봅시다.

토론할 문제

1. 공무원 후생복지가 공무원의 삶의 질에 미치는 영향에 대해 토론해 봅시다.
2. 공무원 후생복지와 민간의 후생복지를 비교해보고 공무원 후생복지 수준에 대해 토론해 봅시다.
3. 공무원 후생복지를 높이기 위해 정부가 어떤 노력을 기울여야 하는지 토론해 봅시다.

---

12) 공무원연금공단 홈페이지(geps.or.kr)

제 14 장 동기부여

제1절 동기부여 이론

1. 동기부여의 의의와 중요성

동기부여는 동기수준을 높이고 이를 직무성과로 연결시키는 인사행정의 중요 활동이다. 전문성과 역량이 뛰어난 인재를 적재적소에 배치하더라도 일하려는 의지가 없다면 자신이 갖고 있는 역량과 전문성을 충분하게 발휘하지 못할 것이다. 또한 일하려는 의지의 차이는 유사한 전문성과 역량을 갖춘 구성원의 상이한 성과수준에 영향을 미친다. 이러한 현상이 발생할 경우 조직은 목표달성에 실패하게 된다. 구성원이 갖고 있는 역량과 전문성을 잠재수준 이상으로 활용할 수 있도록 구성원의 사기와 동기수준을 높이고 그 수준을 유지하는 것은 매우 중요하다. 그리고 높아진 사기와 동기수준을 높은 직무성과로 연결시키는 의식적 노력이 있어야 한다. 여기에 인사관리에서 동기부여의 중요성이 있다.

사기와 동기수준을 높은 수준으로 유지하기 위해서는 조직구성원이 일을 하는 이유와 동기를 파악하는 것이 중요하다. 어떤 동기로 일을 열심히 하는가에 대한 이해가 깊어지면 동기수준을 높일 수 있는 방법을 알 수 있기 때문이다. 그동안 다양한 동기의 내용을 파악하고 동기수준이 높아지고 충족되는 과정에 대한 이론이 많이 제시되었다. 이들 이론들은 크게 동기의 구성요소 혹은 내용에 초점을 두고 있는 내용이론과 동기의 발생 과정에 초점을 두고 있는 과정이론, 그리고 직무를 중심으로 동기요인을 파악하려는 직무이론으로 대별할 수 있다.

2. 내용이론

1) 마슬로우(Maslow) 욕구 5단계이론

마슬로우의 욕구 5단계이론에 따르면 인간은 5개 범주의 욕구를 갖고 있으며 이들 간에는 계층구조가 형성되어 있다(Maslow, 1954). 5개의 욕구는 가장 낮은 수준인 생리적 욕구(Physiological needs)에서부터, 안전 욕구(Safety needs), 사회적 욕구(Belongness and love needs), 존중 욕구(Esteem needs), 그리고 가장 높은 수준인 자아실현 욕구(Self-actualization)의 계층을 이루고 있다. 생리적 욕구는 생존을 위해 필수적인 의, 식, 주 등과 관련된 욕구이다. 안전 욕구는 타인의 위협, 재해 위험과 사고 등으로부터 안전과 보호를 얻어 고통, 위협 및 질병 없는 상황에 대한 욕구이다. 사회적 욕구는 사회에서 동료와 유대관계를 형성하고 유지하고자 하는 욕구로 사회적 소속과 관련이 있다. 존중 욕구는 타인으로부터 칭찬을 받거나 자신의 가치와 위신을 스스로 확인하는 자아존중과 관련된 욕구이다. 마지막으로 자아실현의 욕구는 자신의 능력 발휘를 통한 성취를 통하여 자아 발견과 자아완성의 욕구이다.

마슬로우는 높은 수준의 욕구는 낮은 수준의 욕구가 충족된 이후에 나타나게 된다고 설명한다. 즉, 생리적 욕구가 충족된 이후에 안전 욕구가 생기고 안전의 욕구가 충족되어야 사회적 욕구가 생기며 사회적 욕구가 충족되어야 존중 욕구가 생기며 자아실현의 욕구는 존중 욕구가 충족된 이후에 나타난다는 설명이다. 생계 유지가 힘들 정도로 어려운 경제적 상황에 처한 사람들은 위험한 작업 환경에 대한 불만이나 개선 요구가 없으나 생계가 어느 정도 안정이 된 후에는 위험한 작업 환경의 개선 요구가 생기거나 덜 위험한 직장으로 이직을 하는 상황을 생각하면 쉽게 이해가 갈 수 있을 것이다. 이러한 측면에서 마슬로우의 5단계이론은 인간의 심리적인 차원을 가시적으로 보여주어 조직 상황에 쉽게 적용할 수 있다는 장점이 있다.

하지만 마슬로우의 이론은 몇 가지 문제점을 안고 있다. 우선 욕구들

간의 관계가 분명하게 구분되는 단절적인 관계가 아니라는 점이다. 마슬로우의 이론에 따르면 두 개의 욕구가 한 시점에 같이 나타날 수는 없다. 하지만 우리는 두 가지 이상의 욕구가 동시에 존재하거나 하나의 욕구가 지배적인 영향을 미치고 다른 욕구들이 상대적으로 작은 영향을 미치는 것을 알고 있다. 두 번째는 계층적인 욕구가 항상 정해진 순서대로 발현되지는 않는다는 것이다. 경우에 따라서는 사회적 욕구의 충족 이후 존중 욕구 단계의 발현 없이 자아실현 욕구가 바로 나타나는 경우도 있기 때문에 욕구 발현의 고정된 순서가 있다는 이론적 근거가 부족한 점이다. 마지막으로는 경험적인 검증 연구가 충분하게 이루어지지 않아 이론의 타당성과 적정성을 판단하기가 용이하지 않다는 점이다.

2) 앨더퍼(Aldefer)의 ERG 모형

마슬로우의 5단계이론을 바탕으로 욕구체계를 상대적으로 단순화시킨 이론으로 앨더퍼의 ERG 모형이 있다(Aldefer, 1972). 앨더퍼는 마슬로우의 욕구 내용을 추상성 기준으로 재분류하여 존재욕구(Existence), 관계욕구(Relatedness), 그리고 성장욕구(Growth)의 세 가지를 제시하였다. 존재욕구는 생존에 필요한 유형의 물질에 대한 욕구로 의, 식, 주, 봉급, 작업환경 등을 말하며 마슬로우의 생리적 욕구와 개념적으로 유사하다. 관계욕구는 사람과의 관계에서 발생하는 모든 욕구를 말한다. 마슬로우의 안전 욕구 중 타인으로부터의 안전과 존중 욕구 중에서 타인으로부터의 존중, 그리고 사회적 욕구를 포함하는 개념이다. 그리고 성장욕구는 마슬로우의 자아실현 욕구와 개념적 유사성을 갖는다.

앨더퍼는 마슬로우의 설명과는 달리 단계적 존재나 충족의 순서를 인정하지 않았다. 각각의 욕구가 복합적으로 나타날 수 있으며 개인적으로 차이가 클 수 있다고 설명한다. 또한 앨더퍼는 하나의 욕구가 충분하게 충족되지 않은 경우 다른 욕구의 중요성이 커진다고 설명한다. 예를 들어 성장

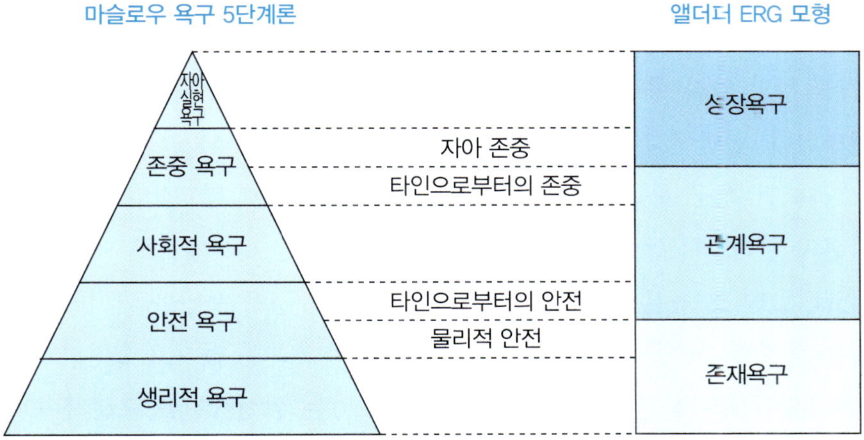

[그림 14-1] 마슬로우의 욕구 5단계론과 앨더퍼의 ERG모형의 비교

욕구가 충족되지 않은 경우 관계욕구가 더 커진다는 것이다.

3) 허즈버그(Herzberg)의 2요인론(Two-Factor Theory)

허즈버그는 욕구의 충족과 동기부여를 구분하는 2요인론(Two-Factor Theory)을 제안하였다(Herzberg, 1964). 어떤 욕구는 충족이 동기부여를 가져오지만 어떤 욕구는 동기부여로 이어지지 않는다는 설명으로 동기부여에서 고차원적인 욕구와 내재적 요인의 중요성을 강조하는 이론이다.

2요인론에서는 욕구를 크게 위생요인과 동기요인으로 나누고 있다. 욕구충족이 동기부여를 가져오는 만족요인을 동기요인(motivatcr)이라고 하고 욕구충족이 불만족을 해소하기는 하나 동기부여와는 무관한 불만족 요인을 위생요인(hygiene factor)이라고 한다. 동기요인은 욕구의 충족이 만족과 동기부여로 이어지는 욕구를 의미하며 위생요인은 해당되는 욕구의 충족이 불만족을 해소하는 효과는 있으나 동기부여 효과는 없다고 설명한다.

동기요인은 마슬로우의 욕구계층에서 자아실현, 존중 등 고차원적인 욕구와 관련이 있는 직무 자체, 성취감, 책임감, 승진의 기회, 타인의 인정 등이 해당된다. 동기요인에는 주로 내재적인 요인들이 많다. 성장의 기회 제공, 직무의 질적 향상, 의미있는 업무의 부여 등은 동기부여 효과가 있다고 설명한다. 반면에 위생요인은 마슬로우의 생리적 욕구와 안전의 욕구, 그리고 사회적 욕구 등 하위 욕구와 관련된 보수, 신분보장, 작업조건, 그리고 상관의 관리방식 등이 포함된다. 주로 외재적 요인으로 깨끗한 사무실, 최신 컴퓨터 그리고 높은 보수 등은 충족되지 않았을 경우 불만을 야기하고 충족되는 경우 불만족을 줄이기는 하지만 동기부여 효과는 없다고 설명한다.

2요인론은 불만을 해소시키는 효과만 있는 위생요인을 구분하여 실질적인 동기부여 방식을 보다 구체화했다는 점에서 의의가 있다. 특히, 최근 들어 의미있는 업무의 부여를 목적으로 직무재설계를 하여 동기부여하려는 노력 등에 2요인론적인 접근이 영향을 미치고 있다. 하지만 위생요인과 동기요인을 명확하게 구분하기 어렵다는 점, 위생요인 중에서도 동기부여 효과가 있을 수 있다는 점 등에서 한계를 안고 있다. 후속 연구에서도 이 부분에 대한 논란이 지속되고 있다. 특히, 공공조직과 사조직 간에 직무동기에 영향을 미치는 요인이 다를 수 있다는 점에서 일반화의 한계가 있다.

4) 맥그리거(McGregor)의 XY이론

마슬로우의 영향을 받은 맥그리거의 XY이론도 욕구의 차원성에 기반을 둔 동기이론이다(McGregor, 1960). 맥그리거는 미국의 산업관리에서는 전통적으로 인간의 자율적인 동기부여(self-motivation)와 자기지향성(self-direction)의 역량을 인정하지 않는 X이론이 지배적이었다고 설명한다. X이론에 따르면 개인은 내부적인 요인으로 동기부여되지 않을 뿐더러 스스로 어떤 방향으로 나아갈 것인가에 대한 결정을 내리지 못하기 때문에 관리자가 통제와 지시를 내려야만 한다. 반면에 Y이론은 인간은 마슬로우의 고차원적 욕구인 성장, 발전 및 자아실현의 동기를 갖고 있다는 설명이다. 맥그리거는 참여를 기반으로 하는 관리, 분권화된 의사결정, 자기평가를 기반으로 하는 성과관리 등 Y이론에 기반을 둔 인사관리를 주장하였다.

5) 맥클랜드(McClelland)의 성취동기이론

맥클랜드의 이론(Needs for Achievement, Power and Affiliation)은 성취, 권력 그리고 친교를 추구하는 동기를 설명하는 것으로 1960년대 가장 영향력이 있었던 이론 중의 하나이다(McClelland, 1961). 이론의 핵심적인 개념인 성취욕구(Need for Achievement; *n Ach*)는 자신의 능력과 노력을 활용하여 목표를 성취함으로써 자신을 둘러싼 환경을 통제하는 것을 성취하려는 욕구를 말한다. 다른 이론과는 달리 성취동기이론은 개인별로 동기의 내용과 수준에서 차이가 있다는 점을 강조한다.

성취동기이론은 높은 성취동기를 가진 사람들은 도전적이지만 위험수준은 보통인 목표를 설정하는 경향이 있으며, 이러한 목표 중에서도 성과가 비교적 명확하게 보여질 수 있고 그것이 자신의 역량과 노력에 의해서 이루어졌다는 것을 잘 보일 수 있는 경우 이들을 달성하기 위해서 동기부여된다고 설명한다. 맥클랜드는 높은 성취동기는 기업에서 개인의 성공을 결정할 뿐만 아니라 국가의 경제발전에도 영향을 미친다고 주장한다.

성취동기이론에 대한 평가는 다소 엇갈리는 부분도 있지만 개인별로 성취동기가 다를 수 있다는 그의 주장은 인적자원의 선발에 있어서 동기요인을 고려해야 한다는 점과 업무를 설계하고 부여함에 있어서 개인의 동기요인을 고려해야 한다는 함의를 제공했다는 점에서 의의가 있다.

3. 과정이론

1) 브룸(Vroom)의 기대이론

기대이론은 개인이 어느 수준의 노력을 투입할 것인가에 대한 결정 과정을 설명한다(Vroom, 1964). 개인은 행동에 대한 결정을 할 때 행동이 가져올 결과의 가치와 각 결과들의 발생확률을 고려한다는 것이 기대이론의 주장이다. 어떤 행동을 할 경우 좋은 결과가 나올 확률이 높고 나쁜 결과가 나올 확률이 낮다고 주관적으로 판단하는 경우 그 행동을 할 동기수준은 더 높아지게 된다.

기대이론의 핵심 개념은 기대치(Expectancy), 유인가(Valence), 그리고 수단성(Instrumentality)이다. 기대치는 개인의 노력이 목표달성을 이룰 가능성에 대한 주관적인 인식이다. 개인이 노력할 경우 목표를 달성할 가능성이 높은 경우 기대치는 높아진다. 특정의 행동이나 노력이 결과 혹은 성과를 달성할 가능성이 높다면 즉, 기대치가 높아진다면 행동과 노력은 높은 수준으로 이루어 질 것이다. 기대치는 확률적인 개념으로 발생할 확률이 가장 큰 경우는 100%(혹은 1)이며 가장 낮은 경우는 0%(혹은 0)의 값을 가지며 통상 양 극단의 중간에 위치한다.

유인가는 행동의 결과로 얻게 되는 결과에 대한 주관적인 가치부여로 산출물이나 보상에 대하여 개인이 부여하는 바람직성을 의미한다. 주관적인 가치부여이기 때문에 동일한 결과나 보상이라도 개인마다 부여하는 가치가 다를 수 있으며 동일한 사람의 경우에도 상황의 변화에 따라 달라질 수 있다.

수단성은 특정 결과물이 관련되는 또 다른 결과물을 얻는데 있어 수단으로 어떤 가치가 있는가에 대한 평가이다. 예를 들어 높은 성과가 높은 보상을 획득하는 데 수단으로 가치가 있는가 혹은 없는가에 대한 평가이다. 업무의 성과가 높은 보상을 얻는 데 수단이 된다면 수단성이 높은 것이며 그렇지 않다면 수단성이 낮다고 할 수 있다.

기대이론에 따르면 조직에서의 동기부여는 개인이 수행하는 특정 행동의 수행이 특정의 성과를 가져올 가능성과 그 성과가 보상을 받는데 있어 수단성의 정도, 그리고 보상에 대한 가치판단의 곱으로 결정된다. 예를 들어 주어진 일을 지금과 같은 방식으로 한다면 원하는 성과가 나올 것이라는 기대치와 그 성과가 조직에서 제공하는 보상을 얻는 수단이 될 수 있는 정도, 그리고 보상에 대하여 개인이 부여하는 가치가 그 행동 수행과 관련된 동기부여를 결정하게 되는 것이다. 따라서 기대이론에서는 기대치, 수단성 그리고 유인가 중 어느 하나라도 개인에게 무의미하다면 동기부여가 될 수 없다.

2) 아담스(Adams)의 공정성이론(Equity Theory)

아담스의 공정성이론은 일에 대한 공헌과 보상의 공정성에 대한 인식이 동기부여에 영향을 미친다고 설명한다(Adams, 1965). 공정성이란 타인과의 비교에서 생기는 것으로 준거집단과 비교해서 자신이 투입하는 업무에 대한 노력과 조직에서 받는 보상의 균형이 얼마나 공정한가에 대한 인식이 동기부여에 영향을 미친다.

남들과 비교하여 내가 불공정한 대우를 받고 있다는 인식을 갖게 되면 불편함을 느끼고 불편함을 줄이기 위해서 공정한 수준이 될 때까지 일에 대한 공헌과 노력 수준을 조정한다는 것이 공정성이론의 설명이다. 개인은 업무를 수행함에 있어 자신이 갖고 있는 지식, 기술, 노력, 시간 등을 투입하고 그에 대한 보상으로 보수, 승진, 작업환경 등의 편익은 물론 권한, 사회적 상징, 지위, 책임 등을 얻게 된다.

각 개인은 자신의 투입과 보상의 비율과 타인의 투입과 보상의 비율을 비교하여 공정성 여부를 판단하게 된다. 불공정을 경험하는 경우는 타인에 비하여 더 많은 노력을 투입함에도 불구하고 낮은 보상을 받는 경우와 타인에 비하여 낮은 수준의 노력을 들이지만 더 많은 보상을 받는 경우의 두 가지로 구분된다. 노력에 비하여 더 많은 보상을 받는 과다보상

공정성과 성과급

최근 행정개혁의 핵심 내용인 성과급은 공정성이론과도 밀접한 관련이 있다. 성과급의 지지자들은 타인보다 더 많은 성과를 내는 사람이 받는 보상 수준이 그에 못미친다면 불공정을 인식하게 되고 이는 사기와 동기부여에 부정적인 영향을 미친다는 주장이다. 지지자들에 따르면 호봉제는 노력과 보상간의 공정성에 부정적인 영향을 미치는 대표적인 제도이다. 이를 극복하는 방법으로 노력수준과 보상 간의 공정성을 비교적 쉽게 확보할 수 있는 성과급의 도입과 강화를 주장한다.

하지만 성과급제도가 공정성 확보를 통하여 동기부여 기제로 작동하기 위해서는 성과급 결정의 기준이 되는 성과관리, 성과평가의 객관성과 공정성이 담보되지 않으면 안 된다. 성과의 가시성과 객관성이 지극히 낮은 공공조직에서 지나치게 형식화된 성과관리제는 오히려 부작용이 발생할 가능성이 있다.

(overcompensation)의 경우 개인은 자신의 노력 수준을 높이거나 산출을 낮추어 불공정을 제거하려고 한다. 노력에 비하여 적은 보상을 받는 과소보상(undercompensation)의 경우는 반대로 행동하는 것이다.

공정성이론의 상당 부분은 실험 연구를 통하여 확인할 수 있었지만 노력과 성과 간의 공정성에 대한 측정이 매우 주관적이기 때문에 공정성을 객관적이고 비교 가능하게 측정하고 평가하기가 어렵다는 한계를 안고 있다. 공정성에 대한 인식에 있어 개인차가 존재하기 때문에 동일한 상황에서도 사람들마다 다르게 평가하고 행동하며 그 차이도 매우 클 수 있다.

3) 록크(Locke)의 목표설정이론

로크의 목표설정이론은 목표가 설정되면 목표를 달성하기 위하여 노력하게 된다는 이론으로 목표가 구체적이고 어려운 경우 쉽고 모호한 목표가 제시된 경우보다 더 많은 노력을 투입하여 높은 성과를 달성한다고 설명한다(Locke, 2000). 어렵고 구체적인 목표를 설정하거나 부여받게 되면 이를 달성하기 위해서 노력하게 되므로 동기부여가 된다는 설명이다. 로크는 목표가 동기부여를 하기 위해서 갖추어야 할 조건으로 목표의 난이도, 목표의 구체성, 과정에 대한 환류, 목표에 대한 몰입 등을 들고 있다. 그중에서도 목표의 난이도와 구체성이 가장 중요한 특징으로 이 두 가지가 없다면 과정에 대한 환류나 목표에 대한 몰입 자체만으로는 동기부여가 되지 않아 높은 성과를 달성할 수 없다고 설명한다.

조직에서 구체적이고 난이도 있는 목표를 개인에게 부여하는 것이 성과를 높이는 이유는 조직의 목표가 구성원의 개인적인 목표에 미치는 영향과 개인이 느끼는 자기효능감(self-efficacy) 때문이다. 자기효능감은 결과를 산출할 수 있는 역량과 효과성에 대한 개인의 의식이다. 조직에서 개인에게 목표를 부여하게 되면 개인은 그 목표를 수용하고 몰입하게 되어 자신의 목표도 영향을 받게 된다. 조직의 목표는 개인에게 목표의식, 성과평가의 기준을 제공할 뿐만 아니라 자기효능감을 형성하기 쉬운 작고 실현가능한 목표를 달성할 수 있는 기회를 제공하게 된다.

목표설정이론은 업무의 내용이 단순하여 비교적 목표를 구체적으로 설정할 수 있는 경우에 적합한 이론이며 명확하고 구체적인 목표의 설정이 갖는 중요성을 강조하고 있다는 측면에서 의미가 큰 동기이론이다. 반면에 구체적이고 명백한 목표의 설정이 어려운 경우 설명력이 떨어진다. 이러한 조건에서 목표설정이론적인 동기부여 접근을 하는 경우 부작용이 발생할 수 있다는 한계가 있다. 특히, 공공부문의 경우 목표 모호성이 크기 때문에 목표설정이론의 적용이 용이하지 않은 측면이 있다.

4) 스키너(Skinner)의 강화이론

스키너의 강화이론은 자극-반응의 심리학에서 발전한 동기이론으로 일정한 강화 조건에 따라 개인행동이 변화된다는 이론으로 인간의 행동은 자극에 대한 단순한 반응이 아니라 행동의 결과가 가져오는 강화조건에 따라 반복, 유지되거나 중단된다고 설명한다(Skinner, 1953). 강화조건에 따라 학습과 동기부여가 일어나기 때문에 강화조건을 달리함에 따라 특정 행동을 조장하거나 못하게 할 수 있다. 예를 들어 조직의 관리자가 구성원이 우수한 성과를 낼 때마다 매번 칭찬 등의 보상을 줄 경우와 가끔씩 칭찬을 하는 경우 우수한 성과를 내려는 구성원의 행동에 미치는 영향의 차이는 크다.

행동을 결정하는 강화는 긍정적 강화(positive reinforcement), 부정적 강화(negative reinforcement), 조작소멸(operant extinction), 그리고 처벌(punishment)로 나누어 볼 수 있다. 긍정적 강화는 특정의 행동에 대하여 이득이 되는 자극을 주어 그 행동을 증가시킨다. 조직에서 원하는 바람직한 행동에 대하여 적절한 보상을 제공하여 그 행동의 빈도를 높이는 것을 의미한다. 부정적 강화는 바람직한 행동의 빈도를 높이기 위해서 부정적인 행동을 하지 않은 경우 부정적인 행동에 대한 처벌을 제거하는 것을 의미한다. 평소 지각을 많이 하는 직원이 지각을 하지 않은 경우 평소와는 달리 꾸짖지 않는다면 지각의 빈도가 줄어들게 된다. 조작적 소멸은 긍정적인 강화를 제거하는 것을 의미한다. 특정 행동에 대한 칭찬이나 보상을 제거하게 되면 해당 행동의 빈도가 줄어들게 된다. 마지막은 처벌이다. 특정 행동의 발생을 줄이기 위해서 행동이 발생할 때마다 부정적인 자극을 주는 것을 말한다.

강화이론에 따르면 지속적인 긍정적 강화는 효과가 즉각적으로 나타나는 반면에 강화가 중단되면 효과도 바로 없어진다. 반면에 중간 정도의 강화는 효과가 느리게 나타나지만 강화가 중단되어도 효과가 상당 기간 지속되는 경향이 있다. 그리고 긍정적인 강화가 부정적인 강화나 처벌보다 더 효과가 크다.

4. 직무이론

1) 해크만(Hackman)과 올드햄(Oldham)의 직무특성이론

다른 동기부여이론들이 개인의 심리상태나 환경적인 자극으로 동기부여를 설명하는 것과는 달리 직무특성이론은 수행하는 직무의 특성을 기반으로 동기부여를 설명하고 있다(Hackman & Oldham, 1980). 유의성(meaningfulness), 책임성(responsibility), 그리고 수행결과에 대한 지식(knowledge of outcomes) 등 직무가 갖고 있는 특징이 그 직무를 수행하는 사람에게 동기부여 기제로 작동한다. 직무특성이론에 따르면 결정적 심리상태(critical psychological states)인 직무의 유의성, 책임성 및 직무결과에 대한 환류 수준이 높을수록 동기부여가 된다.

동기부여에 영향을 미치는 이 세 가지 심리상태는 각각 해당되는 핵심적인 직무특성에 의하여 결정된다. 첫 번째로 직무의 유의성은 기술다양성(skill variety), 과업의 완결성(task idendity), 그리고 직무중요성(task significance)에 의해 결정된다. 기술다양성은 직무를 수행하는 데 있어 필요한 기술이 단순하지 않고 복잡하고 다양한 수준을 의미하고 과업의 완결성은 개인이 수행하는 업무의 시작과 끝이 명확하여 수행하는 업무가 하나의 완결된 형태로 인식되는 것을 의미한다. 그리고 업무의 중요성은 수행하는 업무가 조직 내 다른 구성원이나 사회 전반에 실질적인 영향을 미치는 정도를 의미한다.

두 번째로 업무의 책임성이다. 업수 수행으로 결과를 산출함에 있어 많은 자율성을 갖고 있는 경우 더 큰 책임성을 느끼게 된다. 자신이 수행하는 업무 수행의 일정, 과정 및 절차를 결정하는 데 자율성, 독립성 그리고 재량권을 가질수록 업무에 대한 높은 책임성을 갖게 된다.

세 번째는 결과에 대한 지식이다. 결과에 대한 지식은 수행하는 업무의 결과나 성공 혹은 실패에 대한 직접적이고 명확한 정보가 제공되는 것을 의미한다. 이때 업무수행 결과에 대한 정보는 외부 또는 제3자로부터 오는 것이 아니라 직무에서 직접적으로 오는 것을 의미한다. 예를 들어 의사가 환자를 치료했을 때 환자의 상태가 호전된 것을 의사가 직접 확인하거나 전파수리공이 고장난 전자기기를 수리하고 나서 바로 작동하는 것을 확인하는 경우를 말한다.

해크만과 올드햄은 세 가지 개념을 갖고 직무가 갖는 잠재적인 동기부여점수(Motivating Potential Score; MPS)를 계산하는 방식을 다음과 같이 제시하였다. 각각의 점수는 직무진단조사(Job Diagnostic Survey)를 통하여 측정할 수 있다. 직무특성이론에 따르면 직무의 유의성, 책임성 및 환류가 잘 이루어질 수 있도록 업무를 설계하고 개인에게 부여한다면 동기부여가 될 수 있으므로 직무확대, 직무충실화 등을 통하여 동기부여가 가능하다.

직무의 MPS = ((기술다양성 + 과업완결성+직무 중요성)/3)*(직무자율성)*(결과에 대한 지식)

2) 페리(Perry)의 공공봉사동기

1980년대부터 시작된 공공부문 종사자들이 갖고 있는 독특한 동기요인을 규명하기 위한 노력 중에 대표적인 것으로 공공봉사동기(Public Service Motivation)가 있다. Perry와 Wise(1990)에 의하여 1990년에 제안된 개념으로 공공조직에만 관련된 동기에 반응하는 개인의 기본적인 성향으로 정의하고 있다. 즉, PSM은 공공부문에서만 경험할 수 있는 고유한 특징들을 보다 높게 평가하고 받아들이는 정도를 의미하는 것으로 공공부문 종사자들은 정부나 공공조직에서만 경험할 수 있는 것들 때문에 동기부여된다고 설명한다.

PSM은 개념적으로 합리성, 규범성 및 감성적 차원으로 구성되어 있다.

〈표 14-1〉 PSM의 개념

개념 차원	특 징
합리적 차원	정책형성 과정의 참여 공공정책에 대한 동일시 특정 이해관계에 대한 지지
규범적 차원	공익 봉사의 욕구 의무와 정부 전체에 대한 충성 사회적 형평의 추구
감성적 차원	정책의 사회적 중요성에 기인한 정책에 대한 몰입 선의의 애국심

첫 번째 차원은 합리적(rational) 차원이다. 공무원의 동기요인을 타인을 위한 봉사의 강조 등 이타주의적인 측면에서만 강조한 기존의 주장과는 달리 Perry와 Wise(1990)는 공무원의 동기요인을 개인 효용의 증대 시각에서 보면서 공무원도 합리성을 추구하는 개인으로 자신의 효용을 극대화하고자 노력한다고 설명한다. 단지 극대화하고자 하는 대상이 개인의 사적인 이득이 아니라 국민에 대한 봉사가 된다. 공무원은 국민에 대한 봉사가 개인의 효용으로 전환되고 이를 극대화하기 위하여 노력한다는 점에서 합리적이라는 것이다. 정책형성 참여, 중요한 사회정책에 대한 동일시, 그리고 특정의 이해관계에 대한 옹호 등이 공직에서 경험할 수 있는 합리적 차원의 핵심 구성요소가 된다.

두 번째는 규범적(norm based) 차원이다. Perry와 Wise는 "공익에 대한 봉사욕구"와 "정부 전체에 대한 충성심"을 규범적 차원의 핵심 내용으로 설명한다. 정책을 수립하고 집행함에 있어 국민의 의사에 높은 응답성을 보이는 것, 공익의 수호자 또는 국가 전체에 대한 충성심에 바탕을 둔 활동 등은 공무원에게만 요구되며 공무원만 달성할 수 있는 것이다.

세 번째는 감성적(affective) 차원이다. 특정 정책이 중요하거나 가치 있다고 판단하는 것은 그 정책의 사회적 중요성을 감정적으로 인정하기 때문이다. 국민에 대한 애정과 국민에게 부여된 모든 권리를 보호해 주고자 하는 마음을 의미하는 선의의 애국심(patriotism of benevolence)은 인간에 대한 애정을 의미하는 감정적인 차원의 핵심 내용이다. 선행에 대한 지지나 정책의 사회적 가치에 기인한 적극적 참여 등은 약자에 대한 보호와 동정심에 기초한다.

공공봉사동기에 따르면 공공봉사 동기수준이 높은 사람일수록 공직 수행을 통하여 얻을 수 있는 경험을 높게 평가하기 때문에 공직을 선택할 가능성이 높다고 설명한다. 공직자 중에서도 공공봉사동기가 높은 사람들이 낮은 사람들에 비해서 공직 수행이 주는 동기부여 효과가 크기 때문에 더 높은 성과를 낼 가능성이 높다. 그리고 공공봉사동기가 높은 사람들은 공직 수행 자체의 동기부여 효과가 크기 때문에 금전적 보상 등 외재적인 보상의 동기부여 효과가 상대적으로 낮다고 설명한다.

따라서 충원에 있어 공공봉사동기가 높은 사람들을 선발할 수 있는 방안을 마련하고 직무의 설계와 부여에 있어 공직 고유의 경험을 강화할 수 있도록 할 경우 정부 전체적인 성과가 높아질 수 있다. 그리고 조직의 공공봉사동기가 높을수록 외재적인 보상보다는 직무설계 혹은 내재적 보상의 강화가 보다 효과적인 인사관리 수단이 될 수 있다.

제2절 동기부여 전략

동기부여 즉, 동기수준을 높게 유지하는 활동은 인사관리의 심리적 측면이다. 동기부여가 적절하게 이루어져서 구체적인 근무의욕으로 전환시키기 위해서는 동기에 대한 이해를 바탕으로 적절한 동기부여 활동이 이루어져야 한다. 지금까지 검토한 동기부여 이론에 기초하여 우리나라 공공부문에서 공무원들을 동기부여시키기 위한 동기부여 전략을 제시하면 다음과 같다.

1. 기본적 욕구의 충족

1) 불만족의 제거

동기부여는 불만족 요인의 제거에서부터 시작해야 한다. 사무실 등 업무수행공간에서 즐거움과 쾌적함을 느낄 수 있도록 하고 조직 생활에서 업무과 직접적으로 연결되지 않은 문제로 불만을 갖지 않도록 해야 한다. 공무원이 업무 수행과 관련해서 불만족스러운 심리상태를 갖고 있다면 업무에 대한 적극적인 태도와 관심을 갖기 어렵게 되므로 동기부여를 위한 다른 기제들의 작동을 어렵게 한다.

불만족의 해소는 즐겁고 쾌적한 근무 환경의 확보에서 시작된다. 좁고 지저분한 사무실과 부족한 회의공간 등 물리적 환경의 부족은 가장 직접적인 불만족 요인이 된다. 일과 삶의 균형을 유지할 수 있도록 하는 것도 중요하다. 삶의 영역에서 불만족이 발생할 경우 직무의 몰입에 부정적인 영향을 미치게 된다. 임신, 출산, 교육 등 공무원의 개인적인 삶이 공적인 업무 수행과 균형을 갖출 수 있도록 해야 한다.

불만족 요인을 파악하고 해결하기 위해서는 상담과 고충처리제도의 활발한 활용이 가능한 조직 분위기를 만들어야 한다. 현재도 상담과 고충처리제도가 있으나 활용도는 매우 낮은 상태이다. 이는 조직문화상 이러한 제도가 효과성이 낮을 뿐더러 개인 신상에 대한 보호가 충분하지 않아 개인적으로 피해를 받을 수 있다는 우려 때문이다. 개인 신상문제의 해결이 동기부여와 이를 통한 조직성과 제고에 긍정적인 영향을 미친다는 점을 인식해서 조직구성원이 개인적인 문제의 해결을 위해서 상담과 고충처리제도를 쉽게 활용할 수 있도록 해야 한다. 개인이 갖고 있는 조직생활과 관련된 욕구불만, 갈등뿐만 아니라 개인 신상의 문제로 심리적 스트레스를 받거나 정신적으로 긴장하고 있을 때 전문가 상담을 통하여 이를 완화시키거나 해소시킬 수 있도록 해야 한다.

2) 사회적 인정

공직자가 조직의 구성원으로서 인정받고 있다는 인식을 갖도록 해야 한다. 전통적으로 우리나라 공직사회에서 동기부여를 위한 사회적 인정의 필요성은 그리 높지 않았다. 공직자 거의 대부분이 공채방식으로 공직에 들어오고 공직에 들어온 대부분의 공직자가 정년보장을 받았기 때문에 공직사회 내부적으로 동질성이 높았다. 그리고 공직의 사회적 평판이 매우 높았기 때문에 공직사회에서 안정의 욕구나 사회적 인정의 욕구는 그리 높지 않았다.

하지만 최근 들어 입직경로가 다양해지고 계약직의 비중이 높아지는 등 공직 구성에 있어 다양성이 급속도로 높아지고 있다. 또한 사회 전반적으로 공직에 대한 비판적인 시각이 늘어나고 있다. 이러한 변화는 공직자의 사회적 인정 욕구가 높아지는 결과를 가져올 수 있다. 특히, 계약직의 비중이 높아지면서 공직사회의 신분보장이 약화되는 것은 안정과 사회적 인정의 욕구를 높이는 중요한 원인이 될 수 있다. 계약직 공무원들의 사회적 인정 욕구를 충족시켜줄 수 있는 다양한 노력이 필요할 것으로 판단된다.

2. 고차원적 욕구 충족기회 제공

1) 공공성의 강조

목표설정이론에 따르면 구체적이고 측정가능한 목표의 제시는 그 자체로 동기부여가 될 수 있다. 하지만 공공조직의 특성상 목표의 구체성과 가시성의 확보는 용이하지 않다. 정부의 정책은 사회의 다양한 가치를 추구해야 하며 그 가치들 간에는 상충되는 것들도 존재하기 때문에 공공조직의 목표는 구체적이고 측정가능하기보다는 모호하고 복수인 경우가 많으며 그들 간에 가치 충돌적인 경우가 대부분이다. 경우에 따라서는 일정 수준의 모호성을 유지하는 것이 바람직한 경우도 있다.

공공조직이 추구하는 궁극적인 목적인 공익과 공공성은 추상적이고 계량화의 어려움 있어 목표설정이론에서 요구하는 목표의 구체성과 명료성을 갖추고 있지 못하다. 공익과 공공성은 모호성과 상충성을 갖고 있기는 하지만 목표로서 기능을 하지 못하는 것은 아니다. 공무원이 정책적인 의사결정을 함에 있어 공익과 공공성은 중요한 지침이 되고 있으며 공직 수행의 가치와 의미를 더하는 역할을 한다. 따라서 정부가 추구하는 궁극적 목적인 공공성과 공익의 강조는 공무원의 동기부여에 중요한 기능을 할 수 있다.

공공봉사동기의 논리를 따르자면 공익과 공공성은 공직에서만 경험할 수 있는 고유의 경험이기 때문에 공직자에게 공익과 공공성을 목표로 제시하고 공익과 공공성을 실현할 수 있도록 업무를 설계하고 부여한다면 공직자는 동기부여될 수 있을 것이다. 공공봉사동기는 사회화 과정을 통하여 형성되며 공공봉사동기가 높은 사람은 공직을 선택할 가능성이 높다. 그리고 공직수행의 경험이 많을수록 공공봉사동기가 높은 것으로 알려져 있다. 따라서 공무원들에게 공공성과 공익을 업무수행의 궁극적인 목표로 제시한다면 공익과 공공성을 달성하기 위하여 자발적인 동기부여가 이루어질 수 있을 것이다.

2) 자율성 부여와 권한 위임

직무특성이론에 따르면 직무 수행에 있어 자율권의 부여는 공직자로 하여금 자신이 수행하는 업무에 대한 책임감을 느끼게 하고 이는 결과적으로 업무에 대한 만족과 동기부여로 이어지게 된다. 공직자의 업무는 많은 경우 법과 규정에 따른 절차에 얽매이는 경우가 많은 것처럼 보이지만 공무원의 재량과 판단이 필요한 경우도 매우 많다. 정책을 만드는 경우도 그렇지만 집행의 경우에도 다양한 상황에 정책을 적용하는 과정에서 공무원의 판단과 재량이 요구된다. 따라서 적정한 수준의 자율성의 부여와 권한 위임이 이루어진다면 공직자는 자신의 업무에 대하여 책임감을 느끼게 되어 더 성실하게 업무를 수행하는 효과를 기대할 수 있다.

정보화의 발달로 과거에 비해 판단에 필요한 정보에 대한 접근성이 향상되었기 때문에 과거에 관리자만이 접근할 수 있었던 정보를 집행 현장의 공무원도 접근할 수 있게 되었다. 이러한 상황의 변화는 권한의 하부위임과 자율성의 제고를 가능하게 하는 조건이 될 수 있다.

3) 공정성 확보

인사관리에서 공정성은 중요한 동기부여 요인이 된다. 성과평가, 성과관리 및 보상 등의 활동이 공직자들로부터 공정성을 인정받지 못한다면 구성원의 사기를 떨어뜨리는 결과를 가져온다. 공직의 특성상 업무의 성과를 가시적으로 제시하고 계량적으로 측정하여 객관적으로 비교하는 것은 매우 어렵다. 공직은 생산조직이 아니며 제공하는 서비스도 정형화되어 있지 않기 때문이다. 정책을 만들고 집행하는 업무를 계량화하고 정형화하는 것은 불가능하며 서로 다른 정책 영역 간의 성과를 비교하는 것은 더구나 불가능하다.

정부 등 공공기관의 성과관리가 이러한 공직의 특성을 반영해서 이루어지지 않는다면 성과관리와 보상에 대한 공정성을 확보하기 어렵게 된다. 구성원의 시각에서는 비교 불가능한 것을 비교하고 그 비교의 결과에 따라 보상이 이루어지기 때문이다. 이러한 상황이 오랫동안 지속되는 경우 구성원은 과다보상과 과소보상에 대한 인식이 일상화되어 자신의 노력을 최소화하려는 경향을 보일 수 있으며 목표의 대치 현상이 심화되어 결과적으로 동기부여와 성과제고를 목적으로 하는 성과관리제도가 공정성을 상실하여 동기부여와 성과관리에 부정적인 영향을 미칠 수 있다.

생각할 문제

1. 앞에서 논의된 다양한 동기부여 이론 중에서 공무원의 동기부여를 가장 잘 설명하고 있는 것은 어떤 이론이라고 생각하는가?
2. 민간조직과 공공조직의 차이가 공무원의 동기부여에 미치는 영향은 어떤 것이 있으며 그 효과는 무엇인가?
3. 공무원의 동기부여를 위하여 우리나라 정부에서 도입한 제도들은 어떤 것이 있으며 그 효과는 어떠한가?
4. 우리나라 공무원의 동기부여를 위해서는 어떤 전략을 써야 하는가?

제 15 장 공무원의 의무와 윤리

제 1 절 공직윤리

1. 공직윤리의 개념

공직윤리는 공무원이 마땅히 지켜야 할 도리 또는 정부조직 내 공무원의 행동과 사고의 기준으로 기대되는 가치를 의미한다. 이러한 공직윤리는 선과 악을 판별하는 표준준거로 정의할 수 있는 인간으로서의 기본적 윤리에 더하여 직업인으로서 지켜야 할 도리는 물론 공직자로서의 도리까지 포함하는 개념으로 기본적 윤리보다 엄격한 기준이라고 할 수 있다.

2. 공무원의 윤리규범

1) 국가공무원법상의 공직윤리

우리나라 「국가공무원법」은 12대 의무를 준수하도록 요구하고 있다. 첫째는 성실의무로서 모든 공무원은 법령을 준수하며 성실히 직무를 수행하여야 한다. 둘째는 복종의무이며, 공무원은 직무를 수행함에 있어서 소속 상관의 직무상의 명령에 복종하여야 한다. 셋째는 직장이탈금지의무로서 공무원은 소속 상관의 허가 또는 정당한 이유 없이 직장을 이탈하지 못한다는 의무이다.

넷째는 친절공정의무이며 공무원은 국민 전체의 봉사자로서 친절하고 공정하게 집무하여야 한다. 다섯째는 비밀엄수의무로서 공무원은 재직 중은 물론 퇴직 후에도 직무상 취득한 비밀을 엄수하여야 한다. 여섯째는 청렴의무이며 공무원은 직무와 관련하여 직접 또는 간접을 불문하고 사례나 증여 또는 향응을 수수할 수 없다.

일곱째는 영예 등의 수령규제의 의무로서 공무원이 외국정부로부터 영예(영광스러운 명예) 또는 증여를 받을 경우에는 대통령의 허가를 얻어야 한다. 여덟째는 품위유지의무이며 공무원은 직장의 내외를 불문하고 그 품위를 손상하는 행위를 하여서는 안 된다.

아홉째는 영리행위 및 겸직금지로서 공무원은 공무 이외의 영리를 목적으로 하는 업무에 종사하지 못하며 소속기관의 장의 허가 없이 다른 직무를 겸할 수 없다. 열째는 정치활동금지의 의무인바 공무원은 정당, 기타 정치단체의 결성에 관여하거나 이에 가입할 수 없으며 선거에 있어서 특정정당 또는 특정인의 지지나 반대하기 위한 행위를 하여서는 안 된다.

열한째는 집단행위금지 규정에 따라 공무원은 노동운동, 기타 공무 이외의 일을 위한 집단적 행위를 하여서는 안 된다. 열두째는 종교중립의 의무로서 공무원은 종교에 따른 차별 없이 직무를 수행하여야 한다. 이외에도 법치국가상의 당연한 의무이긴 하지만, 법령준수의 의무가 있다.

2) 공직자윤리법상의 공직윤리

이밖에 공무원은 「공직자윤리법」상의 의무를 준수해야 한다. 「공직자윤리법」은 공직자 및 공직후보자의 재산등록, 등록재산 공개 및 재산형성 과정 소명과 공직을 이용한 재산취득의 규제, 공직자의 선물신고 및 주식백지신탁, 퇴직공직자의 취업제한 및 행위제한 등을 규정함으로써, 공직자의 부정한 재산증식을 방지하고, 공무집행의 공정성을 확보하는 등 공익과 사익의 이해충돌을 방지하여 국민에 대한 봉사자로서 가져야 할 공직자 윤리를 확립하고자 한다(정부공직자윤리위원회, 2015).

첫째, 재산등록 및 공개의무가 있다. 재산등록의무는 4급 이상의 일반직 국가 및 지방공무원과 이에 상당하는 공무원과 정무직 공무원, 정부투자기관의 장과 부기관장, 감사 등에 해당되며, 재산등록(신고) 및 공개란 재산등록 의무자가 본인 및 직계존비속의 재산을 등록하여 국민에게 투명하게

프랜시스 올덤 켈시 박사

프랜시스 올덤 켈시(Frances Oldham Kelsey) 박사(1914-2015)는 1914년 캐나다에서 태어나 미국 시카고대에서 의학박사 학위를 취득한 후, 1960년부터 미국식품의약국(FDA)에서 신약 허가 신청서를 평가하는 업무를 맡게 되었다.

같은 해 9월 FDA 심사관으로서 허가업무를 맡은 첫 신약이 임산부의 입덧 방지제로 처방된 탈리도마이드였다. 1953년 옛 서독의 제약사 그루넨탈(Grunenthal)이 개발한 이 약은 입덧에 이미 탁월한 효과가 있는 약으로 알려지며, 1957년부터 전 세계에서 널리 팔리고 있었다. 이미 유럽과 아프리카, 일본을 포함하여 40여 개국에서 시판되고 있는 약품인 만큼 허가는 단지 형식적인 것처럼 보였다.

그러나 켈시 박사는 쉽게 허가를 내주는 대신 미국 내 제조사인 머렐 사(Richardson-Merrell)에 제출한 자료가 부족하다며, 약품의 독성과 효과 등에 대한 추가 정보를 요구하였다. 그 이후에도 여러 번의 추가 자료를 요구하자, 머렐 사는 전방위 로비를 펼치며 켈시 박사를 압박했다. 1년 이상 안전성자료가 미흡하다며 계속 자료보완을 요구하자, FDA의 고위층에게 켈시 박사가 "까다롭고, 고집스럽고, 비합리적인 관료"라고 비난하기도 했다.

그러는 사이 유럽에서 탈리도마이드의 기형유발이 문제가 되면서 그때까지 임신부의 탈리도마이드 복용으로 인해 전 세계에서 팔, 다리가 없거나 눈과 귀가 변형된 채로 태어난 기형아가 1만 명 이상에 달했다. 1962년 3월 머렐사는 결국 신약판매를 철회하여 공식적으로는 탈리도마이드가 미국에서 시판되지 않았고, 미국 내에서는 그 피해를 최소화할 수 있었다.

탈리도마이드 사건이후, 켈시 박사는 소신을 지킨 강직한 공무원의 표상으로 부상하였고, 존 F. 케네디 당시 미대통령은 "신약의 안전성에 대한 켈시 박사의 탁월한 판단력으로 미국 내 기형아 탄생이라는 큰 비극을 막을 수 있었다"며 미국역사상 여자로는 두 번째로 공무원에게 주는 최고상(the President's Award for Distinguished Federal Civilian Service)을 수여하였다.

켈시박사는 2005년 90세의 나이로 FDA에서 은퇴하였고 2010년에는 그녀의 공로를 기리기 위하여 그해의 가장 우수한 FDA직원에게 수여하는 켈시상(Kelsey Award)이 제정되었다. 뉴욕타임즈는 "켈시 박사는 기형아 출산을 막았을 뿐만 아니라 현대적인 의약품 규제 법률의 길을 열어줬다"고 평가했다.

공개함으로써 부정이 개입될 소지를 사전에 예방하여 공직사회의 윤리성을 높이고 공복으로서의 역할을 다하고자 하는 제도이다.

재산공개의무는 1급 이상의 일반직 국가 및 지방공무원과 이에 상당하는 공무원과 정무직 공무원, 정부투자기관의 장과 부기관장, 감사 등에 해당되며, 최초 재산등록 또는 재산변동사항 신고기간 만료 후 1개월 이내에 관보 또는 공보에 게재하여 공개하게 되어 있다.

둘째, 공무원 등이 직무와 관련하여 외국(외국인)으로부터 선물을 받은 때에는 즉시 이를 소속기관장에게 신고하고 인도해야 하는 선물수수의 신고, 등록의 의무가 있다. 셋째, 퇴직 후 3년간은 퇴직 전 5년 동안 소속하였던 부서 또는 기관의 업무와 밀접한 관련성이 있는 취업제한기관에 취업할 수 없다. 다만, 관할 공직자윤리위원회의 승인을 받은 때에는 가능하다.

3) 공무원 헌장에서의 공직윤리

공무원 헌장에도 공무원들에게 요구되는 공직윤리와 가치들이 제시되어 있다. 인사혁신처는 1980년에 제정된 공무원 윤리헌장과 1982년에 재정된 공무원윤리헌장 실천강령을 35년 만인 2016년에 시대정신에 맞게 재개정하였다. 개정된 공무원 헌장은 바람직한 공무원상을 적립한다는 취지하에 핵심 공직가치를 제시하였다. 공직가치(public service value)란 '공공의 이익에 봉사하기 위해 공적 영역에서 추구해야 하는 바람직한 신념체계와 태도'를 의미한다(인사혁신처, 2016). 공직가치는 크게 국가와 사회에 대한 가치기준, 올바른 직무수행과정에서 지켜야 할 가치, 공직자가 갖춰야 할 윤리적 덕목을 포함하고 있으며, 총 아홉 가지를 제시하고 있다.

공무원 헌장에서 제시하는 핵심 공직가치의 내용은 다음과 같다. 애국심은 나라를 사랑하는 마음으로 국가에 충성하려는 자세를 뜻한다. 민주성은 국민이 모든 결정의 중심에 있음을 의미하며, 국민들의 이익과 의사가 반영할 수 있는 행정행위를 지향하는 것이다. 다양성은 다른 사람과 다른

〈표 15-1〉 핵심 공직가치

구 분	의 미	핵심 공직가치
국가관	국가·사회에 대한 가치기준	애국심, 민주성, 다양성
공직관	올바른 직무수행 자세	책임감, 투명성, 공정성
윤리관	공직자가 갖춰야 할 개인윤리	청렴성, 도덕성, 공익성

출처: 인사혁신처 홈페이지.

문화의 의견을 받아들이는 자세를 의미하며 여러 배경을 가진 사람들을 위한 정책을 개발하는 필요한 가치를 뜻한다. 책임감은 공무원으로서 맡아서 해야 할 임무나 의무를 다하는 자세를 의미한다.

투명성은 국민의 알권리를 존중하고, 정부의 정책결정과 집행과정을 이해할 수 있게 노력하는 것을 뜻한다. 공정성은 균형감각을 가지고 모든 국민을 법과 규정에 따라 동일하게 대하며 업무를 처리하는 것을 가리킨다. 청렴성은 소극적인 의미에서 부패하지 않는 행위에서, 공무원의 행위와 결과가 떳떳하고 완벽을 추구해야 한다는 넓은 의미도 포함한다. 도덕성은 개인의 양심과 사회적 규범을 준수하여 공직자의 본분에 충실함을 뜻한다. 공익성은 특정 개인이나 집단의 이익이 아닌 사회 전체의 이익, 즉 공익을 위한 의사결정과 행위를 의미한다.

4) 공무원 인재상

2023년 인사혁신처는 공무원 인재상을 발표하였다. 인재상이 필요한 이유는 다음과 같다. 첫째, 정부의 국정 비전·목표·과제 및 조직의 비전·미션·전략과 연계되는 인사행정의 근본 기준으로 활용할 수 있다, 둘째, 성공적인 직무수행·상황 대응·성과 연계를 위해 요구되는 직무담당자의 행동특성과 태도에 대한 지침으로 사용할 수 있다. 셋째, 전(全) 공무원 직군·직렬·직류 및 정부 조직에 어울리는 인재의 모습을 형성하는 데 필요하다고

〈표 15-2〉 공무원 인재상

구 분	내 용
소통·공감	국민 등과 소통하고 공감하는 능력
헌신·열정	국가에 대한 헌신과 직무에 대한 열정적인 태도
창의·혁신	창의성과 혁신을 이끄는 능력
윤리·책임	공무원으로서의 윤리의식과 책임성

정리하였다(이찬희, 2023).

또한 기존의 공직가치의 경우, 주로 공무원으로서 가져야 할 마음가짐에만 집중된 경향이 있었으나 공무원들의 동기, 태도, 대인관계 등의 전반적인 행동기준을 마련하는 게 실질적으로 필요하다는 의견도 추가로 제기되었다.

이러한 필요성을 바탕으로 다양한 분야의 전문가들과 시민들의 의견과 외국 정부의 사례를 종합하여 인재상을 도출하였다. 소통·공감, 헌신·열정, 창의·혁신, 윤리·책임 등 총 네 가지 분야의 여덟 가지 인재상이 도출되었다. 그 내용은 위 〈표 15-2〉와 같다.

이러한 네 가지 인재상 요소들은 공무원 면접시험에 반영된다. 그리고 시험실시기관장이 필요하다고 인정할 경우 평정요소를 추가할 수 있다.

이상에서 공직윤리의 규범에 대해서 정리해보았다. 중요한 것은 이러한 공직윤리가 실제 공직사회에서 어떻게 정의되고 적용되고 있는지를 파악하는 것이다. 그러기 위해서는 이와 관련된 법원 판례들을 보면 알 수 있다(부록 참조). 예를 들어 품위유지의 의무와 관련하여, 품위란 주권자인 국민의 수임자로서의 직책을 맡아 수행해 나가기에 손색이 없는 인품이라고 대법원 판결에서 정의하고 있다. 또한 복종의무와 관련하여, 상사의 명령이라도 위법성을 알면서 행한 행위에 대한 책임을 행위자 자신이 면할 수는 없다고 판결하고 있는 것이 있다.

제2절 공직부패

1. 공직부패의 개념

부패는 직무수행과 관련해서 부당한 사익을 취하거나, 취하고자 기도하는 행동을 의미한다. 부패는 공직윤리를 심각하게 훼손하는 대표적인 현상이며, 다수의 국가들에서 국가의 흥망성쇠를 결정하는 핵심적인 요인으로 여겨져 왔다. 따라서 부패를 제대로 대처하지 않고서는 공익에 상당한 저해를 가져올 수 있다. 특별히 부패는 공무원의 윤리 중 '청렴의 의무'를 위반하는 것과 관련이 있다.

2. 공직부패의 특징

이러한 부패, 특히 공직부패의 특징은 첫째로 공직자의 임무, 권력 행사와 관련된다. 둘째로 공직부패는 이렇게 권력을 행사하는 과정에서 공공의 이익보다는 개인적인 이익을 먼저 추구하는 행위이다. 셋째로 공직부패는 정도차가 있지만 다분히 의도적인 행동이다.

3. 공직부패의 유형

공직부패의 유형에는 크게 부패가 제도화되어 있는지의 여부, 부패의 상대가 있는지의 여부, 금전적인 관련이 있는지의 여부, 그리고 사회체제에 파괴적 영향이 있는지 여부에 따라 분류할 수 있다.

첫째, 부패가 제도화된 것인지, 일탈적인 것인지에 따라 제도적 부패와 우발적인 부패로 분류할 수 있다. 제도적 부패는 부패가 행정체제 내에서 실질적으로 행동규범화된 것을 의미한다. 이러한 부패의 가담자는 조직의 옹호와 보호를 받으며, 반대로 청렴행동규범을 준수하게 되면 오히려 제재를 받는 상태나 풍토를 가리킨다. 이는 문화화되고 관행화된, 그리고 집단적인 부패현상이다. 제도화된 부패의 예로 급행료나 커미션이 당연시되는 분위기를 들 수 있다. 반면에 일탈적인 부패는 주로 개인적으로 저지르는 부패를 의미한다. 그 예로 돈을 받고 단속을 눈감아 주는 행위 등이 있다.

둘째, 단독형 부패와 거래형 부패가 있다. 단독형 부패는 개인적인 행위로 공적인 자원(이익)을 침해하는 행위이며, 상대가 없는 내부부패 또는 사기형 부패라고도 한다. 대표적인 예로 공금횡령, 회계부정 등이 있다. 거래형 부패는 상대방과 공모하여 이익을 공유하는 형태의 부패를 뜻하며, 상대가 있는 외부부패라고도 한다. 뇌물을 받고 특혜를 부여하는 부패는 전형적인 거래형 부패의 예이다.

셋째, 금전적 부패와 정치사회적 부패로 구분할 수 있다. 금전적 부패는 뇌물수수나 공금횡령 같은 금전적인 이익을 추구하는 부패를 의미한다. 정치사회적 부패는 정실인사나 정치적 압력 등을 사용하여 비금전적인 이익을 추구하는 부패를 뜻한다. 이러한 정치사회적인 부패에는 정치인이나 권력상층부의 관료들이 정치권한을 이용하여 저지르는 권력형 부패가 많다.

넷째, 사회구성원들이 부패로 인식하는 정도에 따라 백색부패, 회색부패, 흑색부패로 구분할 수 있다. 백색부패는 선의를 가지고 있는 부패를 의미한다. 즉 관료가 법률을 어기거나 사적 이익을 추구하지 않았다 하더라도 결과적으로 공익을 저해하거나 국민의 이익을 저하시켰다고 판단되는 부패다. 그 예로 관료개인이 경제안정이라는 공적인 이익을 위하여 선의의 목적으로 국민에게 사실과 다른 발표를 하는 행위가 있다. 이러한 백색부패는 사회체제에 심각한 파괴적 영향을 미치지 않으며, 보통 사회구성원 대부분이 처벌을 원하지 않는 특징이 있다.

회색부패는 사회체제에 파괴적인 영향을 미칠 수 있는 잠재성을 갖는 부패를 의미한다. 즉 윤리강령에 규정할 수는 있으나 법률에 규정하여 처벌하는 것에 대해서는 논란이 있는 부패를 뜻한다. 따라서 사회구성원 가운데 일부는 처벌을 원하지만 다른 집단은 처벌을 원하지 않는 경우가 대부분이다.

흑색부패는 사회체제에 명백하고 심각하게 해를 끼치는 부패이며, 악의가 있고 사회적 지탄 대상이 되는 부패를 뜻한다. 보통 구성원 모두가 인정하고, 처벌을 원하는 부패, 즉 법률에 규정하여 처벌이 가능한 부패를 의미한다.

4. 공직부패의 원인

이러한 부패를 야기하는 원인을 살펴보면 다음과 같다. 첫째로 생계비에 미달하는 보수를 지적할 수 있다. 공무원들이 생계비를 조달하기 어려운 상황에 처하는 경우 부패로 연결될 소지가 높다는 의미이다. 둘째로 신분불안이 한 원인이 될 수 있다. 구체적으로 신분보장을 위해서 물질적 상납이나 혹은 권력행사를 할 수 있고, 신분이 불안하여 향후 공직을 유지할 수 없는 경우에 장래에 대비하기 위해 부패를 저지를 수 있다.

셋째로 행정처리 기준과 절차의 불합리를 들 수 있다. 구체적으로 과도한 재량권이 주어져서 부패의 유혹에 빠지기 쉬운 환경, 비현실적인 법과 규제로 인하여 위법이 일상화되어 있는 현실, 폐쇄적 행정절차로 인하여 감시와 견제의 체계가 작동하지 않는 여건 때문에 부패가 발생할 수 있다. 넷째로 성숙하지 못한 시민의식도 한 가지 원인이 될 수 있다. 민원인들의 이기주의와 지속적인 유혹 때문에 부패가 용인되는 사회적 분위기와 풍토가 조성될 수 있다. 다섯째로 유명무실한 통제장치를 들 수 있다. 즉 부패가 적발되어도 처벌이 약하여 부패를 저지르는 것이 더 큰 이익을 가져다 줄 경우가 이에 해당한다.

5. 공직부패의 개선방안

이러한 부패를 개선하려면 다음과 같은 방안들이 필요하다. 첫째, 공무원의 처우(보수, 부가혜택, 연금 등)를 개선해야 한다. 즉 최소한 생계비를 충족하고 품위를 유지할 수 있는 수준이 되어야 한다. 둘째, 적정 수준으로 공무원의 신분을 보장하여 외부의 압력에 휘둘리지 않고 공무원의 의무를 지킬 수 있어야 한다. 셋째, 인사관리의 보편성 및 일관성을 유지하여 부패가 개입할 수 있는 여지를 줄일 필요가 있다.

넷째, 행정 통제를 강화하는 방안이 있다. 이는 처벌 등의 사후적 조치도 중요하지만, 예방 위주로 보다 근원적 원인들을 제거하여 제도화되고 구조화된 부패를 해결하는 방향으로 강화되어야 한다. 다섯째, 부패방지를 위한 제도적 장치를 마련할 필요가 있다. 공직자 재산등록제와 행정공개 등이 그 대표적인 예가 될 수 있다. 여섯째, 공직자의 윤리의식 함양을 위한 교육을 강화하여, 청렴하고 투명한 환경을 조성토록 동기를 부여하고 부패욕구를 제한하려는 보다 근본적이고 장기적인 변화를 유도할 필요가 있을 것이다.

제3절 공직윤리 관련 제도

1. 공직자 재산등록제도

공직자 재산등록제도는 공직자의 재산을 관련 기관에 등록하게 하여 심사(형성과정 및 재산보유상태의 과다 여부 등)하고, 그 내용을 공개할 수 있게 함으로써 부패를 예방하려는 제도를 말한다. 이러한 공직자 재산등록제는 공직자 부패예방에 필요한 제도이며, 구체적으로 선량한 공직자를 보호하고, 청렴한 공직자상을 확립하며, 국민의 알 권리를 충족하는 측면에서 필요한 제도이다. 우리나라의 경우 「공직자윤리법」에 근거하여 1985년에 제정되었으며, 수차례 개정되었다.

현재 재산등록의무자는 정무직, 4급 이상 공무원(경찰 · 감사원 · 국세청 소속이나 대민 관련 인허가, 검사 · 감독, 지도단속 업무를 담당하는 공무원인 경우는 7급 이상), 법관 및 검사, 대학의 총·학장, 대령 이상 장교, 지방자치단체장, 지방의회의원, 공직유관단체 임직원이다. 등록대상은 본인과 배우자 및 직계존비속(直系尊卑屬)이 보유한 재산(부동산, 동산 등)이며, 독립생계가 가능하여 공무원 본인의 부양을 받지 않는 직계존비속은 고지거부가 가능하다.

등록 시기는 크게 최초등록신고, 정기변동신고, 수시변동신고 등으로 나눌 수 있으며, 최초등록신고는 재산등록의무자로 된 날로부터 2개월 이내 하여야 하며, 정기변동신고는 매년 1~2월 중에 전년도 변동사항을 신고하여야 하고, 수시변동신고는 승진·퇴직·등록의무면제시 1개월 이내에 신고해야 한다.

등록재산 공개의 대상은 정무직, 1급 이상 공무원(입법·사법부 소속) 또는 고위공무원단 가·나 등급, 지방자치단체장 및 의회의원, 교육감 및 교육위원, 공기업의 장·부기관장·상임감사, 한국은행 총재·부총재·감사, 금융감독원 원장·부원장·감사, 금융위원회 추천직 의원, 농업·수산업협동조합중앙회회장·상임강사, 재산공개로 별도 지정한 공직유관단체장 등이다. 재산공개 시기는 등록(신고)기간 만료 후 1월 이내에 관보에 게재해야 한다.

2. 공익신고자 보호제도

공익신고자 보호제도는 공익을 침해하는 행위를 신고한 사람 등을 보호하고 지원함으로써 국민생활의 안정과 투명하고 깨끗한 사회풍토의 확립에 이바지함을 목적으로 하고 있으며, 신고자를 누설할 경우에 3년 이하의 징역이나 3천만원 이하의 벌금을 부과하는 것을 주요 내용으로 하고 있다. 이러한 공익신고자 보호제도는 「공익신고자 보호법」(이하 공신법: 2011년 3

월에 제정; 2011년 9월 시행)에 법적 근거를 두고 있다.

공익신고자 보호제도는 '부패방지 및 국민권익위원회의 설치 운영에 관한 법률'(2001년 제정)에 그 기원이 있다. 이 법률은 부정부패행위를 효율적으로 규제할 수 있는 제도적 장치를 마련함으로써 청렴한 공직 및 사회풍토를 만들어가는 데 그 목적이 있었다. 몇 번의 제개정을 거치면서, 누구든지 ① 고충민원의 처리와 행정제도의 개선 등을 위하여 국민권익위원회 또는 시민고충처리위원회에 신청할 수 있고, ② 특히 공직자의 경우는 부패행위를 알게 된 때 신고의무를 부여하며, 신고에 따른 수사·감사 또는 조사와 신고자의 보호 등에 관하여 규정하였으며, ③ 공공기관의 사무처리가 법령위반 또는 부패행위로 인하여 공익을 현저히 해하는 경우에 감사를 청구할 수 있도록 국민감사청구제도를 도입하였다.

그러나 부패행위의 개념을 공직자의 법령위반행위와 공공기관의 재산상 손해를 가하는 행위로만 규정하였고, 신고대상을 공직자의 부패행위로 한정하고 있었다는 점에서 한계가 있었다. 즉 민간부문에서 일어나는 공공의 안전, 건강, 환경 등과 관련된 국민생활에 영향을 미치는 공익침해행위에 대한 보호는 미흡하였다. 더해서 민간영역에서의 공익침해 행위 신고자에 대한 보호는 개별 법령에서 각기 다른 형태로 보호 또는 보상이 이루어짐에 따라, 각 법률 간 불균형 문제를 초래하고 개별 법령에 없는 경우 신고자가 보호받지 못한다는 문제점이 있었다(박영원·이주연, 2014).

이러한 단점을 보완하기 위하여 공익신고의 적용대상을 공공부문의 부패뿐만 아니라 민간부분의 공익침해행위까지 확대하고 공익신고자에 대한 보호조치를 강화하기 위하여 「공익신고자 보호법」이 제정되었다.

공익신고자 보호제도의 주요 내용은 다음과 같다. 우선 신고 주체는 누구든지 공익침해행위가 발생하였거나 발생할 우려가 있다고 인정하는 경우에 공익신고를 할 수 있고, 반드시 근로자나 업체관계자 등 내부신고자로 한정되지도 아니한다. 신고 대상이 되는 공익침해행위란 국민의 건강과 안전, 환경, 소비자의 이익 및 공정한 경쟁을 침해하는 행위로서, 「공신법」에서 규정한 169개의 법률(공익침해행위 대상 법률)에 의하여 형사처벌 또는 인·허가 취소, 과징금 등의 행정처분의 대상이 되는 행위를 말하고 있다. 이러한 공익침해행위 대상 법률을 살펴보면, 안전 분야가 56개, 환경 분야는 50개, 건강 분야는 45개 등이다.

이러한 공익신고의 대상기관은 공익침해행위를 하는 사람이나 기관·단체·기업 등의 대표자와 사용자, 공익침해행위에 대한 지도, 감독, 규제, 조사 등의 권한을 가진 행정 및 감독기관, 수사기관, 국민권익위원회, 국회의원, 공익침해행위와 관련된 법률에 따라 설치된 공사 및 공단 등 공공단체이다. 신고시에는 신고자 인적사항, 공익침해행위를 하는 자와 그 내용, 공익신고의 취지와 이유를 명시한 신고서와 증거를 첨부하여 제출하여야 한다.

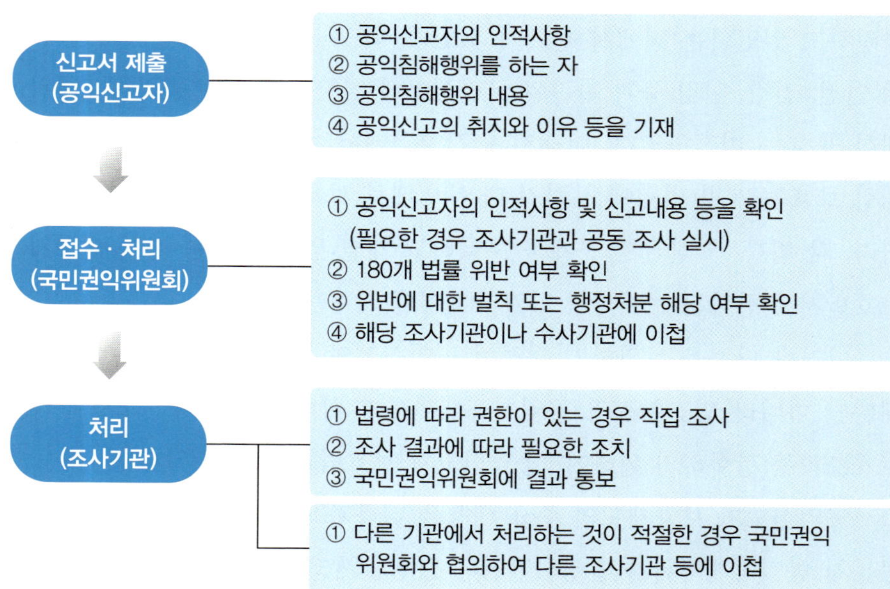

자료: 국민권익위원회, 『공익신고자 보호제도의 운영현황』, 국민권익위원회 내부자료, 2013.

[그림 15-1] 공익신고 이첩·처리 흐름도

공익신고자는 비밀보장의 원칙에 따라 누구든지 공익신고자의 인적사항이나 공익신고자임을 미루어 알 수 있는 사실을 공개하거나 보드하여서는 안 된다. 또한 공익신고자 및 친족 또는 동거인이 공익신고를 이유로 생명·신체에 중대한 위해를 입었거나 입을 우려가 명백한 경우에는 신변보호조치를 요구할 수 있다. 공익신고의 이첩과 처리의 절차는 다음 [그림 15-1]과 같다.

3. 청탁금지제도

「부정청탁 및 금품 등 수수의 금지에 관한 법률(약칭 「청탁금지법」)」은 부정부패를 방지하기 위해 만들어진 법률로, 국민권익위원장이던 제안자의 이름을 따서 흔히 '김영란법'이라는 별칭으로 불린다. 2012년에 제안된 후, 2015년 3월에 국회를 통과하였고, 1년 6개월의 유예기간을 거친 후 2016년 9월 28일에 시행되었다.

「청탁금지법」은 크게 공공기관에 대한 국민신뢰 확보와 공직자와 공적 업무 종사자의 보호라는 두 가지 측면에서 그 의의를 찾을 수 있다(국민권익위원회, 2015). 첫 번째로, 부패가 빈번하게 나타나는 분야의 부정청탁 행위를 제재하고 청탁을 방지하여 공직자등의 공정한 직무수행 보장하고, 공직자의 금품 등을 수수한 경우 직무관련성과 대가성에 관계없이 제재가 가능하도록 하여 국민 신뢰를 확보하는 데 그 목적이 있다. 두 번째로, 공직자가 부정한 청탁에서 보호될 수 있는 제도적 장치를 마련하여 선량한 공직자를 보호할 수 있다.

「청탁금지법」의 적용대상자는 국가 · 지방공무원, 공직유관단체 및 공공기관의 장과 임직원, 각급 학교의 장과 교직원, 학교법인의 임직원, 언론사의 대표자와 임직원 등이다.

이 중 적용대상 공무원의 구체적인 범위는 「국가공무원법」 또는 「지방공무원법」에 따른 공무원과 그 밖에 다른 법률에 따라 그 자격·임용·교육훈련·복무·보수·신분보장 등에 있어서 공무원으로 인정된 사람이다. 즉 경

부정청탁 금지 규정(제5조제1항)

제5조(부정청탁 금지) ① 누구든지 직접 또는 제3자를 통하여 직무를 수행하는 공직자 등에게 다음 각 호의 어느 하나에 해당하는 부정청탁을 해서는 아니 된다.

1. 인가·허가·면허·특허·승인·검사·검정·시험·인증·확인 등 법령(조례·규칙을 포함한다. 이하 같다)에서 일정한 요건을 정하여 놓고 직무관련자로부터 신청을 받아 처리하는 직무에 대해 법령을 위반하여 처리하도록 하는 행위
2. 인가 또는 허가의 취소·조세·부담금·과태료·과징금·이행강제금·범칙금·징계 등 각종 행정처분 또는 형벌부과에 관하여 법령을 위반하여 감경·면제하도록 하는 행위
3. 채용·승진·전보 등 공직자등의 인사에 관하여 법령을 위반하여 개입하거나 영향을 미치도록 하는 행위
4. 법령을 위반하여 각종 심의·의결·조정 위원회의 위원, 공공기관이 주관하는 시험·선발 위원 등 공공기관의 의사결정에 관여하는 직위에 선정 또는 탈락되도록 하는 행위
5. 공공기관이 주관하는 각종 수상·포상·우수기관 선정 또는 우수자 선발에 관하여 법령을 위반하여 특정 개인·단체·법인이 선정 또는 탈락되도록 하는 행위
6. 입찰·경매·개발·시험·특허·군사·과세 등에 관한 직무상 비밀을 법령을 위반하여 누설하도록 하는 행위
7. 계약 관련 법령을 위반하여 특정 개인·단체·법인이 계약의 당사자로 선정 또는 탈락되도록 하는 행위
8. 보조금·장려금·출연금·출자금·교부금·기금 등의 업무에 관하여 법령을 위반하여 특정 개인·단체·법인에 배정·지원하거나 투자·예치·대여·출연·출자하도록 개입하거나 영향을 미치도록 하는 행위
9. 공공기관이 생산·공급·관리하는 재화 및 용역을 특정 개인·단체·법인에게 법령에서 정하는 가격 또는 정상적인 거래관행에서 벗어나 매각·교환·사용·수익·점유하도록 하는 행위

10. 각급 학교의 입학·성적·수행평가 등의 업무에 관하여 법령을 위반하여 처리·조작하도록 하는 행위
11. 징병검사·부대 배속·보직 부여 등 병역 관련 업무에 관하여 법령을 위반하여 처리하도록 하는 행위
12. 공공기관이 실시하는 각종 평가·판정 업무에 관하여 법령을 위반하여 평가 또는 판정하게 하거나 결과를 조작하도록 하는 행위
13. 법령을 위반하여 행정지도·단속·감사·조사 대상에서 특정 개인·단체·법인이 선정·배제되도록 하거나 행정지도·단속·감사·조사의 결과를 조작하거나 또는 그 위법사항을 묵인하게 하는 행위
14. 사건의 수사·재판·심판·결정·조정·중재·화해 또는 이에 준하는 업무를 법령을 위반하여 처리하도록 하는 행위
15. 제1호부터 제14호까지의 부정청탁의 대상이 되는 업무에 관하여 공직자등이 법령에 따라 부여받은 지위·권한을 벗어나 행사하거나 권한에 속하지 아니한 사항을 행사하도록 하는 행위

② 제1항에도 불구하고 다음 각호의 어느 하나에 해당하는 경우에는 이 법을 적용하지 아니한다.

1. 「청원법」, 「민원사무 처리에 관한 법률」, 「행정절차법」, 「국회법」및 그 밖의 다른 법령·기준(제2조제1호 나목부터 마목까지의 공공기관의 규정·사규·기준을 포함한다. 이하 같다)에서 정하는 절차·방법에 따라 권리침해의 구제·해결을 요구하거나 그와 관련된 법령·기준의 제정·개정·폐지를 제안·건의하는 등 특정한 행위를 요구하는 행위
2. 공개적으로 공직자등에게 특정한 행위를 요구하는 행위
3. 선출직 공직자·정당·시민단체 등이 공익적인 목적으로 제3자의 고충민원을 전달하거나 법령·기준의 제정·개정·폐지 또는 정책·사업·제도 및 그 운영의 개선 등에 관하여 제안·건의하는 행위
4. 공공기관에 직무를 법정기한 안에 처리해 줄 것을 신청·요구하거나 그 진행상황·조치결과 등에 대하여 확인·문의 등을 하는 행위
5. 직무 또는 법률관계에 관한 확인·증명 등을 신청·요구하는 행위
6. 질의 또는 상담형식을 통하여 직무에 관한 법령·제도·절차 등에 대하여 설명이나 해석을 요구하는 행위
7. 그 밖에 사회상규에 위배되지 아니하는 것으로 인정되는 행위

출처: 국민권익위원회.

력직 공무원(일반직 공무원, 특정직 공무원)과 특수경력직 공무원(정무직 공무원, 별정직 공무원)을 포함하고 있으며, 시보공무원, 임기제공무원, 시간선택제 채용 공무원 및 외국인인 공무원도 법 적용대상에 포함된다.

「청탁금지법」의 주요 내용은 다음과 같다.

첫 번째, 부정청탁 금지와 관련해서는 누구든지 직접 또는 제3자를 통하여 법에 열거된 14가지 대상 직무를 수행하는 공직자 등에게 직무 중 어느 하나에 해당하는 부정청탁을 해서는 안 된다는 것이다.

두 번째, 금품수수 금지에 관련하여, 공직자 등이 직무 관련 여부 및 그 명목에 관계없이 동일인으로부터 1회 100만원 초과 또는 매 회계연도 300만원을 초과하는 금품 등을 받거나 요구 또는 약속하는 행위를 금지하고 있다. 또한 직무와 관련하여 공직자등이 동일인으로부터 1회 100만 원 이하의 금품 등을 받거나 요구 또는 약속하는 행위를 금지한다. 직무관련 사례금도 예외는 아니며, 대통령령으로 정하는 금액을 초과하는 사례금을 받는 것을 금지하고 있다.

공직자가 이러한 법률을 위반할 경우, 징계가 의무화되어 있으며, 국민은 누구든지 위반행위가 발생한 공공기관, 감독기관, 감사원, 수사기관 또는 국민권익위원회에 신고를 할 수 있다. 신고가 들어온 경우, 조사기관은 그 신고내용에 대하여 감사, 수사 또는 조사를 하여야 하며, 그 조사 결과에 따라 공소제기, 징계처분 등 필요한 조치를 취하고, 그 결과와 조치사항 등을 신고자에게 통보하게 되어 있다.

4. 이해충돌방지법

일반적으로 공무원은 자신의 사적 이해나 활동과 공적 업무 간에 충돌이 발생할 때 이해충돌이 발생할 수 있다. 보다 구체적으로 공무원이 특정 업체와 금전적 이해를 공유하거나 해당 업체의 계약에 영향을 미칠 수 있는

〈표 15-3〉 이해충돌방지법 적용대상

공공기관(제2조 제1호)	공직자(제2조 제2호)
국회, 법원, 헌법재판소, 선거관리위원회, 감사원, 고위공직자범죄수사처, 국가인권위원회, 중앙행정기관 및 그 소속기관, 지자체 및 지방의회, 교육청, 공공기관, 공직 유관단체, 각급 국립·공립 학교 등	국가·지방 공무원, 공직 유관단체·공공기관 임직원, 각급 국립·공립 학교장과 교직원

출처: 이해충돌방지법 제1장

경우 이해충돌이 발생할 수 있다. 또한 공무원의 가족 구성원이 해당 공무원의 직무와 관련하여 개인적인 이해나 이익을 얻을 때 발생한다. 마지막으로 정부에서 정책을 개발하고 결정할 때 공무원의 개인적인 정치적 이해나 이익이 영향을 미칠 수 있다.

따라서 공직자의 「이해충돌방지법」(약칭: 「이해충돌방지법」)은 공직자가 직무수행 시 자신의 사적 이해관계가 관련되어 공정하고 청렴한 직무수행이 저해되거나 저해될 우려가 있는 상황을 효과적으로 관리하고 통제하기 위해 2021년 5월 제정되고 2022년 5월부터 시행되었다. 이러한 「이해충돌방지법」은 공직자의 사적 이해관계를 실효적으로 관리하는 장치가 미흡하고 그러한 사적 이해관계와 결부된 사건의 발생으로 인한 국민의 불신을 해소하고 신뢰를 확보하며 국제사회의 눈높이에 맞는 공직자의 행위기준 정립의 필요성으로 인해 제정되었다. 적용대상은 모든 공공기관의 공직자이며

〈표 15-4〉 이해충돌방지법 주요 행위기준

신고 및 제출 의무	제한 및 금지 행위
① 사적 이해관계자 신고 및 회피·기피 신청	① 가족 채용 제한
② 공공기관 직무 관련 부동산 보유·매수 신고	② 수의계약 체결 제한
③ 직무관련자와의 거래 신고	③ 직무 관련 외부활동 제한
④ 퇴직자 사적 접촉 신고	④ 공공기관 물품 등의 사적 사용·수익 금지
⑤ 고위공직자 민간부문 업무활동 내역 제출	⑤ 직무상 비밀 등 이용 금지

구체적인 대상은 위의 〈표 15-3〉과 같다.

「이해충돌방지법」의 주요 내용은 크게 공직자가 해야 할 신고 및 제출 의무와 하지 말아야 할 제한 및 금지 행위로 분류할 수 있으며, 각 항목에 5개씩 총 10개의 행위기준으로 제시되어 있다.

누구든지 위와 같은 이 법의 위반행위를 인지하였을 때, 위반행위를 해당 공공기관(또는 감독기관), 감사원, 수사기관, 권익위에 신고할 수 있으며, 공공기관의 장은 소속 공직자가 이 법 또는 이 법에 따른 명령을 위반하면 징계처분하여야 한다.

제4절 공무원의 정치적 중립

1. 개 념

정치적 중립이란 공무원의 정치활동을 금지 또는 제한하는 행동규범이다. 정치적 중립유지의 목적은 특정 정당에 대한 충성이나 편향된 직무수행을 금지하기 위해서이며, 이는 공평성, 비당파성을 유지하기 위한 제도이다.

2. 전제 조건

정치적 중립유지의 전제 조건은 다음과 같다. 우선 공무원의 정치적 중립유지는 복수 정당이 존재하는 민주정치에서만 의미가 있다. 즉 일당독제 체제나 공산주의와 같은 단일정당 체제하에서 정치적으로 중립을 지키는 것은 의미가 없다.

그리고 전문성을 갖는 행정부의 관료가 중립적인 입장에서 사회, 경제적 대립을 중재하고 조정할 수 있는 실적주의 인사제도하에서 정치적 중립의무가 요구되었다. 반면, 집권한 정당이 고위공무원을 정치적으로 임용하는 엽관주의제도하의 공무원에게 정치적 중립의무 준수는 요구되는 조건이 아니었다. 그러나 여기서 유의할 점은 정치적으로 중립을 지킨다는 것이 공무원의 정치적 무감각이나 단절을 요구하는 것은 아니라는 것이다.

3. 필요성

공무원의 정치적 중립의무 준수는 첫째, 공무원이 직무수행상 공익(公益, public interest)을 실현하기 위해서 필요하다. 공익이란 사회 전체의 공동이익, 불특정 다수의 이익을 의미하며, 행정의 전 과정에 있어서의 목적 가치이자 본질적 가치이다(나헌, 2009). 즉 정치적으로 편향성을 가진 특정 공동체의 이익만 추구하는 것은 공익의 실현이 될 수 없다. 둘째, 객관적이고 전문적인 행정을 수행하기 위해서 정치적 중립유지가 필요하다. 공무원이 정치적으로 편향성을 갖고 있으면, 정치적으로 입장이 다른 정권들과 지속적으로 일을 할 수 없기에 전문성을 쌓기가 어렵다.

셋째, 정치적 중립유지는 공직수행에 있어서 정치적으로 부당한 압력, 유혹, 부패 등을 방지하기 위해서 필요하다. 넷째, 정치적 중립유지는 정치와 행정 간에 균형을 유지하기 위해서 필요하다. 즉 정치가 행정을 지배하는 현상 및 정치권이 과도하게 행정부에 영향을 미치는 것을 방지하는 측면에서 요구된다.

4. 국가별 규제 내용

국가별로 정치적 중립과 관련한 규제의 정도가 다름을 볼 수 있다. 대체로 엽관주의의 폐해가 컸던 나라들(미국, 한국)은 엄격하게 규제하는 경향이 있으며, 엽관주의의 폐해가 적었던 나라(유럽국가들)들은 유연성과 신축성을 부여하는 측면이 높다.

미국은 1939년 제정된 공무원 정치활동 금지법(Hatch Act)에 의해 공무원의 정치참여를 규제하였다. 이러한 공무원 정치활동 금지법은 공무원의 정치자금 공여 금지, 선거운동금지, 공무원 신분의 입후보금지, 기부금을 강제 권유하는 행위금지, 공무원 단체의 정치활동금지 등을 포함하였다.

그 후 위 해치법이 지나치게 공무원들의 정치활동을 규제한다는 비판에 따라, 위헌 여부로 논란이 되었으나, 연방대법원에서 합헌(1947년, 1973년)으로 판결하였다. 하지만 1993년에는 공무원들의 정치활동을 원칙적으로 허용하되 특정 정치활동을 한정적으로 제한하는 방식으로 해치법을 전면 개정하였다.

영국은 공무원의 계급에 따라 차등 규제를 두고 있다. 고위직 공무원은 정당가입, 의원겸직 허용 등의 완전한 정치활동의 자유를 인정하고 있다. 그러나 중간계급 이하의 공무원은 피선거권을 제외한 정치활동을 허용하고 있다.

프랑스는 정치활동 허용범위가 매우 광범위한 편이다. 예를 들어 현직 공무원의 입후보 및 피선거권을 인정하고, 의원 출마시 휴직도 가능하며, 지방의회의원과 국회의원을 겸할 수도 있다.

5. 한국의 정치활동 금지

한국은 국가공무원법에 입각하여, 엄격하게 정치활동을 규제하고 있다. 동법에서는 정당 및 정치단체에 가입을 금지하고 있으며, 선거시에 특정 정당 또는 특정인의 지지나 반대 유도, 타 공무원의 정치행위에 대한 보상 또는 불이익을 약속하는 행위를 금지하고 있다.

이러한 공무원의 정치활동금지는 국민으로서 기본권(정치참여)을 제한한다는 점에서, 비판의 소지가 있다. 또한 국민의 요구에 대한 대응의 확보를 저해할 수 있다. 즉 특정한 정치적 가치를 실현하려는 국민의 여망이 정책적으로 제대로 실현되지 않을 가능성이 있다. 더욱이 행정이 과거처럼 집행만 하는 것이 아니라, 정책수립까지 겸해야 하는 입장에서 정치와 행정의 온전한 분리에 대해서 재해석이 필요할 수 있다.

이러한 상황에서 공무원의 정치적 중립이 제대로 이루어지기 위해서는 다음 몇 가지 제도적 문화적 뒷받침이 필요하다. 우선 건전한 정치풍토와 환경의 조성이 필요하다. 즉 평화적인 정권 교체가 뒷받침되어야 하며, 반대파에 대한 정치적 보복을 금지하는 등의 전통이 확립되어야 한다. 선거제도를 공정하게 운영하여, 선거와 관련해서 공무원을 동원하고 행정을 편파적으로 운영하는 것을 미연에 방지해야 한다. 마지막으로 공무원의 신분보장과 가장 근본적인 조건인 공무원 개개인의 확고한 윤리의식의 확립이 중요하다.

찾아볼 문제

1. 가장 최근 연도에 국민권익위원회에 접수된 공익신고의 접수현황을 분야별로 살펴봅시다.
2. 공익침해행위와 관련된 법률 조항들을 찾아봅시다.
3. 「이해충돌방지법」에 구체적인 제한 및 금지 행위에 대해서 찾아봅시다.

토론할 문제

1. 공무원 인재상 중 가장 중요한 요소는 무엇인지 토론해 봅시다.
2. 현재 우리나라에서 가장 문제가 되고 있는 부패의 유형과 해결책을 논의해 봅시다.
3. 우리나라 공무원에 대한 정치적 중립 의무의 적절성에 대해 토론해 봅시다.

부 록 공직윤리 관련 법원판례

품위유지의무(「국가공무원법」 제63조)

판례1. 공무원의 품위유지의무의 적용범위 및 품위의 의미

국민으로부터 널리 공무를 수탁하여 국민 전체를 위해 근무하는 공무원의 지위를 고려할 때 공무원의 품위손상행위는 본인은 물론 공직사회에 대한 국민의 신뢰를 실추시킬 우려가 있으므로 「지방공무원법」 제55조는 「국가공무원법」 제63조와 함께 공무원에게 직무와 관련된 부분은 물론 사적인 부분에 있어서도 건실한 생활을 할 것을 요구하는 품위유지의무를 규정하고 있고, 여기에서 품위라 함은 주권자인 국민의 수임자로서의 직책을 맡아 수행해 나가기에 손색이 없는 인품을 말함(대판 '98. 2. 27. 97누18172).

영리업무 및 겸직금지(「국가공무원법」 제64조, 국가공무원 복무규정 제25조·제26조)

판례 2. 여관임대 경영의 금지되는 영리행위 해당 여부

금지되는 영리업무는 영리적인 업무를 공무원이 스스로 경영하여 영리를 추구함이 현저한 업무를 의미하고, 공무원이 여관을 매수하여 스스로 경영하지 않고 제3자에게 임대하여 경영케 하는 것은 영리업무에 종사하는 경우라고 볼 수 없음(대판 '82. 9. 14, 82누46)

정치운동 및 집단행위의 금지(「국가공무원법」 제65조·제66조)

판례 3. 전국공무원노조 소속 공무원들이 자치단체의 행정대집행 등을 규탄하기 위한 목적의 집회에 단체로 참가한 행위가 집단 행위의 금지에 해당되는지 여부

전공노 소속 공무원들이 민주노총 등과 연대하여 전공노를 사수하고 ○○시의 행정대집행 등을 규탄하기 위한 '공무원노조 사수 총력결의대회'라는 집회에 '공무원 노조 사수' 등의 구호를 외치면서 참가한 행위는 노동운동이나 그 밖에 공무 외의 일을 위한 집단 행위에 해당함(대판 '08. 3. 14)

정치운동 및 집단행위의 금지(「국가공무원법」 제65조·제66조)

판례 4. 집단적 행위의 의의

법 제66조의 「집단적 행위」라 함은 「어떠한 단체의 구성이나 단체적 행동이 그 목적과 행위의 내용에 비추어 공무원의 복무에 관한 질서유지에 유해하거나 그 밖에 공무원으로서의 품위를 손상하는 등 공익을 해치는 특별한 사정이 있는 경우의 집단적 행위」를 일컬어 뜻하는 것이고, 동창회·친목회·학회·토론회·연설회 등 회합이나 회동 등을 통한 단체적 행위 전반을 그 목적과 내용에 관계없이 전부 포함하는 것은 아님(서고판 '69. 7. 8, 69구39)

성실의무(「국가공무원법」 제56조)

판례 5. 공무원이 제3자를 고용하여 공적 업무를 처리케 한 경우 징계파면 처분의 당부

세무공무원이 제3자를 고용하여 고정보수를 지급하면서 1년여에 걸쳐 그의 공적 업무를 처리하게 하였다면 이는 법 제56조(성실의무), 제60조(비밀엄수의 의무)에 위배되므로 이를 이유로 한 징계파면처분은 타당함(대판 '81. 7. 28)

판례 6. 성실의무의 내용

성실의무는 공무원에게 부과된 가장 기본적인 중대한 의무로서 최대한으로 공공의 이익을 도모하고 그 불이익을 방지하기 위하여 전인격과 양심을 바쳐서 성실히 직무를 수행하여야 하는 것을 내용으로 함(대판 88누3161, '89. 5. 23)

복종의무(「국가공무원법」 제57조)

판례 7. 위법명령의 복종행위에 대한 징계처분의 당부

상사의 명령이라고 해서 위법성을 알면서 행한 행위는 행위자 자신의 책임을 벗어날 수 없고 따라서 명령에 순종하였다는 것으로서 변명이 되거나 그 책임을 면할 수 없음(대판 '67. 2. 7)

청렴의무(「국가공무원법」 제61조)

판례 8. 무단결근사실에 의한 파면처분의 적정 여부

증뢰의 혐의로 경찰의 심한 고문을 받아 허위자백을 하게 된 자로부터 수뢰의 혐의를 피하기 위해서는 잠시 피신하는 것이 좋을 것이라는 종용을 받고 일시 직장을 이탈하여 무단결근하게 되었다면 피상적인 결근사실만을 이유로 가장 무거운 파면처분을 한 것은 재량권의 범위를 일탈하여 위법하다고 할 것임(대판 '84. 9. 25)

청렴의무(「국가공무원법」 제61조)

판례 9. 금품수수후 반환한 경우

영득의 의사로 뇌물을 수수한 것이라면 후일 이를 반환하였다 하더라도 뇌물죄의 성립에는 영향이 없음(대판 83도113, '83. 3. 22)

판례 10. 청렴의 의무에 있어 직무의 범위

"직무와 관련하여"라 하는 데는 당해 공무원이 직무의 결정권을 갖고 있지 않더라도 그 직무행위와 밀접한 관계가 있는 경우 및 사실상 관리하는 직무행위도 포함됨(대판 92누3366, '92. 11. 27)

판례 11. 불법적 이익 제안 대가로 금품요구

공무원의 청렴의무는 공무원에게 요구되는 가장 기본적인 의무라 할 것인데 적극적으로 상대방에게 금품을 요구하여 그 대가로 직무와 관련된 불법적인 이익을 줄 것을 제안하였다면 돈을 받지 않았다 하더라도 해임처분은 타당함(서울고판 94구1939, '94. 10. 20)

(출처: 행정안전부, 2011)

제 16 장 공무원 노동조합과 직장협의회

제1절 공무원 노동조합

1. 공무원의 노동기본권

1) 노동기본권의 개념

노동기본권은 「대한민국헌법(약칭 헌법)」과 「노동조합 및 노동관계조정법(약칭 노동조합법)」에 의하여 보장되는 권리로 대표적인 것이 노동3권으로 불리는 단결권, 단체교섭권, 단체행동권이다. 일반적으로 노동3권은 근로자의 인간다운 생활 보장이라는 측면에서 경제적 약자인 근로자의 실질적인 자유와 평등을 확보하기 위한 수단으로 보장되는 권리로 보고 있다. 우리 「헌법」은 제33조 제1항에서 '근로자는 근로조건의 향상을 위하여 자주적인 단결권, 단체교섭권 및 단체행동권을 가진다'고 규정하여 노동기본권을 누릴 주체를 근로자로 한정하고 있다.

2) 노동기본권의 내용

(1) 단결권

근로자의 단결권이란 근로자들이 자주적으로 노동조합을 설립·운영하고 이에 가입하여 활동할 수 있는 개별적 단결권과 근로자단체인 노동조합이 자주적으로 활동할 수 있는 집단적 단결권을 말한다. 「노동조합법」은 제5조에서 '근로자는 자유로이 노동조합을 조직하거나 이에 가입할 수 있고, 공무원과 교원에 대하여는 따로 법률로 정한다'고 규정하고 있다.

(2) 단체교섭권

단체교섭권은 근로자가 근로조건을 유지하고 개선하기 위하여 노동조합, 기타 단결체의 대표자를 선출하여 사용자 또는 사용자단체와 집단으로 교섭하고 단체협약을 체결할 수 있는 권리이다(「노동조합법」 제29조).

우리나라 헌법재판소는 단체교섭권에 단체협약체결권까지를 포함시키는 것으로 판시하였으며, 일본은 단체교섭권만 보장하고, 영국은 단체협약체결권을 명문으로 규정하지 않아 단체협약을 체결하지만, 이는 법적 구속력이 없는 이른바 '신사협정'으로 이해되고 있다.

(3) 단체행동권

단체행동권이란 근로자가 근로조건 등 자신의 요구를 관철하기 위하여 사용자에 대하여 집단적인 압력행동을 취할 것을 보장하는 권리로 쟁의권과 조합활동권으로 구분된다. 노동쟁의란 노동조합과 사용자 또는 사용자단체 간(이하 노동관계 당사자)에 임금·근로시간·복지·해고 기타 대우 등 근로조건의 결정에 관한 주장의 불일치로 인하여 발생하는 분쟁상태이다. 쟁의행위란 파업·태업·직장폐쇄 기타 노동관계 당사자가 그 주장을 관철할 목적으로 행하는 행위와 이에 대항하는 행위로서 업무의 정상적인 운영을 저해하는 행위를 말한다(「노동조합법」 제2조).

조합활동권이란 쟁의행위 및 단체교섭 이외의 단결체의 행동인 리본 착용, 휴게시간 중의 유인물 배포, 집회, 연설 등으로 업무의 정상적인 운영을 방해하지 않는 방식으로 사용자에 대하여 요구 또는 시위하거나 제3자에 대하여 선전활동을 행할 수 있는 권리이다. 그러나, 그 권한 행위의 정당성 범위와 한계 문제는 다툼의 여지가 있으며, 「노동조합법」 등은 정당한 쟁의행위(폭력이나 파괴행위는 제외)로 인한 손해에 대한 배상 청구를 금지하고 있다(「노동조합법」 제3조, 제4조). 근로자가 정당한 단체행위에 참가한 것을 이유로 그 근로자를 해고하거나 그 근로자에게 불이익을 주는 행위는 부당노동행위로 금지하고 있다(「노동조합법」 제81조).

아울러 법률에서는 노동조합과 그 조합원의 정치활동을 금지하고 있다(「노동조합법」 제4조).

〈표 16-1〉 공무원 노동기본권의 내용과 허용범위

노동기본권 (노동3권)	포함 권리와 대상	사실상 노무종사자 공무원	공무원노조법 (일반직·별정직·특정직 공무원 일부)	교원노조법 (교원〈교사, 교수〉 공무원)
단결권	• 개별적 단결권: 근로자 개인 • 집단적 단결권: 노동조합	모두 보장	보장	보장
단체교섭권	• 협의의 단체교섭권 • 단체협약체결권			
단체행동권	• 쟁의권: 파업, 태업등		금지	금지

노동조합의 단체행동권에 대하여 사용자 또는 사용자단체가 합법적으로 대항하는 수단은 직장폐쇄로 쟁의행위를 개시한 이후에만 가능하고 미리 행정관청 및 노동위원회에 신고하여야 한다(「노동조합법」 제46조).

2. 공무원 노동조합의 의의

1) 공무원 노동조합의 개념

「노동조합법」 제2조에는 '노동조합이란 근로자가 주체가 되어 자주적으로 단결하여 근로조건의 유지·개선, 기타 근로자의 경제적·사회적 지위의 향상을 도모함을 목적으로 조직하는 단체 또는 그 연합체를 말한다'라고 정의를 내리고, 단서에서 노동조합의 결격사유를 크게 다섯 가지[1]로 열거하고 있다.

공무원도 근로자이므로 「노동조합법」에서 정의하는 바에 따라 공무원 노동조합(public employee union)은 근로자인 공무원이 주체가 되어 자주적으

1) 노동조합 결격사유(노조법 제2조)는 ①사용자 또는 그의 이익을 대표하여 행동하는 자의 참가를 허용하는 경우, ②경비의 주된 부분을 사용자로부터 원조받는 경우, ③공제 · 수양 기타 복리사업만을 목적으로 하는 경우, ④근로자가 아닌 자의 가입을 허용하는 경우, ⑤주로 정치운동을 목적으로 하는 경우이다.

로 단결하여 근로조건의 유지·개선 기타 근로자의 경제적·사회적 지위의 향상을 도모함을 목적으로 조직하는 단체 또는 그 연합체라고 정의할 수 있다.

2) 공무원 노동조합의 효용과 한계

(1) 압력단체의 기능

공무원들은 노동조합을 통하여 그들의 집합적인 의사를 개별적인 관리자, 단위행정기관, 행정부, 입법부, 사법부 및 국민들에게 표시할 수 있다. 이러한 과정을 통하여 공무원 노동조합과 정부(행정부, 입법부, 사법부, 지방정부)는 서로의 입장을 원활하게 파악, 전달할 수 있어 쌍방의 정책결정에 도움을 줄 수 있다.

포웰(Powell, 1956)은 보다 나은 공공서비스를 위한 노동조합의 압력단체와 같은 로비활동은 조합회원들의 지위와 신분보장을 위한 하나의 발명품으로 이해하는 것이 타당하다고 하였다.

(2) 사회적 욕구 충족기능

공무원 노동조합은 공무원들의 복지증진, 정책결정과정에의 관여, 집합적인 의사표시, 오락 및 친목 활동 등을 추구함으로써 공무원들의 참여의식, 인간의 가치인정, 귀속감, 성취감, 연대의식 등의 사회적 욕구를 충족시켜준다. 이러한 과정과 활동을 통하여 공무원들의 사기를 높일 수 있고, 행정능률의 향상 등에 도움을 줄 수 있다.

(3) 행정의 민주화 기능

공무원 노동조합은 공무원과 관리층 간에 쉽게 접근할 수 있는 경제적이며 쌍방적인 의사전달통로를 제공할 수 있다. 이론적으로 관리층과 노동조합은 공공업무를 수행함에 있어서 공평성과 효과성을 증진하기 위해서 강력한 동맹관계(최소한 협조관계)를 형성할 수 있는 것이다(Powell, 1956).

즉, 공무원 노동조합이 관리층과 대화와 협상을 통하여 상호이해의 증진과 관리층의 횡포를 통제함으로써 대내 행정의 민주화와 행정발전에 따라 국민에 대한 서비스도 개선될 수 있다(백종섭, 2013:36).

(4) 행정발전과 직업윤리확립 기능

노동조합은 주로 경제적인 편익의 증진, 고충처리의 문제, 승진·휴직·전보·교육훈련의 구체적인 측면에 협상의 초점을 둔다(Nigro & Nigro, 1984). 공무원들이 직업적인 행동규범으로부터 이탈되는 것을 막는 사회적 견제작용을 하고, 직업윤리확립과 자질향상을 위한 교화활동을 전개할 수 있다(오석홍, 2013:220). 그리고, 부패방지를 막기 위한 타율적인 통제와 함께 전문직업화를 통한 자율적 통제가 효과를 거둘 수 있게 해준다(백종섭, 2013).

(5) 부정적 기능

공무원 노동조합의 그 긍정적인 기능에도 불구하고 잘못 운영되는 경우 여러 가지 폐해를 가져올 수 있다(오석홍, 2013:220). 먼저 노사 간에 대립과 갈등을 가져와 관리행정을 침해할 수 있고, 이기적 활동으로 생산성 향상이나 공익증진에 저항할 수 있다. 비생산적인 직원을 보호하는 등 실적제를 침해할 수 있으며, 본래의 기능 범위를 벗어나 불법 집회, 정치 관여 등 단체활동의 과잉화와 불법화가 나타날 수 있다.

3) 공무원 노사관계의 특수성

「헌법」 제33조 제1항은 '근로자는 근로조건의 향상을 위하여 자주적인 단결권, 단체교섭권 및 단체행동권을 가진다'라고 규정하여 노동3권의 주체를 근로자로 정의하고 있다. 이때 근로자라고 함은 「노동조합법」상 근로자로 공무원도 이에 해당되지만, 공무원의 노사관계는 일반 민간근로자와는 다른 노사관계의 특징을 갖는다(백종섭, 2013; 오석홍, 2013).

첫째, 단체교섭에서 사용자인 정부와 근로자인 공무원 모두 당사자 이익보다는 공익을 우선시한다는 점이다. 민간부문의 근로자들은 근로자로서의 노동제공의 정당한 대가를 요구하지만, 공무원들은 정당한 대가의 요구와 함께 공익을 고려해야 하는 제약을 가진다. 곧 국민의 세금으로 임금이 제공되는 상황에서 무작정 그들의 이익증대를 위한 단체교섭을 주장할 수 없는 한계가 있다.

둘째, 대부분의 국가에서 공무원의 단체행동권(파업권)을 인정하지 않고 있다. 즉, 공무원들이 파업을 하는 경우 정부는 대체인력과 대체서비스가 불가능하여 국가운영에 막대한 장애를 가져올 수 있으므로 대부분의 국가들은 단결권과 단체교섭권만 인정하고 있으며, 단체행동권을 인정하는 몇몇 국가에서도 엄격한 제한을 가하고 있다.

셋째, 단체교섭과정에서 정부교섭대표자는 국회나 상급기관과 국민들의 관여와 영향력 때문에 제한된 범위 내에서 협상력을 발휘할 수밖에 없으며, 근로조건의 핵심인 보수나 예산 문제 등은 법률 등에 의해 규정되어 교섭대상에서 제외되거나 체결되더라도 효력을 발생시킬 수 없고 정부의 성실한 이행 노력을 촉구하는 방법이 사용되고 있다.

마지막으로 공무원의 노사관계에 따른 협상 결과에 대해 행정서비스의 공급문제에 장애가 발생할 때 대체서비스가 불가능하므로 국민들의 관심이 매우 높아 단체교섭에 영향을 미칠 수 있다.

3. 공무원 노동조합의 주요 내용

1) 공무원 노동조합의 출발과정

'국민의 정부'라고 명명한 김대중 정부는 1998년 2월 25일 출범식에서 민주주의와 시장경제의 발전을 제시하였다. 노동 부문의 경우 참여의 원칙에 기초한 민주적 노사관계, 효율의 원칙에 기초한 생산적 노사관계, 공정의 원칙에 기초한 공생적 노사관계라는 참여·효율·공정의 3대 원칙을 강조하는 신노사문화를 표방하고, 노·사·정 및 정당이 참여하는 제1기 노사정위원회가 발족되었다(노사정위원회, 2000; 2003).

정부는 1998년 「공무원직장협의회의 설립·운영에 관한 법률」을 제정하였으며, 공무원의 근무환경개선·업무능률향상 및 고충처리 등을 위한 목적을 담고 있다.

노사정위원회는 공무원의 노동기본권 보장방안에 대한 논의를 계속하였고, 행정자치부가 주관이 되어 2002년 「공무원노조법(안)」을 입법 예고하고 국회에 제출하였다. 국회에 제출된 법안의 주요 내용에 대하여 노동계의 강력한 반대와 제16대 대통령 선거에서 교원노조 수준의 공무원 노동기본권 보장을 공약함에 따라 행정자치부가 제출한 동 법안은 철회되었고 이들 법안들은 국회에서 통과되지 못한 채 '국민의 정부'는 막을 내리고 말았다.

제16대 대통령 선거에서 집권한 노무현 정권은 '참여정부'라고 명명하고, 인사개혁을 매우 중요한 과제로 인식하여 보수 합리화와 공무원 삶의 질 향상 추구 및 상생적 공무원 노사관계의 구축을 강조하였다. 2003년 2월 출범한 '참여정부'는 공무원의 노동기본권의 주무 부서를 노동부로 바꾸어 「공무원의 노동조합 설립 및 운영 등에 관한 법률(안)」을 입법 예고하였다. 2003년 10월에 국회에 제출하였으나, 노동계의 반대로 입법 추진이 보류되었으며, 정부는 쟁점들을 정리하여 2004년 10월 28일 국회에 법안을 제출하였다. 동 법안은 제250회 정기국회에서 12월 31일 국회 본회의에 상정되어 통과됨으로써 2005년 1월 27일 법률 제7380호로 제정되어 2006년 1월 28일부터 시행되기에 이르렀다(백종섭, 2013:80-96).

2) 공무원 노동조합의 주요 내용

(1) 입법 형식과 보장 범위

「공무원노조법」은 「교원노조법」과 마찬가지로 「노동조합법」의 특별법으로 제정되어 동 법에서 달리 규정하지 않은 사항은 일반법인 「노동조합법」의 적용을 받도록 하였다.

「공무원노조법」은 근로 3권 중 근로 2권인 단결권과 단체교섭권을 보장하고, 단체활동권은 금지하였다. 헌법재판소의 판결에 의하여 단체교섭권은 단체교섭사항을 사용자와 교섭할 수 있는 권한인 단체협의권과 협의한 사항을 문서로 체결하는 단체협약체결권을 포함하는 것으로 이해되고 있다.

(2) 가입 허용 및 금지 범위

노동조합에 가입할 수 있는 공무원의 범위는 이전에는 6급 이하의 일반직 공무원 및 이에 상당하는 일반직 공무원, 특정직 공무원 중 6급 이하의 일반직 공무원에 상당하는 외무행정·외교정보관리직 공무원 등으로 한정하였다.

그러나, 2021년 「공무원의 노동조합 설립 및 운영 등에 관한 법률(공무원노조법)」을 개정하여 직급에 관계없이 원칙적으로 모든 공무원이 공무원 노동조합에 가입할 수 있다(법 제6조). 다만, 제2항에서는 제1항의 규정에도 불구하고 가입이 금지되는 공무원을 규정하고 있으며, 보다 자세한 범위는 「공무원노조법 시행령」 제3조에 규정되어 있다.

「공무원노조법」에서는 공무원의 범위를 「국가공무원법」 제2조 및 「지방공무원법」 제2조에서 규정하고 있는 공무원으로 규정하면서 「국가공무원법」 제66조 제1항 단서 및 「지방공무원법」 제58조 제1항 단서에 따른 '사실상 노무에 종사하는 공무원'과 '교원(교사 및 교수) 공무원'은 제외한다고 명시하고 있다.[2)]

---

2) * '사실상 노무에 종사하는 공무원'은 「노동조합법」의 적용을 받아 노동3권이 모두 보장된다. 여기에 해당되는 부처는 과학기술정보통신부 소속 현업기관의 작업 현장에서 노무에 종사하는 우정직 공무원(우정직 공무원의 정원을 대체하여 임용된 일반임기제 공무원 및 시간선택제일반임기제 공무원을 포함)으로서 다음 각 호의 어느 하나에 해당하지 아니하는 공무원으로 한다〈대통령령 제33638호, 국가공무원 복무규정 제28조〉.

〈표 16-2〉 **공무원 노조가입 허용 및 금지 범위**

가입 허용범위(공무원노조법 제6조 제1항)
1. 일반직 공무원 2. 특정직 공무원 중 외무영사직렬·외교정보기술직렬 외무공무원, 소방공무원 및 교육공무원(교원 제외) 3. 별정직 공무원 4. 제1호부터 제3호까지의 어느 하나에 해당하는 공무원이었던 사람으로서 노동조합 규약으로 정하는 사람[3)]
가입 금지범위(공무원노조법 제6조 제2항)
1. 업무의 주된 내용이 다른 공무원에 대하여 지휘·감독권을 행사하거나 다른 공무원의 업무를 총괄하는 업무에 종사하는 공무원 2. 업무의 주된 내용이 인사·보수 또는 노동관계의 조정·감독 등 노동조합의 조합원 지위를 가지고 수행하기에 적절하지 아니한 업무에 종사하는 공무원 3. 교정·수사 등 공공의 안녕과 국가안전보장에 관한 업무에 종사하는 공무원

반면, 우정직 공무원은 회사에 근무하는 일반 근로자에게 포괄적으로 적용하는 「노동조합법」의 적용을 받아 노동3권(단결권, 단체교섭권, 단체행동권)을 모두 가지게 되어 단체행동권인 파업도 가능하다.

(3) 조직 형태

공무원이 노동조합을 설립하고자 하는 경우에는 국회·법원·헌법재판소·선거관리위원회·행정부·특별시·광역시·특별자치시·도·특별자치도·시·군·구(자치구) 및 특별시·광역시·특별자치시·도·특별자치도의 교육청을

1. 서무·인사 및 기밀 업무에 종사하는 공무원
2. 경리 및 물품출납 사무에 종사하는 공무원
3. 노무자 감독 사무에 종사하는 공무원
4. 「보안업무규정」에 따른 국가보안시설의 경비 업무에 종사하는 공무원
5. 승용자동차 및 구급차의 운전에 종사하는 공무원

** 교원(교사, 교수)은 「교원의 노동조합 설립 및 운영 등에 관한 법률」 적용 대상임.

3) 노조가입이 가능한 공무원(법 제6조제1항제1호부터 제3호*)으로 근무하다 퇴직한 자로서, 노조 규약으로 정하는 자는 노동조합 가입 가능(퇴직한 공무원과 교원도 노조가입 가능).

최소 단위로 한다(「공무원노조법」 제5조 제1항). 노동조합을 설립하려는 사람은 고용노동부 장관에게 설립신고서를 제출하여야 한다(법 제5조 제2항). 공무원들은 각 기관, 즉 행정부의 각 부·처 단위와 읍·면·동을 조직단위로 하는 공무원의 노동조합 설립은 불가능하지만, 최소 설립단위의 지부나 분회 등을 설치하는 것은 가능하다(법 시행령 제2조). 또한 최소 설립단위 이상을 포괄하는 노동조합이나 연합단체의 설립도 가능하다(법 시행령 제2조; 고용노동부 내부자료, 2004.10).

(4) 노동조합 전임자

공무원노조에서 노조 전임자란 임용권자의 동의를 받아 노동조합으로부터 급여를 지급받으면서 근로시간 중에 근로를 제공하지 아니하고 상시적으로 노동조합의 업무에만 종사하는 사람으로 「국가공무원법」과 「지방공무원법」에 의하여 휴직명령을 받아야 한다. 공무원이 전임자임을 이유로 승급이나 그 밖에 신분과 관련하여 불리한 처우를 받지 아니하며, 공직에만 종사하지 않을 뿐 공무원으로서의 각종 의무를 준수하여야 한다.

(5) 근무시간 면제제도(time-off)

정부는 민간부문에 대하여 1997년에 '무노동 무임금 원칙'하에 노조 전임자에 대한 임금 지급을 금지하였다. 하지만, 노조의 재정 상태와 지급 관행을 등을 고려하여 유예하다가 2010년 7월부터 이 제도를 시행하면서 노조 간부가 조합활동에 사용하는 시간을 근로시간으로 인정하여 임금을 지급하는 유급제도인 '근무시간 면제제도(Time-off)'를 도입하였다.

공무원노조에 대하여는 2022년 6월에 법률을 개정하여 2023년 12월 11일부터 시행하는 근무시간 면제제도를 도입하였다.

공무원이 단체협약으로 정하거나 정부교섭대표가 동의하는 경우 '공무원근무시간면제심의위원회'가 정한 근무시간 면제 한도를 초과하지 아니하는 범위 내에서 보수의 손실 없이 정부교섭대표와의 협의·교섭, 고충처리,

안전·보건활동 등 법이 정한 업무와 건전한 노사관계 발전을 위한 노동조합의 유지·관리업무를 할 수 있다(법 제7조의2). 구체적인 면제시간과 면제인원은 '공무원 · 교원 근무시간면제심의위원회'에서 결정한다.

(6) 단체교섭 당사자와 담당자

단체교섭 당사자란 단체교섭의 주체인 노동조합과 사용자 또는 사용자단체이며, 주체의 지위는 위임할 수 없다. 단체교섭의 담당자는 단체교섭을 실제로 수행할 수 있는 법적 자격이 있는 자로 담당자의 지위는 상급단체 또는 하급단체 등에 위임이 가능하다(이상윤, 2009:588-590).

공무원 노동조합의 경우 단체교섭 당사자는 고용노동부에 설립신고를 하여 「공무원노조법」상 실질적·형식적 설립요건을 갖춘 적법한 공무원 노동조합이며, 사용자 측은 정부교섭대표이다. 사용자인 정부 측 단체교섭 당사자인 '정부교섭대표'는 국회사무총장·법원행정처장·헌법재판소사무처장·중앙선거관리위원회사무총장·인사혁신처장(행정부를 대표)·특별시장·광역시장·특별자치시장·도지사·특별자치도지사·시장·군수·구청장(자치구청장) 또는 특별시·광역시·특별자치시·도·특별자치도의 교육감 중 어느 하나에 해당하는 사람("정부교섭대표")이다(「공무원노조법」 제8조).

(7) 단체교섭의 대상

단체교섭의 대상은 노동조합에 관한 사항, 조합원의 보수·복지, 그 밖의 근무조건에 관한 사항이지만, 법령 등에 따라 국가나 지방자치단체가 그 권한으로 행하는 정책결정에 관한 사항, 임용권의 행사 등 그 기관의 관리·운영에 관한 사항으로서 근무조건과 직접 관련되지 아니하는 사항은 교섭의 대상이 될 수 없다(법 제8조).

단체교섭의 비교섭사항은 여섯 가지로 정책의 기획 또는 계획의 입안 등 정책결정에 관한 사항, 공무원의 채용 · 승진 및 전보 등 임용권의 행사에 관한 사항 등으로 「법 시행령」 제4조에 규정되어 있다.

〈표 16-3〉 단체교섭의 비교섭사항

단체교섭 제외 대상 (시행령 제4조)	① 정책의 기획 또는 계획의 입안 등 정책결정에 관한 사항 ② 공무원의 채용·승진 및 전보 등 임용권의 행사에 관한 사항 ③ 기관의 조직 및 정원에 관한 사항 ④ 예산·기금의 편성 및 집행에 관한 사항 ⑤ 행정기관이 당사자인 쟁송(불복신청을 포함)에 관한 사항 ⑥ 기관의 관리·운영에 관한 그 밖의 사항

(8) 단체교섭의 요구와 절차

노동조합은 단체교섭을 위하여 노동조합의 대표자와 조합원으로 교섭위원을 구성하여 일정한 서류와 함께 단체교섭요구서를 권한을 가진 정부교섭대표에게 제출하여야 한다. 단체교섭 요구 시기는 단체협약의 유효기간 만료일 3개월 전부터 교섭 개시 예정일 30일 전까지 가능하다.

(9) 단체교섭 창구의 단일화

교섭노동조합은 교섭위원을 선임하여 서면으로 정부교섭대표에게 알리고, 교섭노동조합이 둘 이상인 경우에는 교섭노동조합 간의 합의에 따라 교섭위원을 선임하되, 합의하지 못하였을 때에는 교섭노동조합의 조합원 수에 비례하여 교섭위원을 선임하여야 한다(법 시행령 제8조).

(10) 단체협약의 체결과 효력

단체협약 체결당사자는 노조 측은 「공무원노조법」에 따라 설립된 노동조합이며, 사용자 측은 법 제8조에 의해 규정된 정부교섭대표이다. 단체교섭이 성공적으로 이루어지면 양 당사자는 단체협약을 체결하게 된다. 다만, 체결된 단체협약의 내용 중 법령·조례 또는 예산에 의하여 규정되는 내용과 법령 또는 조례에 의한 위임을 받아 규정되는 내용은 단체협약으로서의 효력을 가지지 아니한다(「공무원노조법」 제10조 제1항).

(11) 공무원 노동조합의 분쟁 유형

정부교섭대표와 공무원 노동조합 측이 단체교섭이 결렬되는 경우 노동쟁의가 발생한다. 노동쟁의란 '노동조합과 사용자 또는 사용자단체 간에 임금·근로시간·복지·해고 기타 대우 등 근로조건의 결정에 관한 주장의 불일치로 인하여 발생한 분쟁상태로서 당사자 간에 합의를 위한 노력을 계속하여도 더 이상 자주적 교섭에 의한 합의의 여지가 없는 경우'를 말한다(「노동조합법」 제2조 제5호).

한편, 쟁의행위란 '파업·태업·직장폐쇄 기타 노동관계 당사자가 그 주장을 관철할 목적으로 행하는 행위와 이에 대항하는 행위로서 업무의 정상적인 운영을 저해하는 행위'를 말한다(「노동조합법」 제2조 제6호). 즉, 노동쟁의는 단체교섭이 결렬된 분쟁상태 그 자체를 말하고, 쟁의행위는 정상적 업무를 저해하는 집단적인 실력행사로서 단체행동 또는 파업이다. 유인물의 배포 및 부착, 조합 집회, 평상복 근무, 집단적인 리본 패용, 작업 규칙의 엄격한 준수, 휴가의 집단 청구, 통상적으로 실시되던 시간외근로나 휴일근로의 집단 거부 등 준법투쟁도 단체행동으로 보는 경향이 많다(김유성, 2005).

(12) 분쟁의 조정과 알선제도

분쟁이 발생하는 경우 이를 해결하기 위한 제도로 조정제도(알선, 조정, 중재)가 있다.[4] 알선(斡旋, conciliation)은 분쟁이 발생하는 경우 양 당사자로 하여금 원만하게 해결하도록 조언하는 것이며, 조정(調停, mediation)은 알선 다음 단계 또는 알선과 동시에 진행되어 제3자인 조정자가 당사자들이 합의에 이르도록 조력하는 차원을 넘어 당사자들에게 적절하다고 생각하는 구속력이 없는 조정안을 제시하는 절차이다. 중재(仲裁, arbitration)는 법원이 아닌 제3자가 중재자로 분쟁에 개입하여 당사자를 구속하는 중재안을 제시

4) 조정(調整)과 조정(調停)은 다르다. 조정(調整)은 알선(斡旋, conciliation), 조정(調停, mediation), 중재(仲裁, arbitration)를 대표하는 개념이며, 조정(調停, mediation)은 당사자 간의 갈등을 해결하기 위해 구속력이 없는 조정안을 제시하는 것이다.

하는 절차이다.

중앙노동위원회는 단체교섭이 결렬된 경우 이를 조정·중재하기 위하여 중앙노동위원회에 조정·중재를 전담하는 7인 이내의 공익위원으로 구성되는 '공무원노동관계조정(調整)위원회'를 운영하고 있다.

4. 공무원 노동조합의 공적 가치와 정치적 중립성

공무원은 민간부문의 일반 근로자와 달리 국민 전체에 대한 봉사자이며 국민 전체의 이익(공익)을 위하여 근무하는 특수성을 가진 근로자이다. 공무원에게는 공적 가치를 구현하기 위한 책무를 부과하고 있는 것이다. 이에 따라 공무원에게는 일반 근로자와 다른 노동기본권의 제약을 받게 되며, 이를 위반하는 경우 그에 상응하는 제재를 가하게 된다. 대표적인 제약으로 단체행동권(파업권)을 인정하지 않으며(「공무원노조법」 제11조), 사실상 노무에 종사하는 대부분의 공무원에 한하여 예외적으로 단체행동권을 인정하고 있다.

아울러 공무원 노동조합과 그 조합원은 특정 정당이나 정치인을 지지하거나 반대하는 정치적 활동을 하는 것은 공적 가치를 훼손할 가능성이 매우 높기 때문에 「공무원노조법」에서는 정치활동을 금지하고 있다(법 제4조).

공무원 노동조합 또는 그 조합원인 공무원이 파업, 태업 또는 그 밖에 업무의 정상적인 운영을 방해하는 행위를 한 경우 징역 또는 벌금을 부과할 수 있다(법 제18조). 사안에 따라서는 법령에 따른 명령을 위반하거나 직무를 위반 또는 태만이 한 경우에는 뒤에서 설명하는 징계의 사유에 해당할 수도 있다.

5. 주요 국가의 공무원 노동조합

1) 미 국

(1) 연방 공무원의 노동기본권

미국 정부에서의 공무원의 조직화는 민간부문보다 매우 늦게 등장하였는데, 1883년 실적제의 초석이 되는 「펜들턴법」(Pendleton Act)이 제정되었으나, 연방 근로자의 근로조건, 근로시간, 임금은 의회에 부여하였으며 근로자들의 단체교섭은 허용하지 않았다.

그런데, 노동자조직의 강력한 지지로 1961년 선거에서 당선한 제35대 케네디(Kennedy) 대통령은 1962년 1월 17일에 노사협력에 관한 대통령령 제10998호에서 연방정부의 공무원은 노동조합을 결성하고 이에 가입할 권리와 단체교섭을 보장한다고 공표하였다.

이 명령의 기본적인 사고방식은 제39대 카터(J. Carter) 대통령 시절에 제정된 1978년의 「연방공무원개혁법」(CSRA, 「연방노사관계법」)에 잘 나타나 있다. 즉, 연방 공무원은 노동단체를 결성하고 가입할 권리를 보장하며, 각 부 또는 기관은 단위조직에 속하는 공무원의 과반수가 비밀투표를 하여 선택한 단체에 대하여 배타적 승인을 인정하도록 하였다(Coleman, 1990:64-68). 즉, 연방 공무원의 단결권, 단체교섭권을 처음으로 법으로 인정하였다. 다만, 단체행동권은 인정하지 않았다. 이 법률에 의하여 공무원의 노사관계를 다루는 연방노사관계위원회(FLRA)가 설립되었다.

연방 공무원의 단결권과 단체교섭권을 인정한 CSRA 제7장은 노동기본권이 보장되지 않는 근로자를 규정하고 있다(행정자치부, 2004:100; CSRA Chapter 71).

(2) 주 공무원의 노동기본권

주(state)의 공공부문 근로자에 대한 노동기본권의 보장 여부는 각 주 의회의 입법권에 의해 규정된다. 1950년대 이후 공공부문 노동조합들이 단체교섭권을 인정하라는 요구에 따라 일부 주에서는 단결권과 단체교섭권을 인정하는 주 법률을 제정하기도 하였으나, 일부 주에서는 단결권까지 금지하는 법률을 제정하기도 하였다.

1962년 Kennedy 대통령의 대통령령 제10988호가 발표된 지 3주 후에 Wisconsin주가 최초로 주법으로 공무원의 단결권과 단체교섭권을 인정하였다. 이 Wisconsin주의 법은 곧 다른 주의 모델이 되어 1962년까지 여러 개의 주와 몇몇의 시가 뒤를 따랐다(Coleman, 1990:68-69).

2) 일 본

일본은 제2차 세계대전에서 패배한 후 1947년 「국가공무원법」을 제정할 당시에는 공무원의 노동3권이 보장되었으나, 관공노등조합(官公勞働組合)의 총파업 가능성이 거세지자 1948년 7월 연합국사령부는 맥아더(McArther) 서한에 근거하여 정령(政令) 제201호가 제정되어 국가·지방자치단체 공무원에 대하여 단체교섭과 쟁의행위를 금지하였고, 12월에는 「국가공무원법」을 개정하여 비현업 일반직 공무원의 노동조합법 적용을 배제하고, 직원단체의 교섭권을 일정한 범위 내에서 인정하면서도 단체협약체결권을 부정하고 쟁의행위를 금지하였다.

일본 정부는 ILO의 수차례 권고를 바탕으로 1965년 5월 17일 ILO 제87호 협약(결사의 자유)을 비준하고 직원단체의 조직·등록·교섭 등에 관한 사항들에 대해 수정하면서 공무원노동관련법령을 재정비하여 오늘에 이르고 있다.

일본 공무원은 현업 공무원을 제외한 일반직 공무원을 통상적으로 비현업 공무원이라고 부른다. 비현업 일반직 국가공무원 및 지방공무원의 노동3권에 대해서는 노동조합이 아닌 '직원단체'를 인정하여 단결권과 단체교섭권은 인정하지만, 단체협약체결권과 쟁의행위를 금지하고 있다. 현업 일반직 국가·지방공무원은 단결권과 단체교섭권 및 단체협약체결권을 가지고 있으나, 단체행동권은 인정되지 않고 있다.

기타 영국, 프랑스, 독일 등의 공무원 노동조합은 공무원의 개념, 범위, 민간부문 근로자와의 관계 등에 많은 차이를 보이고 있으며, 나라의 특성에 따라 허용 공무원의 종류, 노동기본권의 허용범위가 다양하다. 보다 자세한 사항은 행정안전부, 고용노동부 및 인사혁신처의 홈페이지 자료를 참조하기 바란다.

제2절 공무원 직장협의회

1. 설립 과정

민간부문에서 '노사협의회'가 노동조합과 기능적으로 상호보완작용을 하면서 근로조건 개선을 통한 근로자의 이익을 증진시키는 중요한 단체처럼 공무원 직장협의회는 근무환경 개선, 업무능률 향상 및 고충처리 등을 통해 공무원 노동조합과 함께 공무원의 이익을 구현하는 기능을 가진다.

1998년 김대중 대통령의 '국민의 정부'가 들어서면서 제1기 노사정위원회에서는 사회협약을 통하여 국제사회의 여론과 노동계의 끊임없는 요구에 따라 공무원 노동기본권의 공무원 노조는 차후 국민적 여론과 관련하여 단계적으로 허용하며, 제1단계로 '공무원직장협의회제도'를 도입하기로 합의하였다. 이러한 합의 정신에 따라 「공무원직장협의회의 설립·운영에 관한 법률(공무원직협법)」에 의하여 1999년 1월 1일부터 직장협의회를 설치·운영할 수 있게 되었다.

2. 제도의 주요 내용

1) 설립 단위와 가입 대상

직장협의회를 설립할 수 있는 기관은 국가기관, 지방자치단체 및 그 하부기관으로 하나의 기관에는 하나의 협의회만 설립할 수 있다. 설립의 기관 단위는 기관장이 4급 이상 공무원 또는 이에 상당하는 공무원인 기관이 되며, 기관장이 5급 이하 공무원인 기관은 5급 이상 공무원인 상급기관에 통합하여 설립된다(법 제2조 및 법 시행령 제2조).

공무원 직장협의회에 가입 가능한 공무원 범위는 이전에는 6급 이하 일반직 및 이에 준하는 일반직 공무원, 일부 특정직 공무원과 별정직 공무원이었으나, 2022년에 법률을 개정하여 직급에 관계없이 가입범위를 대폭 확대하였다. 공무원은 자유로이 협의회에 가입하거나 협의회를 탈퇴할 수 있다.

〈표 16-4〉 공무원 직장협의회 가입범위

가입 공무원 범위	
가입 가능 공무원 (법 제3조)	1. 일반직 공무원 2. 특정직 공무원 중 외무영사직렬·외교정보기술직렬 외무공무원, 경찰공무원, 소방공무원 3, 별정직 공무원
가입 불가능 공무원 (법 제3조 및 시행령 제3조)	1. 지휘·감독권을 행사하거나 다른 공무원의 업무를 총괄하는 업무에 종사하는 공무원 2. 인사업무에 종사하는 공무원 3. 예산·경리·물품출납 업무에 종사하는 공무원 4. 비서 업무에 종사하는 공무원 5. 기밀업무에 종사하는 공무원 6. 보안·경비 업무에 종사하는 공무원 7. 그밖에 제2호부터 제6호까지의 업무와 유사한 업무에 종사하는 공무원

2) 협의 사항과 구속력

공무원 직장협의회는 협의회 등 구성원의 직급 등을 고려하여 구성원의 의사를 고루 대변할 수 있는 협의위원을 선임하여 법이 정한 바에 따라 소속 기관의 장과 여러 가지 사항에 대하여 협의할 수 있다(법 제5조).

〈표 16-5〉 공무원 직장협의회 협의 사항(법 제5조)

1. 해당 기관 고유의 근무환경 개선에 관한 사항
2. 업무능률 향상에 관한 사항
3. 소속 공무원의 공무와 관련된 일반적 고충에 관한 사항
4. 소속 공무원의 모성보호 및 일과 가정생활의 양립을 지원하기 위한 사항
5. 기관 내 성희롱, 괴롭힘 예방 등에 관한 사항
6. 그 밖에 기관의 발전에 관한 사항

공무원 직장협의회와 기관장은 매년 2회 정기적으로 협의사항에 대하여 협의하여야 하며, 필요한 경우 수시로 협의할 수 있다(시행령 제8조 제2항). 협의회에는 협의회의 업무를 전담하는 공무원을 인정하지 않는다. 협의회와 문서로 합의한 사항에 대하여는 기관장은 최대한 이의 이행에 노력하여야 하지만, 법적 구속력은 인정하지 않는다.

3) 공무원 노조와 비교

공무원 직장협의회와 공무원 노조를 주요 내용을 중심으로 비교하면, 근거 법령에 큰 차이를 보인다. 이에 따라 그 목적은 공무원 노조는 공무원의 노동기본권 보장을 위한 단체협약 체결이지만, 직장협의회는 협조적 노사관계를 바탕으로 노사협의를 통한 근무환경 개선, 업무능률 향상 및 고충처리가 목적이다.

그러나, 두 제도의 교섭과 협의 사항이 완전히 분리될 수 없기 때문에 두 제도 간의 중첩과 갈등이 발생하고 있다. 이에 따라 일부 기관의 직장협

〈표 16-6〉 공무원노조법과 직장협의회법 간의 비교

구 분	공무원 노동조합	공무원 직장협의회
근거법령	• 헌법 제33조 • 노동조합 및 노동관계조정법 • 공무원의 노동조합 설립 및 운영 등에 관한 법률	• 공무원 직장협의회 설립·운영에 관한 법률
목적 · 성격	• 공무원의 노동기본권 보장 - 공무원 근로조건에 관한 단체협약 체결 목적	• 공무원의 노사협의 보장 - 공무원의 근무환경 개선·업무능률 향상·고충처리 목적
설립단위 · 설립신고	• 최소 설립단위만 제한, 복수노조 가능 - 국가직: 헌법기관 - 지방직: 시·도, 시·군·자치구, 시·도 교육청 • 고용노동부 장관에게 설립신고	• 기관 단위로 하나만 설립 가능 • 소속 기관장에게 설립 사실 통보
가입범위	• 원칙: 일반직·특정직·별정직 공무원 대부분 • 금지: 인사·보수 등 업무공무원, 지휘·감독 및 다른 공무원의 업무를 총괄하는 공무원 등	• 원칙: 일반직·특정직·별정직 공무원 대부분(경찰·소방공무원 허용) • 금지: 인사·예산 등 업무공무원, 지휘·감독 및 다른 공무원의 업무를 총괄하는 공무원 등등
교섭/협의 대 상	• 노동조합의 활동, 보수, 복지, 기타 근무조건에 관한 사항	• 근무환경 개선, 업무능률 향상, 고충처리
교섭/협의 방법	• 단체교섭 및 단체·협약체결	• 협의하그 문서기록 보관
교섭/협의 사항효력	• 단체협약의 효력 인정 - 단, 법령·조례 등 예산에 의해 규정되는 내용은 효력 부인	• 합의사항의 구속력 불인정 - 기관장의 성실이행 노력
전임자	• 인정 - 무급·휴직 인정	• 불인정
근무시간 면제	• 인정	• 명문 규정 없음
정치활동	• 정치활동 금지 명문화	• 명문 규정 없음 ※ 국가공무원법·지방공무원법에 의해 금지
근무시간 중 활동	• 근무시간 이외에 수행 원칙 ※ 단, 단체협약에 정하거나 기관장의 사전허가를 득한 경우 가능	• 근무시간 이외에 수행 원칙 ※ 단, 협의회와 기관장 간 협의는 합의에 의해 근무시간 중 가능

자료: 필자가 관련 법령을 이용하여 작성.

의회는 노동조합으로 전환하고 있으며, 직장협의회가 그대로 존치하거나 해체되는 경우가 있다. 두 제도는 근거 법령도 다르고, 추구하는 목적도 다르므로 일정 부분 중첩 · 갈등이 발생하더라도 상호 존재하여 공무원의 노동기본권과 고충처리 등 근로환경 개선에 이바지하는 제도로 발전하는 것이 바람직하다고 본다.

이상 공무원 직장협의회의 주요 내용을 공무원 노동조합 주요 내용과 비교하면 〈표 16-6〉과 같다.

찾아볼 문제

1. 다음의 공무원 노동조합 홈페이지를 방문하여 각 노동조합의 내용을 살펴봅시다. (나머지 노동조합은 고용노동부 홈페이지를 참조하세요.)
   ○ 연합단체
   - 대한민국공무원노동조합총연맹(공노총)
   - 공무원노동조합연맹
   - 전국시군구공무원노동조합연맹(시군구연맹)
   - 공무원노동조합전국연맹(공노연)
   - 전국행정기관공무원노동조합연맹(전국연맹)

   ○ 전국 단위
   - 전국공무원노동조합(전공노)
   - 전국통합공무원노동조합(통합노조)
   - 한국공무원노동조합(한공노)
   - 전국시간선택제공무원노동조합(시선제노조)

   ○ 행정부
   - 국가공무원노동조합(국공노)
   - 전국소방안전공무원노동조합(소방노조)
   - 소방을사랑하는공무원노동조합(소사공)

토론할 문제

1. 우리나라 공무원 노동조합의 가입범위에 대하여 토론해 봅시다.
2. 우리나라 공무원 직장협의회의 가입범위에 대하여 토론해 봅시다.

제17장 신분보장과 징계

제1절 공무원의 신분보장

1. 신분보장의 의의

1) 신분보장의 개념과 의미

공무원의 신분보장이란 법에 정하는 사유에 의하지 아니하고는 자신의 의사에 위배되는 신분상의 불이익을 받지 않도록 한다는 것이다. 공무원의 신분보장을 법으로 규정하고 있는 이유는 신분상의 안정을 통하여 공무원의 계속 근무를 유도하여 행정의 안정성과 일관성을 확보하려는 것이다. 이를 통하여 공무원의 조직몰입, 직무만족, 사기 앙양을 통한 행정능률을 확보하고 국민에 대한 봉사를 잘 수행하도록 하자는 취지이다.

처음에 공무원의 신분보장을 강조하였던 이유는 엽관주의 시절에 공무원들의 신분이 정권이 바뀌면 공무원의 신분도 동시에 상실됨으로써 행정의 안정성과 일관성이 상실되고 공무원들은 신분이 불안하여 부정과 부패를 일상화하고 행정능률 저하가 나타났기 때문이다.

이를 해소하기 위하여 정부는 엽관주의 대신 실적주의를 도입하였다. 실적주의는 유능한 공무원이 특별한 과오가 없는 한 정년까지 신분을 보장시켜 행정의 안정성, 사기 앙양, 행정능률 향상과 국민에 대한 양질의 행정서비스를 확보하기 위한 인사제도로 도입되었고, 공무원의 신분보장을 강조하였다.

2) 신분보장의 내용

우리나라 「국가공무원법」 및 「지방공무원법」에 규정된 공무원의 신분보장에 대한 내용은 다음과 같다. 즉, 공무원은 형의 선고, 징계처분 또는 법에서 정하는 사유에 따르지 아니하고는 본인의 의사에 반하여 휴직 · 강임 또는 면직을 당하지 아니한다. 다만, 1급 공무원과 직무등급이 가장 높은 등급의 직위에 임용된 고위공무원단에 속하는 공무원은 그러하지 아니하다(「국가공무원법」 제68조 및 「지방공무원법」 제60조).

따라서, 공무원은 법에 규정된 사유에 의하지 아니하고는 불이익한 처분을 받지 않으며, 불이익한 처분에 대해서는 불복신청(소청 심사 등)을 통하여 구제받을 수 있다. 소청 심사에 대하여는 제3절에서 설명하고 있다.

2. 신분보장의 예외

관련 법에 의하여 공무원의 신분이 보장되지만, 현실적으로는 형의 선고나 징계처분이 아닌 여러 가지 사유에 의하여 신분보장이 제약되기도 한다. 대표적으로는 「국가공무원법」에서 규정하고 있는 직권면직, 직권휴직, 직위해제, 강임이라고 할 수 있다.

1) 직권면직

임용권자는 공무원이 〈표 17-1〉에 제시된 각 호의 어느 하나에 해당하면 직권으로 면직시킬 수 있다. 다만, 임용권자는 제1호에서 제6호의 규정에 따라 면직시킬 경우에는 미리 관할 징계위원회의 의견을 들어야 하며, 제3호에 따라 면직시킬 경우에는 징계위원회의 동의를 받아야 한다.

임용권자나 임용제청권자는 〈표 17-1〉의 제1호에 따라 소속 공무원을 면직시킬 때에는 임용 형태, 업무 실적, 직무수행 능력, 징계처분 사실 등을 고려하여 면직 기준을 정하여야 한다. 면직 기준을 정하거나 제1호에 따라 면직 대상자를 결정할 때에는 임용권자 또는 임용제청권자(임용권자나 임용제청권자가 분명하지 아니하면 중앙인사관장기관의 장)별로 심사위원회를 구성하여 그 심사위원회의 심의 · 의결을 거쳐야 한다.

〈표 17-1〉 **직권면직 사유**(국가공무원법 제70조)

1. 직제와 정원의 개폐 또는 예산의 감소 등에 따라 폐직(廢職) 또는 과원(過員)이 되었을 때
2. 휴직 기간이 끝나거나 휴직 사유가 소멸된 후에도 직무에 복귀하지 아니하거나 직무를 감당할 수 없을 때
3. 제73조의3제3항에 따라 대기 명령을 받은 자가 그 기간에 능력 또는 근무성적의 향상을 기대하기 어렵다고 인정된 때
4. 전직시험에서 세 번 이상 불합격한 자로서 직무수행 능력이 부족하다고 인정된 때
5. 병역판정검사·입영 또는 소집의 명령을 받고 정당한 사유 없이 이를 기피하거나 군복무를 위하여 휴직 중에 있는 자가 군복무 중 군무(軍務)를 이탈하였을 때
6. 해당 직급·직위에서 직무를 수행하는 데 필요한 자격증의 효력이 없어지거나 면허가 취소되어 담당 직무를 수행할 수 없게 된 때
7. 고위공무원단에 속하는 공무원이 제70조의2에 따른 적격심사 결과 부적격 결정을 받은 때

직권면직과 관련한 심사위원회의 위원장은 임용권자 또는 임용제청권자가 되며, 위원은 면직 대상자보다 상위 계급자 또는 고위공무원단에 속하는 일반직 공무원 중에서 위원장이 지명하는 5명 이상 7명 이내로 구성하되, 면직 대상자의 상위 계급자 또는 고위공무원단에 속하는 일반직 공무원을 우선하여 지명하여야 한다. 다만, 상위 계급자 또는 고위공무원단에 속하는 일반직 공무원이 부족하면 4명 이내로 구성할 수 있다.

제2호에 따른 직권 면직일은 휴직 기간이 끝난 날 또는 휴직 사유가 소멸한 날로 한다(이상 「국가공무원법」 제70조).

2) 직권휴직과 의원휴직

직권휴직은 「국가공무원법」상 일정한 조건에 해당되는 경우 본인의 의사에 관계없이 임용권자에 의하여 강제로 휴직하는 것을 말한다. 법에서는 공무원이 〈표 17-2〉 각 호의 어느 하나에 해당하면 임용권자는 본인의 의사에도 불구하고 휴직을 명하여야 한다고 규정하고 있다.

의원휴직은 공무원 개인이 일정한 사유에 의하여 담당했던 업무(직무)를 스스로 내려놓고 쉬고자 하는 것을 의미한다. 임용권자는 공무원이

〈표 17-2〉 **직권휴직 사유**(국가공무원법 제71조)

1. 신체·정신상의 장애로 장기 요양이 필요할 때
2. 「병역법」에 따른 병역 복무를 마치기 위하여 징집 또는 소집된 때
3. 천재지변이나 전시·사변, 그 밖의 사유로 생사(生死) 또는 소재(所在)가 불명확하게 된 때
4. 그 밖에 법률의 규정에 따른 의무를 수행하기 위하여 직무를 이탈하게 된 때
5. 「공무원의 노동조합 설립 및 운영 등에 관한 법률」 제7조에 따라 노동조합 전임자로 종사하게 된 때

〈표 17-3〉 각 호의 어느 하나에 해당하는 사유로 휴직을 원하면 휴직을 명할 수 있다. 다만, 제4호의 경우에는 대통령령으로 정하는 특별한 사정이 없으면 휴직을 명하여야 하며, 제4호에 따른 휴직을 이유로 인사에 불리한 처우를 하여서는 아니 된다.

휴직 기간은 휴직 사유에 따라 다양하며, 구체적인 기간은 「국가공무원법」 제72조에 자세하게 규정하고 있다. 휴직 중인 공무원은 신분은 보유하나 직무에 종사하지 못한다.

휴직 기간 중 그 사유가 없어지면 30일 이내에 임용권자 또는 임용제청권자에게 신고하여야 하며, 임용권자는 지체 없이 복직을 명하여야 한다. 휴

〈표 17-3〉 **의원휴직 사유**(「국가공무원법」 제71조 제2항)

1. 국제기구, 외국 기관, 국내외의 대학 · 연구기관, 다른 국가기관 또는 대통령령으로 정하는 민간기업, 그 밖의 기관에 임시로 채용될 때
2. 국외 유학을 하게 된 때
3. 중앙인사관장기관의 장이 지정하는 연구기관이나 교육기관 등에서 연수하게 된 때
4. 만 8세 이하 또는 초등학교 2학년 이하의 자녀를 양육하기 위하여 필요하거나 여성공무원이 임신 또는 출산하게 된 때
5. 조부모, 부모(배우자의 부모를 포함), 배우자, 자녀 또는 손자녀를 부양하거나 돌보기 위하여 필요한 경우. 다만, 조부모나 손자녀의 돌봄을 위하여 휴직할 수 있는 경우는 본인 외에 돌볼 사람이 없는 등 대통령령 등으로 정하는 요건을 갖춘 경우로 한정한다.
6. 외국에서 근무·유학 또는 연수하게 되는 배우자를 동반하게 된 때
7. 대통령령 등으로 정하는 기간 동안 재직한 공무원이 직무 관련 연구과제 수행 또는 자기개발을 위하여 학습·연구 등을 하게 된 때

직 기간이 끝난 공무원이 30일 이내에 복귀 신고하면 당연히 복직된다(이상 「국가공무원법」 제72조-73조).

3) 직위해제

직위해제란 법이 정한 일정한 조건에 해당하면 해당 공무원에게 일정 기간 동안 직위(職位) 즉, 직무와 책임을 부여하지 않는 것을 말한다. 임용권자는 법령의 규정에 따라 일정한 조건에 해당하는 공무원에게는 본인의 의사에 관계없이 직권으로 직위를 해제할 수 있으며, 직위해제의 사유 규정은 〈표 17-4〉와 같다.

〈표 17-4〉 직위해제 사유(「국가공무원법」 제73조의3)

1. 직무수행 능력이 부족하거나 근무성적이 극히 나쁜 자
2. 파면·해임·강등 또는 정직에 해당하는 징계의결이 요구 중인 자
3. 형사 사건으로 기소된 자(약식명령이 청구된 자는 제외한다)
4. 고위공무원단에 속하는 일반직 공무원으로서 제70조의2제1항제2호부터 제5호까지의 사유로 적격심사를 요구받은 자[1)]
5. 금품비위, 성범죄 등 대통령령으로 정하는 비위행위로 인하여 감사원 및 검찰·경찰 등 수사기관에서 조사나 수사 중인 자로서 비위의 정도가 중대하고 이로 인하여 정상적인 업무수행을 기대하기 현저히 어려운 자

---

1) 이 사항은 고위공무원단에 속하는 공무원을 지칭하며, 구체적인 규정인 「국가공무원법」 제70조의2제1항(적격심사)은 다음과 같다.

① 고위공무원단에 속하는 일반직 공무원은 다음 각 호의 어느 하나에 해당하면 고위공무원으로서 적격한지 여부에 대한 심사(이하 "적격심사"라 한다)를 받아야 한다.

1. 삭제
2. 근무성적평정에서 최하위 등급의 평정을 총 2년 이상 받은 때.
3. 대통령령으로 정하는 정당한 사유 없이 직위를 부여받지 못한 기간이 총 1년에 이른 때
4. 다음 각 목의 경우에 모두 해당할 때
   가. 근무성적평정에서 최하위 등급을 1년 이상 받은 사실이 있는 경우.
   나. 대통령령으로 정하는 정당한 사유 없이 6개월 이상 직위를 부여받지 못한 사실이 있는 경우
5. 제3항 단서에 따른 조건부 적격자가 교육훈련을 이수하지 아니하거나 연구과제를 수행하지 아니한 때

임용권자는 직위해제 사유가 소멸되면 지체 없이 직위를 부여하여야 하며, 〈표 17-4〉의 제1호에 따라 직위해제된 자에게는 3개월의 범위에서 대기를 명하여야 한다. 임용권자 또는 임용제청권자는 대기 명령을 받은 자에게 능력 회복이나 근무성적의 향상을 위한 교육훈련 또는 특별한 연구과제의 부여 등 필요한 조치를 하여야 한다.

4) 강 임

강임(降任)이란 같은 직렬 내에서 하위 직급에 임명하거나 하위 직급이 없어 다른 직렬의 하위 직급으로 임명하거나 고위공무원단에 속하는 일반직 공무원(제4조제2항에 따라 같은 조 제1항의 계급 구분을 적용하지 아니하는 공무원은 제외)을 고위공무원단 직위가 아닌 하위 직위에 임명하는 것을 말한다(「국가공무원법」 제5조).

강임도 마찬가지로 징계에 의한 불이익처분이 아니라 법규에 의하여 임용권자가 일정한 조건에 해당하는 경우 강임할 수 있다. 즉, 임용권자는 직제 또는 정원의 변경이나 예산의 감소 등으로 직위가 폐직되거나 하위의 직위로 변경되어 과원이 된 경우 또는 본인이 동의한 경우에는 소속 공무원을 강임할 수 있다(「국가공무원법」 제73조의4).

강임된 공무원은 상위 직급 또는 고위공무원단 직위에 결원이 생기면 승진과 관련한 다른 규정(「국가공무원법」 제40조, 41조)에도 불구하고 우선 임용된다. 다만, 본인이 동의하여 강임된 공무원은 본인의 경력과 해당 기관의 인력 사정 등을 고려하여 우선 임용될 수 있다.

〈표 17-5〉 강임 요건(「국가공무원법」 제73조의4)

1. 직제 또는 정원의 변경이나 예산의 감소 등으로 직위가 폐직된 경우
2. 직제 또는 정원의 변경이나 예산의 감소 등으로 하위의 직위로 변경되어 과원이 된 경우
3. 본인이 동의한 경우

3. 공무원의 퇴직

1) 퇴직의 의미

공무원의 퇴직이란 그동안 공무원으로서 신분을 유지하며 근무하던 직장, 즉 공직을 떠나는 것을 말한다. 퇴직은 공무원 개인에게는 일정 기간 동안 익숙했던 조직생활을 떠나 새로운 생활환경을 시작하는 것이며, 정부조직으로서는 그동안 쌓아왔던 인력의 지식과 기술 등의 경험을 상실하는 동시에 새로운 인력을 충원하는 기회가 되기도 한다.

퇴직은 퇴직하는 공무원 개인은 물론 정부에게도 일정 부분 손실이므로 그동안 축적하였던 소중한 경험을 다시 사회에 유용하게 활용할 수 있도록 퇴직관리를 하여야 한다. 정부에서도 자발적 퇴직이나 징계로 인한 강제퇴직이 아닌 경우 퇴직자가 새로운 환경에 적응할 수 있도록 준비시키는 퇴직준비 프로그램을 운영하고 있다.

2) 퇴직의 종류

공무원의 퇴직에는 자신의 의사에 의하여 퇴직하는 자진퇴직(자발적 퇴직, 임의퇴직), 법령의 규정에 의해 일정한 조건에 해당하는 경우 이루어지는 당연퇴직, 자신의 의사와는 상관없이 이루어지는 강제퇴직으로 구분할 수 있다.

자진퇴직에는 스스로 공직을 떠나는 퇴직과 정년이 되기 전에 일정 요건을 충족하였을 경우 자발적으로 퇴직하는 명예퇴직이 있다.

당연퇴직은 일정한 연령에 도달하는 경우 이루어지는 정년퇴직, 일정한 기간 승진하지 못하고 동일한 계급에 머물러 있으면 그 기간이 만료된 때에 자동으로 퇴직시키는 계급정년퇴직, 법규에서 정한 일정한 요건에 해당하는 경우 퇴직시키는 법규당연퇴직이 있다. 법규당연퇴직은 공무원이 〈표 17-6〉 각 호의 어느 하나에 해당할 때에는 당연히 퇴직한다고 규정하고 있다. 아울러 「국가공무원법」 제33조의 어느 하나에 해당하는 자는 임용 결격사유에 해당되어 공무원으로 임용될 수 없다(「국가공무원법」 제33조).

공무원의 정년은 다른 법률에 특별한 규정이 있는 경우를 제외하고는 60세이며, 계급정년은 관련 법령에 따라 규정하고 있다.

〈표 17-6〉 법규당연퇴직 사유(「국가공무원법」 제69조)

○ 제33조 각 호의 어느 하나에 해당하는 경우[2)]
1. 피성년후견인
2. 파산선고를 받고 복권되지 아니한 자
3. 금고 이상의 실형을 선고받고 그 집행이 종료되거나 집행이 면제된 날로부터 5년이 지나지 아니한 자
4. 금고 이상의 형의 집행유예 기간이 끝난 날부터 2년이 지나지 아니한 자
5. 금고 이상의 형의 선고유예를 받은 경우 그 선고유예 기간 중에 있는 자
6. 법원의 판결 또는 다른 법률에 따라 자격이 상실되거나 정지된 자

6의2. 공무원으로 재직기간 중 직무와 관련하여「형법」 제355조 및 제356조에 규정된 죄를 범한 자로서 300만원 이상의 벌금형을 선고받고 그 형이 확정된 후 2년이 지나지 아니한 자

6의3. 다음 각 목의 어느 하나에 해당하는 죄를 범한 사람으로서 100만원 이상의 벌금형을 선고받고 그 형이 확정된 후 3년이 지나지 아니한 사람
가.「성폭력범죄의 처벌 등에 관한 특례법」 제2조에 따른 성폭력범죄
나.「정보통신망 이용촉진 및 정보보호 등에 관한 법률」 제74조제1항제2호 및 제3호에 규정된 죄
다.「스토킹범죄의 처벌 등에 관한 법률」 제2조제2호에 따른 스토킹범죄

6의4. 미성년자에 대한 다음 각 목의 어느 하나에 해당하는 죄를 저질러 파면 · 해임되거나 형 또는 치료감호를 선고받아 그 형 또는 치료감호가 확정된 사람(집행유예를 선고받은 후 그 집행유예기간이 경과한 사람을 포함한다)
가.「성폭력범죄의 처벌 등에 관한 특례법」 제2조에 따른 성폭력범죄
나.「아동 · 청소년의 성보호에 관한 법률」 제2조제2호에 따른 아동 · 청소년대상 성범죄[3)]

7. 징계로 파면처분을 받은 때부터 5년이 지나지 아니한 자
8. 징계로 해임처분을 받은 때부터 3년이 지나지 아니한 자

---

2) 「국가공무원법」 제69조에서는 제33조 규정에 대하여 당연퇴직의 요건을 보다 엄격하게 규정하고 있다.

3) 본 규정과 관련하여 헌법재판소는 일정한 조건을 제시하면서 헌법불합치 결정을 내리고, 입법자(국회)가 개정할 때까지 본 조항의 법률적 효력은 2024년 5월 31일까지 시한으로 명시하였다. 자세한 사항은「국가공무원법」 제33조를 참조하기 바란다.

자신의 의사와 관계없이 퇴직시키는 강제퇴직에는 징계퇴직(파면, 해임), 임용권자가 일정한 법규 규정에 해당하는 경우 면직시키는 직권면직이 있다. 자세한 내용은 본 장의 〈표 17-1〉을 참조하기 바란다.

제2절 공무원의 징계제도

1. 징계의 의의

징계란 공무원의 의무 위반에 대하여 공무원 관계의 목적을 달성하기 위하여 국가 또는 지방자치단체가 그 사용자로서의 지위에서 과하는 행정상 제재를 말한다. 징계대상은 경력직(일반직, 특정직) 및 특수경력직 중 별정직(정무직 제외)에 해당된다(인사혁시처 홈페이지 자료). 이는 정부가 공무원에 대한 통제의 한 수단으로 공무원의 법령, 규칙, 명령의 의무 위반에 대한 처벌이다. 공무원으로 하여금 법률에 따라 성실하게 자신의 직무를 수행하라는 행동규범을 준수시키기 위한 것이다.

공무원이 법령에 따라 성실하게 주어진 직무를 수행하지 않는 경우에는 당사자 개인, 조직, 국가 모두에 커다란 손해를 가져오게 된다. 따라서, 징계는 공무원들의 잘못된 행태를 교정하려는 주목적과 함께 징계사유에 해당하는 행동과 태도를 하지 못하도록 사전에 예방하는 목적도 가지고 있다.

한편, 공무원은 형의 선고, 징계처분 또는 이 법에서 정하는 사유에 따르지 아니하고는 본인의 의사에 반하여 휴직·강임 또는 면직을 당하지 아니한다(다만, 1급 공무원과 가등급 고위공무원단 공무원은 제외)고 규정하고 있다(「국가공무원법」 제68조).

2. 징계의 사유와 종류

징계사유란 징계처분의 대상이 되는 행동을 말하며, 공무원의 징계사유는 「국가공무원법」에 규정되어 있다. 즉, 「국가공무원법」 및 이 법에 따른 명령을 위반한 경우, 직무상의 의무(다른 법령에서 공무원의 신분으로 인하여 부과된 의무를 포함한다)를 위반하거나 직무를 태만히 한 때, 직무의 내외를 불문하고 그 체면 또는 위신을 손상하는 행위를 한 때로 규정하고 있다.

〈표 17-7〉 **징계사유**(「국가공무원법」 제78조 제1항)

① 「국가공무원법」 및 이 법에 따른 명령을 위반한 경우
② 직무상의 의무(다른 법령에서 공무원의 신분으로 인하여 부과된 의무를 포함한다)를 위반하거나 직무를 태만히 한 때
③ 직무의 내외를 불문하고 그 체면 또는 위신을 손상하는 행위를 한 때

징계의 종류는 중징계(파면·해임·강등·정직(停職))와 경징계(감봉·견책(譴責))로 구분한다.

파면과 해임은 공무원의 신분을 박탈하는 징계로 파면된 자는 향후 5년 동안 공무원으로 근무할 수 없고, 퇴직급여와 퇴직수당의 1/2을 감액(5년 미만 근무자는 1/4 감액)하여 지급한다. 해임된 자는 향후 3년 동안 공무원으로 근무할 수 없으며, 퇴직급여와 퇴직수당은 그대로 지급한다(「국가공무원법」 제33조 7,8호; 「공무원연금법」 제65조 및 동 법 시행령 제61조 참조).

강등은 1계급 아래로 직급을 내리고(고위공무원단에 속하는 공무원은 3급으로 임용하고, 연구관 및 지도관은 연구사 및 지도사로 한다) 공무원 신분은 보유하나 3개월간 직무에 종사하지 못하며, 그 기간 중 보수는 전액을 감한다.

정직은 1개월 이상 3개월 이하의 기간으로 하고, 정직 처분을 받은 자는 그 기간 중 공무원의 신분은 보유하나 직무에 종사하지 못하며, 보수는 전액을 감한다. 감봉은 1개월 이상 3개월 이하의 기간 동안 보수의 1/3을 감하는 징계이며, 견책은 전과(前過)에 대하여 훈계하고 회개하게 하도록 하는

것이다.

아울러 징계부가금은 금품 관련 비위에 대해 보다 실효성 있는 처벌을 위해 징계처분 외에 금품수수 금액 등의 5배 범위 내에서 부과하는 것을 말한다(각주 4)에 해당하는 징계 사항).

법령에 규정된 징계는 아니지만, 실제 행정처분으로 이용되는 것으로 '불문경고'가 있는데, 이는 징계양정은 견책에 해당되지만, 감경 대상 공적이 있거나 혐의자의 비위행위가 성실·능동적 업무처리 과정에서 발생한 과실에 해당하여 감경한 것으로, 1년 동안 인사기록카드에 등재됨으로써 그 기간 동안 표창 대상자에서 제외되는 등 사실상 징계에 준하는 불이익이 따르는 행정처분이다.

〈표 17-8〉 징계처분의 종류와 내용

중징계(重懲戒)	파면	• 공무원 관계로부터 배제 • 향후 5년 동안 공무원 임용 결격사유 • 퇴직급여와 퇴직수당의 1/2 감액
	해임	• 공무원 관계로부터 배제 • 향후 3년 동안 공무원 임용 결격사유 • 퇴직급여 전액 지급(단, 금전적 비리 해임자는 1/4 감액)
	강등	• 1계급 아래로 직급을 내림(고위공무원단에 속하는 공무원은 3급으로 임용, 연구관 및 지도관은 연구사 및 지도사) • 공무원 신분은 보유 • 3개월간 직무에 종사 불가하고 그 기간 보수 전액 감액 • 승진·승급 제한(18개월 + 3개월)
	정직	• 1개월~3개월 기간 직무 종사 불가하고 그 기간 보수 전액 감액 • 공무원 신분은 보유 • 승진·승급 제한(18개월 + 정직처분기간)
경징계(經懲戒)	감봉	• 1개월~3개월 기간 보수의 1/3 감액 • 승진·승급 제한(12개월 + 감봉처분기간)
	견책	• 전과(前過)에 대하여 훈계하고 회개하게 하는 것 • 승진·승급 제한(6개월)

징계처분을 받은 공무원은 징계처분의 집행이 끝난 날부터 강등·정직·감봉·견책 모두 일정 기간 승진 및 승급을 할 수 없다. 또한 「국가공무원법」 제78조2의1항에 해당하는 경우(징계부가금 규정)[4] 소극행정, 음주운전(음주측정에 응하지 않은 경우 포함), 성폭력, 성희롱 및 성매매에 따른 징계처분의 경우에는 각각 6개월을 더한 기간이 지나지 않은 경우 승진 및 승급을 할 수 없다(공무원임용령 제32조, 공무원보수규정 제14조).

3. 적극행정 징계면제제도

적극행정이란 공무원이 불합리한 규제의 개선 등 공공의 이익을 위하여 업무를 성실하고 적극적으로 처리하는 행위를 말한다. 적극행정 징계면제제도는 공무원이 적극행정 행위를 한 결과에 대하여 고의나 중과실이 없는 이상 징계를 면제해주는 제도이다. 각 기관의 장은 소속 공무원의 적극행정을 장려하기 위하여 인사상 우대 및 교육의 실시 등에 관한 계획을 수립·시행할 수 있으며, 적극행정위원회를 설치·운영할 수 있다. 적극행정 징계면제는 〈표 17-9〉 조건을 모두 충족하는 경우에 가능하다(「국가공무원법」 제50조 2, 공무원 징계령 시행규칙 제3조의2, 적극행정 운영규정 제17조, 인사혁신처 홈페이지 '복무제도' 및 '더 적극행정').

이외에도 사전컨설팅을 거친 경우, 적극행정 지원위원회를 거친 경우 및 고도의 정책사항에 대한 실무직(담당자)의 징계면제제도가 있다. 징계대상자는 징계위원회에 제출하는 '의견서' 서식을 통해 징계면제 사유를 기재하여 소명할 수 있다(자세한 사항은 인사혁신처 홈페이지를 참조).

---

4) 1. 금전, 물품, 부동산, 향응 또는 그 밖에 대통령령으로 정하는 재산상 이익을 취득하거나 제공한 경우
2. 「국가재정법」, 「지방재정법」, 「지방자치단체 기금관리기본법」, 「국고금 관리법」, 「보조금 관리에 관한 법률」, 「국유재산법」, 「물품관리법」, 「공유재산 및 물품 관리법」 등과 관련한 기금이나 예산을 횡령(橫領), 배임(背任), 절도, 사기 또는 유용(流用)한 경우

〈표 17-9〉 적극행정 징계면제 조건

공공의 이익 증진을 위한 행위	담당한 업무 및 해당 업무를 처리한 방법 등이 국민 편익 증진, 국민 불편 해소, 경제 활성화, 행정효율 향상 등 공공의 이익을 증진하기 위한 행위일 것
업무의 적극적 처리	공공의 이익을 위해 새로운 업무처리 방식을 시도하거나 문제점 해소를 위해 신속히 필요한 조치를 하는 등 평균적인 공무원에게 통상적으로 요구되는 정도의 노력이나 주의 의무 이상을 기울여 업무를 처리하는 행위일 것
고의 또는 중과실이 없을 것	징계 등 혐의자와 비위 관련 직무 사이에 사적인 이해관계가 없고, 대상 업무를 처리하면서 중대한 절차상의 하자가 없었을 것

4. 징계기관과 징계 절차

1) 징계의결의 요구

앞 〈표 17-7〉의 징계사유가 발생하는 경우 징계의결 요구는 5급 이상 공무원 및 고위공무원단에 속하는 일반직 공무원은 소속 장관이, 6급 이하의 공무원은 소속 기관의 장 또는 소속 상급기관의 장이 한다. 다만, 국무총리·인사혁신처장 및 대통령령 등으로 정하는 각급 기관의 장은 다른 기관 소속 공무원이 징계사유가 있다고 인정하면 관계 공무원에 대하여 관할 징계위원회에 직접 징계를 요구할 수 있다.

징계의결을 요구하는 경우 적극행정의 장려에 따른 징계 등의 면제사유가 있는지를 사전에 검토하여야 한다.

2) 징계위원회의 설치와 운영

공무원의 징계처분 등을 의결하기 위하여 대통령령 등으로 정하는 기관에 징계위원회를 둔다. 「공무원 징계령」에 의하면, 징계위원회는 중앙징계위원회와 보통징계위원회로 구분한다.

중앙징계위원회는 국무총리 소속으로 두며, 대부분 5급 이상 공무원 또는 징계부가금사건을 심의·의결한다. 위원장 1명을 포함하여 17명 이상 33명 이하의 공무원위원과 민간위원으로 구성한다. 이 경우 민간위원의 수는 위원장을 제외한 위원 수의 2분의 1 이상이어야 하고, 특정 성(性)이 민간위원 수의 10분의 6을 초과하지 않도록 해야 한다. 위원장은 인사혁신처장이 된다.

보통징계위원회는 5급 이상 공무원 등을 장으로 하는 행정기관에 두고, 6급 이하 공무원 등의 징계 등 사건을 심의·의결한다. 위원장을 포함하여 9명 이상 15명 이하의 공무원위원과 민간위원으로 구성하며 이 경우 특정 성(性)이 민간위원 수의 10분의 6을 초과하지 않도록 해야 한다.

3) 징계처분

공무원의 징계처분 등은 징계위원회의 의결을 거쳐 징계위원회가 설치된 소속 기관의 장이 하되, 국무총리 소속으로 설치된 징계위원회(국회·법원·헌법재판소·선거관리위원회에 있어서는 해당 중앙인사관장기관에 설치된 상급 징계위원회를 말함)에서 한 징계의결 등에 대하여는 중앙행정기관의 장이 한다. 다만, 파면과 해임은 징계위원회의 의결을 거쳐 각 임용권자 또는 임용권을 위임한 상급 감독기관의 장이 한다.

징계의결 등을 요구한 기관의 장은 징계위원회의 의결이 가볍다고 인정하면 그 처분을 하기 전에 법이 정한 징계위원회에 심사나 재심사를 청구할 수 있다(「국가공무원법」 제82조).

제3절 공무원의 소청심사제도

1. 소청심사제도의 의의

정부는 공무원의 징계처분, 그 밖에 그 의사에 반하는 불리한 처분이나 부작위(不作爲)에 대한 소청을 심사·결정하게 하기 위하여 소청심사위원회 제도를 설치하여 운영하고 있다(「국가공무원법」 제9조). 공무원이 징계처분이나 직위해제, 강임, 휴직 등 본인의 의사에 반하는 불이익 처분이나 부작위로 인하여 불이익을 받은 경우 그에 불복하여 이의를 제기하여 구제받는 절차와 제도가 소청심사제도이다.

이는 공무원의 신분제약에 대한 구제장치로 신분보장을 위한 제도로서의 의미를 가진다. 다만, 위법사항이 아닌 부당한 사항은 고충(苦衷)상담에 의한 처리대상이 된다는 점에서 한계를 지니고 있다.

2. 소청심사기관

1) 소청심사기관의 구성

행정기관 소속 공무원의 소청을 담당하기 위하여 인사혁신처에 소청심사위원회를 두고 있다. 인사혁신처에 설치된 소청심사위원회는 위원장 1명을 포함한 5명 이상 7명 이하의 상임위원과 상임위원 수의 2분의 1 이상인 비상임위원으로 구성하되, 위원장은 정무직으로 보한다(「국가공무원법」 제9조).

다른 정부기관으로 국회, 법원, 헌법재판소 및 선거관리위원회 소속 공무원의 소청에 관한 사항을 심사·결정하게 하기 위하여 국회사무처, 법원행정처, 헌법재판소사무처 및 중앙선거관리위원회사무처에 각각 해당 소청심사위원회를 둔다. 위원장 1명을 포함한 위원 5명 이상 7명 이하의 비상임위원으로 구성된다.

소청심사위원회의 위원(위원장 포함)은 법관·검사 또는 변호사의 직에 5년 이상 근무한 자, 대학에서 행정학·정치학 또는 법률학을 담당한 부교수 이상의 직에 5년 이상 근무한 자, 3급 이상 공무원 또는 고위공무원단에 속하는 공무원으로 3년 이상 근무한 자 등이다. 상임위원의 임기는 3년으로 하며, 한 번만 연임할 수 있고, 다른 직무를 겸할 수 없다. 소청심사위원회의 위원은 금고 이상의 형벌이나 장기의 심신 쇠약으로 직무를 수행할 수 없게 된 경우 외에는 본인의 의사에 반하여 면직되지 아니한다(「국가공무원법」 제10조, 제10조의2, 제11조).

2) 소청심사위원회의 심사 절차

소청심사위원회는 「국가공무원법」에 따른 소청을 접수하면 지체 없이 심사하여야 한다. 소청심사위원회는 심사를 할 때 필요하면 검증(檢證)·감정(鑑定), 그 밖의 사실조사를 하거나 증인을 소환하여 질문하거나 관계 서류를 제출하도록 명할 수 있다. 소청심사위원회가 소청 사건을 심사하기 위하여 징계 요구 기관이나 관계 기관의 소속 공무원을 증인으로 소환하면 해당 기관의 장은 이에 따라야 한다. 소청심사위원회는 필요하다고 인정하면 소속 직원에게 사실조사를 하게 하거나 특별한 학식·경험이 있는 자에게 검증이나 감정을 의뢰할 수 있다(「국가공무원법」 제12조).

소청심사위원회가 소청 사건을 심사할 때에는 대통령령 등으로 정하는 바에 따라 소청인 또는 선임된 대리인(변호사)에게 진술 기회를 주어야 하며, 진술 기회를 주지 아니한 결정은 무효로 한다(「국가공무원법」 제13조).

소청 사건의 결정은 재적 위원 3분의 2 이상의 출석과 출석 위원 과반수의 합의에 따르되, 의견이 나뉠 경우에는 출석 위원 과반수에 이를 때까지 소청인에게 가장 불리한 의견에 차례로 유리한 의견을 더하여 그중 가장 유리한 의견을 합의된 의견으로 본다. 처분 행정청은 반드시 소청심사위원회의 결정을 따라야 한다.

찾아볼 문제

1. 「국가공무원법」과 「지방공무원법」을 참조하여 공무원의 신분보장과 징계 내용이 어떻게 규정되어 있는지 알아봅시다.
2. 소청심사위원회 홈페이지(www.sochung.mpm.go.kr)를 방문하여 소청자료실의 소청결정사례집에서 우리나라 공무원의 연도별, 비위유형별, 계급별, 공무원 유형별, 처분종류별 통계현황을 알아봅시다.

토론할 문제

1. 민간부문의 근로자와 우리나라 공무원의 신분보장과 비교하여 상호 특징과 문제점을 토론해 봅시다.
2. 적극행정 징계면제제도 조건의 적절성에 대하여 토론해 봅시다.

제18장 디지털 인사행정

제1절 디지털 인사행정의 의의

디지털 인사행정, 혹은 디지털기반 인사행정은 디지털 전환(Digital Transformation) 시대의 인사행정 패러다임이라고 할 수 있다. 디지털 전환은 인공지능(Artificial Intelligence, AI)과 빅데이터와 같은 디지털 신기술을 적용하여 조직의 생산성과 부가가치를 획기적으로 증진시키려는 노력이다.

2022년 1월 4일에 제정된 「산업 디지털 전환 촉진법」 제2조 제4호에서는 산업 디지털 전환을 "산업데이터와 「지능정보화 기본법」 제2조제4호에 따른 지능정보기술[1)]을 산업에 적용하여 산업활동 과정을 효율화하고 새로운 부가가치를 창출하여 나가는 일련의 행위"로 정의한다.

디지털 전환 논의는 기업조직의 부가가치 향상 차원에서 시작되었으나 최근에는 정부조직으로 확산되고 있다. OECD의 디지털 정부(Digtial Government) 논의(OECD, 2014), 우리나라 행정안전부의 전자정부국의 디지털정부실로의 변화, 디지털플랫폼정부 논의는 모두 디지털 전환 논의가 적용된 결과로 이해된다.[2)]

디지털 인사행정은 디지털정부 노력의 일환으로 디지털 신기술을 활용하여 인사행정의 목적을 보다 효율적이며 효과적으로 달성하여 인사행정의 가치를 획기적으로 높이는 활동이라고 할 수 있다. 이와 관련하여 다양한 용어들이 활용되고 있다. 디지털 인적자원관리(Digital Human Resources

---

1) 여기에는 AI, 데이터, IoT, 클라우드컴퓨팅, 무선 혹은 유무선 결합의 초연결지능정보통신기반 기술 등의 각 기술이나 결합 혹은 활용 기술이 포함된다.

2) 최근에는 삶과 사회적 차원을 포함하여 전국가적 논의로 확산되고 있다. OECD의 '디지털 툴킷(Going Digital Toolkit)' 프로젝트는 디지털통합정책프레임워크(Going Digital Integrated Policy Framework)에 기반하여 각 국가의 디지털 수준을 7개 차원(접근성, 활용, 혁신, 고용, 사회, 신뢰, 시장개방성)의 정책 영역별로 평가하여 제시한다.(goingdigital.oecd.org)

Management, Digital HRM)는 "디지털 기술과 적절한 데이터를 적용하여 인적자원관리 활동의 효율성과 효과성을 증진시키는 과정"으로 정의된다 (Zhou et al., 2021).

디지털 HR(Human Resources)은 인공지능이나 블록체인과 같은 신기술을 활용이 당연해지는 디지털 시대(Digital Age)에 일하는 방식이 이에 맞게 근본적으로 변화하는 것, SNS, 모바일, 클라우드와 같은 기술을 통해 사람들과의 연결성을 높이는 프로세스, 디지털 관리와 민첩한 조직 설계가 업무의 중심이 되는 상황에서 HR이 사람과 업무, 플랫폼에 초점을 맞춰 변화하는 관행 등으로 이해된다(인사혁신처, 2021).

이 장에서 디지털 인사행정 개념은 기본적으로 디지털 HR의 관점에서 이해된다. 다만 디지털 신기술의 명확한 정의가 모호하고 기술적 영향의 결과의 차이가 크지 않은 경우가 있으므로 경우에 따라 e-HRM의 관점을 포괄하여 사용하고자 한다.

제2절 디지털 인사행정의 역사적 변화

디지털 인사행정의 역사적 변화의 관점에서 살펴보면 다음과 같다. 디지털 기술의 인사행정에의 적용은 인적자원정보시스템(Human Resource Information System, HRIS)에서 전자인적자원관리(electronic Human Resource Management, e-HRM)로 발전하였다. HRIS는 "조직의 인적 자원에 관한 정보를 획득, 저장, 분석, 검색 및 배포하기 위해 사용되는 정보시스템"(Kavanah & Johnson, 2018; 조성준 · 박찬균, 2022 재인용)으로 정의된다.

HRIS는 채용, 훈련, 성과관리와 같은 HR 업무수행을 지원하는 역할로 그 범위가 확장되면서 단순한 수동적 정보창고의 데이터 관리 역할에서 벗어나 조직 차원의 HR을 전반적으로 지원하고 개인 차원의 역량 및 경력개발을 지원하는 e-HRM 개념으로 발전한다. e-HRM은 디지털화를 통한 조직경쟁력 강화를 의도한 HR 전반의 전략을 의미하는 것이다(조성준 · 박찬균, 2022).

이는 전략적 인적자원관리와 연결된다. 인사행정의 패러다임은 인사관리, 인적자원관리, 전략적 인적자원관리로 발전하였다(하상균 · 박용승, 2023). 기존의 인적자원관리가 종업원의 만족이나 동기부여 유지에 초점을 맞춘 반면 전략적 인적자원관리는 조직의 경영 목적과 직접적으로 연계된 경영활동으로 이해된다. 인적자원관리는 HRIS와, 전략적 인적자원관리는 e-HRM과 관련성이 높다고 할 수 있다.

디지털 인사행정은 이러한 전략적 인적자원관리와 e-HRM 이후의 패러다임으로 이해될 수 있다. 예를 들어 KB금융지주 경영연구소(2019)는 디지털 HR을 기존의 행정적 HR과 전략적 HR 이후의 관점으로 이해한다. 행정적 HR은 HR이 도입된 초기의 개념으로 직원을 조직의 중요한 자원으로

〈표 18-1〉 **HR 관점의 변화**

구 분	관 점	세부 내용
행정적 HR (1901년~)	Human Resource “직원을 관리함”	• 직원훈련, 직원만족도, 직무몰입 등의 측정을 통한 인재계획 • 직원급여, 연금운영, 근태관리, 채용, 승진 등 업무수행 • 직무 중심의 교육 및 포상성 해외연수 등 실시
전략적 HR (2000년~)	Talent Management “경력개발을 통한 조직성과 달성”	• 비즈니스 전략 및 목적과 연계된 HR 수행 • 부서·직무별 차세대 관리자 육성→리더십 과정 운영 • 기업문화 등 소통 프로그램이 포함된 교육훈련 실시
디지털 HR (2010년~)	Human Relations “인재·기술과 관계 강화”	• 행정적 HR 부문은 로보틱 처리 자동화(RPA) 및 아웃소싱(outsourcing) • 빅데이터·AI·IoT·로봇·코딩 등 임직원의 디지털 역량개발 • HR 플랫폼 기반 인재·기술(technology)의 연결을 통한 집단지성 활용

출처: KB금융지주 경영연구소(2019)

보고 교육훈련과 만족, 몰입 등의 동기부여, 급여/연금/근태/채용/승진 등, 직원관리에 초점을 맞춘다. 전략적 HR은 2000년대 이후의 관점으로 비즈니스 목적과 전략, 조직성과에 밀접하게 관련되어 수행되며 리더십이나 문화, 경력개발 등, 인재관리(Talent Management)가 중시된다.

디지털 HR은 디지털 전환 논의가 본격화되는 2010년대 이후의 관점으로 행정적 HR의 인사관리 내용은 RPA 방식으로 자동화되거나 아웃소싱으로 처리되고 임직원들이 빅데이터나 AI, IoT와 같은 디지털기술을 이해하고 활용하는 디지털역량 개발, HR 플랫폼이나 기술 연결 등을 통한 집단지성, 인재와 기술의 관계가 강화된다.

제3절 디지털 인사행정의 활용 및 내용[3)]

1. 인력 충원

채용과 배치 분야에서 디지털 기술을 활용하면 후보자의 선발과 배치에 필요한 기술적 요구 사항을 분석하고 최종적으로 채용 대상을 선정 과정의 업무 부담을 경감할 수 있다. 인터넷과 같은 디지털 기술의 적용으로 채용 환경은 온라인 환경으로 변화하였고 페이스북, 링크드인과 같은 소셜 미디어 플랫폼이 채용 과정에서 필수적인 도구로 자리매김하면서 많은 잠재적 후보자에 접근하여 적합한 후보자를 선발할 수 있게 되었다.

채용 분야의 인공지능 활용도 활발해지고 있다. 지능형 알고리즘을 통해 정확한 프로파일링을 선발과 모집에 사용하고 직무 적합성과 조직 적응 예측 모델도 정교해지고 있다. 다양한 알고리즘을 적용하여 온라인/영상/음

3) 이하에서는 Zhang & Chen(2023)과 인사혁신처(2021)의 논의를 발췌·정리 하였다.

성 인터뷰를 진행할 수 있고 표현 알고리즘과 음성 알고리즘으로 적합성 예측도 수행할 수 있다. 예를 들어 서류 전형시 자기소개서를 '텍스트 마이닝' 기법으로 분석하여 성과를 예측할 수 있다. AI기반 면접을 통해 채용의 공정성과 객관성을 높이고 면접관의 인지 편향 등을 극복할 수 있다(인사혁신처, 2021). 그러나 학습 데이터가 불완전한 경우 알고리즘 편향이 나타날 수 있으므로 이에 대한 적절한 대응이 필요하다.

2. 교육훈련과 개발

디지털 기술은 교육훈련과 개발의 방식과 내용을 근본적으로 변화시키고 있다. 1990년대 인터넷 등장으로 맞춤형 교육이 성장하고 2000년대에는 디지털 교육이 추진력을 얻기 시작했다. 이 과정에서 컴퓨터를 활용한 이러닝(e-learning)의 아이디어가 부각되었다. 최근에는 인공지능을 활용한 적응형 학습이 트렌드로 자리잡고 있다. 개인별 학습 이력을 바탕으로 개인화된 맞춤형 훈련 프로그램을 도입하는 것이다. 이를 통해 창의성과 성취도를 높이는 개발 환경을 제공한다.

최근 기업의 디지털 교육은 여러 시스템의 조합이라고 할 수 있다. 다양한 교육 콘텐츠를 마련하여 사내 시스템을 통해 제공한다. 직원은 스스로 교육콘텐츠를 결정하고 자유롭게 교육 시간을 할당하여 자신이 위치한 장소에서 바로 접근할 수 있다. 인적자원관리 전문가는 디지털 기술을 활용하여 보다 효과적으로 교육할 수 있고 강사는 비대면 교육을 진행할 수 있다.

3. 성과평가와 동기부여

직원의 행동과 성과는 데이터 기반으로 기록되고 디지털 맥락으로 통합된다. 개인은 자신의 개인 데이터 계정을 통해 개인의 직무 수행, 출석, 태도, 평가 등을 확인할 수 있다. 관리자는 직원의 성과와 이직률, 결근 등과 조직의 재정 현황과 같은 데이터에 직접 접근할 수 있다. 인적자원 데이터를 축적해 빅데이터화하고 이를 분석하면 보다 의미 있고 실행 가능한 정보를 제공할 수 있다. 데이터 마이닝과 같은 기법을 적용하여 인적자원 데이터를 분석하고 이를 수익성 있는 운영 솔루션으로 변환할 수 있다면 인적자원에 대한 투자를 통해 큰 수익을 달성할 수 있다. 비대면 방식의 증가에 따라 개인단위 역할과 책임(Roles & Responsibilities, R&R)을 구체화하고 상시 성과관리제도를 도입한다. 상시 피드백이 가능한 사내 전용 앱이 활용된다.

재택근무와 같이 일상생활에서 혼자 일하는 시간이 많아지면서 주변에 묻기보다 스스로의 기준과 원칙에 따라 결정하는 문화가 중요해진다. 조직의 빠른 변화를 위한 작은 사이즈의 조직으로의 전환, 디지털 역량을 갖춘 리더 양성 등의 필요성이 증가하고 SNS 커뮤니케이션의 패턴을 분석하거나 인맥이나 조직문화 빅데이터를 분석하여 관리에 활용한다. HR 애널리틱스와 같이 경험과 직관보다는 데이터 분석의 과학적 증거를 활용한 의사결정이 이루어진다.

4. 디지털 직원 서비스

디지털 혁신 시대에 전 세계 HRM은 디지털 앱, 인공 지능, 봇을 사용하여 지속적인 직원 요구를 지원하는 '직원 경험 플랫폼'이 형성되고 있다. 속도, 품질, 비용 이점을 통해 직원 요구를 충족시킨다. 직원을 위한 '디지털서비스센터'는 배치부터 퇴직에 이르기까지 양질의 직원 서비스를 효율적으로 제공하여 비용 절감과 생산성 향상에 기여한다. HRM 활동을 자동화하고 빠르고 정확한 데이터 입출력이 이루어진다. 여행이나 주거, 결혼과 같은 직원의 생활 측면까지 확장된 서비스를 제공한다 웹과 앱, 위챗 등, 다양한 채널을 제공하는 옴니채널 방식, 스마트 로봇이나 의미 분석과 같은 지능형 서비스 방식 등을 활용하여 직원의 디지털 경험을 극대화한다. 단순 반복적이고 표준화된 업무는 로봇 프로세스 자동화(Robotic Process Automation, RPA)를 적용하여 업무 부담을 낮추고 고충 해결을 위한 심리상담이나 수당이나 휴직과 같은 단순 문의는 챗봇을 통해 24시간 답변이 가능하도록 한다.

제4절 디지털 인사행정의 사례

1. 전자인사관리시스템

전자인사관리시스템(e-사람)은 공무원 인사관리를 IT기술을 활용해 통합적으로 수행하는 시스템이라고 할 수 있다. 이는 공무원 인사관리의 과학화를 지향하며, 공무원 인사기록을 디지털화하여 이를 바탕으로 인사, 급여, 복무, 연계, 통계 등의 서비스를 제공한다. 이는 2000년 2월 '인사정책지원시스템(Personnel Policy Support System, PPSS)'이 김대중 정부 인사개혁 8대 과제로 선정되면서 시작되었다.[4] 중앙인사위원회는 그해 12월 「인사정책지원시스템추진단규정」을 제정하고 PPSS 추진단을 발족하였다.[5] 2002년 1월에는 「국가공무원법」이 개정되어 공무원의 인사기록을 데이터베이스화하고 인사업무를 전자적으로 처리할 수 있는 근거가 신설되었다.[6] 이에 따라 그

4) 전자인사관리시스템 국문소개자료(인사혁신처 홈페이지 공무원 인사제도상 전자인사관리 게시판) (https://www.mpm.go.kr/mpm/info/infoEsaram/infoEsaramBoard/?boardId=bbs_0000000000000129&mode=view&cntId=1&category=&pageIdx=)

5) 2000년 9월에 개발이 완료되어 2001년 10월부터 부처에 시범적으로 보급되었고 2004년 5월 모든 중앙행정기관에 보급이 완료되었으며 2006년까지 추가 보급되었다. 2006년 10월 PPSS는 'e-사람'으로 명칭이 변경되었다.

6) 「국가공무원법」 제19조의2(인사관리의 전자화) ① 국회사무총장, 법원행정처장, 헌법재판소 사무처장, 중앙선거관리위원회사무총장 및 인사혁신처장은 공무원의 인사관리를 과학화하기 위하여 공무원의 인사기록을 데이터베이스화하여 관리하고 인사 업무를 전자적으로 처리할

해 10월에는 「전자인사관리시스템의구축 · 운영등에관한규정」이 제정되면서 '전자인사관리시스템' 용어가 활용되기 시작하였다. 2004년 6월에는 공무원 인사관리 합리화를 위해 「공무원인사기록및인사사무처리규정」이 제정되었고, 인사 관계 법령 체계화 · 간소화 과정에서 2016년 11월 이 규정으로 일원화되었다.

현재 「공무원 인사기록 · 통계 및 인사사무 처리 규정」은 '제5장 인사관리의 전자화'라는 별도의 장을 두어 전자인사관리시스템과 그 구성 시스템으로서 표준인사관리시스템, 중앙인사정책지원시스템 등을 규정하고 있다. 이 규정에서 전자인사관리시스템은 공무원 인사관리 과학화를 위해 운영하는 표준인사관리시스템(혹은 기관인사관리시스템[7])과 중앙인사정책지원시스템을 연계한 전체시스템을 의미한다. 표준인사관리시스템은 각 행정기관이 소속 공무원의 인사기록을 데이터베이스화하여 중앙인사정책지원시스템과 연계하여 인사업무를 전자적으로 처리할 수 있는 시스템이다. 중앙인사정책지원시스템은 정부의 인사정책 지원과 인사업무의 전자적 처리를 위해 각 행정기관의 표준인사관리시스템을 연계하여 자료를 전자적으로 관리할 수 있도록 지원하는 시스템이다. 각 행정기관은 표준인사관리시스템이나 기관인사관리시스템을 통해 필요한 인적사항과 인사통계 등을 중앙인사정책지원시스템으로 상시 제공해야 한다(동규정 제37조의5 제1항).

전자인사관리시스템은 기존의 1세대 C/S(Client & Server) 기반에서 2세대 Web 기반의 정보자원 통합시스템으로 발전하였다. 2세대 시스템은 클라우드 기반 정보자원(H/W, S/W, DB) 통합 시스템으로 서버와 데이터베이스를 공동활용하고 부처별 데이터베이스가 물리적 · 논리적으로 통합되었

수 있는 시스템을 구축하여 운영할 수 있다. 〈개정 2013. 3. 23., 2014. 11. 19.〉

7) 기관인사관리시스템은 행정기관이 인사업무를 전자적으로 처리하기 위해 구축하는 시스템으로, 각 행정기관은 표준인사관리시스템을 사용해야 하지만 사용할 수 없는 부득이한 사유가 있는 경우 인사혁신처장과의 협의를 통해 기관인사관리시스템을 운영하여야 한다.(동규정 제37조의3 제2항)

다. 이를 기반으로 인사정보 공유체계를 구축하여 부처 업무시스템과의 상호운용성과 자원활용성을 높이고 있다. 또한 현재 전자인사관리시스템은 모바일로 구축되어 시공간적 제약 없는 서비스를 제공함으로써 행정업무의 효율성을 제고하고 있다. 현재 전자인사관리시스템은 AI · 데이터 기반의 3세대 시스템으로 진화하고 있다. 인사혁신처는 2022년 6월 '3세대 전자인사관리시스템' ISP 사업을 추진하면서 공직 인사의 디지털 전환(Digital Transformation) 필요성 차원에서 정부 인사행정 전 과정의 디지털 기반 통

출처: 인사혁신처 홈페이지

[그림 18-1] 클라우드 기반의 정보자원 통합시스템

〈표 18-2〉 **전자인사관리시스템 서비스 내용**

구 분		주요 서비스
표준인사 관리시스템	인사	임용에서 퇴직까지의 모든 개인 신상정보와 인사기록 관리 • 개인의 인사기록관리 및 증명서발급 • 인사발령처리 및 임용기록관리 등의 임용관리 • 호봉획정, 정기승급 등 호봉관리 및 교육훈련, 상훈, 충원채용관리 • 부서코드정보, 조직개편 및 부서 정현원 관리
	급여	공무원과 행정지원인력의 수당 및 공제 등 급여작업, 건강보험 등 후생관리업무 지원 • 월급여 및 별도지급급여(성과상여금, 연가보상비 등) • 소득세법에 따른 연말정산 등
	복무	근무상황, 초과근무, 출장관리업무 지원 • 근무시간, 형태 등 복무 기본사항 및 유연근무제관리, 근무상황관리 • 초과근무 사전명령제도에 따른 초과근무 신청 및 승인관리 • 소속 직원의 연가사용일수 및 연가보상일수 관리
	연계	인사정보를 공동 이용할 수 있는 개방형 정보활용체계 제공 • 금융결제원, 디지털 예산회계, 국가인재DB 등의 정부 주요 시스템과 연계 • 각 부처 행정정보시스템(부처 포탈)과의 연계
중앙인사 정책지원 시스템	고위 공무원	고위공무원 및 후보자의 인력 풀(Pool) 관리, 고위공무원단 인사업무 지원 • 공모직위 및 개방형직위(과장급 직위 포함) 등 직위정보관리 • 개방형직위(과장급 직위 포함), 공모직위에 대한 충원결과 관리 • 후보자교육 및 역량평가관리 등 후보자관리 • 고위공무원의 정기/수시 적격심사관리 및 현황통계 조회
	인사 심사	고위공무원단의 채용, 승진임용 등을 위한 인사심사관리 업무 및 온라인 심사작업 지원 • 고위공무원 인사심사개요 및 인사심사 서식자료 조회 • 온라인 심사 수행, 인사심사결과 관리 및 부처 통보
	정부 인사 발령	임용제청 대상 공무원의 신규채용, 승진 등 대통령 임명사항에 대한 결재 및 발령처리 지원 • 임용제청대상자 자료 접수 및 심사관리 • 정부인사발령 기안/통지 관리 및 현황 조회
	통계 분석	축적된 데이터를 사용자에게 필요한 형태로 가공하여 의사결정에 필요한 각종 통계자료 제공 • 계급별 현원, 직종별 현원 등 정기 및 수시 통계 제공 • 급여, 복무, 균형인사 통계 제공 • 비정형 통계를 통한 다양한 분석 자료 제공

합을 목표로 하고 있다. 데이터를 활용한 인사행정, RPA(Robotic Process Automation) 도입을 통한 빠르고 정확한 업무처리, 상시 성과관리 시스템, 인공지능 채팅로봇(AI챗봇) 등, 인공지능과 데이터에 기반한 인사행정을 실현하고자 한다(인사혁신처, 2022).

전자인사관리시스템 서비스 내용은 다음과 같다. 표준인사관리시스템은 인사, 급여, 복무, 연계 서비스를 제공한다. 표준인사관리시스템에서는 임용에서 퇴직까지의 신상정보와 인사기록 등의 인사관리, 월급여, 수당, 공제, 건강보험, 연말정산 등의 급여관리, 근무상황, 초과근무, 출장관리 등의 복무관리, 인사정보를 공동활용하는 시스템(예를 들어 금융결제원, 디지털예산회계, 국가인재DB, 부처 포털 등)과의 연계관리 등을 지원한다. 중앙인사정책지원시스템은 고위공무원 인력 풀 관리, 고위공무원단 인사업무, 고위공무원 인사심사와 같은 고위공무원단 인사관리, 대통령 임명사항에 대한 인사발령, 축적된 데이터를 활용한 통계자료 제공 등의 서비스를 제공한다.

2. 나라일터(gojobs.go.kr)

나라일터는 공직채용과 인사교류정보를 통합관리하는 온라인시스템이다. 공직 취업을 원하는 국민에게 관련 채용정보를 제공하고 정부 내 각 기관과의 인사교류를 원하는 공무원에게 관련 정보를 제공한다. 기존에 공직채용정보 제공 사이트로 중복 운영되던 '정부인사포털', '행정안전부 홈페이지'와 인사교류정보 제공 사이트였던 '인사교류정보센터'를 통합하여 2008년 7월 21일 서비스를 시작하였다. 공직채용정보의 경우 중앙행정기관, 지방자치단체, 공공기관 채용공고를 일원화하였으며, 공개경쟁채용, 경력경쟁채용, 공무직, 공모직위, 개방형직위, 대체인력뱅크 등, 다양한 채용정보를 통합적으로 제공한다.[8] 인사교류의 경우 공무원이 자신의 정보를 나라일터에 등록하면 인사혁신처가 조건이 동일한 대상자를 선발하여 기관에 통보

출처: 나라일터 홈페이지(gojobs.go.kr)

[그림 18-2] 나라일터 홈페이지

하고 기관 동의 거쳐 전출입을 지원하게 된다.

나라일터 시스템은 지속적으로 발전하고 있다. 2009년 7월 시스템 개편에서는 관심 채용정보에 대한 사전 등록과 주기적 메일링서비스, 교류희망 기관 정보 메일링서비스, 인사관련 지식 정보 공유의 사이트의 통합, 검

8) 「국가공무원 임용시험 및 실무수습 업무처리지침」(인사혁신처예규 제163호)에서는 응시자 편의성 증진 차원에서 시험공고 수단으로 나라일터를 명시하고 있다.

출처: 인사혁신처 보도자료(2015.3.10.)

[그림 18-3] 나라일터 '희망인사교류' 절차

색 기능 강화를 통해 교류 상대자나 필요 인재 검색이 용이하도록 개선하였다(행정안전부, 2009). 2015년 3월에는 기관 인사담당자의 전입희망 대상자풀 검색 및 관리 기능 신설, 계획인사교류시 개인 신청, 인사교류성공사례 및 성공 노하우 공유 등이 가능하도록 개편되었다. 2021년 11월에는 모바일 체계로 전면 개편되어 이력서 자동저장과 원서접수, 인사교류 자동추천 서비스 등이 모바일로도 제공된다.

나라일터는 일반채용, 인사교류센터, 대체인력뱅크, 공모직위, 개방형직위, 알림마당 등 여섯 개 기능으로 구성된다. 일반채용은 모집공고, 상시모집공고, 나의 관심채용정보 등의 서비스를 제공한다. 일정 기간이 정해진 모집공고는 '모집공고'에서, 연중 상시로 모집하는 채용공고는 '상시모집공고'에서 확인할 수 있다. 인사교류센터는 수시인사교류, 계획인사교류, 전입공모 등의 서비스를 제공한다. 대체인력뱅크는 출산휴가나 휴직 등으로 결원 직위가 발생할 것이 예상되는 경우 예비 대체인력을 사전에 선발하여 한시임기제공무원으로 임용하는 제도이다. 대체인력 지원자는 각 기관의 대체인력풀 선발공고에 따라 지원하고 대체인력풀 모집자인 각 기관은 선발공고를 등록하여 지원자를 접수한다. 공모직위와 개방형직위의 경우 모집공고와 합격자발표 등을 서비스하며 알림마당에서는 제도정보와 공지사항 자주 찾는질문 등의 서비스를 제공한다.

3. 인재개발플랫폼(learning.go.kr)

최근 공무원 이러닝 교육훈련 체계는 인재개발플랫폼으로 진화하고 있다.[9] 인재개발플랫폼은 인공지능과 빅데이터 기반의 새로운 공무원 온라인 학습체계이다. 정부와 민간의 다양한 학습 콘텐츠를 한 곳에 모으고 맞춤형 학습분석과 추천 서비스를 제공한다. 인재개발플랫폼은 2020년부터 2022년까지 3단계 과정을 거쳐 개발되었으며 2023년 1월 1일 서비스를 개시하였다. 이러한 인재개발플랫폼 운영과 관리를 위해 인사혁신처는 인사관리국에 디지털인재개발과를 신설하였다. 인재개발플랫폼의 주요 특징은 다음과 같다(인사혁신처, 2023a). 첫째, 일과 학습의 결합이다. 학습자가 업무에 필요한 내용을 바로 찾아 학습할 수 있다. 한 곳에 모아진 정부 · 민간의 학습 콘텐츠를 기반으로 개인의 직무와 관심사 학습 이력 등에 따른 맞춤형 추천을 제공하고 간편한 학습자료 공유와 의견 및 경험 교환 등을 통한 사회적 학습을 지원한다. 둘째, 학습 콘텐츠 공급자와 학습자 간 직접적 연결이다. 민간 교육기관이나 개인 창작자(크리에이터)와 같은 민간 콘텐츠 공급자가 학습자에게 직접 콘텐츠를 제공할 수 있다. 학습자는 더 많은 양질의 콘텐츠를 이용하고 공급자는 수요 기반으로 콘텐츠를 공급할 수 있는 선순환 구조 형성을 지향한다. 셋째, 데이터 기반의 맞춤형 교육정책의 수립과 운영이다. 정부 교육 담당자의 경우 검색어 경향, 기관별 · 직급별 학습현황과 유형 등, 데이터 트렌드와 패턴에 기반한 맞춤형 교육정책 수립과 집행이 가능하게 된다.

구체적인 인재개발플랫폼의 기능은 다음과 같다. 첫째, 빅데이터 분석과 AI 추천을 통한 맞춤형 학습 실현 기능이다. 학습자 개인의 인사, 직무, 학습 이력, 관심 분야 등의 특성을 고려해 AI 기반으로 학습자원을 추천한다. 학습콘텐츠를 카테고리별로 정확히 자동 분류하는 딥러닝 기술이 적용

9) 현재 인재개발플랫폼은 기존의 이러닝 교육훈련시스템인 나라배움터와는 별도로 운영되고 있다.

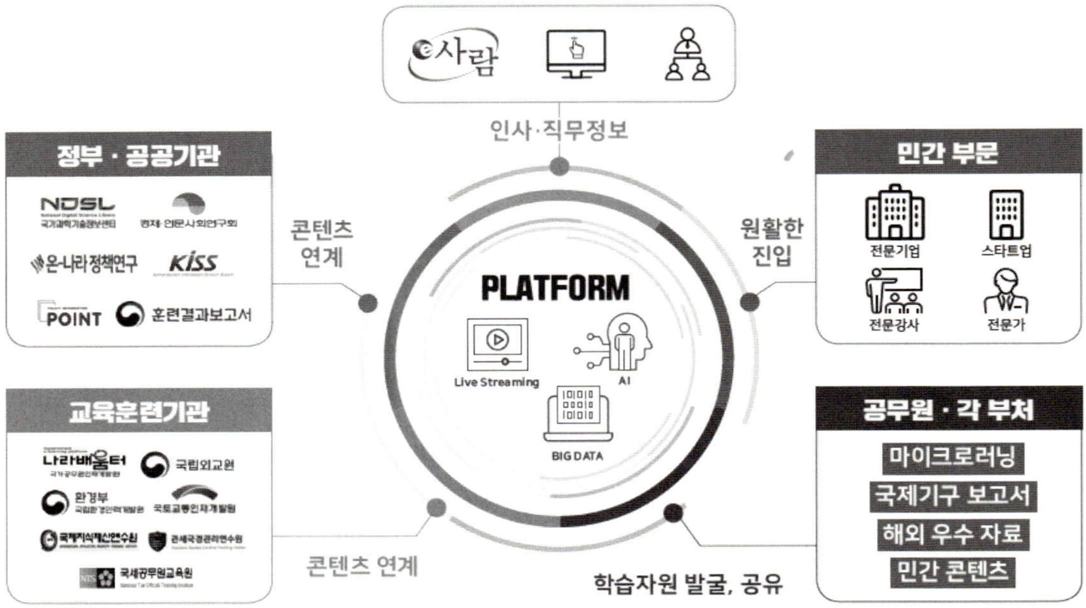

출처: 인사혁신처 보도자료(2021.5.20.)

[그림 18-4] 인재개발플랫폼 연계 구조

된 AI 모델을 구축하고 이용자별로 적합한 큐레이션 서비스를 적시에 제공한다. 둘째, 실시간 온라인 화상교육 기능이다. 강사는 학습자관리, 출결관리, 화면전환 · 공유, 판서, 설문 · 퀴즈 관리, 수업 녹화 등의 기능을, 학습자는 발언권 신청, 화면 공유, 학습자 간 자료공유, 채팅, 소그룹 토의 등의 기능을, 교육운영자는 강의 개설, 교육 일정 관리, 참석자 관리 등의 기능을 활용할 수 있다. 셋째, 다양한 학습 콘텐츠 제공 기능이다. 민간의 다량의 콘텐츠를 오픈 API를 통해 일괄적으로 연계하여 공급할 수 있고, 프리즘과 같은 정부와 공공의 콘텐츠 기관과 연계하여 공급한다. 이 경우 유해 콘텐츠 심사와 같은 콘텐츠 품질관리 기능을 제공한다. 넷째, 민간 콘텐츠 기업이 활용할 수 있는 데이터를 제공하고 유료 콘텐츠 결제 정보를 확인할 수 있는 정산 지원 기능도 제공한다. 학습 수요자와 공급자를 연결하는 서비스도 제공한다. 디섯째, 자기 주도적 학습 지원 기능이다. 학습자간 상호작용이 가능한 소셜러닝 기능, 이러닝과 실시간 화상교육, 온라인 콘텐츠 등, 여러 유형의 콘텐츠를 하나의 과정으로 조합해 구성하는 하이브리드 러닝 기능, 수요자별 학습자원 활용 및 분석 서비스, 학습 동기부여 차원의 디지털 뱃지 서비스 기능 등이 포함된다. 여섯째, 데이터 기반의 과학적 인재개발 정책 수립을 지원하는 기능이다. 학습기록시스템을 통해 학습활동을 분석하고 빅데이터 분석모델을 적용하여 이용자별 학습 분석 시각화 서비스를 제

〈표 18-3〉인재개발플랫폼 주요 기능

구 분	내 용
빅데이터 분석, AI 추천을 통한 맞춤형 학습 실현	• 인사·직무·학습 이력·관심 분야 등 개인별 특성을 고려한 AI 기반 학습자원 추천방식 구현 • 딥러닝을 활용한 학습콘텐츠 자동 분류
실시간 온라인 화상교육	• (강사) 학습자관리, 출결관리, 화면전환·공유, 판서, 설문·퀴즈 관리, 수업 녹화 기능 등 • (학습자) 발언권 신청, 본인 화면 공유, 학습자 간 자료공유, 채팅, 소그룹 토의 등 • (교육운영자) 화상교육 강의 개설 권한, 교육일정 관리, 참석자 관리기능 등
다양한 콘텐츠를 더욱 편리하게 제공	• 오픈 API를 통한 민간 콘텐츠 유입 확대 • 정부·공공기관 학습자원 연계 • 콘텐츠 품질관리시스템 • 민간 유료 콘텐츠 학습자 결제 및 관리 서비스 • 학습 수요·공급자 간 연결서비스
자기 주도적 학습 지원	• 사용자 중심의 개인별 학습자 포털 • 소셜 기반 비정형·협업 학습서비스 • 하이브리드 과정 운영시스템 • 수요자별 필요한 학습자원 활용·분석 서비스 • 사용자 권한관리 등 관리자 기능
데이터 기반 과학적 인재개발 정책 수립 지원	• 학습기록시스템 구축을 통한 학습활동 분석 → 빅데이터 분석모델 구현, 이용자별 학습분석 대시보드 등 시각화 서비스 • 데이터 통합·활용 체계, 유연하고 확장이 가능한 하이브리드 클라우드 기반 구축

출처: 인사혁신처 보도자료(2021.5.20./2022.6.16.)

공한다. 또한 이를 위해 데이터 통합 및 활용 체계와 유연하고 확장이 가능한 하이브리드 클라우드 기반을 제공한다.

4. 국가인재데이터베이스(hrdb.go.kr)

국가인재데이터베이스는 정부의 주요직위에 우수인재를 임용할 수 있도록 공직후보자의 정보를 수집하여 관리하는 국가인물정보시스템이다. 국가 핵심인재 정보를 수집하여 최고 전문성을 갖춘 공직후보자를 추천할 수 있는 기반을 제공함으로써 공정하고 개방적인 적재적소의 인사행정을 구현하기 위한 목적으로 구축 · 운영되고 있다. 국가인재데이터베이스는 1999년에 구축되었고 2000년에 국립중앙박물관장 후보 추천과 함께 본격 활용되기 시작하였다. 제도적으로는 2004년에 「국가공무원법」상 근거규정(제19조의3)이 마련되었고, 이에 따라 2005년에 대통령령인 「공직후보자 등에 관한 정보의 수집 및 관리에 관한 규정」, 2008년에 행정안전부예규로 「국가인재데이터베이스 지침」 등이 제정되었다. 기술적으로는 2006년 온라인 업데이트 지원, 2007년 직접검색 서비스 도입, 2009년 인물정보 검색체계 지원, 2016년 클라우드 환경 인프라 개선, 2019년 지능형 인재추천 서비스 시범운영 등이 이루어졌다. 조직적으로는 2003년 중앙인사위원회에 인사정보심의관, 인재조사과 등이 신설된 이후 2008년 행정안전부 인사실 인재조사과, 2009년 균형인사정보과, 2013년 안전행정부 균형인사정보과를 거쳐 2014년 인사혁신처 인재정보기획관, 인재정보담당관으로 정착하였다. 2019년에는 공직후보자 인재발굴을 담당하는 인재기획담당관이 신설되었다.

국가인재데이터베이스는 공직후보자 인물정보의 수집 · 관리 · 활용 서비스라고 할 수 있다. 첫째, 국가인재데이터베이스에서의 공직후보자는 정무직공무원(선거직 제외), 공무원 채용시험 위원, 위원회 위원, 개방형 직위에 관한 자격을 갖춘 후보자, 「공공기관의 운영에 관한 법률」 등에 따라 대

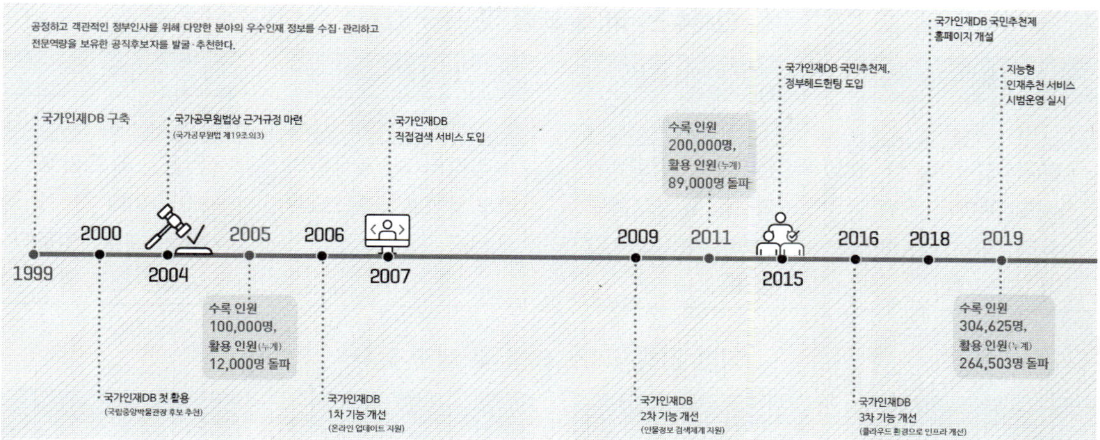

출처: 국가인재DB 20년(인사혁신처, 2019)

[그림 18-5] 국가인재 데이터베이스 주요 연혁

통령이 임명 · 위촉하는 직위 등의 후보자를 의미한다(공직후보자 등에 관한 정보의 수집 및 관리에 관한 규정 제2조 제1항). 둘째, 인사혁신처 「2023 공무원 및 인사실무」(인사혁신처, 2023b)에 따르면 공직후보자 인물정보는 크게 기본 정보와 부가 정보로 구분되고 기본 정보는 "공직후보자 성명, 나이, 전문분야, 현직 및 전직직위, 학력, 경력, 상훈, 주요 저서 및 논문, 자격, 면허, 외국어, 상훈, 징계 등", 부가 정보는 민간DB와 차별화되는 참고자료로 "언론보도, 공무원과 공공기관 임원에 대한 업무실적 · 성과평가 및 외부기관의 감사결과, 자기성과기술서, 각종 평가결과 등"이다.[10] 셋째, 민간인물 정보는 국가인재데이터베이스 등록신청서 제출이나 인터넷 등록사이트 입력을 통해 수집되고 공무원 등의 인사 및 성과평가 자료는 e-사람(국가공무원), 인사랑(지방공무원) 자료를 활용하며 공공기관 임직원 자료는 기관에 요청하여

10) 이외에도 "대통령이 임명·위촉하는 직위 등의 후보자의 배우자 및 직계존비속의 성명, 나이, 주민등록번호, 외국인등록번호 등"을 포함한다.(공직후보자 등에 관한 정보의 수집 및 관리에 관한 규정 제3조 제2호)

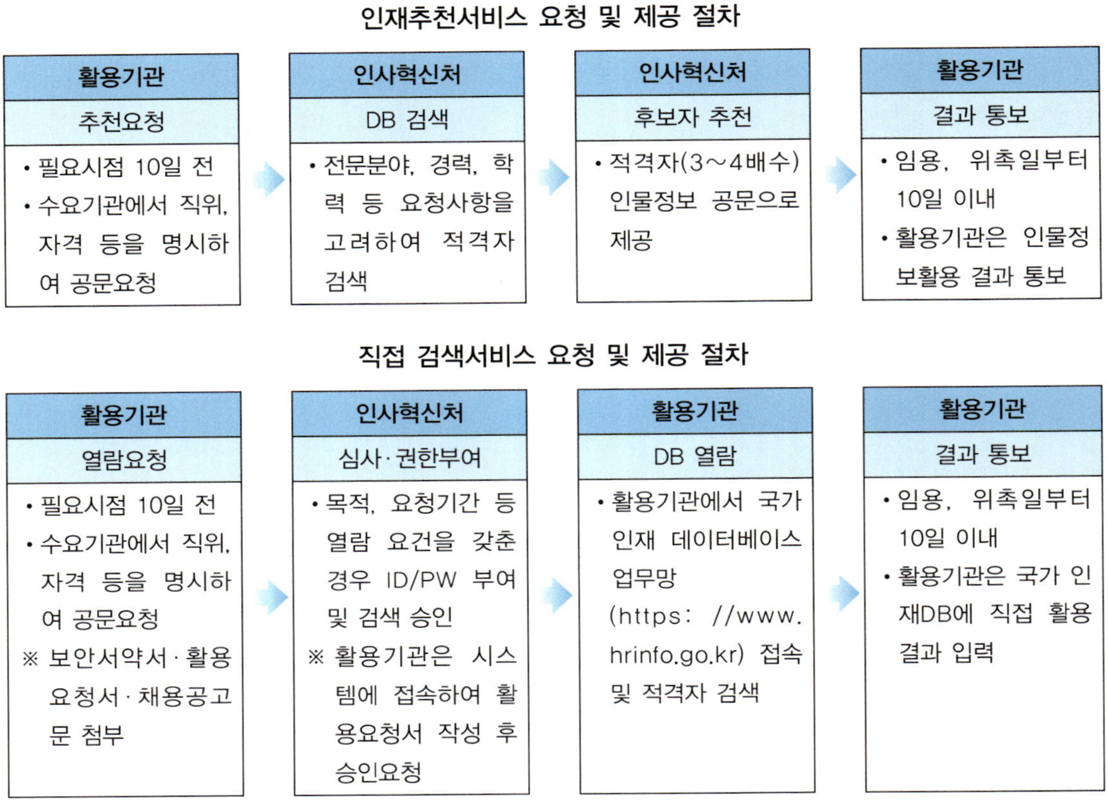

출처: 2023 공무원 인사실무

[그림 18-6] 국가인재 데이터베이스 인물정보 활용 절차

수집한다. 이외에도 국민추천제[11)]나 정부헤드헌팅[12)]에 의해 인물정보가 수집된다. 넷째, 국가인재데이터베이스의 수록정보는 최신 정보가 유지되도록 필요한 조치가 이루어져야 하고, 법령이나 제도의 변경 내용은 신속하게 반

---

11) 국민추천제는 공직후보자와 각 분야 전문가를 국민의 추천을 통해 국가인재데이터베이스에 등록하는 국민참여형 인사시스템이다.

12) 정부헤드헌팅은 정부의 민간인재 영입지원 서비스로서, 공직의 개방성과 전문성 확대를 위해 민간 출신이 비교우위를 갖는 분야를 중심으로 적합한 민간 우수인재를 인사혁신처가 직접 발굴하고 추천하는 제도이다.

데이터 분석으로 인사행정을 업그레이드한다![13)]

미국 인사관리처(Office of Personnel Management, OPM) 전략혁신실(Office of Strategy and Innovation, OSI)은 데이터와 연구를 통해 OPM의 범부처 인적 자원 전략 수립을 지원한다. OSI의 데이터분석그룹(Data Analysis Group, DAG)은 '기업인적자원통합-통계데이터마트(Enterprise Human Resources Integration-Statistical Data Mart, EHRI-SDM)' 데이터를 사용하여 인사정책 관련 정보(직접 채용 기관, 특정 직종의 승진 동향, 채용 혁신, 퇴역 군인 채용, 다양성 정보), 법률 변경, 연방 공무원 채용 동향 등에 대한 분석을 제공한다. OPM, 대통령, 의회 및 정부 회계 감사원, 공로 시스템 보호 위원회, 의회 연구기관, 미디어, 교육 기관 등에 데이터와 분석 결과를 제공한다. EHRI-SDM과 기타 소스(113개 프로세스, 근무 기간 및 인건비)의 데이터를 분석하고 원시 데이터와 요약 또는 정기 및 특별 보고서 등의 형태로 제공하며 웹사이트에 공개한다. DAG는 이메일을 통한 정보 접근에 대한 요청이나 맞춤형 요청에도 대응한다.

디지털 전문역량의 프레임을 설계하다![14)]

영국의 디지털 · 데이터 · 기술(Digital, Data and Technology, DDaT) 전문역량 프레임워크(Profession Capability Framework)는 정부 DDaT 업무(role)의 전문역량에 대한 표준화된 틀로서[15)], 정부 DDaT 기능을 담당하는 영국 내각처(the Cabinet Office) 디지털데이터실(Central Digital and Data Office, CDDO)이 관리한다. 이는 DDaT 업무와 각 업무에서 필요한 스킬을 이해하기 위한 틀을 제공한다. DDaT 업무를 수행하는 전문가들은 이 프레임워크를 활용하여 자신이 개발할 수 있는 스킬을 확인하고 현재의 스킬 수준을 평가하며 전형적 책임과 다른 동료들의 스킬을 배울 수 있다. 관리자나 팀리더는 조직의 부족한 스킬을 파악하여 개발 수요를 확인할 수 있다. 채용담당자는 효과적이며 일관성 있는 홍보와 후보자의 적합성을 평가할 수 있다. 스킬 수준은 인지 수준(Awareness), 적용 수준(Working), 실무가 수준(Practitioner), 전문가 수준(Expert)으로 구분된다. 인지 수준은 스킬의 기초를 이해하는 수준으로 기초 지식을 갖는 수준이다. 적용 수준은 약간의 도움이 있으면 적용할 수 있는 단계로 적절한 툴과 테크닉을 적용할 수 있다. 실무가 수준은 도움 없이도 기술을 적용할 수 있는 단계로 스킬에 대한 지식과 경험을 공유할 수 있다. 전문가 수준은 최고의 경험을 기반으로 팀이나 조직을 관리할 수 있는 수준으로 고급 툴과 테크닉 스킬을 보유한다.

---

13) 미국 인사관리처 홈페이지 참조(opm.gov)

14) 영국 내각처 디지털데이터실 웹사이트 자료(https://www.gov.uk/government/organisations/central-digital-and-data-office)

15) DDaT 전문역량 프레임워크 웹사이트 자료(https://ddat-capability-framework.service.gov.uk/)

영되어야 한다. 또한 공직후보자에 대한 인물정보 수집시 목적에 필요한 최소한의 범위 내에서 이루어져야 하고 목적 외 활용은 금지된다. 다섯째, 이렇게 수집된 인물정보 중 기본정보의 경우 활용을 원하는 기관은 인사혁신처에게 추천을 요청하거나 열람 신청을 통해 권한을 부여받아 국가인재데이터베이스 업무망(hrinfo.go.kr)에서 직접 열람할 수 있다.

찾아볼 문제

1. 디지털 전환과 관련된 신문기사를 정리해 봅시다.
2. 디지털 인사행정과 관련된 민간의 사례를 찾아봅시다.
3. 외국 정부의 디지털 인사행정 사례를 찾아봅시다.

토론할 문제

1. 디지털 기술의 활용으로 가장 기대되는 인사행정 분야를 선택하고 그 이유를 이야기해 봅시다.
2. 디지털 기술이 인사행정에 미치는 긍정적 변화와 부정적 변화에 대하여 토의해 봅시다.
3. 디지털 인사행정이 정부 내에서 잘 안착되려면 어떠한 노력이 필요할 것인지 토의해 봅시다.

참고문헌

〈국내 문헌〉

KB금융지주 경영연구소. (2019). 2020 HR 키워드와 Digital HR. KB 지식 비타민, 3월 13일 보고서. 1-7.

강성철 외(2014). 「새인사행정론」. 대영문화사.

국민권익위원회(2015). 「부정청탁 및 금품등 수수의 금지에 관한 법률안: 설명 자료」.

______________(2013). 「공익신고자 보호제도의 운영현황」.

국세청(2015). 「용어사전」.

권기태·김동원(2016). 공무원노동조합 활동요인이 공무원 후생복지 수준에 미치는 영향: 수도권 지방자치단체를 중심으로. 「행정논총」, 54(2), 207-232.

권용수(2004a). 여성공무원의 삶의 질 증진을 위한 복지정책에 관한 연구. 「한국인사행정학회보」, 3(1), 23-43.

______(2004b). 선택적 복지제도가 공무원의 조직행태에 미치는 영향에 관한 연구. 「한국행정학보」, 38(5), 1-20.

김낙중(1982). 「한국노동운동사: 해방후 편」. 청사.

김다은·김서용(2020). 공무원 행복의 결정요인 분석- 복지요인과 직무요인을 중심으로. 「한국정책연구」, 20(4), 183-210.

김렬(2014). 「인사행정론」. 박영사.

김신복(2006). 「발전기획론」. 박영사.

______(2001). 교육 및 인적자원개발체제의 발전방향. 「행정논총」, 39(3). 서울대학교 행정대학원.

______(1999). 공무원교육 50년 평가와 발전방향. 「행정논총」, 37(2). 서울대학교 행정대학원.

김응일(2023). 공무원의 자율성이 혁신행동에 미치는 영향에 관한 연구: 삶의 질과 후생복지의 조절효과를 중심으로. 「지방정부연구」, 27(2), 43-64.

김종관·이윤경·송지용(2008). 맞춤형 복지제도가 복리후생만족도와 조직효과성에 미치는 영향 -부산광역시 공무원을 중심으로-. 「경영사연구」, 47(0), 283-316.

나헌(2009). 공익. 「온라인행정학전자사전」. 한국행정학회.

박경효(1999). 공무원의 삶의 질: 의의, 실태 및 개선방향.「한국행정학보」, 33(4), 1-18.

박동서(2002).「인사행정론」. 법문사.

박영원·이주연(2014).「공익신고자 보호제도의 현황과 입법적 개선과제」. 국회입법조사처 현안보고서 제227호.

박천오 외(2011).「현대인사행정론」, 제2판. 법문사.

백종섭(2013).「공무원노동조합론」. 대영문화사.

백종섭 외(2008).「공무원 노사관계」. 한국노동교육원.

________(2005).「공무원 노사관계 성공사례 연구」. 한국행정연구원.

삼일회계법인·Hewitt Associates. 2001. 정부역량모델 구축과 시범적용. 서울: 삼일회계법인.

서정욱·윤건·정의룡·김동욱(2020). 포스트 코로나 시대의 공무원 복지서비스 진단 및 개선방안. 공무원연금공단 · 한국정책학회.

신인령(1987).「노동기본권연구」. 미래사.

안전행정부(2013).「2013년도 지방공무원 인사실무」.

오석홍(2013).「제6판 행정학」. 박영사.

______(2012).「인사행정론」. 박영사.

오성호 외(2013).「인사행정론」. 다산출판사.

유민봉(1997).「인사행정론」. 문영사.

유민봉·임도빈(2012).「인사행정론」. 박영사.

이덕일(2010).「김종서와 조선의 눈물」. 옥당.

이상윤(2008).「노동법」. 법문사.

이선우(1997). 공무원 후생복지제도의 개선방안 모색. 한국행정학보, 31(4), 4057-4076.

이정희·이재섭(2010). 기업복지의 관점에서 살펴본 공무원 후생복지정책의 변화와 공단 후생복지사업의 재설계 방향. 공무원연금관리공단.

이종수 외(2013).「새행정학」. 제6판. 대영문화사.

이창길(2014).「인적자원행정론」. 법문사.

이창원(2014). 인적자원행정론. 법문사.

이철수·강성태(1997).「공공부문의 노사관계법」. 한국노동연구원.

인사혁신처(2023).「2023 공무원 보수 등의 업무지침」.

__________(2023a). 인공지능 · 빅데이터 기반 공무원 교육 본격 시작. 1월 3일 보도자료.

__________(2023b).「2023 공무원 인사실무」.

__________(2022). 정부 인사행정 전 과정, 디지털화된다. 6월 2일 보도자료..

__________(2021). 디지털 시대의 인적자원관리(HR) 변화.「해외동향연구」19. 1-9.

__________(2019). 국가인재DB 20년: 대한민국의 인재를 모으다.

__________(2019). 제1차 공무원 후생복지 기본계획(2019~2023년).

_________(2016).「공무원 헌장 해설서」.

_________(2015). '나라일터(GoJobs)'와 함께라면 주말부부 이제 끝. 3월 10일 보도자료.

장헌주·최무현(2008). 맞춤형 복지제도에 대한 만족도의 영향요인에 관한 연구: 중앙행정기관을 중심으로.「한국행정연구」, 16(4), 245-275.

조선일(2001). 공무원직장협의회제도 운영에 관한 실증적 연구.「한국행정학회보」. 35(4): 99-120.

조성준·박찬균(2022). HR과 IT기술- 진화와 미래전망.「기업경영리뷰」, 13(4), 265-287.

중앙공무원교육원(2008).「HRD의 이해」.

중앙인사위원회(2001).「주요 외국의 공무원인사제도 비교연구」.

최무현·김영우(2009). 지방공무원 역량강화에 관한 연구. 역량기반 교육훈련을 중심으로. 지방정부연구, 13(4): 33-59.

최종태(1998).「현대노사관계론」. 경문사.

하상균·박용승(2023). 이해관계자 중심의 전략적 인적자원관리 시스템 개념 연구.「Korea Business Review」, 27(3), 95-120.

한국국정관리학회(2014).「새내기를 위한 행정학」(개정판). 대영문화사.

한국행정연구원(2005).「공무원 노사관계 성공사례 연구」.

행정안전부(연도 미상).「외국의 공무원 노사관계」.

행정안전부(2020).「2020 공무원직장협의회 길라잡이」.

_________(2013).「공무원인사백서(2008-2012)」.

_________(2012).「공무원 연금복지 이해」.

_________(2011).「개방형직위 및 공모직위 운영 매뉴얼」.

_________(2011).「공무원 인사실무」.

_________(2009). '나라일터' 시스템 맞춤형 메일링 서비스 제공. 7월 27일 보도자료.

_________(2004).「외국의 공무원 노동기본권」.

김영란 법(부정청탁 및 금품 등 수수의 금지에 관한 법률(법률 제13278호), 2015.3.27. 공포, 2016.9.28. 시행).

공무원보수규정.

공무원 복무규정

공무원윤리헌장.

공무원의 노동조합 설립 및 운영 등에 관한 법률/시행령/시행규칙

공무원임용령.

공무원직장협의회의 설립 · 운영에 관한 법률 /시행령

공무원징계령.

공직자윤리법.

교원의 노동조합 및 운영등에 관한 법률/시행령/시행규칙
국가공무원법 및 시행령
노동조합 및 노동관계조정법/시행령/시행규칙
지방공무원법 및 시행령
헌법.

〈국외 문헌〉

Adams, J. S. (1965). Inequity in Social Exchange in L. Berkowitz (ed.), *Advances in Experimental and Social Phycology*. Orlando, Fla.: Academic Press.

Adelfer, C. (1972). *Existence, Relatedness and Growth*. NY: Free Press.

Bach, Stephen & Rocca, Giuseppe Della. (2001). The New Public Management in Europe, in Carlo Dell'Aringa, et al. (eds.), *Strategic Choices in Reforming Public Service Employment: An International Handbook*. NY: Palgrave.

Coleman, Charles J. (1990). *Managing Labor Relations in the Public Sector*. San Francisco: Jossey-Bass Publishers.

Dresang, Dennis L. (1999). *Public Personnel Management and Public Policy*, 3rd ed. NY: Longman.

Dubois, David D. and Rothwell, William J. 2004. *Competency-Based Human Resource Management*. Mountain View, CA: Davis-Black Publishing.

Frankel, Saul (1964). Employee in the Public Service. *Public Administration Review*, 25(4).

Goodsell, Charles T. (1983). *The Case for Bureaucracy: a Public Administration Polemic*. Chatham, N.J.: Chatham House Publishers.

Hackman, J. R. & Oldham, G.R. (1980). *Work Redesign. Reading*, Mass: Addison-Wesley.

Herzberg, F. (1964). Motivation-Hygiene Concept and Problems of Manpower, *Personnel Administration*, 27(1): 3-7.

Holzer, Marc. (1991). Attracting the Best and the Brightest to Government Service, in Carolyn Ban & Norma M. Riccucci. (eds.), *Public Personnel Management: Current Concerns—Future Challenges*. NY: Longman.

Huddleston, Mark W. (1991). The Senior Executive Service: Problems and Prospects for Reform, in Carolyn Ban & Norma M. Riccucci. (ed.), *Public Personnel Management: Current Concerns—Future Challenges*. NY: Longman.

Kavanagh, M. J. and Johnson, R. D. (2018), *Human resource information systems: Basics, applications, and future directions*. Thousand Oaks, CA: Sage.

Kearney, Richard C. & D. G. Carnevale. (2001). *Labor Relations in the Public Sector*. N.Y.: Marcel Dekker, Inc.

Klingner, D. E. (1995). Strategic Human Resource Management, In Ravin, Jack, Vocino, Tomas, Hildreth,

Bartely, W & Miller, Gerald J. (eds.). *Handbook of Public Personnel Administration*. NY: Marcel Dekker, Inc.

Leap, Terry L. (1991). *Collective Bargaining and labor Relations*. NY: Macmillan Publishing Co.

Locke, E. A. (2000). Motivation by Goal Setting, In R.T. Golembiewski (ed.) *Handbook of Organizational Behavior*, 2nd ed. NY: Marcel Dekker.

Maslow, A. (1954). *Motivation and Personality*. NY: Harper.

McClelland, D. C. (1961). *The Achieving Society*. NY: Free Press.

McGregor, D. (1960). *The Human Side of Enterprise*. NY: McGraw-Hill

Nigro, F. A. & L. G, Nigro. (1986). *The New Public Personnel Administration*. Illinois: F. E. Beacock Pub, Inc.

Nigro, Lloyd, Nigro, Felix & Kellough, Edward J. (2007). *The New Public Personnel Administration*, 6th ed. Belmont, CA: Thomson.

OECD. (2014), Recommendation of the Council on Digital Government Strategies.

Perlman, Mark. (1958). *Labor Union Theories in America: Background and Development*. Evanston: Row, Peterson & Co.

Perry, James. (1991). Linking Pay to Performance: The Controversy Continues, in Carolyn Ban & Norma M. Riccucci. (eds.), *Public Personnel Management: Current Concerns–Future Challenges*. NY: Longman.

Perry, L. J. & Wise, L. R. (1990). The Motivational Bases of Public Service. *Public Administration Review*, 50: 367-373.

Powell, N. J. (1956). *Personnel Administration in Govn't*. Englewood Cliffs, N. J.: Prentice-Hall, Inc.

Shafritz, Jay M. et al. (1992). *Personnel Management in Government*, 4th ed. NY: Marcel Dekker, Inc.

Siegel, G. B. & R. C. Myrtle. (1985). *Public Personnel Administration*. Boston: Houghton Mifflin Company.

Skinner, B. F. (1953). *Science and Human Behavior*. NY: Free Press.

Spero Sterling & John M. Capozzola. (1973). *The Urban Community and Its Unionized Bureaucracy*. NY: Dunellen.

Stahl, O. Glenn. (1983). *Public Personnel Administration*, 8th ed. NY: Harper & Row.

Treu, Tiziano et al. (1987). *Public Service Labor Relations–Recent Trends and Future Prospects*. Geneva: ILO.

U. S. Civil Service Commission (1961). *Basic Training Course*, Washington, D.C.: Government Printing Office.

Van Riper, Paul P. (1958). *History of the United States Civil Service*. NY: Harper & Row.

Vroom, V. H. (1964). *Work and Motivation*. NY: Wiley

Webb, Sidney & Webb Beatrice. (1956). *The History of Trade Unionism*. NY: Longmans, Green & Co.

Beatrice. (1956). *The History of Trade Unionism*. NY: Longmans, Green & Co.

Wellington, Harry, H. & Winter, R. K. Jr. (1971). *The Unions and the Cities: Studies of Unionism in Government*. Washington, D.C.: The Brookings Institute.

www.law.go.kr

www.mogaha.go.kr

www.mpm.go.kr

Zhang, J. and Chen, Z. (2023). Exploring Human Resource Management Digital Transformation in the Digital Age. *Journal of the Knowledge Economy*. https://doi.org/10.1007/s13132-023-01214-y

Zhou, Y., Liu, G., Chang, X., and Wang, L. (2021). The impact of HRM digitalization on firm performance: Investigating three-way interactions. *Asia Pac. J. Hum. Resour*. 59, 20-43.

찾아보기

ㄱ

ㄴ

ㄷ

ㄹ

ㅁ

ㅇ

ㅈ

ㅊ

ㅋ

ㅌ

ㅍ

ㅎ

저자 소개

백종섭(白鍾燮)

서울대학교 대학원(행정학 박사)
서울대학교 행정대학원(행정학 석사)
Indiana University Fellowship
1980년 제24회 행정고시 합격(2차)
한국인사행정학회장
한국공공행정학회장
한국행정학회 윤리위원회 위원장
(전) 중앙노동위원회 공익위원(차별시정, 심판)
(전) 대전대학교 행정학과 교수
(현) 한국갈등협상연구원장

[저서 및 논문]
새행정학3.0(공저, 2022)
갈등해소를 위한 협상기술(옥봉, 2019)
갈등관리와 협상전략(창민사, 2015)
지역사회 통합건강증진사업 평가와 개선방안(공저, 2017)
교원노사관계 불공정 관행 사례연구(공저, 2015)
An Analysis on Influences of Social Capital in Organizations of Administrative Staff of Job Satisfaction and Organizational Commitment(공저, 2013)
다문화가족센터 종사자의 직무만족과 조직몰입의 서비스 품질 영향 분석(공저, 2013)
차기 박근혜 정부 중앙인사기관의 위상과 기능(2013)

김동원(金東遠)

미국 버지니아공대(Virginia Tech)(행정학 박사)
연세대학교 대학원, 오하이오주립대(행정학 석사)
인사혁신처 정책자문위원
인천광역시 인사위원회 위원
경북대학교 행정학과 조교수
(현) 한국인사행정학회 회장
(현) 인천광역시 자치경찰위원회 위원
(현) 인천대학교 행정학과 교수

[저서 및 논문]
「새내기를 위한 행정학」(공저, 2024)
「인간관계와 리더십」(공저, 2014)
「전자정부론」(공저, 2014)
「공무원을 위한 변론」(공역, 2006)
제4차 산업혁명과 공무원의 역할변화(2022)
포스트코로나, 가속화되는 디지털 전환과 인사행정의 미래(2021)
수도권 지역별 공무원노조 특성이 공무원노조 활동요인에 미치는 영향 연구(2017)
A Study on Authority Distribution Model between the President and the Prime Minister in Korea(2014) 외 다수

김철우(金哲祐)

Rutgers, the State University of New Jersey(행정학 박사)
New York University(행정학 석사)
한국행정연구원 부연구위원
국무조정실 공직인사혁신위원
인사혁신처 시험관리위원
한국행정학회 교육취업위원장
(현) 인사혁신처 정책자문위원
(현) 가천대학교 행정학과 부교수

[저서 및 논문]
Impact of Superiors' Ethical Leadership on Subordinates' Unethical Pro-Organizational Behavior: Mediating Effects of Followership(2023)
The Learning Transfer of Dementia Training Program Participants: Its Antecedents and Mediating Effect on the Job Competency of Geriatric Caregivers(2023)
Exploring Virtual Reality-based Teaching Capacities: Focusing on Survival Swimming during COVID-19(2022)
행정학 실무 워크북(2019) 외 다수

윤건(尹建)

서울대학교 대학원(행정학 박사)
서울대학교 행정대학원(행정학 석사)
한국행정연구원 사회조사센터장
한국정책개발학회 편집위원장
광명도시공사 성과평가위원
지방공기업 경영평가위원
(현) 인천광역시 지능정보화위원회 위원
(현) 사회보장위원회 통계 · 행정데이터전문위원회 위원
(현) 한신대학교 공공인재빅데이터융합학전공 부교수

[저서 및 논문]

「국가지능정보화백서」(공저, 2023)
「지역정보화백서」(공저, 2020, 2021, 2022)
「E-Government: Innovations from the Korean Digital Government Developments」(공저, 2020)
「Global Encyclopedia of Public Administration」(공저, 2020)
「데이터기반행정 강화 방안 연구」(2019)
데이터 거버넌스 실증연구(2023)
지능형 정부인사관리 수준 진단 연구(2023)
공공분야 데이터 융합에 관한 연구(2023)
정부 데이터 역량이 데이터기반행정에 미치는 영향에 관한 실증연구(2022)
공무원 전문성과 개인과 조직 성과에 관한 실증연구(2019) 외 다수

이근주(李根柱)

School of Public and Environmental Affairs, Indiana University, Ph.D.
서울대학교 행정대학원(정책학 석사)
Academy of Management 최우수논문상
한국인사행정학회 하태권 학술상
한국인사행정학회 회장
정부공직자윤리위원회 위원
인사혁신처 정책자문위원
Public Administration Review Editor
(현) 이화여자대학교 행정학과 교수

[저서 및 논문]

「대한민국정부를 바꿔라: 위기의 정부 어디로 갈 것인가?」(공저, 2015)
「새로운 시대의 공공성 연구」(공저, 2008)
「HRD 용어사전」(공저, 2010) 외 다수
여성(양성평등)채용목표제의 정책 효과성 평가(2014)
대부처 중심의 조직개편이 조직효과성에 미치는 영향분석(2014)
공모직위제의 운영성과에 대한 연구(2012)
다양성의 유형화를 위한 시론적 연구(2012)
거래비용관점에서 본 민간위탁 비용결정모형(2010)

조선일(曺善日)

서울대학교 대학원(행정학 박사)
서울대학교 행정대학원(행정학 석사)
한국인사행정학회 회장
한국거버넌스학회 회장
한국인사행정학회 편집위원장
한국조직학회 편집위원장
인사혁신처 정책자문위원
행정안전부 정책자문위원
5, 7, 9급 공채 출제위원 및 면접위원
(현) 순천대학교 행정학과 교수

[저서 및 논문]

「국가와 좋은 행정」(공저, 2017)
「한국행정학 60년」(공저, 2017)
「대한민국 정부를 바꿔라」(공저, 2015)
「실패한 정책들」(공저, 2015)
공공부문 리더십 역량평가요소 탐색적 연구(2023)
적극적 인사행정 관점 적극행정 운영분석(2023)
지방자치단체장 리더십 사례분석 기초연구(2020)
중앙인사기관 기능재설계와 새정부 인사혁신과제(2018)
지방공기업 인사위원회 제도 운영분석(2017)
성과관리 관리체계 효율성 분석(2016) 외 다수

인사행정론(제3판)

2016년 2월 1일 초판 발행
2018년 1월 30일 제2판 발행
2024년 2월 20일 제3판 발행

저　자　백종섭, 김동원, 김철우, 윤건, 이근주, 조선일
발행인　윤 동 구
발행처　**창 민 사**
주　소　서울시 마포구 구수동 63-2 대건빌딩 103호
등　록　1999. 10. 28/제10-1846호
전　화　3272-1243~4
팩　스　3272-1245
e-mail　cmbooks@hanmail.net

정가 25,000원　　ISBN 979-11-92272-22-1　　93320